História das ideias políticas

François Châtelet
Olivier Duhamel
Évelyne Pisier

História das ideias políticas

Tradução:
Carlos Nelson Coutinho

ZAHAR

Título original:
Histoire des idées politiques

Tradução autorizada da primeira edição francesa publicada em 1982
por Presses Universitaires de France, de Paris, França,
na coleção Mémentos Thémis, dirigida por Maurice Duverger

Jorge Zahar Editor Ltda.
rua Marquês de S. Vicente 99 – 1º
22451-041 Rio de Janeiro, RJ
tel (21) 2529-4750 | fax (21) 2529-4787
editora@zahar.com.br | www.zahar.com.br

2ª edição: 2009 (novo projeto)

Grafia atualizada respeitando o novo Acordo Ortográfico da Língua Portuguesa

CIP-Brasil. Catalogação na fonte
Sindicato Nacional dos Editores de Livros, RJ

Châtelet, François, 1925-1985
C437h História das ideias políticas / François Châtelet, Olivier Duhamel, Évelyne
2.ed. Pisier; tradução Carlos Nelson Coutinho. – 2.ed. – Rio de Janeiro: Zahar, 2009.

Tradução de Histoire des idées politiques
ISBN: 978-85-7110-132-6

1. Ciência política – História. 2. Estado. I. Duhamel, Olivier, 1950-. II. Pisier, Evelyne. III. Título.

CDD: 320.09
09-5554 CDU: 32(091)

Sumário

Apresentação

Esta história das ideias políticas apresenta deliberadamente um caráter particular. Não tendo como objeto um saber prático, estritamente delimitado, não poderia ser uma justaposição de fichas memotécnicas sobre os grandes autores ou as obras principais. Ao contrário – e precisamente para responder ao objetivo da coleção,[1] mas respeitando ao mesmo tempo a matéria de que trata –, não seria preferível dotar alguns traços habitualmente reservados aos manuais? Nenhum plano detalhado, mas um conjunto redigido, apoiado em citações, longas quando necessário; não uma sucessão de informações, mas uma reflexão de conjunto...

O apoio mais eficaz da memória é a *compreensão:* para compreender, por exemplo, o bolchevismo, será que basta saber que Trotski, originariamente menchevique, aproximou-se de Lênin, e que, ambos marxistas, dirigiram com êxito uma insurreição em 1917? Não é mais útil descobrir que, em 1905, Trotski adotou uma concepção ditatorial da revolução, defendendo ao mesmo tempo uma organização democrática do partido, enquanto Lênin defendia um partido militarizado, mas uma "ditadura democrática"? E que, em 1917, Trotski aderiu à concepção leninista do Partido e Lênin à concepção trotskista da revolução? Que o acordo, portanto, de um lado e de outro, foi feito em torno da escolha da "solução ditatorial", em detrimento da "solução democrática"? Isso não pode ser exposto sem referência aos textos e ao conteúdo das argumentações, que são eles mesmos função do contexto histórico.

O presente trabalho se esforça para sistematizar de modo claro as principais doutrinas que marcaram o desenvolvimento do pensamento político. Elas são agrupadas em capítulos cujos títulos já são significativos das *emergências conceituais* que desempenharam um papel decisivo no devir político

[1] Trata-se da coleção "Mémentos Thémis", publicada por Presses Universitaires de France, Paris. (N.T.)

das sociedades. Ele constitui não um resumo, mas um condensado do manual de *História do pensamento político* a coleção "Thémis", cujo segundo tomo foi publicado em julho de 1981 sob o título *As concepções políticas do século XX*[2] e cujo primeiro tomo será publicado sob o título *As concepções políticas clássicas e modernas.* Evocar em 400 páginas a história das ideias políticas, de Platão a Mao Zedong e de Aristóteles a Foucault, constitui um desafio que só pôde ser tentado com fundamento nas 2 mil páginas do citado manual: portanto, será frequentemente necessário ao leitor preocupado em aprofundar os pontos expostos neste trabalho remeter-se à referida *História do pensamento político.* Poderá fazê-lo tanto mais facilmente na medida em que este livro adota o mesmo eixo geral de reflexão: a problemática da constituição do Estado, já que o Estado tornou-se a referência primordial das diversas concepções políticas.

Assim como o manual, esta obra se esforça para subordinar a cronologia à lógica, pondo assim em evidência o fato de que os grandes textos políticos são, ao mesmo tempo, *invenções,* construções autônomas, e *respostas* aos problemas postos pelo tempo em que foram escritos. Na verdade, este memento comporta dez capítulos.

---

[2] Ed. brasileira: Zahar Editores, Rio de Janeiro, 1983. (N.T.)

CAPÍTULO I

Gênese do pensamento político: os conceitos fundamentais

A CIDADE GREGA

Uma das fontes principais do pensamento político moderno na área cultural mediterrâneo-europeia é, sem nenhuma dúvida, a civilização grega clássica; a outra fonte são os textos sagrados do povo judaico e sua reativação pela cristandade e o Islã (cf., adiante, I, 3).

Entre os produtos marcantes do que é chamado de "milagre grego" (para designar o conjunto das invenções institucionais, literárias, artísticas, científicas, teóricas, técnicas), o mais característico é essa *forma política* original que é a *Pólis*, a *Cidade*. Quando essa se constituiu durante o século VI a.C., as organizações político-sociais tradicionais eram, *na civilização da Hélade*, realezas de tipo feudal, onde predominavam grandes famílias – os "bem-nascidos" – que exerciam sua autoridade política, religiosa, jurídica e econômica sobre um pequeno povo de agricultores, artesãos e pescadores; e, *nas terras bárbaras*, vastos impérios comandados por um déspota que impunha uma dominação absoluta, apoiado em castas militares, sacerdotais e técnico-administrativas.

Durante a época "feudal" da Grécia, violentos conflitos opunham, por um lado, as grandes famílias entre si, e, por outro, essas às populações dos campos e das cidades (cidades que iam se tornando cada vez mais numerosas e ativas). Esses conflitos tornaram-se tão violentos que, em vários territórios, as partes envolvidas concordaram em solicitar a um personagem, reputado por sua sabedoria e seu desinteresse, que fixasse regras para o jogo social. Foi o que ocorreu em Atenas, onde – por volta dos anos 600 a.C. – Drácon e Sólon, sucessivamente, foram encarregados de enunciar os princípios ordenadores das relações entre os membros da coletividade. Esses legisladores (*nomotetas*) assumem a tarefa, menos de instaurar uma Constituição do que de definir os enunciados fundamentais conhecidos de todos, determinando com precisão a participação de cada um na defesa e na gestão das questões comuns da Cidade, as instâncias de onde devem provir as decisões que envolvem a coletividade, a arbitragem dos conflitos e a punição dos crimes e dos delitos.

Assim, regras costumeiras, no mais das vezes deixadas à interpretação de tribunais que julgam em segredo, são substituídas por textos claros e públicos: as *leis*. Deve-se sublinhar o fato de que a obra essencial de Drácon foi exigir que os juízes tornassem publicamente conhecidos os argumentos que legitimavam suas sentenças. E, em meados do século IV a.C., quando o historiador Heródoto quer explicar a vitória da Grécia sobre os Bárbaros, quando das duas guerras médicas, ele põe em evidência a superioridade dos cidadãos combatentes, que não têm outro senhor além da Lei e que comandam a si mesmos, em comparação com os guerreiros do Império Persa, que obedecem a um homem e não têm outras motivações além do interesse e do temor.

A *Lei* como princípio de organização política e social concebida como *texto* elaborado por um ou mais homens guiados pela reflexão, aceita pelos que serão objeto de sua aplicação, alvo de um respeito que não exclui modificações minuciosamente controladas: essa é provavelmente a invenção política mais notória da Grécia clássica; é ela que empresta sua alma à Cidade, quer essa seja democrática, oligárquica ou "monárquica".

A Cidade como lugar natural da sociedade dos homens

Quando, no início de *A Política* (Livro I, 2:, 1252 a 24-1253 a 37), Aristóteles quer definir a *Cidade*, ele a opõe a duas outras formas de agrupamento animal: a família, que reúne os indivíduos do mesmo sangue, e a aldeia, que agrupa os vizinhos em função do interesse. Nos dois casos, o objetivo é a sobrevivência. A Cidade, por seu turno, tem como fim o *eu Zeîn*, o que significa:

> Viver como convém que um homem viva.

Essa definição se esclarece quando se sabe que, em outros textos, Aristóteles especifica, por um lado, que "o homem não é nem uma besta nem um Deus" – que é um meio entre esses extremos –, e, por outro, que faz parte da essência dele ser "um animal que possui o *logos*", ou seja, a capacidade de falar de maneira sensata e de refletir sobre os seus atos. Desse modo, a famosa fórmula

> o homem é um animal político (*polis* = cidade).

significa que somente na Cidade - organização fundada não sobre a força bruta, não sobre interesses passageiros, não sobre as prescrições dos deuses - é que o homem pode realizar a virtude (= a capacidade) inscrita em sua essência. Essas análises de Aristóteles - cabe sublinhar - apresentam o aspecto principal da concepção grega clássica.

Essa se caracteriza por outros aspectos igualmente importantes, que é preciso conhecer se quisermos compreender a significação e o alcance das outras invenções políticas feitas pela Grécia:

- os gregos consideram geralmente que *a sociabilidade é produzida pela natureza* e, portanto, que não se trata de fundá-la, mas de ordená-la; eles imaginam de bom grado uma idade de ouro "pré-histórica" ("na qual os deuses apascentavam diretamente os homens", diz Platão), que teria sido submergida por um cataclismo, levando assim a um estado patriarcal;
- se eles desenvolveram discursos históricos, não possuíam de nenhum modo a ideia - cristã e pós-cristã - de um decurso da história linear e dotado de *um* sentido; a representação do tempo que domina é a do *ciclo*, que faz reaparecer as mesmas situações; a noção de um progresso global está excluída; a de uma acumulação das riquezas suscita a maior desconfiança; o trabalho material é concebido como algo que deprecia, e somente a atividade do lazer (*scholê*) é produtiva;
- a humanidade como espécie é compreendida como *a mais elevada do gênero animal*, participando da animalidade por sua sensibilidade e do "divino" por sua capacidade de raciocinar; no seio dessa espécie, a natureza produz *ethnai* dos quais o "divino" está ausente e que são naturalmente escravos. É um excesso (*hybris*) tão grande querer ser um deus como agir como animal; o grego, por sua situação geográfica e sua cultura (*paideia*), considera-se como privilegiado quanto à possibilidade de realizar a "virtude" do homem: a Cidade - como comunidade consciente - é precisamente a forma política que permite a explicitação dessa virtude. Somente ela permite à coletividade instaurar uma *ordem justa*, e, ao indivíduo, viver de tal modo que atinja a satisfação legítima sob o império das leis...

Resta determinar em que consiste essa ordem e que satisfação ela promete.

A democracia

Heródoto apresenta uma classificação dos regimes *políticos* que irá se tornar célebre (*História*, III, 80-2):

- O bom regime é aquele no qual comanda apenas *um* – a *monarquia* –, que governa para sua glória e a de seus súditos?
- Ou aquele no qual comanda *uma minoria* – a *oligarquia* –, constituída de cidadãos reconhecidos como "superiores" por seu nascimento, sua riqueza, sua competência religiosa ou militar?
- Ou aquele onde comanda *a maioria* – a *democracia* –, maioria constituída pela população dos camponeses, dos artesãos, dos comerciantes, dos marinheiros?

A contribuição singular de Atenas consiste em ter respondido praticamente, instaurando esse último regime e, sobretudo, inventando uma outra definição da democracia.

No final do século VI a.C. e durante a segunda metade do século seguinte, o poder democrático realizou uma série de reformas que estenderam o estatuto de cidadãos plenos à totalidade dos habitantes masculinos nascidos atenienses, assegurando-lhes assim a igualdade diante da lei (*isonomia*) e o acesso às magistraturas. É instituída uma centena de *municipalidades*, agrupadas em dez tribos, que são *administradas* por um conselho que compreende *todos os cidadãos* nelas englobados. O poder central é exercido pela Assembleia Popular, que reúne todos os cidadãos dez vezes por ano e nas circunstâncias graves; é ela que toma as decisões soberanamente, adota decretos, elege os magistrados encarregados do executivo, designa de seu seio os membros das câmaras de justiça; e o faz por maioria, todo cidadão tendo direito de palavra. As magistraturas executivas – dos estrategistas aos inspetores dos mercados – são colegiadas, limitadas; e necessitam-se de sérias razões para que um magistrado seja reeleito para suas funções. Decerto, as desigualdades devidas à condição social não são completamente apagadas: mas essa organização cívica – que põe o poder "no meio" e recusa que ele seja apanágio de alguém – visa a conjurar não somente o aparecimento de um tirano, mas também a instalação de uma casta ou de uma classe separada da sociedade e que se aproprie do poder político.

Até os anos 430 a.C. o êxito da democracia foi grande, tanto na harmonia de seu funcionamento interno como na ampliação de sua expansão ao exterior. Com as derrotas sofridas na guerra contra Esparta, inicia-se uma crise, que está na origem das mais significativas reflexões políticas surgidas no pensamento grego. Entre essas, devem-se considerar como exemplares a de Tucídides e a de Platão.

Na *História da Guerra do Peloponeso,* Tucídides – que constata a degenerescência do regime democrático, incapaz de conduzir a guerra e de gerir seus problemas internos – constrói um monumento a Péricles. O que ele compreendera e seus sucessores haviam esquecido, é que a democracia – o melhor dos regimes políticos, por garantir a isonomia e assegurar as liberdades privadas – exige uma constante atenção de todos os cidadãos. Ela só subsiste se os dirigentes que o povo escolheu não deixarem nunca de calcular e de refletir sobre suas decisões. Regime de liberdade que leva aos grandes empreendimentos, ela entra em colapso quando esses não são conduzidos somente pelo princípio da inteligência (o *nous*), do intelecto calculador que não apenas elabora estratégias de prudência, mas visa também a não lesar nem favorecer nenhum dos grupos constitutivos da coletividade.

De modo inteiramente contrário, Platão – refletindo ou utilizando a seu modo o ensinamento de Sócrates? – desenvolve *uma crítica bastante viva da democracia.* No essencial, essa crítica se baseia nos seguintes argumentos:

- A *massa popular* (*oi polloi*) é assimilável por natureza a *um animal escravo* de suas paixões e de seus interesses passageiros, sensível à lisonja, inconstante em seus amores e em seus ódios; confiar-lhe o poder é aceitar a tirania de um ser incapaz da menor reflexão e do menor rigor.
- Quando a massa designa seus magistrados, ela o faz em função das *competências* que acredita ter constatado – em particular, as qualidades no uso da palavra – e disso infere irrefletidamente a capacidade política.
- Quanto às pretensas discussões na Assembleia, são apenas *disputas* contrapondo opiniões subjetivas, inconsistentes, cujas contradições e lacunas traduzem bastante bem o seu caráter insuficiente.

Em suma, a democracia é ingovernável: o exemplo de Atenas prova, uma cidade que perdeu a guerra contra Esparta e condenou Sócrates à morte. Sua desordem leva à tirania e induz todos à imoralidade. A refutação é banal; mas o argumento que a apoia coloca um problema político capital: o da relação entre Saber e Poder.

Saber e Poder

Tucídides reprovava nos demagogos que se haviam apossado da democracia o fato de não conduzirem a ação política segundo as regras de uma reflexão rigorosa. Platão é mais exigente: prolongando a crítica radical realizada por Sócrates, mediante a implementação do projeto de um Saber indubitável, ele estabelece a tese segundo a qual a definição da ordem da Cidade justa supõe *uma ciência do político,* que é ela mesma parte de um Saber mais amplo, o Saber do que na verdade é. Assim, a recusa da democracia pressupõe a refutação dos princípios nos quais esse regime se funda, princípios de que os sofistas foram os porta-vozes.

Os sofistas: assim são designados os professores de retórica que se instalaram na jovem democracia ateniense para ensinar aos cidadãos como falar de modo persuasivo, a fim de fazer triunfar sua causa diante dos tribunais e suas ideias nas instâncias políticas. Como o papel do discurso era decisivo, eles foram efetivamente os mestres da democracia. A arte deles era, antes de mais nada, formal: ensinavam seus alunos a técnica oratória, o bom uso dos argumentos, a hierarquia dos efeitos. Mas tornaram-se também os defensores da novidade: retiram de bom grado suas "provas" da experiência histórica, das descobertas artesanais, dos trabalhos dos "físicos" e dos médicos, que eles mesclam com referência às lendas tradicionais da Grécia com o Panteão religioso.

Todavia, por trás dessa prática, revela-se uma concepção mais profunda: quando Protágoras declara que "o homem é a medida de todas as coisas", afasta essa tradição; afirma que a Cidade é o produto do ato dos homens e que as leis resultam de convenções. Na mesma óptica, Crítias chegará a afirmar que os deuses são criações dos governantes para dar estabilidade à ordem social. Para legitimar o regime democrático, Protágoras reinterpreta à sua maneira o mito de Prometeu; ele diz que os deuses, que distribuíram desigualmente o talento entre os homens, deu-lhes (para compensar a sua fraqueza em comparação com os animais), *a todos igualmente,* a capacidade de julgar o bem comum (cf., para todos esses pontos, os diálogos *Protágoras* e *Górgias,* de Platão). Novamente é reafirmada a preeminência do homem, que não tem outro juiz além dele próprio.

É contra essas teses que, segundo Platão, a *reta filosofia* deve se dirigir – em nome do que é divino no homem... Essa filosofia não tem dificuldade em mostrar que, se se tomar a sério a sofística, bloqueia-se qualquer possibilidade de enunciação duradouramente válida e, por conseguinte, qualquer política coerente. Uma tal política só pode ser fundada num conhecimento exato da ordem das coisas. Tudo se passa, portanto, como se o filósofo dispusesse de uma alternativa:

- *ou* a concepção dos sofistas – e, mais geralmente, dos "amantes da terra" – é correta, caso em que é preciso optar pela democracia e por seu aborto, a tirania, com seu cortejo de violências, de injustiças e de servidões. Cálicles, personagem do *Górgias,*[1] que sintetiza os traços dos sofistas mais resolutos,

[1] Ao contrário de sua maneira habitual, Platão não põe em cena sob o nome de Cálicles um personagem histórico. Decerto, sob essa denominação, ele construiu o *tipo* por excelência do inimigo da reta filosofia.

retira a consequência do caráter convencional da lei; por exemplo: se a lei (*nomos*) não é garantida por uma ordem qualquer, a dos deuses ou da natureza (*physis*), então cada um está no direito de agir com o objetivo de satisfazer livremente seus impulsos naturais - de pretender ser tirano.

- *ou* existe uma ordem superior - que não é falsa ordem da natureza ou dos deuses tradicionais -, que só pode ser apreendida pelos que se esforçam no sentido de domar os próprios apetites sensíveis e de exercitar o "olho da alma" através de uma educação sistemática do *logos*, da atividade discursiva: esses verão se esboçar no mundo intelegível o esquema da Cidade perfeita, que corresponde ao da alma individual bem regrada e à distribuição cósmica dos caracteres humanos.

Esse esquema é o seguinte: uma classe de cidadãos deve prover as necessidades materiais da coletividade; sua virtude é trabalhar e obedecer; pertencem a essa classe que o cosmos fez nascer com uma alma na qual predominam os apetites. Uma outra tem como missão rechaçar os inimigos e garantir a segurança interna; sua virtude é a impetuosidade e a disciplina; é composta pelos indivíduos cuja alma é orgulhosa e corajosa. Finalmente, uma outra garante a autoridade soberana e gere a coletividade; é constituída pelas naturezas filosóficas, pelos "filhos das Ideias", que provaram - pelo exercício e pelo estudo - sua capacidade para saber e, portanto, para comandar. Uma tal organização supõe que os homens e as mulheres sejam igualmente cidadãos e que os bens e os filhos sejam comuns (ou seja, supõe o aniquilamento da família); que o filósofo-rei proceda, graças a seu saber, às melhores combinações eugênicas e à seleção que permita a classificação de cada cidadão na classe adequada à sua natureza.

As *Leis* propõem um programa político que atenua amplamente a rigidez desse modelo. Sugeriu-se que a *República* - onde tal modelo é exposto - seria talvez uma fábula moral. Resta o fato de que a *Callipolis* permaneceu como o tipo por excelência da Utopia racionalista, que - em nome da perfeição - submete o Poder ao Saber e a organização social às exigências da Ordem unificadora.

O cidadão na Cidade

A política platônica rompe tão fortemente com a representação grega da Cidade que não provocou admiração em seu tempo. A reflexão política reagiu contra ela e contra a irrupção de demagogia que se alastrou por todas as cidades no século IV a.C. Xenofonte – também discípulo de Sócrates – esforçou-se por restaurar o ideal de um poder que, apoiando-se na tradição religiosa, gerisse a coletividade como um pai governa seu lar. Isócrates considerava que a desgraça das Cidades gregas provinha de sua divisão, e buscou uma autoridade que as confederasse, mantendo-lhes a autonomia; desse modo, anunciou a "suserania" que iriam exercer Filipe da Macedônia e Alexandre o Grande.

Entretanto, a reação mais interessante é a de Aristóteles. Ele adota a posição filosófica, a que considera indispensável a referência às Ideias; mas considera que a utilização feita por Platão dessa referência é ineficaz e perigosa. Assim como a morte injusta de Sócrates foi o evento que desencadeou a vocação de Platão, do mesmo modo o fracasso empírico de Platão – sua incapacidade de convencer Dionísio de Siracusa – determinou, para Aristóteles, uma interrogação que estará na origem de uma concepção política ainda hoje viva. Seu projeto é não apenas o de tornar a filosofia praticável no seio da Cidade tal como ela é, mas também de dar-lhe credibilidade como instrumento teórico capaz de determinar, para cada cidade e em geral, qual a melhor Constituição e quais as virtudes e capacidades exigidas dos cidadãos.

Esse projeto implica uma defesa e uma reabilitação da Cidade real contra todos os seus detratores, tanto contra os discípulos dos sofistas, que – como Cálicles – exaltam o individualismo, como contra os utopistas, que sonham com um retorno à tradição "monárquica" ou inventam um modelo que incita à implantação de um poder que exerça uma autoridade coercitiva e ilimitada. Contra os primeiros, ele faz valer as exigências da sociabilidade natural, condição necessária para uma existência feliz e virtuosa; contra os segundos – e, em particular, contra Platão –, exalta o ideal realista da Cidade, que faz da liberdade dos cidadãos a condição prévia de toda organização justa. A crítica da *Callipolis* é de extremo vigor: a comunidade dos bens, das mulheres e dos filhos se opõe à natureza e desconhece o fato de que, se a Cidade é a unidade de uma multiplicidade, ela é feita de pequenos grupos e de indivíduos que são *distintos* uns dos outros (e se apegam à sua distinção). O erro de Platão é querer reduzir seres diferentes à igualdade aritmética e aplicar autoritariamente uma proporcionalidade geométrica à ordem social, quando nesse domínio opera uma contingência que torna impossível a aplicação estrita do raciocínio científico.

Mas o essencial da crítica refere-se ao governo dos filósofos. Aristóteles está convencido da excelência da filosofia. Mas, porta-voz da tradição cívica grega, ele considera que é um erro atribuir o poder definitivamente a uma parte do corpo social, sem que nada o limite. A separação dos cidadãos em três classes, uma das quais comanda de modo absoluto, parece-lhe contradizer a vocação da Cidade. Os cidadãos não têm outro senhor além da lei: e essa tem como função garantir a liberdade de *todos* e realizar a justiça, punindo o criminoso na proporção de seu crime, devolvendo a cada um o que lhe foi ilegalmente subtraído, distribuindo a cada cidadão "o igual pelo igual" (por exemplo, a isonomia) e o "desigual pelo desigual" (por exemplo, a recompensa em função dos méritos). A própria lei não é nem uma construção artificial, nem um dado da pura Razão: é a expressão política da ordem natural, levando em conta a situação da cidade e de sua história, assim como a composição do corpo social. Por isso, a questão das Constituições e de sua hierarquia é secundária: quer seja monárquico, oligárquico ou democrático, o regime moderado vale mais do que o excessivo; e uma combinação equilibrada de democracia e oligarquia permite, sem dúvida, a melhor existência. Mas o importante é que a lei seja o princípio. Pois a função da política é, para Aristóteles, conjurar o risco constante da servidão. Sua teoria da escravidão – que nos parece monstruosa – tem também como objetivo estabelecer que, entre a vida política e a servidão, há uma antinomia: se há servidão – e Aristóteles não concebe a possibilidade de não haver –, ela é de ordem natural, não de ordem política.

INDICAÇÕES BIBLIOGRÁFICAS

Aristóteles, *Politique*, Vrin, 1977.

Finley, M.-I., *Democratie antique et démocratie moderne* (1972), Payot, 1975; C. Mossé, *Les institutions grecques*, PUF, 1967; J.-P. Vernant, *Les origines de la pensée grecque*. PUF; id., *Mythe et pensée chez les Grecs*, I e II, Maspero, 1965; F. Châtelet, *La naissance de l'Histoire*, Minuit, 1961, reed. UGE, "10/18", 1974, 2 vols.; M. Austin e P. Vidal-Naquet, *Economies et société en Grèce ancienne*, Maspero, 1972; R. Weil, *La Politique d'Aristote*, A. Colin, col. "U", 1966.

Heródoto, *Histoires*. L. I Les Belles-Lettres, 1939.

Platão, *Protágoras, Górgias*. NRF, col. "Idées", 1979.

_____ *La Republique*, Les Belles-Lettres, 3 vols.

_____ *Critias*, Les Belles-Lettres.

_____ *Les Lois*, Les Belles-Lettres.

Tucídides, *Histoire de la guerre du Péloponèse*. L. I, Les Belles-Lettres, 1962.

N.B. – Salvo indicação em contrário, os textos mencionados nas referências bibliográficas foram publicados em Paris.

O Império Romano

Com ele, segundo Hegel, começa "a prosa do mundo". Seria leviano interpretar essa fórmula de modo pejorativo: se é verdade que a civilização romana não teve a riqueza de invenção da grega, soube transportar para o real ideias elaboradas por essa e construir instituições de uma eficiência incontestável. Seu prosaísmo é, antes de mais nada, um sentido constante do fato consumado e de sua inscrição nas estruturas coletivas O pragmatismo do pensamento e da prática política romanas não aceita o compromisso e a oportunidade a não ser na medida em que concordem com a tradição de grandeza e potência da cidade de Rômulo. Os enunciados jurídicos e as legitimações filosóficas intervêm como *quadro,* como *marca* e como *perpetuação* da ação fundadora da comunidade cívica. Assim, o *direito,* a *res publica* e o *imperium* atuam enquanto instituem a ordem militar e administrativa estabelecida de fato pelo Povo e pelo Senado.

As virtudes republicanas

Mesmo na época do pior despotismo imperial, Roma sempre se proclamou republicana. Esse semblante parecia indispensável ao seu poder. Ela transformou-se em si mesma somente quando se desembaraçou do arcaísmo representado pela realeza e definiu o direito.

- O *direito:* quando, por volta de 450 a.C., os *decênviros* fizeram gravar a *Lei das Doze Tábuas,* estava constituída a base do Direito romano. Seu objeto é, em primeiro lugar, a família. O cidadão, o homem livre, é o *pater familias:* senhor absoluto da "casa", cabe-lhe representar junto aos juízes quando julgar que ele próprio, os seus ou suas propriedades sofreram algum dano, bem como exigir as reparações e penas adequadas. Quando o direito se enriquece com prescrições cada vez mais numerosas e precisas, quando se estende aos "peregrinos", depois a todos os que adquirem o direito de cidadania, ele forma um código estrito, regulamentando o conjunto da vida social e definindo as liberdades e os deveres de cada um. Será preciso ver nisso uma expressão da concepção estoica que, reconhecendo a existência de uma ordem do mundo inelutável e racional, considera a submissão tranquila ao destino como a única virtude? É significativo que esse código tenha como objetivo principal regulamentar do modo mais claro e equânime possível o que é, e não propor um deve-ser.

- Paralelamente, afirmavam-se as *Instituições Republicanas*. A sigla que as designa – SPQR, *Senatus Populusque Romanus* – assinala que o poder que nelas se exerce é, pelo menos, duplo. O historiador grego romanizado Políbio (200 a.C.-125 a.C.), analisando a expansão de Roma e a vitória sobre Cartago, concluiu pela excelência de uma organização política que soube constituir uma mescla harmoniosa de três regimes. O pensamento de Políbio é amplamente tributário da tradição dos filósofos e dos historiadores clássicos: combinando habilmente a concepção da história de Platão e sua teoria da decadência com as análises de Aristóteles relativas aos méritos comparativos das diversas Constituições, investigando as retificações sucessivas realizadas pelos romanos em função das circunstâncias e de sua expansão territorial, Políbio apresenta a República como sistema que equilibra as vantagens da monarquia (asseguradas pela autoridade firme e benevolente dos cônsules), da aristocracia (realizadas na prudência e na sabedoria do Senado) e as da democracia (garantidas pelas disposições que têm como objetivo o respeito pelos interesses e direitos do povo). Esse equilíbrio é, na opinião de Políbio, o melhor meio de conjurar a degenerescência inscrita "por natureza" nas realidades sujeitas ao devir. Por mais edulcorada que seja essa imagem e por mais falaciosa que se revele essa esperança, é certo que são ambas constitutivas da ideia que os cidadãos faziam de suas instituições: e isso a ponto de mantê-las enquanto as legiões faziam e desfaziam os imperadores.

Entretanto, foi a Cícero (106 a.C.-43 a.C.) que coube o privilégio de definir os princípios que servem de fundamento para essa *Cidade ecumênica* (= universal) na qual Roma conquistadora está se transformando. Inspirando-se nos estoicos Panécio e Possidônio, ele considera que existe uma *lei natural*, válida para todos os homens, que está inscrita na própria ordem do cosmos; trata-se de uma lei que podemos conhecer usando a reta razão, uma lei imutável e eterna, e que deve ser tomada como regra absoluta de toda Constituição e de toda legislação. A natureza (*cosmos*) – que, segundo o estoicismo, é a mesma coisa que a Razão – é, assim, a norma da organização justa e da ação virtuosa: bastaria aprender a conhecer suas incitações e obedecê-las com toda a lucidez para agir como convém. Infelizmente, maus hábitos e os movimentos passionais nos arrastam para bem longe dos seus ensinamentos.

Desse modo, as legislações de fato aparecem, no mais das vezes, como produtos dessa ignorância. O mérito das instituições romanas, contudo, consiste em ter definido a comunidade por elas regida com base num vínculo jurídico e numa ordem política estritamente determinada. Por causa disso, a *res publica* ganha uma outra consistência: formada por experiência e por reflexão, é também – de certo modo e na medida em que a contingência histórica permite – a expressão da lei natural. A Cidade ecumênica pode assim ser compreendida, enquanto concede progressivamente o direito de cidadania e faz com que os povos conquistados se beneficiem das garantias do Direito romano, como o núcleo de uma organização universal que faz de cada indivíduo um cidadão do mundo, um *cosmopolita*.

Sem o querer, Cícero prepara a ordem imperial. E isso em medida tanto maior quanto, retomando o tema da Constituição mista, esboça a imagem do *princeps*, do príncipe-árbitro, "tutor e defensor da *res publica*" Dezesseis anos depois da morte de Cícero, Otávio Augusto receberá o título de *Imperator*.

O *imperium romanum*

O Império – como forma política – inscreve-se no destino de Roma; é em seu quadro e graças ao tipo de ordem que ele exerce que a cidade irá realizar sua virtude e difundir universalmente sua civilização. O poder que ele define, juntamente com a sacralidade que cedo se lhe acrescentará, atualiza de modo exemplar a tripartição das funções sociopolíticas que é característica – segundo Georges Dumézil – da cultura indo-europeia. Sob a tutela de César Augusto onipotente, equilibram-se – segundo a hierarquia – as três "forças" constitutivas da comunidade:

- no topo, a classe dos sacerdotes-reis, os senadores, os magistrados civis, que têm o encargo de se comunicar com os deuses e de administrar a *res publica* sob a invocação de Júpiter;
- a classe dos guerreiros que defendem a cidade e, sob a invocação de Marte, estende sua glória;
- Quirino, a classe dos agricultores e dos artesãos, que proveem as necessidades materiais.

Na pessoa de César Augusto, encontram-se reunidos os diversos atributos correspondentes a essas três funções: o imperador – que é tal porque o *consensus* o quis – é

- senhor na ordem político-religiosa, já que detém a *potestas* administrativa e a *auctoritas*, qualidade moral que lhe permite julgar o que é conveniente ao bem público;

- enquanto *imperator*, é o chefe supremo das legiões;
- finalmente, como *princeps*, tem uma espécie de encargo "patronal", que lhe dá a missão de empreender, nos domínios relativos à vida econômica ou artística, tudo o que pode contribuir para a felicidade e a honra da cidade.

A extensão territorial de Roma no Oriente mediterrâneo concorreu para reforçar os aspectos religiosos do poder imperial. E, ao mesmo tempo em que cresciam desmesuradamente os aparelhos administrativos e militares, o Império tornou-se o local de uma circulação de capitais, de mercadorias e de populações tão intensa e tão diversificada que a vocação ecumênica tende a se perder.

Nessa situação, três problemas políticos fundamentais se colocam:

- Inicialmente, um problema "constitucional": o da sucessão imperial. Circunstâncias excepcionais presidiram a designação de Otávio. Qualquer que tenha sido a natureza desse poder, não se poderia questionar o fato de que não foi mantida a ficção de continuidade com a tradição republicana, e que o "príncipe" não foi eleito ao mesmo tempo pelo Senado, pelo Povo e pelas legiões, encarregadas de formar um *consensus*. Foi excluído que a filiação real tivesse algum papel, mas considerou-se normal que o imperador em exercício preparasse a sua sucessão. As análises históricas de Tácito constituem uma espécie de meditação – razoavelmente pessimista – sobre os papéis respectivos do acaso e da necessidade, da força bruta e da reflexão, da sorte e do azar, da descontinuidade e da continuidade, no acesso dessa ou daquela personalidade à função suprema. Pragmatismo e fatalismo combinam-se estranhamente, sem prejuízo notável para a potência romana, enquanto as forças unificadoras predominam sobre os fatores de dispersão...
- Um segundo problema nasce da própria estrutura do poder imperial: a onipotência, a sacralidade e o tipo singular de legitimidade de fato que a ele se liga engendram, nos que exercem esse poder e nos que dele fazem parte, uma angustiada reflexão sobre o comando. Sêneca (4 a.C.-65), que foi preceptor de Nero, e Marco Aurélio, que foi imperador de 161 a 180, interrogavam-se – na perspectiva definida pelo estoicismo – sobre a relação do indivíduo com seu destino e sobre o papel que cada um tem na decisão dos eventos. A ideia (originária da filosofia clássica grega e do antigo estoicismo) de um cálculo racional que permite guiar a conduta é substituída paulatinamente por uma doutrina da *dignidade*, que consiste em se conformar com a virtude e em aceitar o destino, a despeito da loucura dos homens e da história.

- O terceiro problema é mais precisamente político. Quanto mais o império se expande, tanto mais se multiplicam os fluxos que o atravessam, tanto mais a *pax romana* torna-se frágil. Pesam ameaças nas fronteiras distantes; os povos recém-conquistados apresentam o permanente risco de se rebelarem. Se permanece em Roma, o imperador abandona suas legiões; se se bate nas fronteiras, perde o controle da rede administrativa. Além disso, a gestão desse imenso conjunto exige um número cada vez maior de pessoas. Os fatores de dispersão tornam-se cada vez mais fortes. O edito de Caracala, que em 212 concede a cidadania a todos os habitantes do Império, não bastará para conjurar os eleitos desintegradores.

É nessa situação que se desenvolve a pregação cristã na bacia do Mediterrâneo. Em 312, o imperador Constantino põe fim às perseguições anticristãs; em 324, ele funda Constantinopla, sua capital oriental; em 337, morre batizado.

INDICAÇÕES BIBLIOGRÁFICAS

Benveniste, E., *Vocabulaire des institutions indo-européennes*, Minuit, 1969, 2 vols.

Cícero, *Des Lois*, Les Belles-Lettres, 1968.

_____, *Des Devoirs*, in *Les stoïciens.*

Dumézil, G., *Mythe et épopée*, NRF, 3 vols., 1968, 1971, 1973.

Grenade, P., *Idéologie de l'imperialisme romain*, Les Belles-Lettres, 1974.

Les stoïciens, textos selecionados por E. Bréhier, NRF, La Pléiade, 1962.

Michel, A., *Les idées politiques à Rome d'Auguste à Marc Aurèle*, A. Colin, col. "U", 1969.

Nicolet, C., *Les idées politiques à Rome sous la République*, A. Colin, col. "U", 1970.

O Monoteísmo: a Cristandade e o Islã

Os dois eventos importantes do primeiro milênio nessa área da civilização são incontestavelmente o êxito político de duas religiões reveladas: a Cristandade e o Islã. Suas visões do mundo, parentes e diversas, irão marcar duradouramente as ideias e os costumes. Uma e outra encontram suas raízes nos textos sagrados do povo judaico, reunidos no que se chamou de *Velho Testamento.* Esses textos têm de original, em comparação com a tradição greco-latina, o fato de afirmarem a preeminência absoluta de um Deus único, pessoal e criador, senhor da Lei; e a queda do homem, que se perdeu por causa dos seus pecados, bem como a possibilidade da redenção, oferecida por Deus em sua bondade aos homens que quiserem escutá-lo. Ao profundo naturalismo greco-latino, esse monoteísmo opõe uma concepção do homem como criatura que mantém com seu criador relações pessoais espirituais e uma concepção da comunidade como sendo fundada não num projeto ético-político, não numa relação jurídica, mas numa aliança religiosa. Disso resultam singulares noções da liberdade e da responsabilidade e, portanto, da ação histórica, que o cristianismo e o Islã irão reativar, cada um a seu modo.

A Cidade de Deus e a Cidade dos homens

Desde seus primeiros séculos, o cristianismo põe – notadamente através de são Paulo, que comenta e ordena a palavra de Cristo – um problema decisivo: o da relação entre o crente e a ordem temporal. "Dar a César o que é de César e a Deus o que é de Deus": fórmula feliz, mas que desconhece os numerosos casos em que o serviço do imperador entra em conflito com o do Criador. São Paulo não deixa de especificar que a obediência civil é uma virtude cristã, assim como a submissão aos dados sociais e naturais. Todavia, no século II, o pensador pagão Celso recrimina duramente os cristãos que recusam se submeter aos deveres que cabem aos cidadãos. O crente está dividido, dilacerado entre a coletividade a que pertence de fato e a comunidade de fé à qual adere: tanto mais dividido quando essa comunidade lhe exige a ação de evangelização. A aceitação santa do martírio, os delírios eremíticos, não podem ser mais do que soluções excepcionais.

A conversão de Constantino parece conter a possibilidade de uma solução para esse problema. Ela limita-se a institucionalizá-la. O liame de fé existente em Roma entre o imperador e o sucessor de são Pedro não implica de modo algum que o poder militar e administrativo se funda com a autoridade espiritual do bispo da cidade sagrada. Essa fusão é tanto menos realizável porque, por um lado, o Império está ameaçado por todos os lados em função da irrupção de povos conquistadores vindos do Leste, e tem de assegurar sua defesa militar; e, por outro lado, porque Roma torna-se o centro da Igreja, instituição que – sendo de natureza espiritual – nem por isso deixa de desenvolver uma administração hierarquizada e de possuir um poder que não pode deixar de se interessar pelas questões temporais. Quando, em 410, o rei visigodo Alarico, convertido à seita cristã de Ário, saqueia Roma, santo Agostinho – bispo de Hipona – compreende que é preciso clarificar a doutrina da Igreja e, para isso, escreve a *Cidade de Deus* (413-427).

Esse texto constitui uma inflexão decisiva do pensamento cristão e marca a cultura europeia. Seu objetivo é apresentar uma história geral da humanidade desde a Criação até o século V, submetendo aos critérios da racionalidade os elementos fornecidos tanto pela história profana (grega e latina) como pelo *Velho* e pelo *Novo Testamento*. O fim visado é estabelecer que, além das vicissitudes da Cidade dos homens, esboça-se um desafio muito mais importante, o da glória de Deus, que se inscreve no devir espiritual da comunidade dos crentes, da Igreja. A criação, o pecado original, a aliança de Deus com o povo judaico, o sacrifício do Messias, a fundação da Igreja são as etapas desse devir sagrado, onde se reconhece a Providência divina, mas da qual cada um participa segundo suas obras de fé, um devir que deve levar à Ressurreição dos corpos e à beatitude. Enquanto o pensamento grego aceita como modelo de temporalidade o ciclo do cosmos, Agostinho define o tempo como história linear que tem um começo – a Criação – e um fim – a Ressurreição dos justos –, que é a própria história da humanidade, concebida – segundo a fórmula de Pascal – "como história de um só homem", feita de eventos inteiramente singulares, e possuindo um *sentido*, ou seja, ao mesmo tempo uma *orientação* e uma *significação*. Desse modo, ele estabelece o esquema, que doravante se tornará característico, das várias filosofias da história, inclusive das mais modernas, que têm a pretensão de ser as mais materialistas e as mais científicas.

Trata-se, para ele, de recordar a cada membro da comunidade cristã sua responsabilidade histórica: para além dos conflitos terrestres e por ocasião desses, importa não apenas trabalhar para a própria salvação, através do respeito às regras cristãs de vida, mas também assegurar, pelo triunfo espiritual da Igreja, a glória do Criador. Desse modo, ele se opõe tanto à concepção greco-romana, que coloca como ideal a constituição e manutenção da cidade feliz e virtuosa, quanto à história profética do *Velho Testamento*, substituindo-as pelo militantismo da fé, esclarecido pelo ensinamento de Cristo e pela busca da máxima inteligibilidade.

A obra dos Pais da Igreja orienta-se na mesma direção. Mais ainda: a determinação do dogma, que permite perseguir as heresias e legitimar as exclusões, abre caminho para o fortalecimento da instituição eclesiástica, a qual – possuindo uma certeza doutrinária – acha-se em condições de definir sua própria legislação interna. O *Direito Canônico* – sistema de enunciados normativos que regula a conduta do pessoal da Igreja e fixa suas relações hierárquicas e seus tribunais – institui no centro da comunidade dos fiéis uma ordem que deve traduzir neste mundo a Lei divina e, por isso, legifera (diretamente ou por diferença) para a totalidade dessa comunidade. Pierre

Legendre (*L'amour du censeur: Essai sur l'ordre dogmatique*, Le Seuil, 1974) vê nessa autoridade – que, em nome do Amor de Deus e dos que o representam, exerce sobre os costumes uma censura rigorosa e aparentemente fundada – a origem formal da concepção do direito e das leis que domina até hoje no Ocidente.

A esse mesmo estado de espírito – que visa a garantir a preeminência da Cidade de Deus – liga-se a fundação, desde o século VI, da ordem dos beneditinos, prelúdio de uma floração que irá se expandir a partir do século XI. As *ordens religiosas*, em particular as contemplativas, formam de certo modo os bastiões do mundo espiritual no seio da realidade temporal. Vivendo em autarquia, obedecendo a suas próprias regras, subtraídas aos tumultos do mundo, essas sociedades têm como missão não apenas testemunhar, mas também orar (*orare*) e trabalhar (*laborare*) – através da investigação das Sagradas Escrituras – para a maior glória de Deus. Na mesma óptica, inscrevem-se as pregações que, do século XI ao XIII, foram suscitadas pelas expedições militares e pelos movimentos populacionais rumo à Sepultura de Cristo, conhecidos como *Cruzadas*. Quaisquer que tenham sido as motivações dessas aventuras coletivas – econômicas e políticas –, elas correspondem também a uma operação do pessoal mais intransigente da Igreja (como são Bernardo de Clairvaux), visando a lembrar que o serviço de Deus e o triunfo de sua Igreja são o primeiro dever dos príncipes.

Essa espécie de "guerra santa" em que se converteram as Cruzadas foi a ocasião para precisar que a *fundação do Islã* no século VII na Arábia, e seu rápido desenvolvimento no Oriente Próximo, no norte da África e até na Espanha, foi também objeto de debates de ordem política, mas diferentes. Com efeito, a ação de Maomé cria simultaneamente um espaço religioso e um espaço político que se entrecruzam, de tal modo que o fato de pertencer à comunidade dos crentes define imediatamente a inserção política. Essa identidade de fundação tem como principal consequência o fato de que não se estabelece uma instituição eclesiástica dotada de um estatuto de autonomia no seio da coletividade, e de que o Islã dos primeiros séculos escapa aos conflitos que – nos regimes cristãos – irão nascer a partir das relações Igreja/poder político/sociedade. Entretanto, precisamente essa situação impõe uma questão crucial, com implicações ao mesmo tempo religiosas e políticas: *quem pode suceder o profeta?* Se a função profética está definitivamente concluída, resta encontrar a figura central capaz de garantir as tarefas militares e administrativas e de realizar a vocação espiritual e universalista do Islã. Para os califas (*khalifat rasûl-Allâh* = sucessor do mensageiro de Deus), a conquista, o proselitismo guerreiro, a *jihad* (guerra santa) constituem a solução.

Ela é a prática coletiva que realiza a missão de persuasão religiosa, que permite libertar os pagãos de sua crença idólatra, de fazer com que as "pessoas do livro" - os judeus e os cristãos - conheçam a própria palavra de Deus, de estender a qualidade de membro da *Umma* (comunidade muçulmana) - reservada originariamente apenas aos árabes - aos convertidos... Nem por isso deixa de ser verdade que, à medida que essa comunidade se estende, os antagonismos políticos, as discórdias quanto à interpretação do *Corão*, a multiplicação efetiva dos poderes militar-administrativos tracem em seu seio diferenciações que anulam praticamente a unidade originária.

Poder espiritual e poder temporal: *auctoritas/potestas*

A concepção agostiniana está na origem da chamada *teoria das duas espadas*, que visa a normalizar, no Ocidente, depois da separação dos dois Impérios, que se torna efetiva no século V, as relações entre a ordem temporal própria dos "reinos" (e, em particular, o que está chamado a suceder o Império Romano) e a ordem espiritual sobre a qual reina o bispo de Roma, o papa. Formalmente, tal como foi exposta pelos papas Gelásio e Gregório, o Grande (540-604), a teoria é cara: somente Deus detém a *plenitudo potestatis*, a potência suprema; todavia, no mundo cá de baixo, feito de espiritualidade e de materialidade, a onipotência delega a dois poderes distintos o cuidado de fazer a ordem divina triunfar:

- ao pontífice, a *auctoritas*, a mais alta dignidade;
- ao rei, a *potestas* temporal.

Cada um é soberano em seu domínio:

- a autoridade do papa em matéria religiosa e eclesiástica é absoluta;
- o poder do rei sobre os seus súditos também o é.

Cada um deles deveria se satisfazer com isso. Mas, se não o quiser, e romper o equilíbrio, tornar-se-á fonte de conflitos.

- se o chefe da comunidade dos cristãos quiser e puder, ele exigirá - em virtude da autoridade religiosa que exerce, inclusive sobre os chefes temporais - que esses sejam reduzidos à função de braço secular da Igreja;
- se um chefe temporal quiser e puder, ele fará pressão sobre o poder espiritual a fim de utilizar sua autoridade para realizar seus apetites de glória e de conquistas.

O coroamento de Carlos Magno em Roma, em 800, realiza essa segunda eventualidade: um monarca piedoso, justo e forte toma em suas mãos o destino da comunidade cristã, que lhe deve obediência porque o pontífice romano assegurou-lhe tal obediência. Todavia, nos séculos seguintes, as rivalidades enfraquecem os poderes temporais e a Igreja afirma sua autoridade administrativa e espiritual; então, é a segunda interpretação que se impõe. O papa Gregório VII humilha o imperador Henrique IV em Canossa (1077). Inocente III e Inocente IV infletem a teoria das duas espadas num sentido que confere a *potestas* ao papado, o qual designa com plena autoridade os executores temporais que lhe convêm. Com efeito, a resistência a Roma virá não dos imperadores, mas dos *reinos*. É enquanto representante de uma comunidade territorial que os chefes temporais irão se opor ao avanço temporal do poder da Igreja Romana. Esses reis valem-se, ao mesmo tempo, dos direitos costumeiros, de origem germânica, e de certos aspectos do Direito romano, para imporem sua autoridade a seus súditos. E o conseguem com tanto mais sucesso na medida em que se afirmam eles próprios como servidores da comunidade.

Esse esboço da formação de poderes "nacionais" a partir do século XI – que é mais marcado na Inglaterra e, depois, na França – irá cedo encontrar legitimações e canais tanto teóricos como empíricos. Entre as primeiras, é significativa a reflexão política de santo Tomás de Aquino (1225-1274). Decerto, ela não tem como objetivo deliberado justificar o poder dos reis. Todavia, contribui de fato – contra o agostinianismo – para dar peso às comunidades estabelecidas. Rompendo com a perspectiva segundo a qual a Cidade dos homens é diretamente de instituição divina e ligada ao pecado original, Tomás estabelece que ela é – na ordem da Criação – um *fato natural*. Se Deus quer que os homens vivam em sociedade, disso resulta que o poder, cujo objetivo é assegurar a *unidade de uma multiplicidade*, é uma questão humana que faz parte do plano mais geral da Providência e não de um desígnio singular de Deus ou de seu representante. Desse modo, a definição do bom poder é uma tarefa exclusivamente da Razão. E se essa indica que tal poder deve respeitar as prescrições divinas, estipula também que é preciso levar em conta o direito inscrito na natureza humana e as vontades da coletividade. É desse modo que atingirá seu fim, o Bem, na medida em que ele é realizável cá embaixo. Tem como tarefa facilitar a cada um a realização das virtudes naturais, deixando à Igreja o cuidado da Salvação Eterna. Para cumprir tal tarefa, enunciará leis adequadas também aos costumes do povo sobre o qual se exerce e se esforçará – na tradição aristotélica e romana, que se liga ao ensinamento de Moisés – por estabelecer uma Constituição mista que combine os méritos da monarquia, da aristocracia e da democracia.

É significativo que o naturalismo moderado de Tomás de Aquino, desenvolvido quando da afirmação dos reinos cristãos no século XIII, convirja – sem que haja a menor filiação – com uma investigação correspondente da cultura islâmica do século seguinte, expressa na obra de Ibn Khaldun, que tem o mérito de acrescentar à consideração da sociedade como fato natural uma reflexão sobre o destino histórico dos povos e das forças que nele se enfrentam. A *Mugaddimah* (1377) e a *História Universal* (1382-1406), alimentadas por conhecimentos enciclopédicos, rompem com o racionalismo abstrato da teoria islâmica; empenham-se em descrever minuciosamente os dados reais a fim de descobrir as relações que os regem. De certo modo, apoiam-se numa concepção do devir social antitética àquela na qual se apoiava o pensamento de Agostinho. A originalidade de Ibn Khaldun reside na elaboração de uma espécie de inteligibilidade experimental, que não deixa de recordar as pesquisas dos sociólogos e historiadores atuais. Segundo ele, a história consiste numa "informação sobre a sociedade humana". E, em completa oposição à teologia, que interpreta o real em função de uma revelação preliminar, retira da observação e do raciocínio sobre os eventos critérios que permitem julgar a respeito da veracidade dos relatos históricos. É o caso, por exemplo, das noções operatórias de *umrân* (*sociedade* por oposição a "Estado", e de *açabiyyah* (*solidariedade, espírito de grupo*). Esse êxito metodológico decerto não é dependente da atividade política de Ibn Khaldun num Islã dilacerado por rivalidades temporais cada vez mais violentas.

Rumo ao Estado laico e à ética profana

Enquanto no seio da ordem cristã o papado afirma incessantemente (por exemplo, com Bonifácio VIII) uma primazia da autoridade espiritual, que implica a subordinação dos poderes temporais, impõe-se nos reinos uma prática jurídica e administrativa que garante a autonomia de um poder que se exerce em virtude de princípios profanos: *o poder real.* Deve-se ver nisso uma ressurgência do Direito romano ou a influência da tradição germânica? Não será o caso, ao contrário, de interpretar o fato como uma invenção dos elementos que estão na origem da modernidade? Muito cedo, na Grã-Bretanha, surgem instituições que tendem a impor uma jurisdição única sobre o conjunto do território real, fundada sobre o que já se deve chamar de "direitos da pessoa"; na França, a partir do século XIII, o rei e os legisladores empenham-se em destruir as cidadelas feudais e religiosas que contestam a preeminência do poder central. Em todo o Ocidente cristão opera-se uma transformação da natureza do poder: os laços pessoais organizados em torno da ideia de suserania são progressivamente substituídos por uma hierarquia jurídico-administrativa centrada num princípio que anuncia a própria noção moderna de soberania. A autoridade real não mais se exerce sobre um patrimônio povoado por populações protegidas ou assistidas, mas sobre um território cujos habitantes possuem cada vez direitos e deveres bem definidos; o próprio monarca, que comanda os seus súditos de modo absoluto, não pode infringir as regras que editou ou com as quais concordou.

Sem dúvida, a tradição feudal, bem como as resistências clericais, retomam incessantemente em seu favor as conquistas dessa primeira configuração do Estado de direito. O extraordinário mérito de Marsílio de Pádua, que publica em 1324 o *Defensor da Paz*, consiste em definir – a partir dessa tendência geral – o que irá ser o Estado laico no sentido do cristianismo, Seu objetivo confessado é, certamente, mais limitado: defender as pretensões ao poder "universal" de um imperador alemão e polemizar contra a teocracia romana; seus princípios e sua argumentação pertencem aparentemente, de modo integral, à óptica tomista. Todavia, o empreendimento é decisivo: em primeiro lugar, ele interpreta num sentido político a definição naturalista da sociedade; a divisão do trabalho tem por fim libertar o homem das necessidades e assegurar-lhe uma vida feliz cá embaixo; a boa organização da existência profana – considerada fundamental – é o objetivo da política. Em segundo lugar, ele considera a sociedade como um *todo* que, enquanto tal, é anterior e transcendente em relação a suas partes: ela pode ser apenas a *universitas civium* – a universalidade dos cidadãos (ou sua melhor parte) –, que tem como função legislar, editar as leis necessárias à manutenção do todo; ela designa em seu seio um *pars principans* – um príncipe (individual ou coletivo) –, que tem a seu encargo a coerção e a gestão. Lançou-se assim o dispositivo teórico que permitirá o advento do conceito político de soberania, ou seja, o conceito moderno do Estado. Paralelamente a essa defesa da autonomia e da unidade radical da sociedade política, Marsílio recusa a autoridade papal: a Igreja não é mais do que um *nome* para designar o conjunto de crentes; não poderia ter um chefe; e os padres, encarregados de preparar os cidadãos para a salvação, dependem do príncipe, tanto quanto os demais cidadãos; e isso nos quadros da lei.

No momento em que se concretiza essa evolução dos reinos, vão surgindo lentamente – a partir das práticas da vida coletiva – noções novas ou renovadas. Assim, a ideia de *universitas* aplica-se não apenas à totalidade dos cidadãos, mas também aos grupos consensuais unidos em torno de uma tarefa e que obedecem a uma mesma regra: do monastério à universidade, da comuna à guilda ou à hansa, constituem-se *corpos* sociais que reivindicam e obtêm o reconhecimento como *personae fictae,* como *pessoas morais.* No interior desses grupos, elaboram-se técnicas de gestão que substituem as hierarquias tradicionais por relações contratuais. Nessa mesma perspectiva, o desenvolvimento do comércio e dos negócios torna indispensável uma moralização da atividade mercantil. O comerciante, como o queria Marsílio, adquire direito de cidadania na medida em que participa do bem-estar comum.

A Cidade profana, que tinha a força, lastreia-se de realidade. Da ordem sagrada que combatia, ela toma de empréstimo – para se afirmar – regras e princípios. Assim, a *plenitudo potestas* tende agora a pertencer ao rei. Os múltiplos abalos do período que se designa como Renascimento irão radicalizar essa orientação.

INDICAÇÕES BIBLIOGRÁFICAS

Arquillière, H.-X., *Saint Grégoire VII*, Vrin, 1934.
Bible de Jérusalem, Ed. du Cerf, 1956.
Blachère, R., *Introduction au Coran*, Maisonneuve, 1947.
Daniélou J. e H.-I. Marrou, *Nouvelle histoire de l'Église*, I-II, Le Seuil, 1962.
De Lagarde, G., *La Naissance de l'Esprit laïque au déclin du Moyen Age*, Ed. Béatrice.
De Vaux, R., *Les institutions de l'Ancien Testament,* I-II, 2ª ed., 1961-1967.
Flávio Josefo, *Guerre des Juïfs,* L. I, Les Belles-Lettres, 1975.
Gilson, É., *La philosophie au Moyen Age*, 2ª ed., 1944.
Ibn Khaldun, *Histoire universelle* (1377-1406), Unesco, Beirute, 1967-1968, 3 vols.
Marsílio de Pádua, *Le Défenseur de la Paix* (1324), Vrin, 1968.
O Corão, Garnier-Flammarion.
Paucat, M., *La Théocratie: l'Eglise et le Pouvoir au Moyen Age,* Aubier, 1957.
Rodinson, M., *Mahomet*, Le Seuil, 1968.
Santo Agostinho, *La Cité de Dieu* (413-27), Desclée de Brouwer, 1959, 5 vols.
Santo Tomás de Aquino, *Du Royaume* (1266), Esloff, 1946.
Villey, M., *La formation de la pensée juridique moderne,* Montchrestien, 1968.

CAPÍTULO II

O Príncipe-Estado

Do príncipe soberano

A partir do início do século XVI, produzem-se transformações que abalam as sociedades da Europa Ocidental. Essas múltiplas e interferentes transformações – o *Renascimento* – envolvem:

a) as realidades históricas e econômicas (extensão e aplicação – prática das descobertas feitas durante a Idade Média; desenvolvimento da civilização urbana, comercial e manufatureira);

b) a imagem do mundo (descoberta do Novo Mundo; revoluções astronômicas de Copérnico e Kepler e física de Galileu);

c) a representação da natureza (o universal medieval dos signos é substituído por uma realidade espacial a conquistar e explorar);

d) a cultura (a redescoberta da Antiguidade greco-romana pelos humanistas suscita um maior interesse pelo homem enquanto dado natural e pelas especulações ético-políticas);

e) o pensamento religioso (a radicalização da contestação do poder e da hierarquia de Roma, esboçada no século XIV por J. Hus, na Boêmia, e Wycliff, na Inglaterra, pelos movimentos que reivindicam cristianismo primitivo e se apoiam em especificidades "nacionais"). Esses abalos e os conflitos que os marcam colocam às práticas e às reflexões políticas problemas que essas vão tentar resolver por meio de invenções que estão na origem da modernidade: entre as mais marcantes, a do Estado como soberania.

Indicação bibliográfica

Huizinga, J., *Le déclin du Moyen Age,* 1948; J. Delumeau, *La civilisation de la Renaissance,* 1967; P. Francastel, *La Figure et lieu,* 1970; A. Koyré, *Du monde clos à l'Univers infini,* 1962; T.S. Khun, *La révolution copernicienne,* 1957; P. Mesnard, *L'essor de la philosophie politique ou XVIe siècle,* 1951.

O Estado como fundação absoluta (Maquiavel)

Quaisquer que sejam as continuidades (ou filiações) ideais entre a Antiguidade e a Idade Média, por um lado, e os tempos modernos, por outro, o "secretário florentino" introduziu uma ruptura decisiva; contra as teorias da sociabilidade natural, contra os ensinamentos da Revelação e os da teologia, ele afirma – porque constata – que, no que se refere às atividades coletivas, o que *é* é o *Estado*. Foi ele quem deu a esse último termo sua significação de *poder central soberano* legiferante e capaz de decidir, sem compartilhar esse poder com ninguém, sobre as questões tanto exteriores quanto internas de uma coletividade; ou seja, de poder que realiza a laicização da *plenitudo potestatis*.

- A política como propriedade natural do homem ou como ordem imposta ao mundo cá de baixo;
- é substituída *pela* política como atividade constitutiva da existência coletiva.

Essa afirmação da originalidade absoluta do Estado e da autonomia do político funda-se no conhecimento que se pode obter tanto das repúblicas e dos principados modernos quanto da história política da Antiguidade. Em seus *Discursos sobre a primeira década de Tito Lívio* (1512-19), Maquiavel deduz os ensinamentos trazidos pelo devir dos romanos, ensinamentos tão sérios quanto os que se pretendem extrair da interpretação dos textos sagrados: há regras que presidem o governo e que têm a mesma natureza das leis que governam o movimento das estações e nada têm a ver com qualquer tipo de dever moral. Ora, a história de Roma – em sua crueza, mas também em sua perenidade e grandeza – revela princípios essenciais: a unidade política, condição da existência social, repousa num *ato* que institui o Estado, ato que é o de um *legislador* que define, de uma vez por todas, o que é justo e o que é injusto, e o pleno exercício do poder. Esse ato de instituição é um *princípio* que deve ser mantido constantemente (ou restaurado prontamente se algum revés da fortuna minimizou a força do princípio); e isso quaisquer que sejam os meios utilizados pelo legislador ou pelo seu sucessor. É preciso observar que o detentor (individual ou coletivo) do poder de Estado, que pode e deve fazer tudo para assegurar tal poder, não pode ser assimilado a um tirano: Maquiavel faz seu o ódio dos romanos pela tirania, que não tem como meta o triunfo do Estado, mas o capricho de quem se apoderou dele.

O príncipe – que se apresenta como uma obra de técnica do governo, composta em 1513, mas publicada mais tarde – organiza-se em torno dos mesmos temas. Maquiavel indaga que conduta deve adotar quem tem como projeto a instauração ou restauração de um principado duradouro, forte, honrado e feliz. Ele se dirige aos Médicis, que acabam de retomar o poder em Florença; mas tem em vista o chefe que assumisse a tarefa de unificar a Itália sob uma mesma bandeira, de libertá-la das invasões estrangeiras e de pôr fim às rivalidades fratricidas. A tradição à qual devemos o uso atual do termo "maquiavelismo" conservou desse texto somente a apologia que nele seria feita da imoralidade indispensável e, por conseguinte, legítima que se liga a toda vontade de poder. A significação de *O príncipe* é de outra amplitude: trata-se, antes de mais nada, de mostrar que – se se quer o poder – é preciso querer a onipotência; que essa exige não apenas um ato de fundação absoluta, mas também uma resolução que não admite nem fraquezas nem compromissos; que as considerações morais e religiosas devem ser afastadas do cálculo através do qual se estabelece ou se mantém o Estado; que as coisas são assim ainda em maior medida porque o príncipe é senhor da legislação, porque define o Bem e o Mal públicos e, por conseguinte, no que se refere às questões públicas, nem ele, nem os cidadãos devem se valer dos "mandamentos" da Igreja ou da tradição moral; que, nessas mesmas questões, a recusa da violência é uma tolice e que, de resto, cabe distinguir a violência "que conserta" daquela "que destrói".

A essas regras gerais – deduzidas dos dois princípios do Estado enquanto potência e de autonomia do político –, Maquiavel aduz aspectos mais técnicos; ele insiste, por exemplo, na incontestável vantagem que constitui para o príncipe um "exército nacional". Mas, sobretudo, põe em evidência a natureza estratégica da atividade política: a *virtù* do príncipe – qualidade de que se refere, ao mesmo tempo, à firmeza de caráter, à coragem militar, à habilidade no cálculo, à capacidade de sedução, à inflexibilidade – tem como inimigos seus adversários, mas também a *fortuna* (o acaso); o príncipe terá sucesso se, sabendo avaliar o "bom momento", conseguir colocá-lo do seu lado. O ensinamento de Maquiavel é pessimista? A expressão "*realista*", decerto, é mais adequada. Retomando as lições dos historiadores gregos e latinos, antecipando Hegel, o florentino constata que, em política, reinam a violência, a astúcia, a vontade de poder; se as coisas são assim, então é melhor pôr essas forças a serviço do Bem público e aprender a conhecê-las a fim de utilizá-las eficientemente como os meios desse fim legítimo. Quanto ao "maquiavelismo" e à misantropia de que Maquiavel foi acusado, será que não significam simplesmente que, quaisquer que sejam suas preferências, o que exerce o poder não encontra o Bem inscrito em nenhuma parte, nem na natureza, nem na sociedade, e que tem diante de si, ao contrário, uma realidade envolvida pelo conflito e pela desordem dos interesses?

INDICAÇÕES BIBLIOGRÁFICAS

Gramsci, A., "Notes sur Machiavel", in *Gramsci dans le texte,* Ed. Sociales, 1975 [ed. brasileira: *Maquiavel, a política e o Estado moderno,* Civilização Brasileira, Rio de Janeiro, 4ª edição, 1982].

Lefort, C., *Le travail de l'oeuvre Machiavel,* Gallimard, 1972.

Maquiavel, N., *Le Prince* (1513), in *Oeuvres,* La Pléiade, 1962 [ed. brasileira: *O príncipe,* in "Os Pensadores", vol.IX, Abril Cultural, São Paulo, 1973, p.7-120].

_____, *Discours sur la première décade de Tite-Live* (1512-19), ibid. [ed. brasileira: *Comentários sobre a primeira década de Tito Lívio,* Editora Universidade de Brasília, Brasília, 1978].

Os dois reinos e a espada temporal (Lutero e Calvino)

Abril de 1517: o teólogo Karlstadt expõe 151 teses de inspiração agostiniana, segundo as quais tudo o que provém da natureza é essencialmente mau e que a salvação depende apenas da ascese individual e da graça de Deus. Outubro de 1517: Martinho Lutero expõe 91 teses, onde denuncia o tráfico de indulgências por Roma, que obtém assim consideráveis ganhos materiais e exerce sobre seus fiéis uma pressão moral iníqua. Começa a Reforma: defendida pelos príncipes cavaleiros alemães, mobilizando um amplo apoio popular, ela irá conquistar a Europa Ocidental e provocar um abalo profundo nas ideias, instituições e sociedades. A inspiração dos reformadores é, ao mesmo tempo, teológica, moral e política.

A argumentação *teológica* funda-se num retorno ao cristianismo primitivo, à palavra do Evangelho e à pessoa de Cristo; denuncia a idolatria romana, que substituiu o amor de Deus pela adoração de imagens e pela prática dos rituais. Relembra o dogma tão firmemente estabelecido por santo Agostinho: a essência da religião é a Fé da criatura em seu Criador; é essa relação profunda e imediata que forma a base da Cidade cristã, que é comunidade de caridade; a ordem da Fé é a própria ordem da Graça divina, que é insondável.

A crítica *moral* toma como alvo a corrupção generalizada do alto clero, mais preocupado com o poder, com o luxo e o bem-estar temporais do que com a piedade e a caridade; que joga com as inclinações naturais dos fiéis para exercer uma dominação que nada justifica e que o leva a competir com os príncipes no emprego da violência material e moral. Essa crítica se desdobra em polêmica política que é de fato uma polêmica contra a Igreja enquanto instituição política. Com efeito, é esse o aspecto empírico do pecado cometido contra o espírito divino: Roma - desconhecendo o ensinamento de Agostinho, intérprete fiel de são Paulo, refletindo ele mesmo sobre o ensinamento dos Textos Sagrados - fez da comunidade cristã uma instituição hierarquizada, submetida ao formalismo jurídico e implicando uma administração (uma burocracia) que tem poder sobre essa comunidade; ela organizou o "Corpo Místico" segundo um modelo legado pelos pagãos e inspirado pelo Diabo. Sendo assim, a corrupção se introduziu no próprio Reino de Deus, corrupção da qual o tráfico de indulgências é apenas uma manifestação banal...

O tema dos dois Reinos e de sua heterogeneidade radical é o eixo do pensamento de Lutero. Ele irá assumir uma significação *política* por ocasião dos levantes populares que se produzem na Alemanha a partir dos anos 1520: no contexto da rebelião contra a Igreja Romana, estimulados por pregadores que se inspiram nas comunidades cristãs primitivas, que levam a recusa do ritual e da administração eclesiástica até a recusa do Sacramento do Batismo, que tem como objetivo a instauração *aqui e agora* do reino de Deus, os camponeses pobres pegam em armas contra a dominação senhorial. Thomas Münzer (1490-1525) - que se pretende discípulo de Lutero - é o porta-voz deles: para compreender o Evangelho, é preciso experimentá-lo em toda intensidade do vivido, não apenas no mais profundo de sua consciência, mas também nos atos. Münzer cria uma nova missa em língua alemã, durante a qual o ensinamento de Cristo é aplicado às situações atuais, já que o pecado de Roma consiste menos em ter feito da Igreja um Estado do que em tê-lo constantemente associado a Estados que tinham como regra a injustiça e a opressão. Em 1524, explode a guerra dos camponeses; em 1525, a insurreição é esmagada e Münzer é executado.

Desde 1523, Lutero fizera conhecer sua posição sobre a revolta num texto "teórico", o *Tratado da autoridade temporal*. Para compreender bem o seu sentido, convém recordar que seu autor - quando foi excomungado, expulso do Império - recebera um apoio ativo, quase militar, dos príncipes e dos cavaleiros alemães. Tanto isso é verdade que, às razões religiosas e morais do sucesso da Reforma, juntam-se causas ligadas ao desejo de garantir a autonomia da religião nacional contra o ecumenismo exangue de Roma. Ora, Lutero afirma a completa separação entre os dois reinos, o de Deus e o do mundo. Essa separação seria tão radical como a que existe entre a Alma e o Corpo na Criação: o primeiro é de liberdade, de graça e de misericórdia; o segundo, de servidão, cólera, rigor e castigo. Enquanto a Alma depende apenas de Deus, o Corpo – envolvido por natureza no pecado – deve ser submetido, contido, punido pela Providência Divina, de acordo com os caminhos por ela escolhidos: a ordem temporal dos poderes. Desse modo, o cristão – cuja alma é livre na graça de Deus – deve obedecer às decisões dos príncipes e aos golpes da história e da sociedade, já que eles fazem parte do castigo da Culpa e fortificam a Alma ávida de salvação. Não se deve resistir à espada dos reis. Salvo num caso: quando esses mandam obedecer ao papa e a seus partidários; nesse caso, eles saem do domínio que lhes é próprio e legiferam em questões que se referem apenas a Deus e à Alma cristã.

"Meu reino não é deste mundo": tomando a palavra de Cristo ao pé da letra, Lutero deixa de certo modo o campo livre para a onipotência do Estado no mundo terreno; confere-lhe o monopólio da decisão e da repressão. Deixa-se ao cristão a possibilidade de intervir pela palavra e pelo exemplo, a fim de que sejam respeitados os mandamentos de Deus e afirmada a força espiritual da comunidade dos fiéis.

João Calvino, em *Instituição da religião cristã* (1536-59), concorda com Lutero em prescrever aos cristãos a submissão à ordem temporal, mas sublinha o papel que devem desempenhar as consciências piedosas no estabelecimento da moralidade pública: reformador de Genebra, quis fazer desta cidade uma Cidade-Igreja, que não é certamente uma teocracia, mas que visa a fazer triunfar nas instituições civis a luz da Fé. Na época das grandes transformações do Renascimento, e no momento em que se afirmam ao mesmo tempo as realidades nacionais e o poder do Estado, a Reforma – com Lutero, Münzer e Calvino – abre com vigor particular um importante capítulo do pensamento político moderno: o das relações entre comunidades religiosas e o Estado convertido em potência laica, capítulo que é frequentemente, ao mesmo tempo, o das relações entre exigências morais e necessidade política.

INDICAÇÕES BIBLIOGRÁFICAS

Bloch, E., *Thomas Münzer, théologien de la Révolution*, Julliard, 1962 [ed. brasileira: *Thomas Münzer, teólogo da revolução*. Tempo Brasileiro. Rio de Janeiro, 1974].

Calvino, J., *Institution de la réligion chrétienne* (1536-60), Genebra, Labor & Fidès, 1955.

Febvre, L., *Un destin: Martin Luther*, 1927.

Lutero, M., *De l'autorité temporelle et dans quelle mesure on lui doit obéissance* (1523), Aubier-Montaigne, 1973.

O Estado em questão (Thomas More, É. de La Boétie)

Enquanto se reforçam no território dos reinos os poderes centrais e vai se especificando (de maneiras contraditórias) a noção de independência da realidade política, vão surgindo dúvidas sobre a significação ética e social desse poder exorbitante.

No próprio espírito do Renascimento, um erudito como Erasmo – em *Instituição do Príncipe cristão* (1516) – interroga-se sobre as qualidades que deve possuir um monarca investido de um poder tão grande e de uma responsabilidade tão ampla; e, dirigindo-se a Carlos V, esforça-se por compor um programa político que combinaria as virtudes evangélicas e as aquisições do novo humanismo.

A *Utopia* de Thomas More, publicada no mesmo ano, é certamente de interpretação demais difícil. Seu autor – investido das mais altas responsabilidades políticas por Henrique VIII da Inglaterra e executado por se ter oposto, em nome de sua fé católica, ao cisma anglicano – renova o modelo platônico da *República* e do *Crítias*. À Cidade desordenada e corrompida, ele opõe a imagem de uma organização racional, fundada numa estrita divisão do trabalho e numa disciplina cívica rigorosa, mas também numa completa igualdade social (a propriedade privada e o dinheiro são proscritos) e política (os cargos são eletivos e a oposição entre o trabalho manual e intelectual é eliminada), assim como na tolerância quanto às opiniões religiosas. É claro que essa descrição da Cidade bem-sucedida é um meio de criticar o estado de coisas existente. Mas o texto manifesta uma tal ironia que o leitor está no direito de perguntar se a utopia também significa o seguinte: vocês reclamam um reino forte, estritamente centralizado e administrado, mobilizando a energia de todos; são estas as condições nas quais um tal reino poderia *também* ser justo e feliz; julguem se as condições são realizáveis; vocês não deixariam de constatar que elas não o são de modo algum. Não será mais razoável renunciar a uma tão louca ambição?

Entretanto, foi a Étienne de La Boétie que coube colocar, num registro mais grave, a questão de princípio. Entre diversos textos, alguns dos quais de grande força, publicados quando das sangrentas guerras de religião e questionando a tirania dos reis, dos príncipes da Igreja e dos senhores da guerra, o *Discurso da servidão voluntária* – escrito por volta de 1549 e reeditado em 1574 pelos calvinistas, sob o título de *Contra um* – distingue-se por sua elevação de tom e por seu radicalismo. Ainda que as circunstâncias históricas sirvam como pano de fundo, La Boétie ousa pôr a questão crucial, que tem sido até hoje apresentada pela maioria dos que (filósofos, teólogos, estrategistas) têm refletido sobre o fato político: *por que existe obediência?* Pergunta-se em geral qual é a origem e a natureza do Poder (ou dos poderes): Deus? A Natureza? A Força? O Povo? A Razão? A Lei do Pai? Ou então qual é o Poder legítimo. E discute-se sobre os méritos e os defeitos relativos dos diversos regimes de governo. Mas admite-se, como se se tratasse de algo óbvio, que existe *o Poder* ou *Poderes*, ou seja, uma instância separada que assegura o comando; deixa-se de lado o fato de que o comando de "alguém" implica a obediência dos outros; e omite-se a questão de saber de onde provém a obediência. Ora, vistas bem as coisas, essa é *impensável*. Por sua natureza, o homem é livre; e o exemplo dos animais que preferem morrer a ser subjugados deveria fortificá-lo nessa disposição; pela linguagem, ele entra em amizade e em sociedade com outros homens: essa sociedade deveria lhe bastar. Mas ele se deixa invadir pela dominação!

Para compreender essa submissão, é preciso evocar o temor do mais forte? Por que centenas de milhares, de milhões de indivíduos se rebaixam a ponto de receber ordens de uma só pessoa? Será correto evocar o interesse? Que interesse pode haver em se deixar saquear, espoliar e subjugar? Será que se impõe uma razão superior? Mas que razão, quando é evidente que as ordens decorrem dos caprichos do soberano e, no caso da imensa maioria, são prejudiciais a ela? Por qualquer ângulo que se tome a questão, ela continua sem resposta.

Para compreender a submissão de todos a um só – *que, no mais das vezes, não é mais do que um nome* –, é preciso supor que a primeira natureza foi substituída por uma segunda natureza, que se deixa fascinar pelo *Um*, que admite que toda sociedade pressupõe um princípio, um ponto transcendente do qual todos e cada um são dependentes. Pois é preciso sublinhar que o *Discurso* de La Boétie não visa a um regime, o despotismo real, mas sim à nova forma política que está se impondo: *o Estado como potência plena*. De certo modo, ele constitui um comentário ao *Príncipe:* pouco importa que o soberano seja odiado, contanto que seja soberano, dizia Maquiavel; ele é – e o é em todos os pontos – odiável, constata La Boétie.

Há uma solução? Só se se acreditasse que a força das palavras pode derrubar uma natureza, ainda que se trate de uma segunda natureza. O *Discurso,* no momento em que se opera a laicização do *Um* como princípio da ordem política, levanta – com um vigor inigualável – o problema que se coloca à reflexão política contemporânea diante do totalitarismo. Ele antecipa uma questão posta por Wilhelm Reich: o que é surpreendente não é que os povos se revoltem, mas sim que *não* se revoltem.

INDICAÇÕES BIBLIOGRÁFICAS

De La Boétie, É., *Discours de la servitude volontaire* (1549), Payot, 1976, seguido de P. Clastres e Cl. Lefort, *La Boétie et la question du politique* [ed. brasileira: *Discurso da servidão voluntária*, Brasiliense, São Paulo, 1982].

Erasmo, *Institution du Prince Chrétien* (1516), in *La philosophie chrétienne*, Vrin, 1970.

More, T., *L'Utopie ou Traité de la meilleure forme de gouvernement* (1516), La Renaissance du Livre, 1966 [ed. brasileira: *A Utopia*, in "Os Pensadores", Abril Cultural, São Paulo, vol.X, 1972, p.159-314].

O Estado como potência soberana (Jean Bodin)

Em 1576, aparecem os *Seis Livros da República*. Seu autor, Jean Bodin, é um erudito, que se apoia numa grande cultura histórica e jurídica, bem como um "togado", que teve funções de legislador e de administrador. Ele se põe uma dupla tarefa: refutar Maquiavel, a quem admira, mas de quem teme as lições de "imoralidade"; e ser o Aristóteles de seu tempo no que se refere à questão política. Sua concepção do homem e da sociedade, embora seja muito sutil, não se caracteriza pela originalidade. Ele está convencido de que a realidade está submetida aos princípios da harmonia – que não respeitam as ações humanas – e que existe um direito natural de origem divina, que recomenda a equidade e o respeito pela pessoa privada –, e isso numa óptica que não é de modo algum muito afastada da de Cícero.

Entretanto, o pensamento de Bodin se impõe por um traço singular, que faz dele – depois de Marsílio de Pádua e de Maquiavel – o iniciador da teoria moderna do Estado (e, de qualquer modo, de sua prática, de certas astúcias que levam frequentemente os teóricos a mascará-la): ou seja, pela definição que ele apresenta do poder político como forma necessária da existência social. Ele não investiga – como Agostinho ou Tomás de Aquino – a origem (divina ou natural) da República; considera secundária a questão do bom regime. Considera que a existência de um poder público unificado e unificante é um dado de fato de toda sociedade histórica; e pergunta sobre o que caracteriza essencialmente esse poder. A resposta é clara e forte: a *potência soberana*, a que se exerce por meio de "um reto governo de vários lares e do que lhes é comum". Esse é o "estado da República", ou para falar brevemente, o Estado.

Deve-se observar, antes de mais nada, que o Estado pressupõe os "lares", ou seja, as famílias; essas estão colocadas sob a autoridade paterna, que está por sua vez colocada sob a autoridade da potência soberana no que se refere às questões públicas. Isso quer dizer que o poder de Estado se exerce sobre "súditos francos" – ou seja, sobre "súditos livres", que não são nem escravo nem servos. O termo "*soberania*" – *majestas* ou *potestas* – deve ser tomado em sua acepção mais rigorosa:

- a potência soberana do Estado é *absoluta:* ela comanda e não recebe nenhum comando; não depende de nada nem de ninguém: nem de Deus, nem da Natureza, nem do Povo; não exige nenhum fundamento: é autossuficiente;
- é *indivisível,* no sentido de que é por essência *una* e, se for delegada, está integralmente em cada delegação;
- é *perpétua*: não poderia sofrer as vicissitudes do tempo e, por essa razão, é transcendente. Em suma, ela *é*: tal como, segundo os teólogos, Deus é.

O Estado é a *sede* da soberana potência, o ponto focal da ordem pública. Essa ordem é definida pelas Leis: essas determinam, segundo a necessidade, as normas da existência social em seu aspecto público; o Estado é senhor de "dá-las e de revogá-las". Do mesmo modo, pertence às suas prerrogativas absolutas declarar a paz e a guerra, dirigir a administração, julgar em última instância e conceder a graça, cunhar moeda e arrecadar impostos. Se essas últimas disposições inscrevem o projeto de Bodin na óptica que já fora a de Filipe, o Belo, a teoria da potência legisladora marca mais profundamente uma ruptura: *em direito,* a lei – como norma – é distinta do direito: é superior ao direito costumeiro, exterior ao direito natural. A *disjunção entre Estado e sociedade* – elemento central da moderna teoria do Estado – está em vias de realização...

Mas quem é esse "detentor" do Estado? Para responder a essa questão, Bodin – ao que parece – retorna à tradição. Ele constata a existência de repúblicas democráticas, aristocráticas e monárquicas. Trata-se de uma volta atrás? O Estado, então, termina por ser dependente? De nenhum modo, se lembrarmos que Bodin distingue entre *potência* e *poder,* entre *Estado* e *governo.* A potência soberana pode ser o Povo, uma parte do Povo ou um Indivíduo: nenhum estatuto misto, ao modo de Cícero ou de Tomás de Aquino, é inteligível. Essa potência que faz as leis decide sobre as modalidades do ou dos poderes. Pois, para se exercer, a potência tem de se encarnar nas instituições empíricas que têm a missão de governar. Essa distinção não foi vista por Maquiavel, o qual, em consequência, submeteu a potência do Estado aos caprichos históricos do Príncipe. O príncipe é abstrato, por definição: é uma *forma* que se realiza nesse ou naquele tipo de governo, cujo destino é temporal. Bodin examina os diversos tipos possíveis de combinação, que vão desde a democracia real (que chamaríamos de *cesarismo*) até a monarquia popular (onde o soberano transfere às instituições populares a missão de governar); ele não oculta sua preferência pela monarquia real, que governa "súditos francos" que podem expressar sua opinião, em oposição à monarquia "senhorial" e à "tirânica". Ele insiste na importância dos hábitos e dos costumes – ligados à "natureza dos povos" – quando se trata dos poderes.

Mas ele não faz concessões no que lhe parece ser o essencial: a absoluta soberania do Estado, princípio necessário e transcendente da sociedade enquanto República.

INDICAÇÕES BIBLIOGRÁFICAS

Bodin, J., *Les Six livres de la République* (1576).

Chevalier, J.-J., *Histoire de la pensée politique*, t.I: *De la Cité-Etat à l'apogée de l'Etat-nation monarchique*, Payot, 1979 [ed. brasileira: *História do pensamento político*, tomo I, Zahar Editores, Rio de Janeiro, 1982].

Mesnard, P., *L'essor de la philosophie politique en XVIe siècle*, Vrin, 1951.

DO FUNDAMENTO DA SOBERANIA: O DIREITO NATURAL E AS TEORIAS DO CONTRATO

A autossuficiência da Soberania postulada por Bodin não deixa de colocar um problema. Se ela confere um estatuto formal aos poderes centrais, tais como se exercem no início da época clássica, deixa na sombra a questão do fundamento e, por isso, abandona à contingência o problema de qual o melhor governo. Ora, nesse final do século XVI e no século seguinte, a interrogação política se torna cada vez mais urgente.

Às dificuldades políticas suscitadas pelos conflitos religiosos, acrescentam-se os problemas levantados pelas profundas modificações experimentadas pelas sociedades europeias: afirmação das realidades "nacionais", o que impõe, por um lado, uma estrita determinação do poder estatal legítimo e, por outro, uma redefinição da ordem "internacional"; alteração profunda das relações sociais devidas às transformações do mercado de trabalho e à nova concepção da existência social que começa a surgir; revolução na imagem da natureza e do homem, engendrada pelos múltiplos progressos da matemática e da física. Quando Descartes escreveu, em 1637, que sua tarefa era tornar o homem "senhor e dono da natureza", enunciou certamente a máxima desse novo estado de espírito...

INDICAÇÕES BIBLIOGRÁFICAS

Derathé, R., *Jean-Jacques Rousseau et la science politique de son temps*, PUF, 1950.
Hazard, P., *La crise de la conscience européenne (1860-1715)*, Boivin, 1934-35, 3 vols.
_____, *La pensée européenne ou XVIIIe siècle*, Boivin, 1945, 3 vols.
Koselleck, R., *Le règne de la critique* (1959), Minuit, 1979.
Mandrou, R., *L'Europe "absolutiste". Raison et raison d'Etat, 1649-1675*, 1977.
Strauss, L., *Droit naturel et histoire* (1959), Plon, 1954.

Grócio, o "Descartes da política": o Estado contratual

A contribuição do jurista holandês, que publica em 1625 (em Paris) o *De jure bellis ac pacis,* refere-se – antes de mais nada – ao direito internacional: nesse livro, ele expõe os elementos de um direito universal que tem como meta definir os princípios que regulam as relações entre Estados soberanos, tanto na paz como na guerra, e, através disso, proteger os indivíduos envolvidos nos conflitos.

Mas precisamente essa preocupação leva Grócio a fundar a universalidade do direito na própria *natureza* do homem; o termo "natureza" é tomado em sua acepção racional, independentemente de qualquer consideração moral ou genérica. O sujeito e a substância do direito é o indivíduo natural, tal como Deus em sua perfeição o criou, e que se conserva, quaisquer que sejam os costumes locais e os direitos positivos particulares. Esse indivíduo é atraído por seu semelhante, independentemente de qualquer carecimento, e é dotado de vontade. Os atributos que são ligados a essa natureza e sobre os quais o próprio Deus não poderia voltar atrás podem ser determinados ou pelo raciocínio, ou pelo exame dos princípios constantes que governaram ou governam as nações. Eles se reduzem a alguns dados simples: o respeito pela vida e pela propriedade; o respeito pela palavra dada e pelos compromissos e contratos, sem os quais não poderia haver sociedade estável; a reparação do dano causado por inadvertência ou má intenção. Assim, Grócio substitui os esquemas organicistas ou comunitários (do *jus gentium* ciceroniano ao "corpo místico" cristão) e as teorias do Ato fundador (de Maquiavel e Bodin) por uma perspectiva que garante a continuidade entre o direito privado –

que as pessoas possuem por causa de sua natureza humana – e o direito público. A sociedade política, efeito da sociabilidade, é uma *realização* da lei da natureza. Mediante um contrato, seus membros decidem voluntariamente delegar a autoridade pública a uma instância soberana e perpétua, que tem como missão garantir a paz e a concórdia. Todavia, nenhuma transcendência faz parte dessa soberania: o jurisdicismo de Grócio assimila de certo modo a sociedade ao Estado; os detentores da soberania são, por contrato, proprietários da autoridade pública, do mesmo modo como os membros da coletividade são proprietários desse ou daquele patrimônio. Se, por sua conduta, eles deixam de ser identificáveis à vontade da coletividade, então o contrato é rompido e a resistência dessa última é legítima.

INDICAÇÃO BIBLIOGRÁFICA

Grócio, H., *Du droit de la guerre et de la paix* (1625), 1865, 3 vols.

Thomas Hobbes: o Deus mortal e seus limites

Se o que liga Grócio à modernidade consiste, no essencial, no papel central que atribui ao indivíduo, a relação de Hobbes com seu tempo é muito mais estreita: filósofo, sua concepção política se articula com sua ontologia e essa se inspira diretamente na nova física e em seu mecanicismo. As teorias do movimento e do corpo que ele expõe levam-no a compreender o homem como uma *máquina natural* submetida ao estrito encadeamento de causas e efeitos, tendo como propriedades – igualmente naturais – *desejar* e *agir*, ou seja, *deliberar* e se *mover* em função desse dado primeiro que é o *desejo*. O homem, individualmente corporal, é fundamentalmente *potência*: esse é o ponto de partida do *Leviatã*, publicado em 1651.

Assim, no *estado de natureza* – quando abstraímos, como mais tarde o explicará J.-J. Rousseau, o que a sociedade lhes trouxe –, os homens, dispersos, são potências movidas pelo desejo, não limitados por nada (são integralmente livres), a não ser pela incapacidade material, na qual podem se encontrar, de satisfazer esse desejo. Nesse mesmo estatuto – que exclui toda ideia de sociabilidade (benevolente) e de harmonia com o meio –, ele experimenta, enquanto máquina sensível, sentimentos entre os quais predominam a inveja e o medo, em particular o medo de sofrer e de morrer. Desse modo, se a ordem natural – ordem mecânica – é a "lei dos lobos", disso resulta que o estado de natureza é, ao mesmo tempo e contraditoriamente, plena liberdade – aquém de todo direito – e terror constante: *ele é inviável.*

Nessa óptica – realista e que, em nome da física dos corpos, elimina qualquer consideração de ordem moral –, nada no estado de natureza prepara o estado de sociedade: esse, que não é de instituição divina ou de inscrição natural, tem de ser produto de um *artifício*. Vemos assim que Th. Hobbes funda no próprio Estado essa *autonomia do político* que Marsílio de Pádua pressentia, que Maquiavel justificava por meio de "provas históricas", que Jean Bodin deduzia: a ordem política não pode ser senão o produto de uma decisão coletiva que engendrará um *artefato*. Dado que o estado de natureza é insuportável, dado que o desejo de poder e o desejo de viver (e de viver em paz) se contradizem, então surge a capacidade deliberativa própria ao homem que comanda de construir uma instância superior, cujo fim é impor uma ordem que elimine a violência natural, que substitua a guerra de todos contra todos pela paz de todos com todos...

Ao grande mal, deve-se responder com o grande remédio: para pôr fim à violência nascida do exercício de potências por definição ilimitadas, só pode ser eficaz uma potência que não conheça limites. Isso significa, em palavras claras, que a instauração da sociedade política – *commonwealth*, *civitas* –, do Estado, pressupõe que os cidadãos, de comum acordo, despojem-se integralmente de sua potência individual e a transfiram para a autoridade pública.

A *soberania* una e indivisível do Estado é *ilimitada*: o contrato que a estabelece não a sujeita a nenhuma obrigação, salvo a de assegurar a tranquilidade e o bem-estar dos contratantes. Temos aqui o deus mortal, o *Leviatã,* esse monstro da lenda fenícia que é evocado pela Bíblia para dar a imagem de uma força corporal à qual nada resiste. Dessa feita, a laicização completa da *plenitudo potestas* dos teólogos realiza-se na própria noção do Estado.

A ordem política põe fim à luta de vida ou morte: isso só ocorre na medida em que os membros da coletividade consentem em reconhecer a absoluta soberania de uma "pessoa moral" que exerce seu *poder* por meio de decisões das quais só ela é responsável e de leis que ela impõe como princípios necessários da organização da República. Esse é o sentido do *fiat* que institui o Estado: pôr a morte do lado da mecânica natural e construir – em todas as suas peças – uma lógica da existência coletiva que preserve a vida. Tal como em Bodin, trata-se de uma lógica e não de uma teoria do bom governo: ainda que Hobbes manifeste uma preferência pessoal pela monarquia, ele não toma como problema decisivo o tipo de regime que encarne a soberania, contanto que esse a exerça com rigor. Pois, diferentemente de Bodin nesse ponto, ele não distingue entre a essência (ou a forma) da soberania –

a potência ou majestade – e seu exercício empírico – o poder ou governo. É certamente essa "confusão" que lhe valeu a acusação de ser o arauto do absolutismo real, o que ele não é de modo algum: a análise dos direitos e dos deveres da instância suprema deixa isso bastante claro.

Na verdade, o Leviatã – quer seja monárquico, oligárquico ou democrático – só tem direitos: desde quando instituído, não pode ser contestado de nenhum modo pelos que o instituíram (a minoria tem de se submeter à maioria); ele é "juiz do que é necessário para a paz e a defesa dos súditos ... e das doutrinas que convém lhes ensinar"; detém "o direito de editar regras de tal natureza que cada súdito saiba o que lhe pertence, de modo que nenhum outro súdito possa lhe tirar o que é seu sem cometer injustiça"; o de "ministrar a justiça em todas as suas formas"; o de "decidir sobre a guerra e a paz ... e de escolher todos os conselheiros e ministros, tanto na paz quanto na guerra"; o de "retribuir e castigar, e isso ... a seu arbítrio", bem como o de "atribuir honras e hierarquias" (p.187).

Hobbes está tão consciente do caráter exorbitante dessas disposições que ele faz notar que, por mais repressivo que seja, "o poder soberano é menos prejudicial do que a ausência de um tal poder" (p.190).

Essa alternativa não deixa de parecer com a que Platão propôs na *República*: submeter-se à reta filosofia ou decidir pela injustiça do "bom prazer". De qualquer modo, esse deus é mortal: o caso mais banal de seu desaparecimento é sua destruição por um outro poder soberano; mas ele também morre, a despeito dos comandos que impõe e da coerção que exerce, se for incapaz de realizar a missão para a qual foi instituído, que é a de garantir a segurança dos seus súditos e suas liberdades privadas, tais como foram definidas pelas leis civis.

Pois, apesar do seu rigor e de sua extensão, o pacto que o institui não poderia fazer com que os indivíduos perdessem o que pertence à natureza deles. Se é verdade que esses só têm as liberdades de conduta autorizadas pelo Estado, também é verdade que – quaisquer que sejam as ordens do soberano – eles alienam sua liberdade de pensamento, renunciam à defesa do seu próprio corpo e aceitam "fazer mal a si mesmos" ou fazer mal a outros somente se julgarem que isso é útil, como, por exemplo, na guerra (p.230-1). Essas limitações não fazem parte da ordem do direito, mas dos dados de fato. Ademais – e essa é uma evidência sobre a qual Hobbes não crê necessário insistir –, está implícito na lógica do conjunto que o Estado é senhor do espaço público, como o é para definir a extensão desse espaço, mas que subsiste um espaço privado importante, onde pode se exercer a liberdade dos súditos. Também nesse caso, estamos diante de um fato:

> Nos casos em que o soberano não prescreveu regra, o súdito tem liberdade para fazer ou se abster, conforme julgue ser bom. Também essa liberdade é em certos casos mais extensa, em outros mais restrita, maior em determinado momento e menor em outro, conforme os detentores da soberania julguem ser mais vantajoso (p.232).

A concepção política de Th. Hobbes é muito mais sutil do que pode parecer à enunciação de seus princípios iniciais. Tomando como ponto de partida uma concepção individualista e realista do homem, recusando previamente qualquer pressuposto moral, ela se empenha em conjurar o que, para ela, é o maior dos males: a guerra civil. Para fazê-lo, analisa as condições graças às quais instaura-se uma ordem política estável. E a condição primordial é que a coletividade deseje a instituição de um princípio soberano onipotente e consinta em obedecer às leis civis e às decisões que são impostas pelo poder que encarna a soberania. Resolvida assim a questão política do bom entendimento e da tranquilidade na República, os súditos poderão livremente se entregar às atividades que julgarem capazes de lhe trazer a salvação e a satisfação empírica.

Essa concepção contém ao mesmo tempo uma resposta e um projeto: uma resposta – estritamente política – aos problemas que foram e continuam a ser postos pelas guerras nascidas dos conflitos religiosos nos reinos da Europa Ocidental; um projeto – que leva em conta transformações que afetaram as condições da produção agrícola e manufatureira, o comércio e o mercado de trabalho –, o de uma sociedade que, tendo resolvido mediante uma lógica estrita a questão de sua *forma* política, deixaria aos indivíduos o cuidado de regular suas vidas privadas e de usar livremente as próprias capacidades.

INDICAÇÕES BIBLIOGRÁFICAS

Hobbes, T., *Léviathan. Traité de la matière, de la forme et du pouvoir de la République ecclésiastique et civile* (1651), Sirey, 1971 [ed. brasileira: *Leviatã*, in "Os Pensadores", Abril Cultural, São Paulo, vol.XIV, 1974.

Macpherson, G.B., *La théorie politique de l'individualisme possessif de Hobbes à Locke* (1962), Gallimard, 1971 [ed. brasileira: *A teoria política do individualismo possessivo de Hobbes até Locke*, Paz e Terra, Rio de Janeiro, 1979].

Manent, P., *Naissances de la politique moderne, Machiavel, Hobbes, Rousseau*, Payot, 1977.

Polin, R., *Politique et philosophie chez Hobbes*, PUF, 1952.

"Uma filosofia política galileiana"[1] (Spinoza)

O pensamento político de Spinoza está contido em dois textos breves, o *Tractatus theologico-politicus* (publicado em 1670) e o *Tractatus politicus* (obra inacabada e póstuma). Todavia, sua influência no Século das Luzes foi considerável, ao mesmo tempo que indireta. Pois é o conjunto da doutrina que, por sua coerência e força demonstrativa, germina nos espíritos livres: esses a utilizam – secretamente, já que Spinoza é um autor maldito, que não é citado a não ser para denunciar o seu caráter diabólico, e cujas obras circulam às ocultas – para combater as tradições religiosas e os poderes que apelam para o direito divino.

A eficácia do spinozismo no domínio das ideias políticas decorre do fato de que ele apresenta um sistema, a *Ética* (obra também póstuma) – que é ao mesmo tempo ontologia, teoria do conhecimento, da paixão e da ação –, a qual funda rigorosamente a ideia de que a conduta, tanto individual como coletiva, é uma questão não de fé religiosa, não de crenças morais, não de arranjos empíricos, mas de *estrita racionalidade*, da racionalidade usada pelos matemáticos e físicos em suas pesquisas.

Aparentemente, o *Tratado teológico-político* é um livro de exegese bíblica. De fato, seu objetivo é fundar a distinção entre o domínio da fé e o domínio da razão, assim como estabelecer – contra Hobbes, entre outros – o fato de que, numa Cidade organizada em função do que é útil aos que a constituem,

> deve ser concedido a cada um pensar o que quiser e dizer o que pensa (ed. Garnier-Flammarion, 1975, p.336).

Ele mostra que uma leitura da Bíblia que vise a extrair a verdade nela contida deve se ater ao próprio texto, empreender sua crítica histórica e excluir os procedimentos interpretativos que recorrem a um *sentido* exterior ao texto, que se afirma ser fruto de uma revelação e que não passa de produto da imaginação. De resto, a interpretação serve pouco à fé; e as "verdades" que ela descobre não têm nenhum interesse para o homem religioso que quer a piedade e a salvação (ibid., p.254):

> Nem a Escritura deve se curvar à Razão, nem a Razão à Escritura.

---

[1] Título dado por Marianne Schaub à sua contribuição consagrada a Spinoza na *Histoire de la philosophie*, dirigida por F. Châtelet (Hachette, 1973, tomo III [ed. brasileira: *História da Filosofia*, Zahar Editores, Rio de Janeiro, tomo 3, 1974]).

A teologia e a filosofia são reinos separados: a última é verdade e sabedoria, a primeira é piedade e obediência. Disso resulta que a aplicação da teologia às questões políticas tem como consequência desenvolver o espírito de submissão em detrimento do espírito de liberdade.

Pois, no curso do trabalho, Spinoza desenvolveu uma teoria do direito natural e notou que "ninguém sabe, por natureza, que é obrigado a obedecer a Deus; tampouco se sabe isso através de um raciocínio qualquer" (ibid., p.271). E, de acordo com Hobbes, ele afirmou que *todo homem como ser natural, é desejo e potência*; mas, separando-se dele, Spinoza constata que nada exterior, nenhuma outra potência, poderia limitar ou abolir o direito natural soberano do desejo. O direito político não pode ser senão uma continuação do direito natural. E ele é uma continuação precisamente na medida em que aparece ao indivíduo que pode ser útil à satisfação de suas paixões "viver segundo as leis e injunções da razão, as quais tendem unicamente ao que é realmente útil aos homens" (ibid., p.236). Portanto, jamais poderia haver um contrato ou pacto que implicasse a renúncia da potência individual: o reconhecimento de uma instância superior é, por assim dizer, sempre contingente e provisório; ele resulta de um cálculo racional; e, "desaparecida a utilidade, o pacto desaparece ao mesmo tempo e torna-se algo sem força" (ibid., p.265).

Essa assimilação do direito à força - que se inscreve na demonstração realista e determinista da *Ética* -, essa afirmação da continuidade entre o desejo e a razão (o sábio não é menos apaixonado do que o insensato), essa definição do homem como irredutível potência individual, levam Spinoza a definir a "ciência política", no *Tratado político,* como uma *aplicação* da racionalidade galileiana. A originalidade da análise consiste em apresentar uma física da sociedade política. Essa física, liberada das perspectivas morais e que exclui todo finalismo e todo antropomorfismo, considera a sociedade como um corpo feito de um conjunto de corpos individuais, como um corpo que possui também uma individualidade. A utilidade para o indivíduo de pertencer à sociedade é dupla: por um lado, isso aumenta sua potência ao conjugá-la com outras potências no seio da potência aumentada em quantidade e em complexidade que é própria do conjunto; por outro lado, a articulação do mecanismo do desejo com o da lei civil pode se efetuar nesse conjunto de tal modo que seja assegurada a eficaz conjunção no indivíduo da potência e da ordem racional. Pois o Estado não tem absolutamente como meta suprimir as paixões ou reduzi-las pela obediência: sua função consiste em modificar seus efeitos no sentido da utilidade comum, mediante procedimentos calculados.

As discussões relativas aos bons ou maus regimes são abstratas, na medida em que ignoram o determinismo natural. No fundo, o regime importa pouco: o que conta é que ele implique o maior número possível de indivíduos "envolvidos" na atividade legislativa, judiciária, administrativa. Essa é a garantia de um Estado duradouro e forte; esse é também o meio de orientar os interesses particulares no sentido da utilidade coletiva e de fazer com que a força das paixões participe da potência humana. Se o mérito de uma forma de governo é avaliado de acordo com o número cada vez maior de cidadãos associados à gestão da ordem política - e *cidadãos* aparece aqui como algo *oposto* a *súditos* -, se o direito político realiza efetivamente o direito natural, então a sociedade assim organizada se afirmará como uma sociedade de liberdade, não só de pensar, mas também de empreender, de construir, de comerciar: não em função de um fim exterior, mas porque a atividade sem entraves é a afirmação do homem e da razão.

INDICAÇÕES BIBLIOGRÁFICAS

De Lacharrière, R., *Études sur la théorie démocratique, Spinoza, Rousseau, Hegel, Marx*, Payot, 1963.

Spinoza, *Traité théologico-politique* (1670), *Traité politique* (póstumo), in *Oeuvres complètes*, La Pléiade, 1954 [ed. brasileira: *Tratado político*, in "Os Pensadores", Abril Cultural, São Paulo, vol.XVII, 1973, p.313-72].

Direitos naturais e sociedade política (John Locke)

No horizonte da reflexão spinozista, delineia-se a revolução física, mas também a República dos Países Baixos, fervilhante de discussões político-religiosas e já empenhada na modernidade comercial e manufatureira. A obra política de John Locke é contemporânea da segunda revolução inglesa (1689), da queda definitiva do regime de direito divino e da instauração de uma espécie de monarquia constitucional; como as de Hobbes e de Spinoza, ela se inspira no espírito novo que se baseia apenas na luz natural e na experiência; como elas, leva em conta as transformações ocorridas a partir do século anterior no mercado de trabalho e na estrutura da propriedade e do comércio. Mas, se refuta vivamente John Filmer, teórico do absolutismo real de direito divino, a teoria lockiana é também inteiramente contrária ao "contrato de submissão" que, segundo Hobbes, institui o Leviatã.

Filósofo que desenvolve uma teoria do conhecimento fundada num empirismo moderado (todos os conhecimentos provêm da experiência, mas também da capacidade reflexiva do entendimento humano que a ela se aplica), Locke baseia sua investigação política numa concepção dos direitos naturais que não deixa de lembrar Grócio. No *estado de natureza* - expressão que, em Locke, indica por vezes, como em Hobbes e depois em Rousseau, um conceito limite, e, outras vezes, um período histórico primitivo, que pode ser encontrado entre os índios da América, por exemplo ("o estado de selvageria", segundo Rousseau) -, *os seres* criados por Deus *são livres:* livres as terras, livres os animais, livres os homens... Para os homens, que foram criados de tal modo que são capazes de conhecer, de expressar seu pensamento e de trabalhar, essa liberdade inscreve como um direito natural (ou originário) a possibilidade de dispor de sua vida e de suas palavras como lhes convém, e de caçar os animais e de ocupar um território em que possam trabalhar para sobreviver. São iguais uns aos outros, na medida em que não existe entre eles nenhuma diferença natural que autorize um a limitar a liberdade do outro. Formam assim famílias e realizam - conforme suas conveniências - as trocas que julguem proveitosas. Nesse estado, fazem-se promessas mútuas a fim de melhor regularem suas vidas, promessas que são naturalmente obrigados a respeitar, já que, sem tal respeito, o uso da promessa perde qualquer significação. Eles decidem também sobre signos - a moeda -, graças aos quais as trocas de bens são facilitadas. Desse modo, as pessoas não mais se atêm, em particular no que se refere à ocupação do território, aos poucos acres de terra necessários à sobrevivência de uma família. A sociedade dos homens torna-se mais complexa e surgem cada vez mais numerosos riscos de *conflito.*

Os conflitos mais notórios e mais prejudiciais têm como origem os atentados ao direito que cada um tem de dispor de sua vida, de se apropriar dos bens livres e de exigir o respeito aos compromissos assumidos. Decerto, aquele cujos direitos foram lesados pode legitimamente punir o culpado e obrigá-lo a reparar o prejuízo causado. Mas, independentemente do fato de que esse procedimento apresenta o risco de engendrar uma sequência indefinida de violências, ele é empiricamente inaplicável: como Locke observa, os ladrões e os desonestos são, em geral, mais robustos e mais astuciosos do que o comum dos proprietários. Portanto, é conveniente que os que desejam a plena realização dos princípios do direito natural, ou seja, o livre desenvolvimento de cada um, *entrem em sociedade* e instituam uma instância que tem como fim organizar essa sociedade segundo regras comuns e usar os meios adequados para aplicá-las.

Desse modo, os proprietários – a propriedade das terras, dos instrumentos, do capital não é, segundo Locke, senão uma extensão natural da livre disposição que o homem tem sobre seu corpo e sua atividade, ou seja, sobre seu trabalho – reúnem-se e entram em acordo para *definir o poder público encarregado de realizar o direito natural.* Esse poder é soberano, no sentido de que os que o instituíram, e na medida em que ele atue segundo seu fim, são obrigados a obedecer-lhe e a lhe prestar apoio. Três são suas tarefas: legislador, ele fixa as regras de exercício da soberania – as leis orgânicas do Estado ou sua Constituição – e define as leis que formam o direito público e o direito privado, tendo como perspectiva aplicar os direitos de natureza às particularidades empíricas da sociedade; juiz, ele pune as faltas contra a lei e se empenha no sentido de fazer com que reine a ordem de justiça que decorre desses mesmos direitos naturais, requisitando a força pública a fim de que tenham efetividade as punições e sejam reparados os prejuízos; governante, ele toma decisões sobre a guerra e a paz e as medidas administrativas exigidas pela salvaguarda da coletividade, a segurança dos cidadãos e a proteção de suas livres atividades.

O pacto de instituição do poder público, do Estado, é muito diferente do que Grócio imaginava e do que Hobbes prescrevia. O primeiro pensa num contrato que liga os cidadãos entre si, por um lado, e, por outro, tais cidadãos enquanto coletividade e a instância suprema; o segundo o concebe como cessão integral que obriga os súditos e não implica nenhuma obrigação por parte do Estado. Locke tem uma posição diversa na medida em que, em sua opinião, a sociedade enquanto tal – no estado de natureza – possui a capacidade de se organizar de modo harmonioso, sem que haja necessidade de recorrer à ordem política. O que impõe a instauração dessa ordem é a *impotência* a que se encontra reduzida uma tal sociedade quando sua organização natural é ameaçada por inimigos internos e externos. Os direitos naturais não têm força: é indispensável constituir um poder que os enuncie e formalize – que lhes dê *força de lei* – e que imponha sua efetividade (mediante a coerção).

Portanto, o princípio-Estado é necessário – com seu aparelho legislativo, judiciário, policial e militar –, mas é uma forma vazia. Os cidadãos-proprietários decidem sobre a natureza do corpo legislativo e do governo e sobre quais são os que, dentre eles, merecem a confiança para realizar suas tarefas. Portanto, é deles que depende o regime, que durará enquanto servir ao bem público. Se o Estado fracassasse em sua missão e contrariasse os direitos naturais, seria um dever dos cidadãos desencadear a "insurreição sagrada" e formar governos decididos a fazer do Estado um poder ao serviço das liberdades inscritas em cada indivíduo.

A obra política de John Locke teve uma influência considerável na intelectualidade europeia. Voltaire será seu ardente propagandista. Sua clareza, sua concisão, mas também sua moderação e sua preocupação com a experiência comum fizeram dela o instrumento por excelência da luta contra a tirania religiosa e política. As duas declarações dos direitos do homem – a norte-americana, de 1787, e a francesa, de 1789 – inspiram-se diretamente nessa obra. Muitas fórmulas das diversas Constituições da Primeira República são tomadas dela. Com o *Segundo Tratado do Governo Civil* (1690), John Locke apresentou a fórmula liberal do Estado moderno, potência soberana e legisladora e unidade de uma multiplicidade de "súditos francos", assim como Hobbes – 40 anos antes – apresentara sua fórmula autoritária.

INDICAÇÕES BIBLIOGRÁFICAS

Hill, Ch., *Le monde à l'envers (les idées radicales au cours de la révolution anglaise)* (1972), Payot, 1977.

Locke, J., *Deuxième traité du gouvernement civil* (1690), Vrin, 1967 [ed. brasileira: *Segundo Tratado sobre o Governo*, in "Os Pensadores", Abril Cultural, São Paulo, 1973, vol.XVIII, p.37-137].

Potin, R., *La politique morale de John Locke,* PUF, 1960.

O Estado e o conflito

De Maquiavel a Locke, a maioria dos teóricos políticos – quer procedam a uma constatação, quer se proponham um programa – reconheceram no Estado, princípio soberano e unificador da existência social, a instância graças à qual – contanto que o Estado "seja conhecido como deve ser conhecido", segundo o enunciado de Hegel, e que o poder que ele implica seja corretamente exercido – podem ser reduzidos, ou mesmo eliminados, os conflitos que opõem os indivíduos (ou grupos) entre si, e, portanto, que assegura a paz civil e regulamenta do melhor modo possível os antagonismos entre os reinos. Todavia, em diferente medida de acordo com o país, duas realidades se impõem, sobretudo depois do final do século XVI. Por um lado, concluindo um movimento muito antigo, reino e nação tendem a se fundir, de tal modo que as partes envolvidas nas questões da política, do direito, do governo, tornam-se cada vez mais numerosas: o tempo da senhoria e do aparelho senhorial foi definitivamente superado. Por outro lado, essas sociedades "nacionais" são cada vez mais profundamente animadas, em função das transformações dos aparelhamentos materiais e ideais e das mentalidades, por um dinamismo próprio; as sociedades como tais – independentemente de suas instituições religiosas e de suas estruturas jurídico-políticas – são tomadas como objeto de reflexão. As teorias políticas não podem ignorá-las: as relações Estado/Sociedade irão constituir o tema principal do pensamento político do século XIX (cf., mais adiante, o cap. III). Mas, desde o século XVIII, essa presença da sociedade sob suas modalidades históricas, econômicas, morais ou culturais é um novo fermento da investigação política.

Montesquieu: "... a natureza das coisas ..."

Filósofo moralista, historiador e teórico político francês, Montesquieu irá exercer uma influência tão considerável quanto paradoxal nas Assembleias Constituintes revolucionárias francesas. De sua reflexão sobre o *espírito* das leis, ele induz uma nova classificação dos regimes políticos, ao cabo da qual o governo *moderado,* onde é assegurada uma *separação dos poderes,* revela-se a única solução institucional da *liberdade política.* O método comanda um projeto. Mas qual? Para alguns, Montesquieu – apesar de suas nostalgias feudais – toma resolutamente partido pelo liberalismo; para outros, o barão de La Brède tornou-se objeto de uma recuperação revolucionária por causa de um mal-entendido: destinado a preservar os privilégios da nobreza, sua teoria política e jurídica foi desviada de seu significado a fim de ser posta a serviço da "causa do povo", ou, pelo menos, do Terceiro Estado burguês.

Montesquieu se esforça no sentido de revelar o espírito das leis, ou seja, a mais forte curva da relação entre variáveis diversas concretas e relativas que fazem e desfazem as leis humanas. Pois, se "todos os seres têm suas leis", tanto a divindade como o mundo material, a humanidade tem suas leis próprias:

> Examinei inicialmente os homens e supus que, nessa infinita diversidade de leis e de costumes, eles não eram movidos unicamente por suas fantasias. Coloquei os princípios e observei os seus casos particulares se dobrarem como que por si mesmos; as histórias de todas as nações serem apenas suas consequências; e cada lei particular aparecer ligada a uma outra lei, ou depender de uma outra mais geral.

Como todas as leis, as leis humanas são

relações necessárias que derivam da natureza das coisas.

Mas, sendo assim, as leis humanas – dotadas de estrutura própria – não poderiam ser derivadas ou deduzidas das leis divinas. A lei perde seu caráter de ordem ou mandamento; liberta-se de toda transcendência e de toda "essência"; não é mais do que uma relação imanente aos fenômenos humanos. Ainda que Montesquieu seja, nesse sentido, considerado como "o primeiro dos sociólogos" (Raymond Aron), importa compreender que ele permanece um filósofo racionalista:

> A lei, em geral, é a razão humana, enquanto essa governa todos os povos da Terra; e as leis particulares e civis de cada nação não devem ser mais do que os casos particulares em que se aplica essa razão humana. Elas devem ser tão próprias ao povo para o qual foram feitas que só por um grande acaso as de uma nação podem ser adequadas a outra. É preciso que elas se relacionem com a natureza e o princípio do governo que foi estabelecido ou que se quer estabelecer, quer elas o formem (como é o caso das leis políticas), quer elas o mantenham (como é o caso das leis civis). Elas devem se relacionar com o elemento físico do país, com o clima frio, quente ou temperado, com a qualidade do terreno, com sua situação, com sua extensão, com o gênero de vida dos povos, lavradores, caçadores ou pescadores; devem se relacionar com o grau de liberdade que a Constituição pode suportar; com a religião dos habitantes, com suas inclinações, suas maneiras. Finalmente, têm relações entre si; têm relações com sua origem, com o objeto do legislador, com a ordem das coisas sobre as quais são estabelecidas.

A Razão humana "não cai do céu"; ela é induzida da observação da realidade social.

As leis mantêm relações com a natureza e com o princípio de cada governo: a teoria da lei exige uma nova classificação dos regimes políticos. Os governos podem ser distinguidos a partir de sua *natureza*, ou seja, a partir dessa estrutura particular que define o modo de detenção e de exercício do poder, mas também a partir de seu *princípio*, ou seja, desse conjunto de paixões específicas que remete aos costumes e à comunicação humana. Pois "há essa diferença entre a natureza do governo e seu princípio: que sua natureza é o que o faz *ser* tal e seu princípio é o que faz *agir*. Uma é sua estrutura particular; e o outro são as paixões humanas que o põem em movimento". Desse modo, portanto, as leis não devem ser "menos relativas ao princípio de cada governo do que à sua natureza"; mas o princípio é a base fundamental e o motor que determina, já que "a corrupção de cada governo começa quase sempre pela dos princípios".

Levando-se em conta a interdependência entre a natureza e o princípio, "há três espécies de governo: o republicano, o monárquico e o despótico".

• O regime *republicano* se caracteriza pelo fato de que o poder é detido pelo povo (sua natureza) e que nele reina a virtude (seu princípio), entendida, no sentido político (amor pela *res publica*), virtude constantemente solicitada, através de diversos meios (educação cívica, censura, economia autárquica), por um regime cuja sorte é condicionada por ela. Conforme a detenção da soberana potência caiba a todo o povo ou apenas a uma parte do mesmo, o regime republicano tem forma *democrática* ou *aristocrática*. Montesquieu considera a forma aristocrática como superior, pois

> o povo é admirável para escolher a quem deve confiar uma parte de sua autoridade .... Mas saberá conduzir uma questão, conhecer os lugares, as ocasiões, os momentos, aproveitar-se deles? Não, não o saberá.

Mas, de qualquer modo, o regime republicano é uma forma superada, simples sobrevivência histórica condenada por causa do aumento dos Estados modernos.

• Em troca, o regime *monárquico* é aquele no qual um só (o rei) governa através de leis fixas e estabelecidas (sua natureza) e que condiciona a honra (seu princípio). A natureza do governo monárquico estabelece uma ligação necessária, essencial, entre monarquia e nobreza: a detenção do poder por um só não basta; o modo de exercício *através de leis* supõe a existência de poderes intermediários subordinados e dependentes;

> "as leis fundamentais supõem necessariamente canais médios por onde corre a potência, pois – se não houver no Estado nada mais do que a vontade caprichosa e momentânea de um só – nada poderá ser fixo e, por conseguinte, nenhuma lei fundamental"; ora, "o poder intermediário subordinado mais natural é o da nobreza. Em qualquer caso, ela faz parte da essência da monarquia ...". A nobreza está implícita também no próprio princípio do regime monárquico: "O governo monárquico supõe ... preeminências, hierarquias e inclusive uma

> nobreza originária. A natureza da *honra* consiste em demandar preferências e distinções; portanto, por sua própria natureza, ela se situa nesse tipo de governo. A ambição é perniciosa numa República. Tem bons efeitos na monarquia; dá vida a esse governo ... ."

A honra é um princípio fácil, que a nobreza produz como que involuntariamente; sua vaidade ou seu egoísmo a impelem para o esforço. Já na República, a virtude é de certo modo forçada. Portanto, há interesse em conservar os privilégios da nobreza, a fim de beneficiar-se com seus efeitos.

• O regime *despótico* caracteriza-se também pelo governo de um só (sua natureza); mas, já que

> os homens são nele todos iguais, não se podem preferir uns aos outros; já que os homens são nele todos escravos, nada pode ser preferido ..., e "como é preciso haver virtude numa República e honra numa monarquia, é preciso haver o *temor* num governo despótico" (seu princípio).

Desse modo, a significação teórica e política de uma tal classificação é clara. Como corretamente escreve Paul Vernières, "Montesquieu substituiu uma tripartição fundada em categorias numéricas por uma nova tripartição temporal: o passado, o presente e o *longínquo*".[2] O despotismo é o perigo futuro da monarquia, caso essa – cedendo às pressões do povo – separe-se de uma nobreza que é a única a lhe permitir governar segundo leis. A *crítica do despotismo* é exemplar; mas, agindo como uma advertência aos reis, ela libera a nobreza de qualquer responsabilidade. Blandine Barret-Kriegel avalia exatamente as consequências disso: "Assim, o filósofo desenraíza o despotismo de nosso solo e o expatria para a Pérsia, a Turquia ou a China; retira-o de nossa genealogia para deportá-lo inteiramente para a civilização oriental. É dessa erradicação que procede a emigração das imagens do poder absoluto, agora votado – até a ressurgência dos Estados totalitários – ao exotismo e à xenofobia ... . Se esquecermos que Montesquieu participa do esforço geral da filosofia senhorial no sentido de negar os deméritos da senhoria e de dissociar a crítica do despotismo da crítica da dominação feudal, o filósofo apresenta o risco de nos desviar do caminho. A crítica do Estado-déspota, com efeito, não passa de um engano quando dissimula – sob os véus do harém – o elmo senhorial."[3] Todavia, é esse enfoque que leva Montesquieu a

---

[2] Paul Vernières, *Montesquieu et l'Esprit des Lois ou la Raison impure*. Paris, 1977, p.65.
[3] Blandine Barret-Kriegel, *L'Etat et les esclaves*, Paris, Calmann-Lévy, 1979, p.32-3.

preconizar, como solução institucional para a crise, a adoção de um governo moderado, onde a separação dos poderes torna-se a garantia indispensável da liberdade política.

A lição só tem sentido se se evita confundir a liberdade política com o poder do povo, se se compreende que a *liberdade política* é indissoluvelmente ligada à *lei*:

> É preciso ter em mente o que é independência e o que é liberdade A liberdade é o direito de fazer tudo o que as leis permitem; e, se um cidadão pudesse fazer o que elas proíbem, não teria mais liberdade, porque os outros teriam também esse poder.

A liberdade política, portanto, pode se encontrar apenas num governo onde o poder seja moderado porque *limitado*:

> É uma experiência eterna a de que todo homem que tem poder é levado a abusar do mesmo; ele vai até o ponto em que encontra limites .... Para que seja impossível abusar do poder, é preciso que, pela disposição das coisas, o poder freie o poder.

A moderação do poder, por conseguinte, depende de uma certa "distribuição" das forças, que resulte da razão e não do acaso:

> Para formar um governo moderado, é preciso combinar as potências, regulamentá-las, temperá-las, deixá-las agir; ou, por assim dizer, dar um lastro a um para torná-lo capaz de fazer com que o outro desista; é uma obra-prima de legislação, que o acaso raramente opera e que raramente é confiada à prudência. Um governo despótico, ao contrário, salta por assim dizer à vista; ele é uniforme por toda parte: como bastam as paixões para estabelecê-lo, qualquer um serve para isso.

O regime inglês assume, então, a figura de modelo; daí o famoso Livro XI de *O espírito das leis*, que trata da "Constituição da Inglaterra", sem que seja prejudicada a coerência de conjunto do raciocínio. Montesquieu distingue três espécies de poderes que ele chama de *potências*: a potência legislativa, a potência executiva e a potência de julgar. E afirma claramente que

> tudo estaria perdido se o mesmo homem, ou o mesmo corpo de principais e nobres, ou do povo, exercesse esses três poderes: o de fazer leis, o de executar resoluções públicas e o de julgar os crimes e as disputas entre particulares.

Pode-se dizer que a potência de julgar é "invisível e nula", na medida em que não põe nenhum problema de alocação: ela não é dada a um "senado permanente" e "teme-se a magistratura e não os magistrados". Em troca, as duas outras potências são partilhadas por três forças: o povo, a nobreza, o monarca. Essa partilha deve obedecer a certas regras; a potência legislativa é confiada, por um lado, a um corpo de representantes do povo, de *representantes*, pois sua grande vantagem "é que eles são capazes de discutir os problemas; o povo, por si mesmo, não é absolutamente capaz de fazê-lo"; por outro lado, aos representantes da nobreza, que não podem ser confundidos com o povo, pois – caso contrário – "a liberdade comum seria sua escravidão e eles não teriam nenhum interesse em defender". "A parte que lhes cabe na legislação deve ser proporcional às outras vantagens que têm no Estado: o que ocorrerá se eles formarem um corpo que tenha o direito de frear os atos do povo, assim como o povo tem o direito de frear os deles." Essas duas partes se ligam entre si pela faculdade recíproca de *impedir*. Ambas serão vinculadas pela potência executora, confiada ao monarca, mas também ela vinculada pela potência legisladora, na medida em que a Constituição lhe dá os meios, se não de estatuir, pelo menos de também impedir. Desse modo, a potência se distribui na harmonia e na moderação; na *colaboração* dinâmica e não na separação impotente: "Essas três potências deveriam formar um repouso ou uma inação. Mas como, pelo movimento necessário das coisas, elas são obrigadas a se mover, serão forçadas a se mover de modo concertado."

Uma certa tradição jurídica francesa faz de Montesquieu o inventor do princípio da separação dos poderes, nos moldes, por exemplo, em que tal separação será "teorizada" por Sieyès em seus discursos de 2 de termidor do ano III. Confundir Montesquieu com Sieyès está no limite da aberração. Charles Eisenmann, de modo irrefutável, corrigiu esse erro de interpretação: "Longe de apresentar a doutrina contida em *O espírito das leis*, a interpretação que a faz proceder da ideia da separação dos poderes desfigura-a completamente, dando dela uma imagem inteiramente alterada, quase uma caricatura." Montesquieu prega o sistema do acordo mútuo das potências na não confusão dos poderes, a fim de que as três forças políticas principais não possam, nenhuma delas, abusar do poder. Mas o abuso do poder não tem significação jurídica (não se trata de conter o poder num estrito limite legal), mas significação política: "Abusar do poder, segundo sua ideia, consiste em exercê-lo de modo excessivamente unilateral. Portanto, não abusar dele é usá-lo para uma política, através de medidas que levem em conta a multiplicidade e a diversidade dos interesses e das concepções que estão presentes na sociedade. A moderação, assim entendida, é a linha média, a resultante da composição de forças; é o compromisso ... ." A teoria jurídica prolonga aqui a análise política e social: os constituintes revolucionários censuraram essa por desviar aquela em seu proveito.

INDICAÇÕES BIBLIOGRÁFICAS

Althusser, L., *Montesquieu, la politique et l'histoire,* PUF, 1959, reed. "Quadrige", 1981.

Aron, R., *Les étapes de la pensée sociologique,* Gallimard, 1966.

Barret-Kriegel, B., *L'Etat et les esclaves,* Calmann-Lévy, 1979.

Eisenmann, Ch., "L'Esprit des Lois et la séparation des pouvoirs", in *Mélanges Carré de Malberg,* 1933.

Montesquieu/Charles de Secondat. Barão de La Brède e de/ (1689-1755), *L'Esprit des Lois* (1748) [ed. brasileira: *Do espírito das leis,* in "Os Pensadores", Abril Cultural, vol. XXI, 1973].

Troper, M., *La séparation des pouvoirs et l'histoire constitutionnelle française,* LGDJ, 1973.

Vernières, P., *Montesquieu et l'Esprit des Lois ou la Raison impure,* 1977.

Política da economia política (Adam Smith)

O desenvolvimento da vida urbana, do tráfico comercial nacional e internacional, da produção manufatureira (da qual alguns setores já são mecanizados), da atividade bancária, assim como a transformação das relações sociais e as migrações populacionais concomitantes a esses movimentos, impõe a insistente presença do *econômico* nos reinos da Europa Ocidental a partir do final do século XVII. De imediato, a arte de bem gerir o patrimônio familiar ou a técnica para encher de ouro os cofres do rei, dos senhores e dos mercadores transformam-se em *economia política.*

Ora, é significativo que, quando os fundadores do saber econômico chamado de clássico definem o objeto de suas investigações, tomem como moldura dos atos econômicos (produção, circulação, consumo de bens) o território "nacional" do reino: é assim que procedem Quesnay, principal cabeça da escola fisiocrática, em seu *Tableau économique de la France* (1758), e Adam Smith, em suas *Investigações sobre a natureza e as causas das riquezas das nações* (1776). Assim, a ordem econômica – isolada por abstração – figura agora, ao lado da ordem religiosa, da ordem política, da estrutura jurídico-administrativa e militar, dos costumes e do "natural" da população (ou de suas elites), como elemento constitutivo do que logo irá ser designado como

Estado nacional (no sentido estrito). David Ricardo – reagindo ao impacto econômico das guerras napoleônicas – mostrará, pouco depois, em que essa ordem é determinante nas relações internacionais.

A relação existente entre a nova ciência econômica – que, fiel ao espírito do tempo, esforça-se por descobrir princípios explicativos universais – e a teoria política – que se empenha em definir a organização política legítima – é dupla. A escola fisiocrática testemunha claramente essa dualidade: em um primeiro nível, pragmático, ela buscou os meios de remediar a pobreza do Estado, a miséria da nação, indicando as ações que deveriam ser empreendidas; mas, em um segundo nível, a partir das leis científicas que ela julgou descobrir, induziu a ideia do bom governo, conforme à "natureza das coisas". Nessa óptica, os fisiocratas – concluindo, a partir de suas investigações, que somente o trabalho da terra aumenta realmente a quantidade de bens, já que utiliza a maravilhosa "produtividade" da natureza – propõem a instituição de um *reino agrícola*, cuja base é a propriedade fundiária. Desse modo, poderá ser edificada uma sociedade livre, que deixe cada um empreender o que lhe for conveniente; a busca da riqueza pelos indivíduos é a garantia do bem-estar da coletividade. Todavia, para que as leis da natureza e as da natureza humana possam funcionar harmoniosamente, é preciso que sejam garantidas a *segurança* da propriedade e a *liberdade* empresarial. Se o governo deve se abster de intervir nas questões econômicas, tem de ser despótico quanto à defesa dos bens, à livre circulação das mercadorias, à vigilância e à punição dos que pretenderem entravar o curso natural das coisas. Pois a *polícia* – outro nome para designar a ordem política – deve ser tão inflexível quanto a ordem natural.

Embora creia também na harmonia, Adam Smith extrai de suas reflexões econômicas consequências políticas inteiramente diversas. A razão consiste no fato de que sua investigação sobre a atividade produtiva se funda num exame empírico realizado de modo inteiramente diferente: enquanto os fisiocratas se contentam em pôr o problema econômico apenas do ponto de vista da produção de bens de subsistência – e, por isso, desqualificam a atividade manufatureira, que transforma sem nada criar –, Adam Smith toma como ponto de partida a *divisão do trabalho* e *a troca*. Nessa óptica, a riqueza de uma nação é medida pela massa de bens que são nela produzidos, trocados e capazes de ser exportados. Um bem que pode ser trocado é uma mercadoria. Desse modo, para dar uma avaliação mais precisa, é preciso medir o que forma *o valor de uma mercadoria*. Decerto, pode-se responder que esse valor provém de sua utilidade – de seu *uso*. Mas a experiência comercial e industrial mostra que se trata, nesse caso, de um fator contingente: o que é relacionado na troca entre mercadorias é o investimento e o trabalho que foram *necessários* à produção dessas mercadorias. *O capital,* criado inicialmente pela poupança e aumentado por meio dos lucros comerciais, e o *trabalho* posto em operação num país, constituem as causas da opulência desse país, opulência que se refere a todas as coisas da sociedade: um e outro acrescentam valor à natureza e são os fermentos do que logo após irá ser chamado de "civilização".

Adam Smith completa essa análise - cujo poder conceitual funda a economia política como disciplina objetiva - mediante considerações que põem em evidência a autorregulação que caracteriza um tal sistema: a *lei do valor*, quando seu funcionamento não é entravado por nada, implica que o empresário (capitalista) busca as atividades benéficas à sociedade (e que elimina as produções parasitárias) e que os trabalhadores trabalham mais e melhor para melhorar suas condições. Numa tal perspectiva, o bom governo é aquele que, não intervindo de nenhum modo na ordem econômica, protege a propriedade e o capital, faz com que reine uma ordem graças à qual cada um será livre de dispor livremente de sua atividade laboriosa, garante a regularidade e a aplicação dos contratos privados e garante a força da nação a fim de que ela possa desenvolver suas capacidades comerciais.

David Ricardo, em *Princípios da economia política e da tributação* (1817), não se acomodará tão facilmente ao princípio de autorregulação de Smith e sublinhará a existência de contradições; Sismondi, logo após, chegará mesmo a negar esse princípio da autorregulação. Isso não anula o fato de que, doravante, as considerações econômicas - quer levem a reduzir a importância do político ou, ao contrário, demandem uma *outra* política - passam a fazer parte integrante da reflexão sobre o Estado e o governo.

INDICAÇÕES BIBLIOGRÁFICAS

Quesnay, F., *Tableau économique de la France* (1758), PUF, 1958.

Ricardo, D., *Principes de l'économie politique et de l'impôt* (1817) [ed. brasileira: *Princípios da economia política e da tributação*, col. "Os Economistas", Abril Cultural, São Paulo, 1982].

Smith, A., *Recherches sur la nature et les causes de la richesse des nations* (1776), Gallimard, col. "Idées", 1976 (extratos) [ed. brasileira parcial: *Investigação sobre a natureza e a causa da riqueza das nações*, in "Os Pensadores", Abril Cultural, São Paulo, 1974, vol.XXVIII, p.7-247].

Soberania e vontade geral – o povo (Rousseau)

A obra de Jean-Jacques Rousseau (1712-78) deu lugar a uma multiplicidade de interpretações ainda hoje das mais contraditórias: Filósofo das Luzes, cujos princípios combate; teórico dos direitos naturais, que não poupa sarcasmos à Escola do Direito Natural; promotor de uma revolução liberal, cujas taras descreve antecipadamente; individualista empenhado em construir os fundamentos do coletivismo totalitário: uma certa tradição universitária não terá terminado por apagar as ambiguidades, as contradições, os sofismas de Rousseau? E uma certa tradição política não terá passado de uma rejeição horrorizada à tentativa de recuperação mais incoerente? Uma tradição institucional, finalmente, não o terá incorporado à República burguesa, mas ao preço de algumas censuras?

Da desigualdade

Desde 1754, refletindo sobre as fontes da desigualdade entre os homens e polemizando assim sobre a *natureza* humana, Rousseau advertiu seus contemporâneos para a grande heterogeneidade das teses que precederam a sua; e tentou denunciar esse "erro comum" aos teóricos do direito natural, que "transportaram para o estado de natureza ideias que haviam tomado da sociedade"; que falavam do homem selvagem enquanto retratavam o homem civilizado. Ele tenta assim adverti-los para sua aversão a todo primitivismo naturalista: "É preciso destruir as sociedades, esmagar o teu e o meu e voltar a viver nas florestas com os ursos? Uma consequência à maneira de meus adversários, para a qual tanto gostaria de chamar a atenção como de deixar para eles a vergonha de tirá-la." Em vão e durante séculos, pois esse mito do bom selvagem resta misteriosamente preso às premissas de seu pensamento político.

Rousseau percebe originariamente duas espécies de desigualdade:

- a primeira, natural ou física, devida à diferença de idade, de saúde, da força corporal ou das qualidades do espírito, em nada lhe interessa, já que não poderia fundar nenhuma organização social;
- a segunda, moral ou política, parece estabelecida com o consentimento dos homens, após uma espécie de convenção, e é a única que merece ter sua origem e seu processo descritos.

Já que ela não é "natural", seu segredo pode residir nessa *defasagem* entre o estado de natureza e a civilização. Mas o estado de natureza não é mais do que uma hipótese teórica, uma operação do espírito, um postulado da razão. "Comecemos por afastar todos os fatos", proclama Rousseau contra Grócio e contra todos os que, pretendendo sempre estabelecer o direito pelo fato, não poderiam empregar um método que fosse "mais favorável aos tiranos", já que ele leva apenas a eternizar *o que é*, e, por conseguinte, à desigualdade. A natureza humana, a que interessa a Rousseau, exclui inclusive o instinto de sociabilidade: "Tudo parece afastar o homem selvagem da tentação de deixar de sê-lo."

A sociedade civil ou política também nada deverá à *Necessidade*: ela nasce de uma sequência de acidentes. Entre esses, o agrupamento das famílias, que se expande na idade de ouro das comunidades patriarcais; mas também o aparecimento da divisão do trabalho e desta propriedade que nada deve à natureza:

> O primeiro que, tendo cercado um terreno, cuidou de dizer "isto é meu" e encontrou pessoas suficientemente simples para acreditar nele, foi o verdadeiro fundador da sociedade civil. Quantos crimes, guerras, assassinatos, misérias e horrores não teria poupado ao gênero humano aquele que, arrancando as estacas ou enchendo o fosso, tivesse gritado a seus semelhantes: 'Defendam-se deste impostor; vocês estarão perdidos se esquecerem que os frutos são de todos e que a terra não pertence a ninguém'.

Se se pode falar de história, ela é bem pouco linear, mistura progresso e decadência, já que "foram o ferro e o trigo que civilizaram os homens e perderam o gênero humano". De acidente em acidente, a *sociedade* muda de *natureza*:

> Desde o instante em que um homem sentiu necessidade do socorro de outro, desde que se percebeu ser útil a um só contar com provisões para dois, desapareceu a igualdade, introduziu-se a propriedade, o trabalho tornou-se necessário e as vastas florestas transformaram-se em campos aprazíveis que se impôs regar com o suor dos homens e nos quais logo se viu a escravidão e a miséria germinarem e crescerem com as colheitas.

O pacto iníquo

Ameaçados em sua segurança, os homens são levados a consentir numa certa "organização" política, a firmarem um certo "contrato social": "Unamo-nos para defender os fracos da opressão, conter os ambiciosos e assegurar a cada um a posse do que lhe pertence ... . Em vez de voltar nossas forças contra nós mesmos, reunamo-nos num poder supremo que nos governe segundo sábias leis, que protejam e defendam todos os membros da associação, expulsem os inimigos comuns e nos mantenham em concórdia eterna." Assim, é fundada a sociedade política, com base num contrato tão sábio e refletido quanto *iníquo*, porque deu "novos entraves ao fraco e novas forças aos ricos", porque fixou para sempre – para *garanti-la* – a desigualdade entre os homens. Portanto, é inútil polemizar sobre a lei do mais forte ou sobre a autoridade paterna; é errar de argumento e, portanto, de adversário. A luta contra o despotismo exige, preliminarmente, essa compreensão do político; e, se é difícil convencer os homens a se revoltar, isso se dá porque, na origem, eles não se lançaram na escravidão por capricho; porque "todos correram para seus grilhões, *acreditando assegurar sua liberdade*"; porque não viram que as vantagens relativas e provisórias da segurança que esse contrato lhes proporcionava os levavam irremediavelmente à alienação de sua liberdade.

O homem pode denunciar esse pacto iníquo? Sim, certamente, porque ele provou, pelo menos, que a origem do poder é humana, convencional, artificial; e o que o homem fez, pode desfazer; nenhuma necessidade exterior e transcendente impõe ao homem uma ordem imutável. A principal obra de Rousseau, o *Contrato Social,* propõe aos homens firmarem finalmente um pacto legítimo que lhes permita reconquistar a liberdade, "encontrar uma forma de associação que defenda e proteja a pessoa e os bens de cada associado com toda a força comum, e pela qual cada um, unindo-se a todos, *só obedeça contudo a si mesmo*". Rousseau não diz de modo algum que é preciso reencontrar uma natureza perdida; não propõe nenhuma "fuga para trás" e não cede a nenhuma nostalgia de paraísos perdidos: já que "a natureza não retroage", é preciso encontrar os princípios de direito político de uma comunidade verdadeira, na qual a tensão entre o individual e o coletivo resolva-se na equação entre o poder e a liberdade.

O contrato social

O problema é insolúvel? Podemos conceder a Rousseau o mérito de colocá-lo sem tergiversações. Esse contrato social legítimo nada tem de um contrato de governo, já que, "antes de examinar o ato pelo qual um povo elege um rei, seria bom examinar o ato pelo qual um povo é um povo". Não se trata de um contrato estabelecido entre indivíduos, mas do contrato de cada um consigo mesmo e que transforma cada indivíduo num "cidadão". As cláusulas desse contrato reduzem-se todas a uma só: "a saber, a alienação total de cada associado, com todos os seus direitos, à comunidade". Desse modo, o objeto do contrato se realiza: "Imediatamente, esse ato de associação produz, em lugar da pessoa particular de cada contratante, um corpo moral e coletivo, composto de tantos membros quantos são os votos da assembleia, e que, por esse mesmo ato, ganha sua unidade, seu *eu* comum, sua vida e sua vontade."

Rousseau não estará incorrendo aqui em flagrante delito de "sofisma"? Não confundirá superstição e liberdade para se devotar às superstições majoritárias? Quanto ao primeiro ponto, pode-se objetar que a *alienação total* permite a *liberdade total,* na medida em que ela evita transpor para a sociedade política nova os estigmas da desigualdade preexistente. Assim, "cada um, dando-se a todos, não se dá a ninguém; e, não existindo um associado sobre o qual não se adquire o mesmo direito que se lhe cede sobre si mesmo, ganha-se o equivalente de tudo que se perde, e maior força para conservar o que se tem". A liberdade só é submissão porque a submissão é voluntária e igual para todos e porque torna a liberdade *moral*; liberdade moral que "é a única a tornar o homem verdadeiramente senhor de si; pois o impulso apenas do apetite é escravidão, enquanto a obediência à lei que se prescreveu para si mesmo é liberdade". A primeira questão, portanto, resolve a segunda: a igualdade supõe a unanimidade, a primeira convenção (aquela que faz de um povo um povo) exclui qualquer princípio majoritário: "Onde estaria, a não ser que a eleição fosse unânime, a obrigação do menor número de se submeter à escolha do maior? E por que cem que desejam um senhor têm o direito de votar por dez que não o desejam? A lei da pluralidade dos sufrágios é em si mesma um estabelecimento convencional e supõe, pelo menos uma vez, a unanimidade." Desse modo, o Corpo Político – objeto do contrato social – não resulta da adição das vontades particulares: ele se confunde com a *vontade geral* tal como essa resulta da alienação total de cada indivíduo e, portanto, de sua liberdade, que não é mais do que a capacidade que ela possui de fazer com que sua vontade geral domine sobre sua vontade particular.

A vontade geral dá "a existência e a vida do corpo político: a soberania é seu exercício e a legislação, seu movimento".

As características da soberania

É a vontade geral que indica as características gerais da soberania: ela é *inalienável*, indivisível, infalível, absoluta.

A primeira característica é fundamental e leva Rousseau a afastar o regime representativo: os Constituintes revolucionários que assimilaram a teoria rousseauniana da lei esqueceram (?) que essa só tem sentido em relação com essa condenação prévia, enunciada em termos pouco equívocos:

> Afirmo, pois, que a soberania, não sendo senão o exercício da vontade geral, jamais pode alienar-se; e que o soberano, que é apenas um ser coletivo, só pode ser representado por si mesmo. O poder pode ser transmitido; não, porém, a vontade.

E Rousseau insiste nas consequências de uma tal proposição:

> Os deputados do povo, portanto, não são nem podem ser seus representantes: são apenas seus comissários; não podem resolver nada definitivamente. Toda lei que o povo não ratificou pessoalmente é nula; não é absolutamente uma lei. O povo inglês pensa ser livre, mas engana-se fortemente; só o é durante a eleição dos membros do Parlamento; tão logo esses são eleitos, ele é escravo, não é nada.

Quanto à segunda característica que Rousseau atribui à soberania, ela irá desencadear inúmeras controvérsias constitucionais: a soberania é *indivisível* porque "a vontade ou é geral ou não é; ou é a vontade do corpo do povo ou é somente a de uma parte. No primeiro caso, essa vontade declarada é um ato de soberania e faz lei; no segundo, não passa de uma vontade particular ou de um ato de magistratura; é, no máximo, um decreto". E Rousseau ironiza os partidários de uma divisão dos poderes, comparando-os a esses "charlatães do Japão", que fingem esquartejar uma criança, jogando para o alto os seus membros para depois fazê-la cair viva e unida diante dos espectadores.

A soberania é ainda *infalível e absoluta;* infalível, porque a "vontade geral é sempre justa e tende sempre à utilidade pública"; absoluta, porque, "assim como a natureza dá a todo homem um poder absoluto sobre todos os seus membros, o pacto social dá ao corpo político um poder absoluto sobre todos os seus". No que se refere a essas duas características, surgem novamente inúmeros contrassensos, a partir do momento em que se confunde vontade geral com vontade majoritária; mas o próprio Rousseau tem a preocupação de precisar que as "deliberações do povo" nem sempre têm a retidão da vontade geral, que "a generalização da vontade resulta menos do número de votos do que do interesse comum que os une"; e, sobretudo, que o absolutismo do poder soberano tem... *limites*, os mesmos que o tornam absoluto por meio do contrato social e que dizem respeito à igualdade dos indivíduos: se o poder soberano tentar romper essa igualdade, se ele *der mais encargos a um súdito do que a outro*, a questão se torna *particular*; não mais estaremos diante do exercício de uma vontade geral; tal poder, portanto, não é mais nem soberano, nem absoluto...

A lei

O mesmo ocorre com essa "expressão da vontade geral", *a lei*, que dá ao corpo político o próprio movimento que o conserva. A lei, que define a generalidade de seu objeto, é certamente obra do Povo. Mas *como*? – ousa insistir Rousseau, a quem sempre se criticou este ceticismo: "Como é possível que uma multidão cega, que frequentemente não sabe o que quer, pois raramente sabe o que é bom para ela, executaria por si mesma um empreendimento tão gigantesco, tão difícil como é um sistema de legislação? ... . A vontade geral é sempre justa, mas o julgamento que a guia nem sempre é esclarecido ... . Os particulares veem o bem que recusam; o público quer o bem que não vê. Todos precisam igualmente de guias." Rousseau, que funda toda soberania na Razão, sabe que o homem é capaz de irrazão: donde a necessidade de um legislador, nem soberano, nem governante, simples conselheiro em matéria de razão, remédio para a ausência de deuses, pois "seriam necessários deuses para dar leis aos homens ...; mas nem todo homem é capaz de fazer com que os deuses falem, nem são acreditados quando anunciam ser seus intérpretes".

O ceticismo de Rousseau é ainda maior quando trata do povo e de seu governo. Assim, ele multiplica os conselhos de "conveniência", pregando, por exemplo, uma boa proporção entre a extensão do território e o número da população, a fim de tornar o povo apto para a legislação. Quanto ao governo, "erradamente confundido com o soberano" (já que ele é apenas o comissário, o ministro, o funcionário desse último), pode ser democrático, aristocrático ou monárquico; mas essas denominações referem-se apenas à forma do poder executivo e jamais à fonte da soberania. As três formas de governo apresentam vantagens e inconvenientes, mas – qualquer que seja a forma adotada – é preciso ter em mente que a inclinação natural de todo governo é tornar-se independente do soberano: "Assim como a vontade particular age incessantemente contra a vontade geral, do mesmo modo o governo faz um contínuo esforço contra a soberania ... ."

O *Contrato Social* deixa algum modelo positivo para o uso de constituintes empenhados em estabelecer uma legislação política? A lição de Rousseau é mais sutilmente irônica: quem, ensinando o direito, fala melhor sobre o fato, mas revela as razões de se revoltar, legitima apenas as revoltas da Razão.

INDICAÇÕES BIBLIOGRÁFICAS

Cassirer, E., *La philosophie des Lumières* (1932), Fayard, 1966.

Derathé, R., *Jean-Jacques Rousseau et la science politique de son temps*, PUF, 1950.

Lardreau, G., *Le singe d'or*, Mercure de France, 1973.

Rousseau, J.-J., *Discours sur l'origine de l'inégalité parmi les hommes* (1756): *Le Contrat social* (1762), in "La Pléiade" [eds. brasileiras: *Discurso sobre a origem e os fundamentos da desigualdade entre os homens* e *Do contrato social*, in "Os Pensadores", Abril Cultural, São Paulo, 1973, respectivamente p.207-326 e 7-151].

O sujeito moral: história e liberdade (Kant)

Tal como Descartes, Immanuel Kant - fundador, em final do século XVIII, do criticismo filosófico - não escreveu um Tratado de política. Todavia, sua obra interessa à reflexão sobre o Estado e sua organização de uma dupla maneira: diretamente, por um lado, na medida em que suas análises que incidem sobre a moral, os costumes, o direito e a história definem conceitos que têm implicação política; indireta e talvez mais profundamente, por outro lado, na medida em que sua concepção filosófica do conhecimento e do saber, da *prática* - termo que significa, para ele, *a ação que institui a ordem da moralidade* - e dos fins últimos do homem influir duradouramente no pensamento político moderno, tanto pelas perspectivas metodológicas que abriu como pelos resultados que permitiu adquirir.

A importância desse segundo aspecto - que pode ser visto, entre outros exemplos, na influência de Kant em trabalhos tão diversos como os de Léon Bourgeois e Max Weber - decorre do fato de que ele soube levar em conta, ao mesmo tempo, o progresso das ciências na era clássica e os efeitos culturais e morais da transformação das sociedades. Na *Crítica da Razão Pura* (1781), Kant desenvolve uma teoria do conhecimento que estabelece a objetividade (ou seja, a universalidade e a necessidade) das fórmulas do matemático e dos enunciados do físico; mas essa só pode ser estabelecida por meio da experimentação; desse modo, ele funda o estatuto das ciências modernas. Mas nega a essas últimas o direito de se constituírem em saber capaz de enunciar as propriedades do Ser-em-si, já que – por definição – elas são relativas à estrutura universal do Espírito humano. Na mesma óptica, Kant denuncia as pretensões da metafísica, que constrói discursos coerentes – e contraditórios entre si –, os quais, não podendo ser relacionados com a experiência possível, são inverificáveis rigorosamente.

Portanto, deve-se renunciar de uma vez por todas ao sonho do Saber absoluto. Mas isso implica admitir que o Absoluto é uma ideia vazia? Que não existe o incondicionado? Os *Fundamentos da Metafísica dos Costumes* (1785) e a *Crítica da Razão Prática* (1788) propõem uma resposta a essas questões, de rigor e originalidade surpreendentes. O Absoluto não é e não poderia ser algo dado: existe apenas pelo ato de uma vontade que o afirma e na medida em que o afirma. Ora, a única realidade que uma tal vontade pode pôr como incondicionada é o *Sujeito moral.* Se se quer compreender a existência humana e a irreprimível inclinação pelo Absoluto que é testemunhada pela persistência da ilusão metafísica e da vida moral cotidiana, é preciso postular que o homem é vontade livre, ao mesmo tempo em que pertence ao mundo natural e, como tal, é submetido ao determinismo mais estrito; *vontade livre,* ou seja, capaz de escapar da ordem natural e de se constituir precisamente como *Sujeito autônomo*, como sujeito que dá leis a si mesmo que dependem apenas dele. Para escapar do determinismo, um tal sujeito tem de querer obedecer apenas a leis formais, leis que excluam qualquer referência a um conteúdo qualquer, quer se trate do prazer sensual, da utilidade social, do amor de Deus ou da consciência do "dever cumprido". A única consideração à qual um sujeito livre pode se submeter refere-se à instituição da comunidade dos sujeitos livres, constituindo uma espécie de *sobrenatureza* que afirma – no interior e acima da natureza submetida ao determinismo – a constante e preciosa exigência de liberdade.

> Atua sempre de tal modo que sejas o legislador e sujeito, num reino de fins tornado possível pela autonomia da vontade.

Esse imperativo categórico está no coração da reflexão kantiana sobre a "moral aplicada" sobre o direito e a história. Num texto que data de 1784, *O que é a Ilustração?*, Kant mostra como o imperativo prático impõe a cada um o dever de discutir publicamente sobre qualquer obediência imposta pela ordem empírica do Estado, da Religião e da opinião pública, e de exigir a arbitragem da Razão. A *Metafísica dos Costumes* (1797) analisa as condições em que um contrato privado, que sujeita as partes contratantes a um compromisso empírico, pode corresponder à exigência moral: é preciso e basta que o compromisso seja tão exatamente recíproco e equilibrado que, de um lado e do outro, anule-se o elemento da sujeição. Nessa moralização e nessa racionalização da ordem empírica das sociedades, Kant vê o meio de introduzir a finalidade humana no tecido do determinismo.

A *Ideia de uma história universal do ponto de vista cosmopolita* (1784) concretiza essa perspectiva. Se é extremamente difícil a um indivíduo fazer triunfar a lei moral cá embaixo, o mesmo não sucede se se considera a espécie humana em seu devir. É no seio dessa história universal que Kant crê possível definir o alcance da teoria moral por ele elaborada: essa atua como uma *Ideia*, ou seja, como uma *tarefa infinita*, jamais inteiramente realizada, porém sempre existente e insistente. O que aparece é que, para além das diferenças de raças e de nações, dos conflitos naturais que opõem os grupos entre si, impõe-se progressivamente a necessidade racional de uma *paz universal* e de uma *sociedade de nações* que permitam aos indivíduos "serem legisladores e sujeitos num reino de fins". Prosseguindo seu objetivo de construir uma "filosofia popular", Kant retoma aqui o projeto nascido no século XVIII de uma "sociedade dos espíritos", que agrupe as elites europeias e se esforce por estendê-la – como "tarefa infinita" – ao conjunto da humanidade.

Volta à ilusão metafísica? Decerto; mas também projeto político, formulado já pelos teóricos do direito da pessoa, ligado a certos espíritos nascidos da Revolução Francesa; ou seja, o projeto de instituir uma sociedade que – para além do quadro empírico dos Estados-Nação e das novas sujeições que eles segregam – assegure a todos os indivíduos a possibilidade da *autonomia*.

INDICAÇÕES BIBLIOGRÁFICAS

Kant, I., *Critique de la Raison pratique* (1788), Vrin, 1967.

_____, *Fundamentos da metafísica dos costumes* (1785).

_____, *Projeto de um tratado de paz perpétua* (1796).

_____, *Philosophie de l'histoire,* Aubier, 1947 (coletânea de vários textos).

Neil, E., Th. Ruyssen e M. Viley et al., *La philosophie politique de Kant,* PUF, 1962.

Vlachos, G., *La pensée politique de Kant,* PUF, 1962.

A história universal: o Estado racional (Hegel)

A obra de G.W.F. Hegel situa-se na linha direta do pensamento kantiano, com a diferença decisiva de que não recusa de nenhum modo a ideia do Saber

Absoluto. Desde 1806, quando da publicação da *Fenomenologia do espírito*, Hegel se põe como objetivo garantir a passagem da filosofia à ciência filosófica; e essa é exposta como sistema acabado na *Ciência da lógica*, dez anos depois. Quanto ao problema político, o filósofo de Berlim reitera a perspectiva aristotélica, já que considera que o Saber sobre a política - exposto nos *Princípios da filosofia do direito* (1821) - é um momento do desenvolvimento do Saber filosófico. Assim, enquanto Kant transfere para as vontades livres a tarefa nunca terminada de atualizar o Absoluto, Hegel julga que "os tempos são propícios" à conclusão e à realização da ambição metafísica, contanto que se saiba reconhecer na realidade presente - marcada pelas revoluções americana e francesa e pela constituição do modelo de Estado napoleônico - o *começo do fim da história*. Qualquer que seja nossa opinião sobre esse julgamento e sua validade, se analisamos Hegel nesse ponto - embora suas análises sejam posteriores à Revolução Francesa - é porque ele conclui, com uma apoteose, o movimento que, iniciado com Marsílio de Pádua e os legalistas, esforçou-se por pensar o Estado soberano como modo de organização ao mesmo tempo necessário e legítimo da existência social.

Política e filosofia

A compreensão da teoria do Estado exposta no texto de 1821 - apressadamente qualificada de monarquista, de absolutista, até de reacionária, por numerosos comentadores que acreditam seguir as pegadas de Marx - supõe o conhecimento da técnica de exposição elaborada por Hegel, por um lado, e, por outro, a apreensão dos traços característicos da filosofia da história que ele elaborou precisamente como realização e superação do projeto metafísico.

• No que se refere à exposição, Hegel - a quem frequentemente se atribui a invenção do pretenso método dialético - não deixa de repetir que não existe outro *método* além do "movimento da própria coisa".

- Essa se impõe, inicialmente, em sua imediaticidade, como realidade fenomênica independente, em si: assim, na *Filosofia do direito*, o Estado - objeto da pesquisa - apresenta-se ao cidadão "ingênuo", "apolítico", em suas manifestações empíricas, como instituição judiciária que visa à equidade e pune os delitos e os crimes.
- No segundo momento, a contingência dessa realidade, seu caráter puramente fenomênico, exige um retorno até o sujeito cognoscente, que forma uma representação ou um conceito que tem a função de inteligibilidade;

ou seja, na *Filosofia do direito*, o retorno do cidadão à sua própria subjetividade, o qual se interroga sobre o fundamento do exercício do direito abstrato e descobre que ele é a origem do mesmo.

- No terceiro momento, o conceito – reconhecendo sua abstração – exterioriza-se num ato que constitui o real, que o *realiza*; na *Filosofia*, por exemplo, o sujeito moral – experimentando sua fragilidade – se reencontra, na mediação de sua participação na família, da atividade profissional e das exigências políticas que essas implicam, como cidadão, reconhecendo-se doravante como ser cuja existência se efetiva no e pelo Estado.

• Todavia, esse estatuto da cidadania e do Estado é o da época contemporânea. Ora, essa não nasceu do nada: é um *resultado*, é o *produto* de um passado que a fez ser o que é. A novidade profunda do hegelianismo é substituir o Ser – substância imutável – dos metafísicos clássicos pelo Devir do qual a humanidade é o sujeito. Ora, esse devir – na óptica hegeliana – é especificado: sua *filosofia da história*, alimentada por uma informação considerável, examina a sucessão dos *Povos* que encarnaram, em sua época, com os meios que lhes eram dados e com suas invenções singulares, a vontade de liberdade e de racionalidade do homem. Cada um deles – asiáticos, egípcios, gregos, romanos, hebreus, cristãos primitivos, muçulmanos, europeus – elaborou, ao mesmo tempo que costumes, universos religiosos, obras de arte, também formas políticas: o despotismo oriental, a Cidade, o Império, o Santo Império, o Estado moderno (da Reforma à Revolução Francesa e ao centralismo napoleônico). Cada um, tendo superado o precedente ao descobrir suas insuficiências e ao integrar às invenções dele as suas próprias invenções, marca uma etapa no advento da humanidade livre e racional. O momento presente, segundo Hegel – que é precisamente o da formação do Estado que toma como princípio de sua organização a Razão e a Liberdade –, permite finalmente conhecer esse Devir e, portanto, perceber seu acabamento. Esse é o "enigma resolvido" do Saber Absoluto: a existência do Estado como Razão em ato.

Mas *existência* não é *realidade:* os manufatureiros ingleses, os patriotas franceses, os atuais governantes da Prússia *não sabem o que fazem*. O objetivo da *Filosofia do direito* não é certamente dizer como deve ser o Estado: a pretensão dos filósofos de propor modelos é, nessa matéria histórica, ridícula. O que o Saber filosófico pode fazer é mostrar como o Estado *deve ser conhecido*, a fim de facilitar a assimilação do novo e poupar assim aos homens, tanto quanto possível, as extremas violências. Como se vê, o pensamento político de Hegel é *realista*: quando Platão constrói a Cidade ideal, não faz mais do que confessar a incapacidade em que se encontra a Cidade real para superar suas contradições, a não ser no plano ideal; quanto aos diversos teóricos do direito natural, eles testemunham, cada um em seu tempo, a inadequação dos direitos positivos em uso e a vontade histórica ainda pouco enraizada de substituí-las por novos direitos...

Sociedade civil e Estado

Como o Estado moderno deve ser conhecido? A maneira "imediata" de ser da existência coletiva é a família. Essa se manifesta como fato "biológico" – o laço de sangue – e como relações afetivas. Todavia, sua realidade está no *patrimônio*, quer se trate da propriedade, no sentido estrito, ou simplesmente, para os pobres, da posse dos filhos. Propriedade que assegura a subsistência e a progenitura constituem o substrato da existência social, o que assegura a sobrevivência natural. Essa imediaticidade é abolida e ultrapassada no trabalho social. Leitor de John Locke e dos chamados economistas clássicos, Hegel analisa as atividades profissionais ligadas à divisão do trabalho como elementos constituintes de um domínio próprio, que ele designa com a expressão *Sociedade Civil* – que, é preciso notar, significa também, em alemão, "sociedade burguesa".

• A sociedade civil em seu tríplice aspecto – de produção, distribuição, consumo – forma, para uma coletividade territorial dada, um *sistema*, no sentido de que cada um dos seus elementos remete a todos os outros. A dinâmica dessa totalidade – sua força de progresso qualitativo e quantitativo – é assegurada pelo princípio que a governa: a busca do lucro máximo e a concorrência, que engendra uma vontade constante de melhoria, beneficiando a "civilização material" da coletividade e estimulando sua energia. Todavia, Hegel não pensa que a autorregulação do mercado (com a qual contava Adam Smith) desempenhe um papel. A manutenção das contradições é inelutável: rivalidades entre indivíduos no interior de uma mesma profissão, oposições entre as diversas profissões, antagonismos entre os ricos e os pobres. Esses antagonismos podem atingir um tal grau que ponham em perigo a unidade da coletividade. As soluções que a sociedade civil realiza graças a seu próprio movimento – a conquista de mercados estrangeiros e a colonização – não parecem ser suficientes.

• Desse modo, deve-se reconhecer a significação e o alcance da soberania do Estado. Esse é o princípio necessário que garante a unidade da coletividade: a potência plena que emana de suas decisões e a sacralidade (laica) das leis que ele edita transformam-no no árbitro dos conflitos da sociedade civil e no senhor das operações diante das ameaças que provêm do exterior. Essa soberania é, por definição, depositária do interesse universal do todo social. Todavia, para que ela atue em função do que é, torna-se necessário que seja conhecida (e "praticada") em função de sua essência. Ora, não é o que ocorre, segundo Hegel. Embora a necessidade da história tenha produzido o Estado como princípio de unidade, governantes e governados não sabem o que ele é. Compreendem-no como uma força coercitiva que resulta ou da Providência Divina, ou do direito senhorial de conquista e de uma relação de tipo protetor/protegido, ou da vontade popular que designa seu representante. Desconhecem que a capacidade de arbitragem só pode pertencer à Razão em ato. Para que o Estado seja tal, é preciso que ele seja *efetivamente* encarnado por governos que dispõem da força da Razão.

Ao direito divino, ao absolutismo real (que reinava na Prússia), à democracia representativa e às combinações entre essas formas, Hegel opõe o Estado onde o poder executivo, onde a autoridade administrativa e legislativa são exercidas por *funcionários* recrutados em função apenas de sua competência, que se delineia sobre o pano de fundo do saber racional. Pouco importa que o monarca, depositário empírico da soberania, seja designado por via hereditária, já que a realidade do poder pertence ao corpo de funcionários. Esses têm como missão impor um programa de interesse universal racionalmente calculado, o qual, de resto, será por eles discutido com os representantes dos interesses profissionais nas câmaras consultivas, a fim de fazer com que universalidade e particularidade convirjam tanto quanto possível.

Para reduzir as coisas às suas dimensões empíricas, o Estado hegeliano é uma monarquia onde o monarca está submetido às mesmas leis que todos os outros cidadãos e onde o governo de fato pertence a uma administração racional e técnica que se supõe ser competente e devotada à coletividade. A implantação de um regime, que existe apenas como projeto, deveria permitir a cada um realizar-se como cidadão livre. Entretanto, subsiste um obstáculo importante a essa plena realização que reconciliaria, como o queria Kant, Razão e Liberdade: a particularidade em que os Estados ainda se encontram imersos. Hegel prevê uma sequência de conflitos internacionais de extrema violência, da qual deve surgir o Estado mundial, que é o fim da história, ou seja, a superação de todas as contradições e o reino da transparência.

Hegel descreveu em sua essência o Estado moderno até nossos dias, como o supunham Alexandre Kojève e Eric Weil? Não será, antes, o teórico genial que tentou mascarar as contradições da sociedade burguesa, como o julgava Marx? O que é certo é que ele é o pensador mais rigoroso e mais profundo dessa forma histórica que é o Estado-Nação.

INDICAÇÕES BIBLIOGRÁFICAS

Châtelet, F., *Hegel*, Le Seuil, col. "Écrivains de toujours", 1968.

Fleischmann, E., *La philosophie politique de Hegel*, Plon, 1964.

Hegel, G.W.F., *Principes de la philosophie du droit...* (1821), Vrin, 1975 (cf. também *La société civile bourgeoise*, Maspero, 1975).

______, *La Raison dans l'Histoire. Introduction aux Leçons sur la philosophie de l'Histoire,* UGE, col. "10/18", 1965.

Hyppolite, J., *Études sur Marx et Hegel*, Rivière, 1955.

Weil, E., *Hegel et l'Etat*, Vrin, 1950.

CAPÍTULO III

O Estado-Nação

A doutrina política de Hegel aparece como a teoria rigorosa do Estado em sua acepção moderna. Ela se alimenta, em particular, da experiência histórica fornecida pela Revolução Francesa e pelo Império Napoleônico que dela derivou. Para captar mais precisamente o devir dessa forma de Estado no decorrer do século XIX e analisar as tomadas de posição e as concepções do poder que ela suscitou, é preciso voltar atrás e interrogar essa experiência e os textos partidários, programáticos ou críticos dos que participaram dos eventos. Uma ideia se impõe, uma ideia certamente já presente nos pensadores do século XVIII e em Hegel, mas que irá doravante desempenhar um papel decisivo, a ponto de caracterizar toda a política moderna e contemporânea: a de *nação.* Doravante, o Estado-Nação constitui o quadro obrigatório da existência social: ele é a *realidade* política por excelência, em torno da qual se organizam os atos históricos.

Sobre a "data de nascimento" dessa realidade nos diversos países, há numerosas discussões (e, na falta de critérios precisos, discussões confusas). As páginas anteriores mostraram que a ideia do Estado como potência soberana no mundo terreno encontra sua origem na Europa Medieval. Quanto à primeira identificação da nação nesse ou naquele território, ela é objeto de debates históricos, onde as segundas intenções políticas raramente estão ausentes. De resto, quem poderá jamais afirmar que uma Nação se constituiu para sempre? De qualquer modo, o que é certo é que o Estado-Nação – enquanto *representação política* que implica o fato de que as populações que constituem uma sociedade no mesmo território reconhecem-se como pertencentes *essencialmente* a um poder soberano que emana delas e que as expressa –, surgido certamente com a Restauração Inglesa de 1690, afirma-se fortemente com a Revolução Americana de 1776 e com a Revolução Francesa (e, para essa, desde 1790, quando ela é ainda "realista"). E esse Estado-Nação é ainda hoje a trama do mundo político, quaisquer que sejam suas diversidades e novidades.

As revoluções americana e francesa: doutrinários, partidários e adversários

As discussões relativas ao momento de emergência do Estado-Nação cruzam-se em parte com as que tratam da importância dessas duas séries de eventos. Afirma-se prazerosamente que a República é a forma normal de acesso à independência de uma colônia que reivindica sua emancipação nessa época; o imaginário político, em função dessas opções, tende a considerar "1789" ou como o ano I da era da liberdade, ou como um ato desastroso que nenhuma reação conseguirá jamais corrigir inteiramente. Essa visão simplificadora é aparentemente enriquecida pela óptica à qual a submete o marxismo: decisivo, o episódio 1789-94 seria tal tão somente na medida em que permitiu, graças ao acesso ao poder da burguesia, o desenvolvimento do capitalismo e a formação do proletariado, classe última, destinada a realizar o fim da história mediante a instauração do comunismo. Diante dessas reduções, seria conveniente que pensadores políticos e historiadores recordassem não apenas a complexidade e a diversidade das vontades e das forças que intervieram durante a década revolucionária, mas também – após Tocqueville – a profunda continuidade que une as sociedades francesas pré e pós-revolucionárias.

Entretanto, essa recordação é frequentemente ligada a considerações que têm por efeito minimizar o alcance histórico e ideal das ações empreendidas e dos textos produzidos nos anos 90. E tudo se passa como se, querendo prevenir-se contra essas abstrações que são os "começos absolutos", as "viradas da história" e as "etapas necessárias", se terminasse por subscrever uma espécie de "quietismo histórico", supondo-se um desenvolvimento próprio das instituições, mais forte e mais profundo do que os abalos frequentemente infelizes ou criminosos, devidos aos atos e aos pensamentos dos homens. Se é verdade que a sociedade do fim do Antigo Regime e a da Restauração se assemelham em numerosos pontos, isso se deu precisamente porque houve restauração e essa – tal como muitos aspectos da política do Diretório, do Consulado e do Império – teve como objetivo se contrapor às forças de liberdade postas em movimento desde o Renascimento, forças que, radicalizadas, enunciaram a doutrina dos Direitos do Homem e empreenderam um combate do qual dificilmente se pode negar que teve efeitos originais a partir de então, qualquer que seja o modo pelo qual se julguem esses efeitos.

Indicações bibliográficas

Fay, B., *L'esprit révolutionnaire en France et aux États-Unis à la fin du XVIIIe siècle*, Champion, 1925.

Gérard, A., *La Révolution française, mythes et interprétations, 1789-1970*, Flammarion, Questions d'histoire, 1970.

Godechot, J., *Les Révolutions (1770-1789)*, PUF, 2ª ed., 1965; *La pensée révolutionnaire en France et en Europe (1780-1799)*, A. Colin, col. "U", 1964.

Hobsbawm, E., *L'ere des révolutions*, Fayard, 1964 [ed. brasileira: *A era das revoluções: Europa 1789-1848*, Paz e Terra, Rio de Janeiro, 1979].

Significação da Revolução na América do Norte

A rebelião dos colonos de origem britânica, que levou à fundação da República dos Estados Unidos, é importante sob múltiplos aspectos:

– Dirigida contra a Coroa inglesa, ela legitima a secessão que realiza remetendo-se a princípios políticos aplicados pelo Reino Unido e sublinhando, em particular, que os colonos não têm nenhuma *representação* na Assembleia que decide sobre seus problemas.

– Embora liderada por políticos realistas, ela vale-se prazerosamente, para se justificar, na *Declaração de Independência* (1776) e na *Declaração dos Direitos* (1787), das noções assimiladas da doutrina dos direitos naturais de John Locke, em particular a da "insurreição sagrada".

– Nos momentos de seu desenvolvimento, ela não deixa de insistir sobre o *papel motor das instituições* na instauração da sociedade nova – como se o Estado fosse o "criador" da Nação –, esforçando-se por manter constantemente o equilíbrio entre a tradição puritana e a novidade republicana, entre os poderes locais e a autoridade federal, entre os costumes da vida rural e os desejos de entrar no concerto do mundo industrial nascente.

– Enquanto tal, ela constitui ao mesmo tempo um modelo e um exemplo na luta contra uma sujeição ilegítima, travada em nome da igualdade natural, da liberdade de empresa e, para cada um, do direito de usufruir sua propriedade e os frutos do seu trabalho, assim como, para a coletividade, de escolher as instituições e os magistrados que lhe convenham. Ela influirá nos atos iniciais da Revolução Francesa; desempenhará um papel capital no desencadeamento das insurreições que levarão as colônias espanholas e portuguesas da América do Sul à independência.

A "boa consciência" dos insurrectos de 1776, seus pontos de vista ao mesmo tempo egoisticamente utilitários e idealistas, a aliança entre as preocupações a curto prazo e o desejo de fundar uma potência de tipo novo, expansionista e segura de si, definem os contornos de uma espécie de *nacionalismo institucional,* que doravante será característico da República norte-americana, que, no interior, concebe a democracia, menos como expressão da vontade popular do que como um jogo devidamente controlado de instituições representativas, e, no exterior, apresenta-se como detentora do segredo das liberdades.

INDICAÇÕES BIBLIOGRÁFICAS

Arendt, H., *Essai sur la Révolution* (1963), Gallimard, 1967.

De Tocqueville, A., *La démocratie en Amérique (1835-1840),* Gallimard, 1951 [ed. brasileira, *A democracia na América*, Itatiaia, Belo Horizonte, 1963].

A Revolução na França: a nação contra a tirania (Sieyès)

A situação é bem diferente na França. A imagem da Nação está fortemente implantada na representação coletiva; e a ação centralizadora da monarquia contribuiu bastante para reforçar tal imagem. A despeito das carências da política monárquica e da pobreza endêmica de uma parte da população, a sociedade francesa é rica e numerosa. É contra esse pano de fundo que irão se apoiar as forças políticas que, por ocasião da reunião dos Estados Gerais do Reino, em julho de 1789, provocarão os primeiros grandes abalos.

É significativo que, mais ainda que os colonos da América, os promotores do movimento tivessem tido, para além da definição dos programas e do enunciado dos textos legislativos, de legitimar seus atos políticos e de proclamar as razões de seu empenho. Poucos regimes, pelo menos até a queda de Robespierre, tiveram como esse uma tal preocupação de legitimar sua ação e de anunciar a "boa-nova". A publicidade das ideias é considerada como uma arma contra o inimigo declarado: a tirania. E, por trás dessa vontade de demonstração, esboça-se o projeto de uma mobilização universal contra os senhores que oprimem injustamente os povos.

Uma primeira tomada de posição significativa é a de Sieyès (1748-1836), membro da Assembleia Constituinte, da Convenção, do Diretório e artesão do golpe de Estado que abriu a Bonaparte o caminho do poder. Sua brochura *O que é o Terceiro Estado?* (publicada em janeiro de 1789) teve uma influência determinante nos primeiros momentos do pensamento revolucionário; e suas concepções da instituição republicana marcaram profundamente a redação das Constituições e dos códigos da República e do Império. A indubitável realidade na qual Sieyès se baseia é a Nação: ela é um dado anterior a qualquer ato político ou legislativo; é feita de indivíduos, livres, iguais, independentes, diferentes uns dos outros, mas unidos por necessidades comuns à natureza humana e pela vontade de viverem em conjunto. Sem essa vontade, sem a representação intelectual dessa entidade que é a Nação, os indivíduos são impotentes e incapazes de resistir às operações de sujeição tentadas por bandidos e charlatães. Todo indivíduo é um cidadão potencial, que só se realiza na medida em que liga sua vontade à dos outros membros do conjunto, com o fim de constituir o poder nacional.

É nesse sentido que a Nação é *soberana*; que ela é *una* e *indivisível*. Sieyès não se embaraça nem com a história nem com a sociologia; sua metafísica é pobre e só intervém na medida em que justifica o ponto de vista político adotado. Trata-se, para ele, com efeito, de designar o *ser de razão* em torno do qual se organiza o combate pela liberdade e pela igualdade e contra o arbítrio e os privilégios. O *ser real* da Nação é o *Terceiro Estado*, que agrupa a imensa maioria da população que – com exclusão dos privilegiados – é a parte viva do reino. "O Terceiro Estado é tudo": a abolição dos privilégios é um convite aos que, por seu nascimento, não conseguem pertencer ao todo; e também um convite a eliminar a coletividade os que não querem renunciar a tais privilégios.

Da Nação, do Terceiro Estado, emanam todos os poderes. Mas a Nação não poderia reinar como tal. O exercício da soberania nacional passa pela implantação de uma *Constituição* que defina os órgãos da legislação e do governo, as autoridades judiciárias que realizarão e garantirão a liberdade e a igualdade dos cidadãos e, mais geralmente, a plenitude dos direitos naturais. Ora, o poder constituinte – se quer ser eficaz – deve obedecer a um princípio: o da *representação*. Devem ser afastadas todas as tentações da democracia direta, que levam à desordem e à impotência. É mesmo conveniente que se desconfie do mandato particular, que limita o poder do deputado às prescrições dadas pelos mandantes. A boa representação é a que concede um *mandato geral* ao eleito; é nessa condição que ele pode participar utilmente da elaboração da vontade nacional.

Em suma, a *encarnação* do povo no corpo do rei é substituída pela *representação* na Nação nos *corpos instituídos*. Num e noutro caso, trata-se de fazer prevalecer uma vontade. Sieyès é um liberal (mostra-se profundamente apegado à salvaguarda das liberdades individuais em face da autoridade governamental) que desconfia da democracia. O Estado emana da Nação e a representa; essa é autônoma com relação àquele, a não ser *politicamente*, caso em que lhe deve obediência.

INDICAÇÕES BIBLIOGRÁFICAS

Condorcet/Antoine-Nicolas Caritat, marquês de/. *Esquisse d'un tableau historique des progrès de l'Esprit humain* (1797), Boivin, 1933.

Furet, F., *Penser la Révolution française*, Gallimard, 1978.

Guiomard, J.Y., *L'idéologie nationale*, Champ libre, 1974.

Sieyès, E.J., *Essai sur les privilèges* (1788), *Qu'est-ce que le Tiers Etat?* (1789).

A Nação-Pátria: a vontade do povo como fundamento da República (Robespierre, Saint-Just)

Sieyès considera a separação dos poderes como a principal garantia das liberdades privadas. O Comitê de Salvação Pública, animado notadamente por Robespierre (1758-94) e por Saint-Just (1767-94), recusa essa fragmentação da soberania; e, quando adquire uma posição dominante, exerce um poder sem partilha (abril de 1793-julho de 1794). Essa prática liga-se a uma concepção inteiramente diferente do sentido da Revolução. Essa prática é o ato do povo inteiro: num primeiro momento, o povo expulsou o poder que o oprimia. Mas a experiência mostra que sua tarefa não para aí: significaria perder a liberdade entregar-se a instituições e a representantes tomados pelo demônio do poder. O complô dos aristocratas é constante e ameaça a República, tanto no interior quanto no exterior.

Na guerra contra os tiranos estrangeiros, o papel essencial é desempenhado pelo povo em armas; os oficiais e os generais estão a serviço da Nação e é preciso que as operações propriamente militares sejam complementadas com uma estratégia política: o exército da República é *libertador*. A pátria da liberdade tem como missão estender não suas fronteiras, mas as da liberdade. Quanto ao desenvolvimento das conquistas da Revolução no plano interno, ele requer, por um lado, a *unidade do povo*, e, por outro, a execução inquebrantável das vontades que o povo expressar. Os movimentos de rua, as discussões nas seções de bairro e de aldeia e nos clubes são os lugares privilegiados onde se reforça a unidade e se forjam as vontades. Quem quer que os utilize para fins partidários e egoístas, quem quer que deseje transformar a ação resoluta em agitação e em acerto de contas – o que foi criticado, respectivamente, aos dantonistas e aos hebertistas –, será eliminado, do mesmo modo que os conspiradores monarquistas.

Nessa óptica, a assembleia dos eleitos é menos uma câmara legislativa e de administração do que o lugar público onde aqueles que o povo designou como responsáveis debatem sobre as modalidades de execução de todas as ordens implicadas pela realização dos objetivos fixados pelo povo soberano. Assim, a abstração que (segundo Sieyès) é a Nação é substituída por essa outra abstração que é a dinâmica popular supostamente unificada; e, contra a técnica das instituições representativas enquanto modo de organização e de governo da sociedade, faz-se apelo à democracia direta.

Mas como provar que a ação empreendida situa-se em linha direta com a vontade do povo? Nenhuma prova pode existir além do apoio que esse concede ao grupo dirigente; e esse último só tem a apresentar como critério de sua "boa-fé" seus atos e sua *moralidade* inatacável. O rigor contra os agitadores (ainda que amigos), na punição dos aristocratas, o heroísmo, inclusive a impopularidade passageira das decisões tomadas, são apresentados como provas de virtude republicana. Saint-Just considera que a integridade moral dos que o exercem justifica o Terror. E Robespierre – para pôr fim à luxúria das festas em honra da deusa Razão – promoveu o culto do Ser Supremo, cujo fim é garantir a sacralidade da consciência moral universal.

Por se recusar a ser instituinte, a dinâmica revolucionária entra em colapso tão logo circunstâncias desfavoráveis quebram o consenso popular: em julho de 1794, sem disparar um tiro (ou quase), os inimigos de Robespierre e de Saint-Just destituíram-nos e os executaram... em nome do povo soberano.

INDICAÇÕES BIBLIOGRÁFICAS

Guérin, D., *Bourgeois et "bras nus", la lutte des classes sous la Ire Republique*, Gallimard, 1946, 2 vols., ed. abreviada, col. "Idées", 1976; G. Lefebvre, *La Révolution française*, PUF, 1951; A. Soboul, *Les sans-culottes parisiens en l'an II. Mouvement populaire et gouvernement révolutionnaire*, Clavreuil, 1958; Saint-Just, *Théorie politique*, textos escolhidos e comentados por André Liénard Seuil, col. "Politique", 1976.

Marat, J.-P., *Textes choisis*, Ed. Sociales, 1963.

Robespierre, M., *Discours et Rapports à la Convention*, extratos, UGE, col. "10/18", 1965.

Saint-Just, L.-A.-L. de, *L'Esprit de la Révolution* (1791), seguido de *Fragments sur les Institutions républicaines* (1793), UGE, col. "10/18", 1963.

A República como unidade do povo e administração do território

O "constitucionalismo" de Sieyès visava, pela técnica do mandato geral, a proteger a independência do Executivo; Robespierre, ao contrário, quer fazer dos representantes os mandatários das decisões singulares da vontade geral. A conjuntura estratégica, financeira e econômica na qual a Primeira República irá se engajar na luta contra a Europa suscita uma prática política e uma concepção que cedo se afirmarão como o traço característico do Estado-Nação em seu estatuto moderno.

Quando a República ameaçada toma a iniciativa das operações militares e invade a Savoia e os Países Baixos austríacos (a Bélgica), o entusiasmo revolucionário – sob o impulso, entre outros, de Anarchasis Cloots – designa a França como o centro ativo da futura república universal, que instituirá para além das nações a filantropia mundial. Concretamente, o que se afirma nesse projeto é a perspectiva de dar ao país suas fronteiras naturais, ou seja, de estendê-las para o Leste além do Reno e dos Alpes. A ideia adapta-se às especulações do século sobre as harmonias da natureza; choca-se com a oposição da Inglaterra, que entra na coalizão austro-prussiana. Desse modo, confirma-se pouco a pouco a linha política – externa e interna – que, sob diferentes retóricas, leva ao Consulado e ao Império. De acordo com Jean-Yves Guiomard, podemos chamá-la de política da *defesa nacional.*

Defender um povo e seus ideais é *defender e administrar seu território*; é, portanto, aumentar por todos os meios o seu potencial militar, financeiro e econômico; é soldar a coletividade por meio de uma organização sociojurídica que assegure, tanto quanto possível, o respeito pelos direitos naturais e o aumento da segurança e das riquezas. Um tal programa supõe, por um lado, um fortalecimento geral do Executivo (cujo instrumental é um exército nacional e uma administração centralizada que estenda sua rede sobre o conjunto do território), e, por outro, uma independência da sociedade civil constituída como lugar da livre-empresa. Os *princípios de filosofia do direito* de Hegel estabelecem a teoria desse sistema do Estado-Nação.

A nação como ser de razão (segundo Sieyès) ou o povo como força unificada-unificante (segundo Robespierre) parecem encontrar consistência nessa concepção do território. Com efeito, esse último é inteiramente abstrato: só ganha realidade na medida em que impõe uma unidade de estrutura administrativa e política e, desse modo, define um espaço de dominação em cujo seio se efetuam, segundo regras codificadas, as trocas sociais e, em particular, as trocas econômicas. Sob esse aspecto, o grande construtor nesse terreno foi Napoleão Bonaparte, general convertido em imperador, o qual completa o trabalho de "racionalização" do território nacional empreendido pela Convenção e pelo Diretório.

INDICAÇÃO BIBLIOGRÁFICA

Mathiez, A., *Danton et la paix*, 1919; A. Cochin, *Les sociétés de pensée et la démocratie*, Plon, 1921; G. Lefebvre, *Les Thermidoriens*, A. Colin, 1929.

Aspectos dos juízos contemporâneos sobre a Revolução na França (Burke, J. de Maistre)

Os dois primeiros anos da Revolução foram saudados com entusiasmo pela grande maioria da *intelligentsia* europeia conquistada para as ideias da Idade das Luzes. Todavia, se excetuarmos Kant (cf. *supra*, cap. II), Fichte (cf. *infra*, cap. III, 2, A) e Hegel, na Alemanha, e o inglês Thomas Paine (eleito deputado à Convenção), esse entusiasmo não durou muito: as vitórias militares do exército francês e o Terror provocaram um recuo geral e, pouco tempo depois, a hostilidade: o nacionalismo pregado pela República suscita, em ação de retorno, reações nacionais, das quais a evolução de Fichte é um sugestivo testemunho.

A atitude de Edmund Burke (1729-97) se destaca pela sua firmeza. Esse membro do Parlamento britânico, aristocrata irlandês liberal, que defendeu os direitos dos católicos da Irlanda e legitimou a insurreição dos colonos da América, publicou já em 1790 suas *Reflexões sobre a Revolução na França*, que condenam o empreendimento revolucionário sem apelação. Ele o condena por ser o fruto da Razão abstrata dos filósofos, que só pode engendrar desordem e violência. Colocando como objetivo o estabelecimento da liberdade e da igualdade universais, os patriotas franceses voltam as costas para a natureza. Decerto, a ideia de natureza sobre a qual Burke se apoia carece de clareza: dela fazem parte tanto considerações teológicas – depende da incompreensível Providência Divina – como referências empíricas – o conhecimento que os homens têm da natureza é função de suas experiências. Mas é precisamente forte o sentimento que temos de que há uma realidade, que não depende de nós e que só podemos apreender com referência à tradição lentamente forjada pelos ancestrais e graças às nossas próprias vicissitudes, que leva a recusar como ineptos e perigosos os projetos que procedem por decreto e que especulam com uma metafísica da humanidade.

Uma Constituição "fabricada" pela reflexão é inoperante: o contrato sobre o qual se funda uma organização social sólida e equilibrada instaurou-se progressivamente por uma lenta maturação, no curso da qual se revelaram os benefícios do bom-senso e da virtude e do uso bem regrado da liberdade. Se o povo inglês é hoje um povo livre – constata Burke –, isso ocorre porque ele aprendeu no curso dos séculos a implantar instituições diversificadas, que garantem as liberdades compatíveis com a ordem e a obediência, em vez de reivindicar a liberdade em geral; e porque ele se ligou a pessoas e não a princípios. Burke denuncia com vigor as pretensões centralizadoras da Constituinte, como a sua vontade de legiferar de uma vez por todas. Na opinião dele, as regras às quais devemos nos dobrar são as da moral legada pela tradição; quanto ao governo, não é coisa de que qualquer um possa se ocupar: o tempo e a experiência segregam em cada época uma aristocracia que sabe calcular a política conveniente ao bem-estar da coletividade. Pois o conservadorismo do moralista se alia sem dificuldades aparentes com o sentido do útil, lugar-comum do pensamento britânico desse período.

Na mesma óptica, Jeremias Bentham (1748-1822) não tardará a elaborar uma teoria da pena e da instituição carcerária, a qual, como Michel Foucault mostrou (cf. *infra*, cap. X), instaura em nome da segurança de todos e do respeito às liberdades privadas de cada um – uma técnica de vigilância generalizada...

A despeito dessa sabedoria um tanto ou quanto limitada, a obra de Burke testemunha uma visão aguda da falha que seu caráter doutrinário representou para a Revolução Francesa. Ela explicita uma crítica bem mais pertinente do que a pesada teoria da história providencialista administrada por Joseph de Maistre (1753-1821) em suas *Considerações sobre a França* (1796), ou do que as estranhas *Considerações sobre as Revoluções* (1797) de Chateaubriand (1768-1848), divididas entre as fidelidades monarquistas de seu autor e a atração que sente pela ideia da liberdade!

Mas já uma outra Europa está em vias de nascer: o rumor das botas dos exércitos imperiais despertam os nacionalismos; e as dinastias burguesas estão prestes a substituir as monarquias decadentes...

O nacionalismo na Europa

A ideologia nacionalista, decerto, é bem anterior ao século XIX. Mas foi durante esse período que a Nação passou a ser tomada como tema de análise e de reflexão, e que foi erigida em argumento destinado a justificar um tipo de poder. É difícil distinguir, nela, o que pertence à concepção política e o que resulta do espírito da época, expresso nas obras literárias e nos sentimentos e movimentos populares. Os textos que a tomam como objeto – pretendendo teorizá-la – são eles mesmos muito disparatados no que se refere aos tipos de provas a que aludem: Hyppolite Taine, que se quer positivo, não é tão metafísico quanto Fichte? E a história de Treitschke não é tão romântica quanto a de Michelet?

As concepções aqui evocadas visam a mostrar a diversidade e a importância do tema do nacionalismo, que alimenta tanto os partidários quanto os detratores da Revolução, tanto os arautos da liberdade quanto os nostálgicos da autoridade, tanto os contestatários quanto os conformistas.

INDICAÇÕES BIBLIOGRÁFICAS

Baldensterger, F., *Le mouvement des idées dans l'émigration française (1789-1815)*, Plon-Nourrit, 1924, 2 vols.

Burke, E., *Réflexions sur la Révolution en France* (1790), Nouvelle Librairie Nationale, 1912 [ed. brasileira: *Reflexões sobre a Revolução em França*. Editora Universidade de Brasília, Brasília, 1982].

De Chateaubriand, F., *Essai sur les révolutions...* (1797).

_____, Textos escolhidos, in G. Dupuis, J. Georgel, J. Moreau, *Politique de Chateaubriand*, A. Colin, col. "U", 1966.

De Maistre, J., *Considérations sur la France* (1796), Vrin, 1936.

Fichte, J.G., *Contribuição à retificação dos juízos do público sobre a Revolução francesa* (1793).

Philonenko, A., *Théorie et Praxis dans la pensée morale et politique de Kant et de Fichte*, Vrin, 1968.

Uma metafísica da Nação (Johann Gottlieb Fichte)

Discípulo de Kant em seus primeiros anos de magistério em Iena, Fichte permaneceu sempre um ardoroso defensor da Revolução Francesa, embora – num momento subsequente – abandonasse os ideais filantrópicos que a animavam. Ele chega mesmo a ver nos eventos de 1789 a experiência que lhe permitiu compreender o lugar decisivo que o *eu livre* ocupa na investigação filosófica. Seu projeto consiste em levar ao mais alto grau de desenvolvimento a filosofia transcendental de Kant. Todavia, essa própria exigência o leva a romper com seu mestre em dois pontos importantes, no domínio ético e político.

Desde as *Contribuições destinadas a retificar o julgamento do público sobre a Revolução Francesa* (1793), mas sobretudo nos *Fundamentos do direito natural* (1796), recusa Kant em dois pontos: por um lado, recusa a separação operada por Kant entre teoria e prática, entre a intenção moral liberada de qualquer contaminação empírica e a ação na qual ela se empenha; por outro lado, considera que o direito é de natureza diversa da moral e que exige um desenvolvimento autônomo. Fichte, com efeito, é sensível ao fato de que a decisão moral pressupõe não somente uma relação intersubjetiva com outras consciências (que não são mais concebidas como puros sujeitos abstratos), mas também que a ação só tem sentido quando situada *em* um mundo que lhe resiste e que deve ser organizado segundo regras específicas referentes às necessidades corporais (o direito).

Portanto, ele investiga inicialmente as condições em que se pode conceber uma unidade intersubjetiva suficientemente ampla para que se constitua um povo; e ele reencontra a perspectiva aberta por J.-J. Rousseau com a noção de "vontade geral", no seio da qual cada sujeito em ato é um sujeito para todos os outros. A solução que dá a essa questão pertence ao domínio de um pensamento especulativo e apresenta uma grande complexidade. A orientação referente ao problema colocado pelo saber jurídico é mais acessível: a relação intersubjetiva se caracteriza, nesse domínio, como relação entre vontades livres; ela só subsiste na medida em que cada uma delas permanece limitada a si mesma. Somente a potência do Estado é capaz de obter essa limitação e de manter a unidade; e *isso porque o Estado define a cidadania.*

A partir desse momento, a ruptura com o espírito do século XVIII está consumada. A cidadania, destacada da ideia de propriedade, não é mais considerada como uma decorrência do direito natural. E, cada vez com maior clareza, a referência à intersubjetividade substitui a noção de uma totalidade orgânica de onde emana um querer do qual o Estado é o executante pela noção da sociedade como conjunto de sujeitos autônomos que estabelecem relações racionais entre si. Um novo passo nessa direção é dado quando Fichte, desejoso de unificar seu país – fragmentado em múltiplos poderes – e de fazê-lo ingressar na modernidade, elabora sua teoria do *Estado comercial fechado* (1800), na qual atribui também a um Estado autoritário a função de organizar a economia, a fim de aumentar a força da Nação, de eliminar os conflitos entre indivíduos e de estimular a energia alemã.

A etapa decisiva é franqueada nos *Discursos à nação alemã* (1807). A afirmação é brutal: a língua alemã – que é, por sua essência, filosófica e, portanto, capaz de absoluto –, o passado alemão – que viu nascer Lutero, ponto terminal do pensamento cristão –, a cultura alemã – a única que sabe pensar a vida em termos de razão – atestam que a Alemanha é a Nação por excelência, a Nação absoluta. Ela só foi rebaixada porque se esqueceu do seu Eu. A educação filosófica dar-lhe-á a energia para voltar a forjá-la. Discurso circunstancial? A posteridade irá mostrar que na Alemanha – mas também em outros lugares – irão se repetir circunstâncias semelhantes.

INDICAÇÕES BIBLIOGRÁFICAS

Boucher, M., *Le sentiment national en Allemagne*, La Colombe, 1947.

Fichte, J.G., *L'Etat commercial fermé* (1800), LFDJ, 1940.

______, *Discursos à nação alemã* (1807).

______, *Machiavel et autres écrits... 1806-1807*, apresentados por L. Ferry e A. Renaut, Payot, 1981.

O nacionalismo e a função da história (A. Thierry, Michelet, von Ranke)

Já vimos que a filosofia hegeliana da história havia tomado como material de seu percurso o destino dos povos e das nações, considerados como figuras dialeticamente sucessivas do devir do Espírito. De maneira inteiramente diversa, as austeras meditações de Chateaubriand (que pergunta, nas *Memórias do além-túmulo* [1809-41] qual a significação e o alcance de uma vida singular envolvida pelas vias travessas e pelo peso da história) e os romances de Stendhal (nos quais as opções pessoais são irremediavelmente marcadas pelo jogo da política e das guerras) testemunham a presença, doravante inelutável, do Estado-Nação como força que se impõe aos destinos individuais e coletivos...

Todavia, essa presença se manifesta de um modo ainda mais preciso nas transformações sofridas pela história enquanto disciplina. Essa abandona as questões dinásticas e políticas; começa a examinar meticulosamente as sociedades, a evolução de suas instituições, de seus modos de vida, os movimentos de população que marcam o devir dessas sociedades; abre-se para a "longa duração". Na França, os trabalhos de Augustin Thierry – os *Relatos dos tempos merovíngios* (1835-40) e o *Ensaio... sobre o Terceiro Estado* (1850-51) – esforçam-se no sentido de compreender, através do estudo do passado da sociedade francesa, o enigma da Revolução e o estatuto contemporâneo da "luta de classes"; ao mesmo tempo, Leopold von Ranke busca descobrir, mediante um estudo erudito, as raízes mesmas da realidade alemã em sua *História da Alemanha no tempo da Reforma* (1839-47). Tudo se passa como se o Estado-Nação quisesse se sentir seguro de si, reencontrando seu passado próximo ou distante, restaurado através de métodos críticos que garantam um conhecimento objetivo.

Sob esse aspecto, a obra de Jules Michelet (1798-1874) é exemplar. Sua monumental *História da França* (1833-46, 1855-67) e sua *História da Revolução Francesa* (1847-53), baseadas numa informação prodigiosamente rica e empregando um poderoso estilo, visam a fazer reviver *no presente* a complexidade viva do passado. Instituições, costumes, heróis, modos de vida, imaginações coletivas revivem nessas páginas, que têm como *sujeito*[1] – no sentido forte – a nação francesa enquanto algo que se forjou através de múltiplas provas. Perspectiva romântica? Certamente; mas também, e sobretudo, vontade forte de povoar o território abstrato do Estado com uma vida fervilhante, sem nada ocultar das fraquezas, dos erros e dos infortúnios que o marcaram.

Doravante, a história tornou-se uma questão da Nação; a historicidade passa a ser uma dimensão da consciência coletiva. O conhecimento do passado nacional aparece como um meio de confirmar a *unidade* da comunidade reunida sob a autoridade de um mesmo Estado. E, ao mesmo tempo em que se afirma a objetividade desse conhecimento, criam-se já novos mitos, instrumentos de potência.

INDICAÇÕES BIBLIOGRÁFICAS

Barthes, R., *Michelet par lui-même*, Seuil, 1954.
Febvre, L., *Michelet*, 1948.

Do nacionalismo filantrópico à ideologia conservadora da Nação (Mazzini, Taine, Renan)

A orientação característica do pensamento de Michelet reaparece, sob diversas formas, nas nações submetidas a dominação estrangeira. Giuseppe Maz-

[1] Em francês, *sujet* – além de *sujeito* – também quer dizer "tema", "assunto". Em português, embora "sujeito" também tenha esse duplo sentido, a conotação de "assunto" se perdeu inteiramente na linguagem corrente. (N.T.)

zini (1805-72), por exemplo, que era um combatente pela unidade da Itália liberta do jugo austríaco, concebe essa luta – em *A Santa Aliança dos Povos* (1849) – como uma primeira etapa no sentido da fraternidade universal dos povos da Europa. É esse mesmo sentimento – no qual intervêm frequentemente considerações religiosas e sociais – que guia os patriotas poloneses e húngaros, os movimentos eslavos que rejeitam ao mesmo tempo a submissão aos Habsburgos ou à Sublime Porta e a tutela do tzar, e, de modo mais geral, todos os que se inspiram nas *Declarações* de 1787 e 1789 e no princípio da soberania nacional entendida como soberania do povo.

Todavia, os eventos europeus dos anos 1848-49, o fracasso das revoluções democrática e "nacionalitárias", confirmam o duplo conflito que ameaça o equilíbrio europeu fundado na Santa Aliança dos Estados: conflito interno nos países "avançados", nascido do desenvolvimento da ordem industrial e das reivindicações de uma numerosa classe operária, miserável, porém cada vez mais consciente de sua força, e cujos pontos de vista internacionalistas se afirmam; e conflito entre os Estados mais poderosos, envolvidos em crises econômicas, que inevitavelmente os opõem uns aos outros. Acrescentam-se a isso os riscos de guerra constituídos pelos empreendimentos de libertação efetuados pelas nações europeias ainda mantidas em estado de dependência. Essa situação favorece o desenvolvimento – em particular na França, mas também na Alemanha e no Reino Unido – de um outro tipo de nacionalismo, que apela para os valores da tradição (a família, a terra, os ancestrais) e da moral do sacrifício, da renúncia e da obediência, para *conservar* o que existe e para denunciar a anarquia que resultaria de qualquer mudança que não fosse cuidadosamente controlada. Esse nacionalismo é *reacionário* – no sentido etimológico – e, na França, deplora o infeliz episódio da Revolução, que interrompeu o curso normal da evolução.

Essa exaltação da Nação como *substância* da vida coletiva inscreve-se facilmente na corrente de pensamento positivista e evolucionista, dominante nessa segunda metade do século XIX; tal corrente apela para a Razão e para as virtudes clássicas, desconfiando do romantismo, que conduziria a excessos. O representante francês mais típico desse estado de espírito é Hyppolite Taine (1828-93). Sua análise das *Origens da França contemporânea* (1875-93) pretende estar a serviço da ciência: considera os atos dos homens como produtos de um estrito determinismo. Taine felicita um crítico por ter compreendido que sua história é, de fato, uma psicologia dos agentes da história; e especifica que a investigação psicológica se reduz, por seu turno, a uma investigação fisiológica e química.

Se o determinismo que regula as questões humanas não é aparente, isso ocorre porque as causas que nelas interferem são complexas. Todavia, é possível distribuí-las em três elementos:

- a *raça*: ou seja, o conjunto de caracteres biológicos transmitidos hereditariamente;
- o *meio*: as tradições, as crenças, os hábitos mentais, as instituições que modelam os indivíduos;
- o *momento*: isto é, o conjunto das circunstâncias que desencadeiam a ação.

Munido desse método, Taine *explica* – no sentido estrito do termo – a Revolução como produto de agitadores de cérebro doentio; no mesmo espírito, erige em leis deduções abstratas operadas a partir de coleta de exemplos, e estabelece, entre outras coisas, que existem caracteres nacionais. Dessa psicologia histórica determinista, ele retira ensinamentos políticos: o primeiro e mais seguro é que o governo é um problema de saber e que é preciso estabelecer um sistema que permita às elites competentes calcular boas decisões e implantar uma educação da população que a previna contra a tirania de um só e contra a tirania de todos. É essa mesma preocupação do cálculo adaptado às circunstâncias que lhe faz temer a potência centralizadora do Estado, o sufrágio universal e a espontaneidade popular.

Com Taine, a Nação se imobiliza numa rede de determinações. O importante, então, é prevenir-se contra a "demência" que viria perturbar essa rede de causas e efeitos. Inteiramente oposta é a atitude desse outro mestre da República conservadora que foi Ernest Renan (1823-92): ensaísta, eclético tanto no que se refere aos objetos quanto aos modos de argumentação, historiador de bela erudição, mentor algumas vezes solene, Renan ama os matizes e não se recusa a modificar seus pontos de vista. Todavia, tem em comum com Taine a ideia de que, doravante, a ciência positiva tomou o lugar outrora ocupado pela religião, e é ela que ilumina a moral. Renan também compartilha com Taine uma profunda aversão pela massa e por todas as políticas que apelam para a democracia direta. Como Taine, Renan teme a decadência da França – cuja derrota de 1870 seria um sintoma – e pede o seu reerguimento. Nessa perspectiva, sua pregação moral se organiza em torno do tema *A Nação como princípio espiritual* (discurso de 1882), como *alma* do território, cuja sobrevivência e expansão devem ser o objetivo de todas as vontades...

Uma outra imagem da pátria, portanto, delineia-se aqui: uma imagem que irá encantar a direita, de Barrès a Maurras e aos herdeiros da "Action

Française". Essa direita se considera – por sua cultura, origens e opções – como uma elite depositária da essência superior da Nação: ela é xenófoba e radicalmente antidemocrática, condenando num mesmo opróbrio o bárbaro estrangeiro e o povo ignorante. O caso Dreyfus (1894-95) irá permitir que ela se afirme como racista.

INDICAÇÕES BIBLIOGRÁFICAS

Girardet, R., *Le nationalisme français (1871-1914)*, A. Colin, col. "U", 1966.

Renan, E., *Oeuvres complètes*, Calmann-Lévy, 1947.

Taine, H., *Les origines de la France contemporaine (1875-1893)*, extratos, Hachette, 1947.

As doutrinas da expansão nacional e o imperialismo

De qualquer modo, direita, centro e esquerda logo irão convergir na França em apoio ao empreendimento colonial, conduzido em nome dos direitos e dos deveres de uma Nação que deu provas de virtudes civilizadoras: e cada partido reserva-se a possibilidade de administrar essas provas à *sua* maneira.

É verdade que a rival britânica já havia amplamente aberto o caminho nesse domínio. A expansão comercial inglesa já se desenvolvera amplamente depois de 1815; mas permanecia, em seu conjunto, um problema que envolvia as companhias privadas. Os governos liberais tinham por princípio não intervir além-mar, a não ser em caso de absoluta necessidade. Desde a segunda metade do século, essa necessidade tornou-se paulatinamente uma lei: em torno do tema da salvaguarda das livres comunicações marítimas, instalou-se progressivamente, ao mesmo tempo que uma prática intervencionista, uma ideologia da grandeza nacional. O tema tradicional da livre expansão comercial transforma-se em dever nacional; e o primeiro-ministro conservador Disraeli teve o mérito de dar nome ao seu objetivo: a constituição de um *Império colonial*.

Nenhuma concepção política, no sentido estrito, é constituída com o fim de legitimar tal política. Mas o pensamento inglês sofre uma transformação significativa: contra o empirismo e o utilitarismo, surgem doutrinários, o mais típico dos quais é certamente Thomas Carlyle (1795-1881). Carlyle exalta os heróis que fizeram a história, insiste nos benefícios da autoridade e da virtude, condena o gosto pela facilidade e busca do lucro e desenvolve um idealismo moralizante e profético. Por trás dessa pregação, manifesta-se o desejo de um Estado forte, de um exército heroico e conquistador e de uma Nação inteiramente devotada à grandeza de sua missão civilizadora.

Honra e interesse: os personagens dos romances de Rudyard Kipling (1865-1936) irão ilustrar essa máxima. Do outro lado do Atlântico, à imagem do colonizador que leva o "fardo do homem branco", corresponde a mitologia norte-americana da "fronteira": fronteira da civilização incessantemente empurrada para o Oeste por valorosos desbravadores, apóstolos a seu modo dos direitos do homem, da exploração mineral, da agricultura e da carabina Winchester. Os pioneiros do faroeste aplicam espontaneamente uma teoria do espaço vital. Ora, no continente europeu, essa teoria irá receber um desenvolvimento repleto de consequências.

No momento em que Bismarck se vale de tudo para forjar o *Segundo Reich*, reconstituindo a unidade nacional da Alemanha, historiadores (como H. von Treitschke), economistas (como Friedrich List) e artistas elaboram – recordando o Sacro Império e os cavaleiros teutônicos – uma concepção do Povo e do Estado alemães abertamente racista. A metafísica fichtiana desce à terra, marcada com um sinal oposto ao que tivera no início do século. Pois, dessa feita, trata-se de *conquistar* para assegurar à raça superior os territórios adequados à sua superioridade. No final do século, respectivamente em 1897 e em 1899, aparecem duas obras que sistematizam esse espírito: a *Geografia política*, de Friedrich Ratzel (1844-1904), que se empenha em dar um fundamento objetivo à política expansionista alemã; e os *Fundamentos do século XIX*, de Houston Stewart Chamberlain (1855-1927), que argumenta no sentido de provar que a raça alemã, liberta de suas escórias e das influências latinas, eslavas e judaicas que a pervertem, possui uma preeminência natural que deve lhe permitir realizar, em todos os domínios, os ideais da humanidade.

O nacionalismo tornou-se um elemento constitutivo da potência do Estado. Os temas que ele implica – *unidade* do território, *unidade* do povo, *unidade* da vontade etc. – induzem facilmente a uma retórica que é assumida pelos governos autoritários. Todavia, desde o *bill* de 1689, o Estado moderno afirmou sua vontade de defender o princípio das liberdades. Convém examinar como a concepção liberal do poder – em conflito ou em cumplicidade com os nacionalismos – realiza e legitima esse princípio.

INDICAÇÃO BIBLIOGRÁFICA

Andler, C., *Les origines du pangermanisme (1800-1888)*, Couard, 1915; *Le pangermanisme philosophique (1800-1814)*, ibid., 1917; Elie Halévy, *Histoire du peuple anglais. Les impérialistes au pouvoir (1895-1905)*, Hachette, 1926; R. Delavignette, Ch.-A. Julien, *Les constructeurs de la France d'outre-mer*, Corréa, 1945; R. Girardet, *L'idée coloniale en France de 1871 à 1962*, La Table Ronde, 1972.

O LIBERALISMO POLÍTICO

No século XIX, o Estado-Nação se constitui mais ou menos por toda parte, na ordem interna, como Estado liberal: o liberalismo político é sua filosofia dominante. As concepções liberais dominantes pretendem resolver principalmente a "questão política", entendida essencialmente como o problema das relações entre o indivíduo e o Estado. Qualquer que seja a diversidade dessas doutrinas "de acordo com a época, o país, as tendências numa mesma época e num mesmo país" (cf. Jean Touchard, *Histoire des idées politiques*, 2, PUF, 1959), pode-se perceber a presença de uma dupla preocupação essencial: o indivíduo deve ser protegido, ao mesmo tempo, contra o Estado e contra as massas; por conseguinte, é preciso encontrar os mecanismos institucionais destinados a impedir esse duplo perigo.

Podem-se distinguir, *grosso modo*, dois tipos de solução. Uma, versão mais ou menos otimista, considera que a aplicação de certas "receitas" institucionais pode subtrair o indivíduo do despotismo, enfraquecendo a autoridade do Estado e *impedindo* o advento da democracia de massa; para tomarmos o exemplo mais significativo, é o caso da solução buscada por Benjamin Constant (1767-1830). A outra, versão nitidamente mais pessimista, considera o advento democrático como inelutável e tenta preconizar métodos destinados não a impedir, mas a evitar o excesso de despotismo que um tal advento corre o risco de promover; coube a Alexis de Tocqueville (1805-59), decerto, ilustrar do modo mais exemplar essa segunda versão.

Benjamin Constant: o liberalismo contra a democracia

É impossível afirmar de modo mais preciso que o indivíduo é o princípio primeiro e que é preciso defendê-lo duplamente:

> Defendi durante quarenta anos o mesmo princípio: liberdade em tudo, na religião, na literatura, na filosofia, na indústria, na política; e, por liberdade entendo o triunfo da individualidade, tanto sobre a autoridade que pretendesse governar pelo despotismo quanto sobre as massas, que reclamam o direito de subjugar a minoria (*Mélanges*, 1829).

- A sociedade política não tem como fim a igualdade; essa se combina com uma concepção arcaica da liberdade, legítima para os antigos, mas inútil e perigosa para os modernos, iludidos pela "eterna metafísica do *Contrato social*".
- Pois a liberdade, para um antigo, consistia em

> exercer coletivamente, mas de modo direto, várias partes da soberania inteira; em deliberar na praça pública sobre a guerra e a paz; em firmar tratados de aliança com os estrangeiros, em votar leis, em pronunciar sentenças, em examinar as contas, os atos, a gestão dos magistrados … . Mas, ao mesmo tempo em que era isso que os antigos chamavam de liberdade, admitiam como compatível com essa liberdade coletiva a completa sujeição do indivíduo à autoridade do conjunto, [de modo que], entre os antigos, o indivíduo – quase sempre soberano nas questões públicas – é escravo em todas as suas relações privadas … (*Sobre a liberdade dos antigos em comparação com a dos modernos*, 1819).

- Os modernos só podem sentir aversão por essa concepção, já que para um moderno – ser livre

> é, para cada um, o direito de ser submetido apenas às leis, de não poder ser nem preso, nem morto, nem maltratado de nenhum modo em decorrência da vontade arbitrária de um ou mais indivíduos. É o direito que tem cada um de emitir sua opinião, de escolher sua indústria e de exercê-la; de dispor da propriedade, inclusive de abusar da mesma; de ir e vir sem para isso obter permissão e sem prestar contas de seus motivos ou movimentos. É o direito que tem cada um de se reunir a outros indivíduos, seja para discutir seus interesses, seja para professorar o culto que ele e seus associados preferirem, seja simplesmente para passar seus dias e horas do modo mais conforme a suas inclinações e fantasias. Finalmente, é o direito que cada um tem de influir na administração do governo, seja pela nomeação de todos ou de alguns funcionários, seja mediante representações, demandas, que a autoridade é mais ou menos obrigada a levar em consideração (ibid.).

Benjamin Constant insiste nessa oposição decisiva:

- O objetivo dos antigos era a partilha do poder social entre todos os cidadãos de uma mesma pátria. Era isso que eles chamavam de liberdade.
- O objetivo dos modernos é a segurança nas fruições privadas; e eles chamam de liberdade as garantias concedidas pelas instituições a essas fruições.

Desse modo, a questão política moderna é colocada menos em termos de legitimidade do que em termos de exercício da autoridade. O povo é soberano? Sim, se se quer, concorda Constant, como uma cláusula de estilo. Pouco importa ao indivíduo que se afirme que a soberania é popular, monárquica ou de outro tipo. De fato, entre os modernos, o indivíduo independente em sua vida privada, mesmo nos Estados mais livres, só é soberano aparentemente. E essa aparência lhe basta, desde que a autoridade do Estado seja *limitada*. Popular ou não, a única soberania legítima é uma soberania limitada: pois "nenhuma autoridade sobre a terra é ilimitada"; pois "os cidadãos possuem direitos individuais independentes de qualquer autoridade social ou política, e toda autoridade que viola esses direitos torna-se ilegítima". É Locke contra Rousseau, cujo *Contrato Social* é o mais terrível "auxiliar de todos os gêneros de despotismo"; ele ignora que, "no ponto onde começam a independência e a existência individual, para a jurisdição da soberania", e que "o assentimento da maioria não basta absolutamente em todos os casos para legitimar os seus atos".

O triunfo da individualidade marcha paralelamente ao enfraquecimento da autoridade estatal, exercida em todos os domínios *com reserva*: "Os progressos da civilização, as mudanças operadas pelos séculos, impõem à autoridade um respeito cada vez maior pelos hábitos, pelas afeições, pela independência dos indivíduos. Ela deve pôr sobre todos esses objetos uma mão mais prudente e mais leve." No domínio econômico e social, assim como nos demais, Benjamin Constant se bate pela liberdade de imprensa com ardor ("os censores estão para o pensamento como os espiões para a inocência"), e reclama a tolerância em matéria de religião ("a religião é como os grandes caminhos: gostaria que o Estado os mantivesse, contanto que deixasse a cada um o direito de preferir os atalhos").

Será preciso encontrar ainda um sistema que permita combinar essas características da liberdade com as da soberania popular? O melhor sistema, aquele em que repousa a confiança de Constant, é o *sistema representativo*:

> O sistema representativo não é mais do que uma organização com cuja ajuda uma nação encarrega alguns indivíduos de fazer o que ela mesma não quer fazer. Os indivíduos pobres cuidam eles próprios de seus problemas; os ricos contratam intendentes. Temos aqui a história das nações antigas e das nações modernas.

Sistema que, evidentemente, não implica nenhum mandato imperativo, mas que repousa numa procuração dada "em branco" a um certo número de homens "pela massa do povo", que deseja que seus interesses sejam defendidos, mas que não tem o tempo de defendê-los diretamente, já que suas fruições privadas têm mais valor para ela.

Um tal sistema implica logicamente, aos olhos de Benjamin Constant, a condenação de qualquer forma de sufrágio universal: o sufrágio deve ser restrito. Prolongando as considerações de Sieyès, Benjamin Constant desenvolve uma ingênua astúcia: a condição necessária para o exercício político é o *lazer*, pois esse lazer é indispensável para a aquisição das luzes. Ora, é evidente que só a propriedade assegura esse lazer: "somente a propriedade torna os homens capazes do exercício dos direitos políticos." O fato de que Saber e Poder se deem as mãos leva a que a questão política, por si mesma, apague a questão social:

> Não quero cometer nenhuma injustiça contra a classe laboriosa .... Mas as pessoas que a indigência conserva numa eterna dependência e que condena a trabalhos diários não são *nem mais esclarecidas do que as crianças, nem mais interessadas do que os estrangeiros* numa prosperidade nacional da qual eles não conhecem os elementos e da qual só indiretamente partilham as vantagens .... Portanto, seria absurdo conferir-lhes direitos políticos, que "servirão infalivelmente para invadir a propriedade. Elas marcharão por esse caminho irregular, em vez de seguirem a rota natural, o trabalho: seria para elas uma espécie de corrupção; e, para o Estado, uma desordem ...".

Resta assegurar a distribuição de poderes no vértice. Benjamin Constant segue Montesquieu, mas acrescenta uma contribuição original: o poder do rei não tem por que governar; os ministros, poder ativo, encarregam-se disso. O monarca constitucional é um "poder neutro", garantia dos limites da soberania. Com efeito, o príncipe é

> um ser à parte superior às diversidades de opinião, que só tem como interesse a manutenção da ordem e a manutenção da liberdade, e que não pode jamais

entrar na condição comum, inacessível, por conseguinte, a todas as paixões que essa condição faz nascer e a todas aquelas que a perspectiva de nela se encontrar alimenta incessantemente no caso dos agentes investidos de um poder momentâneo.

INDICAÇÕES BIBLIOGRÁFICAS

Constant, B., *De l'esprit de conquête et d'usurpation* (1814); *Principes de politique* (1815); *Réflexions sur les constitutions et les garanties* (1814-18); *De la responsabilité des ministres* (1814-18); *De la liberté des anciens comparée à celle des modernes* (1815).

De la liberté chez les modernes, textos escolhidos e apresentados por Marcel Gauchet, Pluriel, Poche, 1980.

Alexis de Tocqueville: a democracia liberal

Tocqueville descobriu a democracia na América. Talvez resida nisso a origem da extraordinária perspicácia de suas análises, mas também a causa de suas limitações. A interpretação de sua obra, de resto, põe um certo número de dificuldades metodológicas, bem evidenciadas por Raymond Aron (cf., em particular, *Les étapes de la pensée sociologique*, Gallimard, 1967).

Com efeito, se combinarmos certos capítulos de *Da democracia na América*, onde Tocqueville traça o retrato de uma sociedade particular, a sociedade americana, e de *O antigo regime e a Revolução*, onde ele tenta analisar uma crise histórica, a Revolução Francesa, pode-se perceber que ele se dedica à constituição de um "tipo", a sociedade democrática, a partir do qual são deduzidas as tendências possíveis da sociedade futura. Mas, dado que certos traços estruturais da sociedade democrática podem ser ligados às particularidades da sociedade americana, enquanto outros são extraídos da essência de qualquer sociedade democrática, subsiste uma incerteza quanto ao grau de generalidade das respostas dadas por Tocqueville, as quais parecem ser ora da ordem da tendência, ora da ordem da alternativa. Quando Tocqueville opta nitidamente pela alternativa, então teremos ou que a sociedade democrática será despótica, ou que ela será liberal; o modelo americano que o inspira impede-o certamente de imaginar o frágil, mas original, modo de desenvolvimento democrático que é próprio das sociedades europeias.

De qualquer modo, a superioridade de Tocqueville sobre Benjamin Constant e sobre o conjunto dos liberais de seu tempo consiste em que ele põe como inelutável e irreversível o próprio fato democrático:

> Uma grande revolução democrática se opera entre nós; todos a veem, mas nem todos a julgam do mesmo modo. Uns a consideram como coisa nova e a tomam por um acidente; têm esperança de poder ainda detê-la. Já outros a consideram irresistível, porque ela lhes parece ser o fato mais contínuo, mais antigo e mais permanente que se conhece na história (*Da democracia na América*).

Mas é preciso especificar imediatamente que, para Tocqueville (e nisso reside sua plena originalidade), esse fato democrático é definido a partir da noção de *igualdade:*

> O desenvolvimento gradual da igualdade das condições, portanto, é um fato providencial, cujas principais características são: é universal, duradouro, escapa a cada dia do poder humano. Todos os eventos, assim como todos os homens, servem a seu desenvolvimento.

Nos Estados Unidos, esse desenvolvimento da igualdade de condições é associado aos mecanismos da *liberdade política.* Assim, por exemplo, os americanos conseguiram estabelecer as instituições concretas da *soberania popular*, que nenhuma aristocracia tentou frear. Decerto, inicialmente, escolheu-se no mais das vezes um regime eleitoral censitário, mas, ao contrário de Benjamin Constant, Tocqueville vê em tal regime tão somente uma etapa para a soberania popular: "Quando um povo começa a tocar no censo eleitoral, pode-se prever que ele chegará, num prazo mais ou menos longo, a eliminá-lo completamente. Trata-se de uma das regras mais invariáveis que regulam as sociedades ... ." Mas o importante é que a soberania popular aparece como uma instituição concreta e não, como na Europa, como uma perigosa ficção:

> A vontade nacional é uma das palavras de que os intrigantes de todos os tempos e os déspotas de todas as épocas mais amplamente abusaram. Uns viram sua expressão nos sufrágios acabados de alguns agentes do poder; outros, nos votos de uma minoria interessada ou temerosa; há mesmo quem a descobriu inteiramente formulada no silêncio dos povos e pensou assim que, do fato da obediência, nascesse para eles o direito de comando.

Às instituições concretas da soberania popular, os americanos acrescentam uma outra vantagem: a de uma Constituição *federal*, que permite combinar os méritos das grandes e das pequenas nações: "A União é livre e feliz como uma pequena nação; gloriosa e forte como uma grande."

Tocqueville insiste também nas consequências positivas de uma liberdade de *associação* ilimitada, tanto política como civil:

> A primeira vez que ouvi dizer, nos Estados Unidos, que cem mil homens se haviam comprometido publicamente a não beber licores fortes, a coisa me pareceu mais divertida do que séria e não vi bem, num primeiro momento, por que esses cidadãos tão temperantes não se contentavam em beber água no seio de suas famílias. Terminei por compreender ... que eles haviam agido precisamente como um grande senhor que se vestisse muito humildemente, com o objetivo de inspirar nos cidadãos simples o desprezo pelo luxo.

Ora, nos países democráticos, as associações são capazes de frear os efeitos funestos da igualdade de condições, sem tentar contrariar o desenvolvimento dessa igualdade:

> São as associações que, entre os povos democráticos, devem assumir o lugar dos particulares poderosos que a igualdade de condições fez desaparecer.

E Tocqueville enumera e analisa vários traços próprios às instituições e aos costumes americanos, que lhe parecem se orientar todos nesse mesmo sentido: associar, combinar igualdade de condições com liberdade.

Se o desenvolvimento da democracia na Europa não atingiu o mesmo estágio, nem por isso deixa de ser menos inelutável. E Tocqueville busca suas causas, principalmente para a França, na história do Antigo Regime e da Revolução. Se o fato democrático desenvolve-se nesse país de modo convulsionado e contraditório, é preciso ver nisso, principalmente, o efeito da centralização administrativa e da divisão das classes, que levaram ao estabelecimento de instituições incapazes dessa combinação entre liberdade e igualdade.

Ao promover o processo da Revolução na Europa, Tocqueville apresenta uma impiedosa diatribe contra a monarquia do Antigo Regime. Assim, a centralização que se cobre com as cores da Revolução é, em primeiro lugar, uma obra do Antigo Regime. Com extraordinária acuidade, Tocqueville descreve os mecanismos da tutela administrativa ("se a insolência da palavra não havia ainda sido produzida, tinha-se pelo menos a coisa"), da justiça administrativa que impunha a garantia dos funcionários graças ao poder dos

Conselhos do Rei, da centralização urbana; e insiste no nascimento dessa formidável burocracia por intermédio dos intendentes. Em suma,

> se a centralização não pereceu absolutamente com a Revolução, foi porque era, ela mesma, o começo da Revolução e o seu signo ... .

Acrescenta-se a isso o fato de que a aristocracia europeia nada compreendeu da inelutabilidade do fato democrático e tentou opor-se a ele, constituindo-se em "casta" zelosa de seus privilégios e capaz somente de aumentar a irritação das outras classes, compostas, por sua vez, de grupos corporativos separados e fechados em si mesmos. Assistia-se, observa Tocqueville, a uma "espécie de individualismo coletivo, que preparava as almas para o verdadeiro individualismo que conhecemos", e, finalmente, "a divisão das classes foi o crime do antigo reinado e tornou-se mais tarde a sua desculpa ...".

A Revolução não fez mais do que acentuar essa combinação importada do Antigo Regime entre a democracia e a ausência de liberdade política, generalizando-a para o conjunto dos costumes, de modo que a democracia – se é nos Estados Unidos um regime de liberdade – é na Europa um regime de servidão.

Para além dessa constatação, Tocqueville evita combater o fato democrático europeu. Aqui, como em outros lugares, "querer parar a democracia é algo semelhante a lutar contra o próprio Deus". Ao contrário, é preciso tentar "*instruir* a democracia"; é preciso "uma ciência nova para um mundo inteiramente novo" (*Da democracia na América*).

Fenômeno inelutável, a igualdade das condições faz com que se corram perigos igualmente inelutáveis. Mas "não creio que sejam insuperáveis", afirma Tocqueville, já que

> as nações de nossos dias não podem fazer com que as condições não sejam iguais em seu seio; mas depende delas que a igualdade as conduza à servidão ou à liberdade, às luzes ou à barbárie, à prosperidade ou à miséria.

Na realidade, e independentemente do que se possa dizer, o otimismo de Tocqueville é muito moderado. Os remédios que propõe a seus contemporâneos para que se orientem no sentido de uma democracia "liberal" são extraídos da experiência americana. Assim, ele insiste particularmente na necessidade de desenvolver um poder judiciário forte e independente, de suscitar a constituição de associações diversas ou, ainda e sobretudo, de buscar todos os meios para obter uma centralização eficaz:

> É no município que reside a força dos povos livres. As instituições municipais são para a liberdade o que as escolas primárias são para a ciência .... Sem instituições municipais, uma nação pode se dar um governo livre, mas não possui o espírito da liberdade.

A lição, para os tempos modernos, parece insuperável:

> E eu digo que, para combater os males que a igualdade pode produzir, há apenas um remédio eficaz: é a liberdade política.

Todavia – e nisso reside, ao mesmo tempo, a ambiguidade e a riqueza de toda a análise de Tocqueville –, parece que são as próprias condições de desenvolvimento da igualdade que contribuem para destruir as condições da liberdade política. Lendo-o, fica-se ainda mais convencido de que a democracia será despótica.

Individualismo e materialismo caracterizam a sociedade democrática moderna, e preparam o leito para o poder despótico. A centralização não faz mais do que aumentar e a Revolução Industrial leva o intervencionismo estatal a se expandir. Também aqui, os pontos de vista de Tocqueville são mais lúcidos e mais pessimistas do que os de Constant: a propriedade industrial dá à luz uma classe que tem necessidade, mais do que as outras, de ser "vigiada, regulamentada, contida"; e, por conseguinte, é inevitável que "as atribuições do governo cresçam com ela"; a "indústria traz o despotismo em seu seio, e esse se amplia naturalmente à medida que ela se desenvolve". O intervencionismo econômico não basta: "O Estado é levado a se ocupar da caridade e da religião, cujo pessoal é por ele pago, cujos padres são por ele mantidos; ele os controla não somente do ponto de vista da organização, mas – como o domínio do temporal é por vezes difícil de ser distinguido do espiritual – o Estado chega a se imiscuir no dogma, e, desse modo, controla a alma de cada homem até no seu elemento mais profundo."

À medida que as condições se equalizam, "os indivíduos parecem menores e a sociedade, maior": "A unidade, a ubiquidade, a onipotência do poder social, a uniformidade de suas regras formam o traço saliente que caracteriza todos os sistemas políticos gerados em nossos dias."

E a democracia pode evitar o despotismo em medida ainda menor porque o fato igualitário é também o resultado de uma paixão: ardente, insaciável. Doravante, os povos democráticos

> querem a igualdade na liberdade e, se não podem obtê-la, querem-na até mesmo na escravidão. Padecerão a pobreza, a servidão, a barbárie, mas não padecerá a aristocracia.

Tocqueville expõe, com a maior sutileza, os dados de uma aliança conflitual entre liberdade e igualdade:

> Eles haviam querido ser livres para poderem se fazer iguais; e, à medida que a igualdade se estabelecia melhor com a ajuda da liberdade, tornava-lhes a liberdade mais difícil.

Quais são as possibilidades de escapar desse dilema histórico?

INDICAÇÕES BIBLIOGRÁFICAS

Aron, R., *Dix-huit leçons sur la société industrielle*, Gallimard, col. "Idées", 1962.

De Tocqueville, A., *Oeuvres complètes*, sob a direção de John-Peter Mayer, Gallimard, 1951-78, 18 volumes publicados.

_____, *De la démocratie en Amérique* (1835), Gallimard, col. "Idées", 1968 [ed. brasileira: *A democracia na América*, Itatiaia, Belo Horizonte, 1964].

_____, *L'Ancien Régime et la Révolution* (1856), Gallimard, col. "Idées", 1975 [ed. brasileira: *O Antigo Regime e a Revolução*, Ed. da Universidade de Brasília, Brasília, 1982].

CAPÍTULO IV

O Estado-Sociedade

O fortalecimento do Estado-Nação ao longo de todo o século XIX não levanta apenas questões de ordem institucional e governamental. Ao mesmo tempo em que se afirmava essa *forma política*, que implica como princípio a separação (em diferentes graus) entre as instâncias de poder e a sociedade civil, essa sociedade coloca - graças a seu desenvolvimento autônomo - problemas graves para aquelas instâncias, suscitando projetos que vão ao ponto de contestar a utilidade (ou a necessidade) do Estado. Em outras palavras: a *questão social* - a questão da *justiça distributiva*, da repartição das riquezas (e, por conseguinte, de sua produção) - torna-se cada vez mais diretamente uma *questão política*.

Mas não se trata somente, como o concebe Adam Smith (cf. *supra*, cap. II), de determinar o tipo de poder que permite o livre florescimento do econômico; cedo se manifestam perspectivas nas quais se tenta conjugar a ordem econômica com a ordem política, subordinando a segunda à primeira. Pois essa sofreu profundas transformações: constituiu-se uma nova elite; as relações sociais se modificaram no ritmo em que se estendiam a indústria e as trocas comerciais; uma numerosa classe social - o proletariado urbano - se formou, vivendo em condições frequentemente miseráveis, sofrendo a arregimentação das fábricas, tornando-se cada vez mais consciente da exploração de que é vítima e, por conseguinte, grávida de revoltas que põem em questão a paz civil. A própria ciência econômica perdeu o otimismo que a animava: com Sismondi, por exemplo, ela denuncia os malefícios da industrialização e os perigos das crises de superprodução (*Novos princípios de economia política*, 1819).

E, se é assim, não será o caso de tentar pensar o problema da organização social a partir da própria sociedade? Não será conveniente, já que essa sociedade mudou de ponta a ponta, tentar construir o poder que corresponde a essa mudança? Essa orientação espiritual suscitou quatro tipos de concepção, muito diferentes no que se refere às suas consequências políticas, cada uma caracterizada pelo modo de compreender a grande modificação do século XIX: de Saint-Simon e Comte, que projetam um Estado forte encarregado de garantir o progresso na ordem, até Bakunin, que tem como objetivo a destruição de qualquer Estado, passando por Marx, que visa à organização de uma Internacional operária encarregada de realizar a história, e por Proudhon, que se empenha em definir uma federação de associações livres.

INDICAÇÃO BIBLIOGRÁFICA

Schnerb, R., *Le XIXe siècle. L'apogée de l'expansion européenne, 1815-1914*, PUF, 5ª edição, 1968; M. Leroy, *Histoire des idées sociales en France*, t.III; *D'Auguste Comte à Proudhon*, Gallimard, 1954; C. Bouglé, *Socialismes français: du "socialisme utopique" à la "démocratie industrielle"*, A. Colin. 2ª edição, 1933; C. Morazé, *Les bourgeois conquérants*, A. Colin, 1958; H. Vedrine, *Les philosophies de l'Histoire*, Payot, 1974.

A CIÊNCIA COMO INSTRUMENTO E A NATUREZA COMO MODELO DA ORDEM SOCIAL

Na Grã-Bretanha e na França, os dois primeiros países a conhecer os efeitos da industrialização, a referência à ciência experimental e à leitura que esta apresenta da natureza física e biológica ocupa um lugar importante na reflexão política desde o início do século XIX.

As pesquisas de Jeremias Bentham (1748-1832), de John Stuart Mill (1806-73) e de Herbert Spencer (1820-1903), características da tradição empirista inglesa, têm em comum com o dogma industrialista de Claude-Henri de Saint-Simon (1760-1825) e com a filosofia da história de Auguste Comte (1798-1857) o fato de se inscreverem na perspectiva definida por Condorcet em seu *Esboço de um quadro dos progressos do espírito humano* (obra póstuma, publicada em 1797). O *progresso* é a lei da história da humanidade: essa, por adquirir mais conhecimentos e aperfeiçoar seus meios técnicos, adquire também mais riquezas e serenidade e, por conseguinte, maior felicidade e segurança. A felicidade e a segurança devidas à extensão das "luzes" – noções descobertas pelo século XVIII, com muita hesitação e dúvida – irão se tornar lugares-comuns no século seguinte. A crença na eficácia das ciências da natureza e de uma possível ciência da sociedade reforça tais ideias e lhes oferece uma legitimação.

Todavia, as implicações políticas extraídas dessa crença comum não são da mesma natureza. Para os pensadores ingleses, os saberes científicos fundados na observação e na experimentação são úteis na medida em que, por um lado, fornecem aos governantes conhecimentos que lhes permitem pôr em operação técnicas eficazes de controle e de gestão, e por outro, em que dão à política que praticam uma visão realista do dado social. A referência à ciência aparece como um auxiliar da ação política. Muito mais peremptória é a concepção de Auguste Comte: a política positiva define uma arte e uma visão da humanidade que devem substituir a política e a religião. J.S. Mill e Spencer continuam liberais; Comte pretende se situar bem além...

As metamorfoses do utilitarismo: de Bentham a Stuart Mill

Na configuração do pensamento político inglês do fim do século XVIII, Jeremias Bentham ocupa um lugar singular. Ele serve, de certo modo, como ponte entre o sensualismo característico do fim da Época das Luzes e as perspectivas utilitaristas ligadas ao desenvolvimento do mundo industrial.

Sua famosa invenção no domínio da moral é o cálculo dos prazeres: a oportunidade de um ato é função de uma apreciação quantitativa que ponha no lado positivo o grau de intensidade do prazer que deve resultar do mesmo e, no lado negativo, o desprazer. Essa apreciação é evidentemente o produto de um sujeito que imagina, em função de sua experiência, os afetos que vai receber. Todavia, no interior dessa aritmética subjetiva, introduz-se a dimensão social. O indivíduo, social por natureza, deve igualmente levar em conta um *coeficiente de sociabilidade*. Assim, por aproximação, institui-se uma concepção da felicidade coletiva fundada na integração das felicidades individuais, compreendidas como satisfação das necessidades. A *Introdução aos princípios de moral e de legislação* (1789) propõe assim uma espécie de república democrática e filantrópica, no seio da qual a eficiência e a felicidade de todos são o produto de instituições que têm como tarefa medir e prever a conduta de cada um.

É assim que Jeremias Bentham elabora, no quadro de um saber sobre a instituição carcerária, uma teoria geral das prisões, nas quais o detido – posto constantemente sob o olhar do guardião e submetido a um adestramento corporal minucioso – será levado a se emendar, ou seja, a reconhecer que lhe é útil conformar-se com a norma da felicidade coletiva. Desse modo, encontra-se definida uma regra geral de governo da sociedade por si mesma, a qual, em nome da utilidade comum, instaura um *controle* que se aplica inicialmente aos delinquentes e se estende, depois, no curso do século, aos hospitais, aos campos de formação militar e às instituições educacionais. O princípio da felicidade exige uma regulamentação e uma vigilância universais, que construções e um urbanismo bem adaptado tornam mais fáceis...

O liberalismo transforma-se aqui em seu contrário. É o que John Stuart Mill vê com clareza. Embora formado na óptica utilitarista mais estrita, ele se afasta progressivamente dela: constata, por um lado, que a sociedade industrial não cumpre suas promessas e que as leis de harmonização automática da economia são errôneas; e, por outro lado, vê que a autorregulação da sociedade que cria suas instituições a fim de normalizar a felicidade é algo perigoso. Diante do fato de que as crises econômicas se tornam cada vez mais ameaçadoras e a miséria operária algo esmagador, ele contesta o princípio do "*laisser-faire*" de Richard Cobden e da Escola de Manchester. Ele teme também que o liberalismo político levado até suas consequências extremas conduza a uma tirania da mediocridade, e que a dependência do governo diante de uma sociedade submetida aos cálculos de utilidade termine por comprometer as possibilidades da liberdade. Assim, advoga uma sociedade na qual as máximas oportunidades seriam dadas aos indivíduos e onde seria possível formar incessantemente novas elites.

Na opinião dele, somente sob essa última condição é que a sociedade pode ser livre e o governo verdadeiramente liberal. Em *Considerações sobre o governo representativo* (1860-61) e no *Ensaio sobre a liberdade* (1859), ele indica as disposições que devem ser adotadas a fim de que seja conjurado o perigo de uma sociedade subjugada à sua própria norma: uma disseminação das instâncias de governo que seja compatível com a eficiência do poder; e a distinção entre controle das decisões, garantida pelo Parlamento que representa a sociedade, e a função legislativa, que, por sua vez, deve ser função de uma instância especializada.

Com efeito, a posição de J.S. Mill deve ser compreendida como um utilitarismo que a exigência da liberdade tempera com elementos éticos que visam a restabelecer os princípios do Estado de direito. Nem o positivismo de Auguste Comte, nem o evolucionismo de Herbert Spencer têm tais escrúpulos.

INDICAÇÕES BIBLIOGRÁFICAS

Bentham, J., *Fragmento sobre o governo* (1776).

______, *Introdução aos princípios de moral e de legislação* (1789) [ed. brasileira, in "Os Pensadores", Abril Cultural, São Paulo, 1974, vol.XXXIV, p.1-74].

Chevallier, J.-J., "Le pouvoir de l'idée d'utilité chez les utilitaires anglais", in *Le pouvoir*, col., PUF, 1956.
Mill, J., *Ensaio sobre o governo* (1820).
Stuart Mill, J., *Ensaio sobre a liberdade* (1859) [ed. brasileira: Cia. Editora Nacional, São Paulo, 1943].
_____, *Considerações sobre o governo representativo* (1860-61) [ed. brasileira: Universidade de Brasília, Brasília, 1980].

O espírito positivo: a ciência da sociedade como instrumento e garantia do progresso na ordem (Auguste Comte)

Quando, em 1819, C.H. de Saint-Simon publicou sua famosa parábola, apresentou brevemente o que, em sua opinião, constitui o princípio da política positiva. O próprio título de parábola, dado por ele a seu texto, é significativo do caráter místico e profético da perspectiva aberta. É nada menos do que uma nova religião que deve ser levada ao triunfo. Mas essa revolução espiritual tem como meta não uma ilusória salvação qualquer num outro mundo, mas a realização da humanidade através do completo domínio deste nosso mundo, que assegurará a ela – indefinidamente prolongadas e ampliadas – a felicidade e a virtude...

A parábola parte da hipótese de que a França não utiliza adequadamente os franceses "mais essencialmente produtores ...; os que dirigem os trabalhos mais úteis à nação, e que a tornam produtiva nas ciências, nas belas-artes e nas artes e ofícios .... A França precisaria, pelo menos, de toda uma geração para remediar esse infortúnio". Suponhamos que desaparecessem os grandes do reino, os nobres de alta linhagem, os ministros, os marechais, os cardeais, os ricos, os grandes proprietários: "Disso não resultaria nenhum mal para o Estado" (*O Organizador*, 1819), afirma Saint-Simon.

Esse texto apela para uma revolução social que dê o poder de gestão aos *industriais*, um termo que designa os empresários, os financistas, mas também os operários especializados, os agricultores e os artesãos; e que vise a eliminar a classe política – aristocrática ou democrática –, considerada como inútil. Os discípulos de Saint-Simon irão se tornar mais prazerosamente homens de negócio, construtores ou administradores, do que políticos.

Todavia, a despeito do poder de convicção que possuem o *Sistema industrial* (1821-22) e o *Catecismo dos industriais* (1822-23), foi a Auguste Comte que coube fazer do positivismo uma doutrina acabada, que esboça não apenas uma história e uma topografia administrativa do mundo novo, mas também sua política, seu saber e sua religião. Auguste Comte – politécnico, secretário de Saint-Simon, dotado de um conhecimento enciclopédico, incansável propagandista da *fé na ciência* – escolheu como tema de sua investigação a humanidade. Defensor apaixonado do progresso através da ciência e de suas aplicações técnicas, ou seja, da indústria, ele não teme nada mais do que a desordem e a anarquia que nascem do individualismo e do desconhecimento dos gloriosos objetivos do Homem. Ele se atribui como missão – missão que o levará à beira da loucura – realizar através do ensinamento a unificação do projeto humano. Ele crê na necessidade de uma estrita divisão do trabalho e de uma estável *hierarquia de competências*:

- os que sabem elaboram os conhecimentos relativos à natureza física e à natureza social;
- os publicistas difundem e vulgarizam os planos;
- os governantes os executam...
- e a massa obedece, para seu maior proveito.

Pois é incontestável, na opinião de Comte, que eventos como a Revolução Francesa resultam de uma perda do sentido da sociabilidade e da vergonha pelos indivíduos. A individualidade só vale na medida em que está integrada na sociedade; e isso por meio dessas correias indispensáveis que são a família – cadinho da formação moral – e a pátria – que ensina a solidariedade. Até aqui, a política tem sido frequentemente um campo de paixões e de interesses. É preciso dar-lhe uma base científica: ou mais exatamente, é preciso substituí-la por um saber que defina técnicas de gestão coletiva. A grande novidade da época é precisamente a descoberta do Espírito positivo. Auguste Comte apoia-se nos trabalhos de Sadi Carnot sobre o calor (1824). Esses trabalhos enunciam as leis da termodinâmica sem formular nenhuma hipótese sobre a *natureza* do calor. Desse modo, eles definem o "novo espírito científico", o qual, renunciando às hipóteses inverificáveis sobre a essência da matéria, empenha-se unicamente na observação e na experimentação, graças às quais o cientista pode *prever* as sequências fenomênicas e *prover* o melhoramento do bem-estar da humanidade mediante a utilização calculada dessas previsões.

Essa descoberta, para Auguste Comte, é o evento que lhe permite construir uma dupla filosofia da história, ambas justificadoras do sentido do Progresso:

– A filosofia da história das ciências mostra como o espírito elaborou as disciplinas científicas começando pela mais simples e mais abstrata, a matemática, para chegar até a mais complexa e concreta, a sociologia, passando pelas etapas que são a astronomia, a física e a biologia.

– A filosofia da história do espírito em sua função explicativa: antes de aceder à *era positiva*, o espírito quis explicar a realidade supondo a ação de seres pessoais (a *era teológica* com seus três momentos: fetichismo, politeísmo, monoteísmo); depois, atribuindo essa explicação a entidades abstratas (a *era metafísica*). A era positiva afasta a inútil questão: por quê? E, de imediato, teologia e metafísica morrem, por falta de alimento. A tarefa da vulgarização dos conhecimentos e da afirmação da coesão social é realizada por publicistas e propagandistas do espírito positivo e da religião da Humanidade a ele associada.

O poder deve pertencer aos cientistas, senhores das decisões essenciais. Somente eles têm os meios – em particular graças à sociologia, que é o saber sobre a estática e a dinâmica sociais – de impor a felicidade e a virtude pela ordem e pelo progresso. Mal compreendido, perseguido pelo poder estabelecido, profeta mal inspirado, Comte acreditou por um momento que o Segundo Império empreenderia a realização de seu plano. Pessoalmente desiludido, nem por isso deixou de formar escola. A religião positivista tem ainda hoje adeptos aqui e acolá. Porém, mais profundamente, a filosofia da história comtiana constitui frequentemente o fundamento da ideologia contemporânea da ciência. E se essa condena suas simplificações e juízos morais, não deixa de conservar a significação principal daquela filosofia: a ideia de um progresso global da humanidade, cujo instrumento atual é a ciência enquanto expressão principal do poder da humanidade.

INDICAÇÕES BIBLIOGRÁFICAS

Arnaud, P., *Politique d'Auguste Comte*, A. Colin, col. "U", 1965.

Charlety, S., *Histoire de Saint-Simonisme*, Alcan, 1931.

Comte, A., *Cours de philosophie positive* (1830-42), 6 vols.

_____, *Système de politique positive* (1851-54), 4 vols., extratos, Aubier, 1943.

De Saint-Simon, C.-H., *Morceaux chosis de Saint-Simon*, por C. Bouglé, Alcan, 1925.

Gouhier, H., *La jeunesse d'Auguste Comte et la formation du positivisme*, Vrin, 1933-41, 3 vols.

A dogmática evolucionista: o sistema de Herbert Spencer

A partir de 1860, Spencer se empenha em construir uma doutrina de conjunto que explique o devir das sociedades e, graças a isso, o seu futuro. No *Sistema de filosofia sintética*, apoiando-se numa concepção da atividade científica muito próxima de Auguste Comte e tomando de empréstimo à biologia de então sua ideia de evolução, ele analisa a realidade social como um organismo que se desenvolve em função de suas determinações internas, elas próprias ligadas ao princípio de adaptação. Essa espontaneidade adaptativa implica o desaparecimento dos órgãos inúteis e o desenvolvimento daqueles de onde resulta um aumento do poder. Nessa perspectiva, o filósofo descobre um sentido geral da evolução humana: essa vai de um *estado de homogeneidade relativamente indefinida* para um *estado de heterogeneidade relativamente definida e coerente.*

O florescimento contemporâneo da ordem industrial parece-lhe característico desse processo que engendra sociedades cujos elementos são cada vez mais diferenciados, cuja organização é cada vez mais coerente, e cuja potência, em função disso, não para de aumentar. Apologista da indústria, Spencer é também o defensor do liberalismo mais puro: enquanto a intervenção do Estado se intensifica no curso da era vitoriana, no mesmo ritmo do crescimento do Império, Spencer toma vigorosamente posição em favor da livre-empresa e da iniciativa privada, denuncia a tendência do poder a legiferar a respeito de tudo e argumenta em favor da ideia de que o governo não deve ter outras prerrogativas além das administrativas. *O indivíduo contra o Estado* (1884), apologia do empresário e do engenheiro, chega a formular o desejo de que sejam suprimidos os ministérios que se ocupam das questões ligadas à agricultura, ao comércio e à indústria, bem como de que sejam limitados os poderes do Parlamento.

Nesse meio-tempo, o evolucionismo spenceriano ganhou força graças à revolução operada por Charles Darwin (*A origem das espécies* é de 1876). Desse modo, nos *Princípios da sociedade e da moral* (1876-96) e nos *Princípios da ética* (1892-93), Spencer orienta-se no sentido de uma concepção onde os princípios darwinianos – em particular, o da "luta pela vida" – substituem a ideia da espontaneidade interna. Assim, o liberalismo – que não pode mais se apoiar na ideia da harmonia tal como a concebia Adam Smith – encontra recursos numa doutrina científica segundo a qual a violência é natural; no mesmo momento, o socialismo de Marx e Engels buscava na nova teoria da evolução uma confirmação da justeza dos fundamentos de suas análises sócio-históricas.

De Saint-Simon a Spencer, positivismo e utilitarismo – que privilegiam uma certa leitura da ciência (concebida menos como conhecimento do que como instrumento neutro de dominação da natureza) e da sociedade (interpretada principalmente como sociedade industrial) – levam a perspectivas políticas inteiramente diferentes: da integração total do indivíduo na coletividade, segundo Comte, à exaltação de sua independência (no quadro do Estado), segundo J.S. Mill e Spencer. Mas uns e outros têm em comum esta ideia enunciada por Saint-Simon: agora que estão se impondo a ciência e a indústria, as revoluções políticas são inúteis e perigosas; trata-se agora de organizar a sociedade – e de minimizar a questão política.

INDICAÇÕES BIBLIOGRÁFICAS

Spencer, H., *Estática social*, 1851.
_____, *Princípios de sociologia e de moral*, 1876-96.
_____, *O indivíduo contra o Estado*, 1884.

O MARXISMO DE MARX E ENGELS

O tema que Lênin recolheu de Friedrich Engels, segundo o qual o pensamento de Marx possui três fontes (a *filosofia alemã*, a *economia política inglesa* e o *socialismo francês*), não é falso, contanto que não se infira dele, como o faz Lênin, que esse pensamento – tendo extraído a quintessência desses três elementos – soube integrá-los num conjunto coerente. Pois o que espanta, quando lemos os milhares de páginas de textos redigidos por Karl Marx (1818-83) e Friedrich Engels (1820-95), é ao mesmo tempo a diversidade dos temas tratados, dos níveis de intervenção e das técnicas de argumentação, por um lado, e, por outro, o equívoco profundo do projeto de conjunto; e isso porque ora se trata de elaborar nada menos do que uma nova concepção global do mundo, da sociedade e do homem, ora – mais modestamente – de contribuir, através de pesquisas teóricas, para a luta revolucionária do movimento operário.

Tentou-se muitas vezes unificar esses textos e esse projeto sob o signo ou de uma ontologia científica (a ortodoxia stalinista, seguindo o próprio Engels), ou da moral (Maximilien Rubel), ou da economia política (Karl Kautsky), ou da ciência da sociedade (Antonio Gramsci), ou da teoria do conhecimento (Max Raphael, Henri Lefebvre), ou da ciência da história (Louis Althusser); pretendeu-se introduzir uma "periodização" entre um jovem Marx – para uns, filósofo, democrata e dialético aberto, e, para outros, romântico, inseguro e não ainda "marxista" – e um Marx adulto – para uns, economista, positivista e já dogmático, e, para outros, senhor finalmente de seu instrumento dialético. Essas tentativas só podem ser julgadas em função do projeto próprio que as anima, em sua época e em suas circunstâncias políticas. Mas a diversidade e o equívoco dos textos resistem a tais circunstâncias. Vamos, portanto, admiti-los a título de hipótese, com o objetivo de extrair livremente da análise dos textos os temas principais do pensamento de Marx e Engels, independentemente do fato de esse pensamento formar ou não um sistema.

Da crítica do Estado burguês à definição do ponto de vista materialista

Quando, em 1840, Frederico Guilherme IV subiu ao trono da Prússia, os últimos discípulos liberais de Hegel foram expulsos das universidades. Agrupada em torno de revistas efêmeras em permanente choque com a censura, formou-se uma corrente – chamada de "hegeliana de esquerda" – que unia personalidades tão diferentes entre si como os irmãos Bauer, Ruge, Bakunin, Stirner, Herzen, que convergiam na aplicação dos princípios da política de Hegel. Entre eles, encontra-se Karl Marx, que acabava de defender uma tese de doutorado dedicada a Demócrito e a Epicuro. Todavia, ele logo deixa de se satisfazer com essa agitação brilhante, mas sem fundamentos reais; e, dado que o objetivo dos opositores é a realização do Estado tal como Hegel o concebe, ele decide reler e analisar de novo os *Princípios da filosofia do direito*. Disso resulta um texto vigoroso e crítico que é a primeira etapa na constituição do pensamento de Marx: *Introdução à crítica da filosofia do direito de Hegel* (1843).

Instituindo o Estado-funcionário como instância suprema de decisão e como Razão em ato; compreendendo a sociedade civil como domínio da luta pelo lucro e apresentando a propriedade e o trabalho como dados inelutáveis do processo histórico; prometendo para o futuro a satisfação universal como resultado da "mundialização" do Estado assim concebido, Hegel não fez mais do que hipostasiar uma situação de fato: a situação de sociedades onde a minoria da população, a burguesia industrial e mercantil e os proprietários fundiários, assenhoreou-se do poder de Estado para manter sua exploração econômica e sua dominação política. Ele "esqueceu-se" do fato de que as camadas politicamente dirigentes, tanto na Prússia como na França e no Reino Unido, longe de estarem separadas da sociedade civil, ocupam nela um lugar preponderante; e de que as decisões de tais camadas, pretensamente tomadas em função do interesse geral, servem para o fortalecimento do poder delas. Hegel não viu que, em consequência disso, a dinâmica da sociedade civil, tal como ele a concebe, condena industriais e proprietários fundiários a buscarem o lucro máximo e a exercerem uma violência incessantemente crescente sobre trabalhadores das cidades e dos campos.

O realismo de Hegel o levou a apresentar como necessidade da Ideia o que não é senão um momento da história e a congelar essa no estágio da dominação burguesa. Dessa análise, o jovem Marx extrai igualmente uma consequência metodológica decisiva. Se o hegelianismo não conseguiu explicar a sociedade moderna, isso decorre do fato de que ele não levou absolutamente em consideração a dinâmica dessa sociedade. Sob esse aspecto, o que se passa na sociedade civil – ou seja, na vida econômica – é fundamental. Sob esse aspecto, a *Ideologia alemã* e as *Teses sobre Feuerbach* (1845-46) marcam um novo progresso: pode-se definir o homem de múltiplas maneiras – pela religião, pela consciência, pela linguagem etc. –, mas o que o constitui é o fato de ele ser o único animal que produz e reproduz suas condições de existência, que forja materialmente *seu* mundo a partir do dado natural. O filósofo alemão Ludwig Feuerbach (1804-72) compreendera bem isso quando, particularmente em *A essência do cristianismo* (1840), mostrou que o universo religioso não é mais do que a transposição imaginária do universo profano, e que nele se encontram resolvidos idealmente os conflitos terrestres que dilaceram as sociedades reais.

Mas ele não soube ir suficientemente longe: não apenas a religião, a filosofia, as teorias políticas, a ideologia em geral são, em *suas formas*, meios ideais para resolver *idealmente* as contradições terrenas, mas elas são – em *seus conteúdos* – produtos dessas contradições. São respostas a tais contradições. Desse modo, quando se tenta tornar inteligível uma sociedade dada e suas transformações, devem-se analisar as condições materiais de existência dessa sociedade, as relações econômicas que nela se estabelecem, a dominação sociopolítica que nela se exerce e os mecanismos que essa dominação utiliza. Somente no interior desse contexto é que aparecem claramente a significação das ideias. As ideias não são unicamente a expressão da inteligência especulativa: são tomadas de posição que têm relação com as práticas sociais.

Esses enunciados de Marx darão lugar a interpretações sobre as quais voltaremos. Aqui, é importante sublinhar que a afirmação materialista *não tem nenhum caráter doutrinário*: Marx jamais abandonará a sua desconfiança em face dos sistemas especulativos que dissertam sobre o Ser, Deus (ainda que para negá-lo) ou a Pessoa. Interessam-no o destino do homem em sociedade e as possibilidades de sua liberdade e florescimento. Para ele, assim, a posição materialista consiste não em fazer declarações abstratas – do tipo das que serão feitas por Engels em 1886, nesse livro medíocre que é o *Ludwig*

Feuerbach e a filosofia clássica alemã, ou por Lênin em 1908, em *Materialismo e empiriocriticismo* –, mas em tomar primariamente em consideração as práticas sociais e as relações sociais em sua materialidade, na medida em que elas produzem a existência social histórica, específica a cada sociedade numa determinada época.

Para encerrarmos esse tema, é preciso deixar claro que nenhum texto de Marx expõe uma doutrina filosófica materialista; que ele realmente não desaprovou seu amigo Engels quando esse resolveu escrever a *Dialética da natureza* (1873-83), mas que jamais se preocupou com problemas de ontologia geral; e que a construção do sistema global do Ser, do Pensamento, na Natureza, da História, da arte e do Homem, conhecido pelo nome de *materialismo dialético, é bem posterior.*

A importância que Marx confere aos dinamismos materiais das sociedades, ligada ao desejo de ir além das teorias abstratas do Estado, leva-o a tomar duas direções: por um lado, ele se documenta sobre a situação do proletariado das cidades e dos campos e sobre as lutas que essa classe empreende para combater a miséria e a sujeição às quais está reduzida; e, por outro, empenha-se em pôr em evidência os mecanismos econômicos que governam a sociedade atual e que estão na origem das crises e dos conflitos que a abalam. De ambos esses pontos de vista, o encontro com Engels – industrial de formação – e a leitura do seu livro *A situação das classes trabalhadoras na Inglaterra* (1845) foram eventos capitais.

Dos "Centros de Correspondência Comunista" à crítica da economia política

Desde 1846, Marx e Engels entraram em contato com os movimentos revolucionários parisienses: ficaram decepcionados com os intelectuais e interessados pelas formações operárias nascentes. Decidiram fundar em Bruxelas um organismo – "os Centros de Correspondência Comunista" –, cuja função seria a de pôr em contato os diversos grupos europeus que trabalhavam pela emancipação do proletariado e de transmitir aos operários em luta informações sobre os combates travados em outros países. Desse modo, adquiriram a convicção de que a classe operária é a ponta de lança da revolução que se tornara indispensável por causa da incapacidade do poder burguês de controlar as forças tecnológicas e sociais que pusera em movimento.

Mas, ao mesmo tempo, acreditavam poder deduzir das hesitações e dos fracassos do movimento sindical inglês (o *trade-unionismo*) e da divisão dos grupos revolucionários na Europa continental a ideia de que é indispensável forjar uma *teoria geral da revolução* fundada na análise da situação econômico-política. A fim de aumentar sua audiência, aderiram à *Liga dos Justos,* associação que agrupava os exilados políticos e os operários alemães da Europa Ocidental, cujo centro era em Londres. Essa Liga decidiu, em 1847, radicalizar sua ação e organizar dois congressos sucessivos, tendo como objetivo a fundação de uma *Liga Comunista*, que reunisse todas as forças da Europa decididas a pôr fim à exploração burguesa, agir no sentido de uma revolução democrática e abolir a propriedade privada. O *slogan* da *Liga dos Justos* – "todos os homens são irmãos" – foi substituído pela fórmula: "proletários de todos os países, unam-se". Marx e Engels foram encarregados pela *Liga* de redigir, a partir dos textos e das discussões que emergiram do Congresso, um manifesto, que publicaram em 1848 sob o título de *Manifesto do Partido Comunista.* Esse texto representa um compromisso entre diversas tendências. Nem por isso deixa de ser no essencial – ou seja, em suas duas primeiras partes – a expressão do pensamento de seus dois autores. Reencontram-se nele os temas da luta de classes e da missão do proletariado; e são especificadas as noções constitutivas do *materialismo histórico.*

Também se manifesta nele o equívoco que será levado até o fim pelo que já é o marxismo de Marx e Engels. Um exemplo permite medir a dimensão desse equívoco. Depois de uma breve preliminar, o *Manifesto* afirma: "A história de toda sociedade até nossos dias foi a história da luta de classes."[1] Esse enunciado pode ser entendido de duas maneiras:

- a luta de classes é o motor da história, o princípio ontológico explicativo do devir das sociedades;
- a análise do presente europeu e o exame do passado de outros tipos de sociedade permitem afirmar que a luta que opõe opressores e oprimidos é o conceito-chave graças ao qual pode-se tornar intelegíveis esse presente e esse passado, e que, por conseguinte, é legítimo abordar o estudo de toda sociedade e de toda configuração de eventos a partir desse ponto de vista, a fim de saber *se* e *como* a luta de classes opera nos mesmos.

• *Segundo a primeira leitura* – que é evidentemente a dominante no *Manifesto* –, o materialismo histórico é a aplicação técnica de uma *filosofia da história* pressuposta, de natureza similar à desenvolvida antes por Bossuet, na *História Universal*, e por Hegel e Auguste Comte. O princípio de explicação, decerto, é diferente, mas a concepção de conjunto é a mesma: há um

[1] *Le Manifeste du Parti Communiste* (1848), Paris, "Le Livre de Poche", 1973, p.5.

devir *uno* de uma humanidade *una*, que passa por etapas sucessivas; o devir possui *um* sentido e cada etapa é um momento de um progresso que deve levar a um fim da história; cada um desses momentos é marcado pela ação de uma classe progressista ou revolucionária que, durante certo tempo, é o *sujeito* da história.

Essa perspectiva, amplamente desenvolvida por Engels mais tarde, é exposta por Marx no *Prefácio* a *Contribuição à crítica da economia política* (1859). De certo modo, ela fortaleceu a ideia de que o materialismo de Marx constitui uma *doutrina*, e serviu como legitimação para as diversas dogmáticas desenvolvidas no século XX sob o nome de marxismo.

Ela considera toda sociedade como formada por uma base (ou infraestrutura) econômica, cujo elemento motor é a dinâmica das forças produtivas, *que determinam as* relações sociais *estabelecidas entre os homens, "relações determinadas, necessárias, independentes da vontade desses homens"* (Contribuição à crítica da economia política, *de 1859); e esse conjunto define um* modo de produção. *Em cada época, um modo de produção é dominante. Sobre essa base, "eleva-se" um edifício jurídico e político, ao qual correspondem formas determinadas da consciência social. O modo de produção domina em geral o desenvolvimento da vida social, política e intelectual.*

> Não é a consciência dos homens que determina sua existência, mas, ao contrário, é sua existência que determina sua consciência (ibid.)

A crise anunciadora de uma revolução aparece quando as relações sociais (e as formas jurídicas e políticas que a sustentam) revelam-se um entrave ao florescimento das forças produtivas. A história poderá registrar, "com o rigor das ciências naturais", o enorme abalo que se produz então na base material; ela perceberá também seu efeito nas *superestruturas* ideológicas: "Os homens tomam consciência do conflito (entre as forças produtivas e as relações de produção) e o levam até o fim." A transformação revolucionária – ou seja, a mudança do modo de produção e seu efeito político – não tem lugar

> antes que relações superiores de produção se manifestem, antes que as condições materiais de sua existência se tenham desenvolvido no próprio seio da velha sociedade. Por isso, a humanidade sempre se propõe apenas problemas que pode resolver (ibid.).

Assim, tal como para santo Agostinho e para Hegel, há um curso da história, com suas etapas dramáticas, seus conflitos, seu sujeito encarnado, que deve desembocar em algo – uma espécie de fim que é, ao mesmo tempo, uma plena realização. Aos momentos de plenitude, a Ressurreição da Carne, segundo santo Agostinho, ou a reconciliação definitiva no seio do Estado mundial, segundo Hegel, corresponde na filosofia da história materialista – a sociedade comunista integralmente transparente, sem classe e sem Estado, onde cada um receberá "segundo suas necessidades". Naquele momento, em meados do século XIX, depois de ter passado pelos modos de produção asiático, escravista e feudal, a humanidade – em sua parte mais avançada, a Europa Ocidental – começava a experimentar os efeitos da crise engendrada pela incapacidade da burguesia de controlar as forças tecnológicas, econômicas e sociais que pôs em movimento.

Como o sublinha o *Manifesto*, o capitalismo é o primeiro modo de produção a ter provocado uma simplificação da luta de classes: nele, burgueses e proletários se enfrentam diretamente, cinicamente. A uma exploração científica, corresponde uma classe que toma cada vez mais claramente consciência da causa de sua miséria e do objetivo a que deve visar sua potência: a abolição da sociedade de classe. A burguesia capitalista, que foi sujeito da história e classe revolucionária, criou seu próprio coveiro: o proletariado operário, força avançada de todos os explorados, pequenos camponeses, assalariados de todos os tipos, que é a *classe radical*, o sujeito último, que põe fim à história, já que não pode "se emancipar sem emancipar a humanidade inteira".

A concepção é grandiosa. Exerce a sedução que decorre das visões totalizantes. Todavia, ao que parece, Marx viu o que ela implica de esquematismo e de elementos apenas supostos, no momento em que tentou explicar sequências históricas concretas; viu também que a noção de "determinação" – ainda que seja "em última instância" – não é clara, já que, tomada em sentido estrito, significa o anulamento do papel dos homens como *agentes* históricos. Por isso, ele adota uma posição metodológica muito mais matizada em seus trabalhos históricos, posição que especifica na *Introdução geral* a *Contribuição à crítica da economia política*, referindo-se à economia política.

• Essa é a *segunda hipótese de leitura* acima evocada. Nessa óptica, o que é dado ao pesquisador é o *concreto real*, um conjunto complexo de fatos, de eventos. O trabalho de pesquisa não consiste em deduzir uma representação abstrata, que empobreça e esquematize esse conjunto. Interessa, muito pelo contrário, analisar, investigar a partir de que conceitos ele pode ser pensado, e remontar progressivamente aos conceitos mais delicados, mais precisos, que são pressupostos até o momento em que se torna possível construir um *concreto de pensamento*, um sistema complexo de conceitos. Graças a esse sistema, pode-se então voltar ao dado e avaliar o efeito de inteligibilidade que dele resulta. Sendo assim, a luta de classes, o modo de produção, as forças produtivas, as classes sociais, o Estado, o direito etc. não são realidades que exerceriam uma causalidade, mas conceitos através dos quais torna-se possível explicar o que se produz no concreto real.

Esse concreto – que, "depois como antes, subsiste em sua autonomia fora do espírito" – é o produto multiforme da ação de agentes que criam, a partir do dado, seu mundo; é o resultado incessantemente mutável desses atos que agem e reagem uns sobre os outros; esses atos são todos vontades singulares visando a fins singulares. A tarefa do conhecimento é forjar os instrumentos que permitem compreender por que algumas dessas vontades entram materialmente em coalizão, produzem em comum enunciados que lhes servem como justificação ou programa de ação e operam assim uma transformação real que subverte o concreto real. Não foi a *entidade burguesa* que produziu – por que misteriosa causalidade? – o *modo de produção capitalista* (nem vice-versa); mas foram homens e grupos, surgidos de meios diversos, tendo em comum o fato de disporem de recursos financeiros acumulados de diferentes modos (e determináveis) e de buscarem o lucro comercial máximo, que se empenharam em construir manufaturas nas quais arregimentaram os pobres das cidades e os camponeses expulsos dos campos e em montar circuitos de venda lucrativos (cf., para tudo isso, K. Marx, *O capital*, Livro I, seção VIII).

Nos textos de Marx e Engels, as duas concepções –

- a que pertence à filosofia da história e que leva a uma escatologia e a uma visão necessitarista do devir;
- e a que considera fundamental a análise das condições materiais de existência numa dada sociedade, e que insista no poder criador dos agentes históricos –

essas duas concepções coexistem. As duas se manifestam, a despeito de sua contradição intrínseca, nas pesquisas sobre os mecanismos econômicos que governam a sociedade moderna, às quais Marx irá doravante se consagrar.

A crítica da economia política: o Capital como fundamento da sociedade burguesa

A inteligibilidade das lutas políticas, nesse início da segunda metade do século XIX – inteligibilidade que é a única capaz de permitir ao movimento operário a radicalização de seu combate –, passa pelo conhecimento rigoroso do sistema capitalista e de seus princípios de funcionamento. Ora, surgiu uma ciência no século XVIII que assumiu como objeto um tal conhecimento: a economia política. Essa ciência, indo mais fundo do que a chamada economia vulgar, que se contentava em descrever as aparências, soube colocar-se questões essenciais, em particular a seguinte, que é decisiva: o que faz o *valor* de uma mercadoria? Os economistas compreenderam que, aquém da "lei da oferta e da procura", é preciso fazer referência à atividade do trabalhador incorporada a essa mercadoria. Ao mesmo tempo, importa compreender que, numa época dada e num certo nível de civilização técnica, pode-se medir a quantidade de trabalho social médio necessário à produção de tal mercadoria. Eles viram, ademais, que esse trabalho do operário anônimo é ele mesmo uma mercadoria, uma realidade que se compra. E seu valor é medido pela quantidade de meios de subsistência necessários à manutenção do trabalhador.

Ao fazer isso, a economia política clássica descreveu exatamente o sistema capitalista em seu conjunto: o proprietário, tendo utilizado seus capitais para extrair da natureza matérias-primas e tendo construído uma fábrica onde funcionam as máquinas, paga ao trabalhador o justo preço de seu trabalho, conjunto de operações graças às quais ele põe no mercado bens proveitosos a todos, inclusive aos trabalhadores, e retira da venda desses bens um lucro que, de certo modo, é a recompensa por seu ato empresarial e pelos riscos que ele implica. Todavia, coloca-se uma questão, que não é abordada: como pode ocorrer que um sistema tão equilibrado suscite *crises* cada vez mais violentas? (Crises internas, nascidas, por exemplo, da superprodução de certos bens ou do jogo implacável da concorrência; e, também e sobretudo, crises externas, provenientes do fato de que a ordem industrial, não importa o que dela se diga, é obrigada a arregimentar os operários, a impor-lhes condições de trabalho desumanas, a deixar aumentar o exército de desempregados e a provocar assim a rebelião dos proletários...)

A prática capitalista, em seus efeitos, desmente a teoria que melhor explica seu funcionamento. Assim como as práticas governamentais tornaram indispensável a crítica da concepção hegeliana do Estado, do mesmo modo convém empreender a crítica da economia política, que é a teoria acabada do capitalismo. Pois não se trata apenas de denunciar, de um ponto de vista moral, a injustiça desse sistema; ou, tendo constatado uma injustiça, organizar complôs destinados a derrubá-la. Ele é bastante poderoso, "marcha" com muita eficiência, a despeito de suas crises e graças a elas, para que possa ser destruído sem que se conheçam os mecanismos que explicam ao mesmo tempo seu sucesso e a violência aberta ou larvar que ele é obrigado a manter, definindo assim uma estratégia capaz de mobilizar contra ele a massa dos explorados. Assim, na opinião de Marx, a crítica da economia política é mais do que a retificação de um erro: é uma arma contra o poder burguês, que deve servir como ajuda às lutas operárias.

Em que consiste a insuficiência teórica da concepção elaborada por Adam Smith? Em deixar sem resposta o *enigma do lucro.* Para resolver esse problema, é preciso nada menos do que retomar a análise feita pela economia política clássica de um ponto de vista histórico. É nisso que Marx se empenha a partir de 1857.[2] Dez anos depois, aparecerá o Livro I de *O Capital,* cujo subtítulo é precisamente *Crítica da economia política.*[3]

Desses textos fervilhantes de reflexões incomparáveis sobre os problemas econômicos, iremos reter aqui apenas o que serve para esclarecer a concepção política de Marx. E, antes de mais nada, a teoria da civilização mercantil que se encontra na Seção I de *O Capital.* O trabalho social tem como finalidade a produção de bens: esses se caracterizam pelo fato de possuir um *valor de uso,* que decorre de suas propriedades empíricas. A partir do momento em que, numa sociedade, realizam-se trocas de bens, aparece um termo abstrato - comum às duas realidades trocadas - em função do qual, a *tal* quantidade de tecido, corresponde *tal* quantidade de trigo: esse termo mede o *valor de troca.* A *moeda,* quando é introduzida nesse circuito, passa logo a ser o *equivalente geral* graças ao qual a troca entre as *mercadorias* se generaliza. A civilização mercantil pode ser definida como a civilização na qual a moeda se torna o principal termo da troca: não mais o ciclo *mercadoria-dinheiro-mercadoria,* mas sim *dinheiro-mercadoria-dinheiro,* no qual a segunda quantidade de dinheiro é superior à primeira.

O próprio da civilização capitalista é levar a seu paroxismo a sociedade mercantil e organizar a totalidade da vida social segundo o princípio da produção de mercadorias, cuja troca - compreendida desse modo - produz sempre mais dinheiro. O dinheiro acumulado em *capital* permite essa extensão paroxística: extração descontrolada de matérias-primas, construção de instrumentos de produção cada vez mais aperfeiçoados, mobilização cada vez mais ampla de massas trabalhadoras arregimentadas na produção, "mundialização" do campo de ação do capital. E isso com o objetivo de aumentar sempre esse último: os *Grundrisse* descrevem essa sociedade na qual,

[2] Dessas pesquisas, restou um precioso manuscrito, publicado em 1939 sob o título *Grundrisse des Kritik der politische Ökonomie*; trad. francesa, sob o título *Fondements de la Critique de l'Economie Politique*, Paris, Anthropos, 1967-68.

[3] Marx, quando morreu, deixou em manuscrito os Livros II e III; eles foram publicados por Engels, respectivamente, em 1885 e em 1894.

finalmente, tudo se reduz a dinheiro: lucros (sob a dupla forma do lucro industrial e comercial e da renda fundiária) e salários.

Todavia, conserva-se o seguinte enigma: por que a segunda quantidade de dinheiro é superior à primeira? A habilidade do vendedor ou as flutuações dos preços no mercado não poderiam ser tomadas como explicação de um fenômeno tão generalizado como a acumulação do capital. Portanto, é preciso examinar de mais perto a teoria clássica do salário: Adam Smith viu corretamente que o trabalho é uma mercadoria que se compra; o salário de um dia de trabalho equivale às mercadorias que permitem ao trabalhador reconstruir sua força de trabalho e manter sua família. Mas não viu que, na jornada de trabalho efetuada, somente uma parte do trabalho dispendido é paga pelo salário assim calculado, enquanto a outra parte – que também produz valor – é "doada" ao capitalista pelo trabalhador.

Marx chama de *trabalho excedente* essa parte não paga; de *mais-valia* (ou valor excedente), a quantidade de valor extorquido; e de *lucro*, o benefício que os proprietários dos meios de produção retiram dessa extorsão. A partir dessa análise essencial, Marx – nos *Grundrisse* e ao longo dos três livros de *O Capital* – desenvolve uma teoria dos mecanismos do capitalismo e de suas crises. Politicamente, retira dessa teoria um ensinamento decisivo: a luta da classe operária só pode ter como objetivo a supressão dessa extorsão e a instituição de uma sociedade na qual os produtores seriam senhores de sua produção e organizariam seu trabalho de tal modo que o fim da atividade de trabalho não seria a troca – simples meio –, mas o *uso*, a fruição empírica.

Do *Manifesto comunista* à fundação e à posterior dissolução da Associação Internacional dos Trabalhadores

Marx imaginara que, traduzido nas principais línguas europeias, *O Capital* poderia ser distribuído em fascículos à classe operária. Com efeito, durante a elaboração da crítica da economia política, ele realizou junto com Engels uma resoluta atividade militante. Depois da dissolução da *Liga dos Comunistas*, em 1852, em consequência do fracasso das revoluções de 1848, ambos se esforçaram no sentido de agrupar as forças sociais decididas a realizar o programa revolucionário de emancipação da humanidade através da instauração do comunismo, assim como no sentido de concretizar a estratégia e a tática desse movimento. Textos como *As lutas de classe na França (1848-1850)* e *O 18 Brumário de Luís Bonaparte*, de 1852, põem em evidência o fato de que, economicamente, a sociedade burguesa é dividida em duas classes: proprietários que dispõem dos meios de produção e trabalhadores livres para vender sua força de trabalho; politicamente, a situação é mais complexa, na medida em que se introduzem diferenciações e matizes devidos aos interesses a curto e médio prazos e às fixações ideológicas. Eles sublinham também que, no que diz respeito às lutas políticas, a determinação "em última instância" do econômico constitui mais um *horizonte* – em cujo interior operam livremente os desejos dos atores sociais – do que uma realidade exercendo sua eficácia, mesmo que longínqua.

Um outro traço pode ser sublinhado: na correspondência, nos encontros, nos artigos, nas obras polêmicas, Marx e Engels – a despeito do seu projeto de "reunir" – dão provas de uma intransigência teórica que os leva a afastar, frequentemente por meio de uma frase injusta, as teorias dos que participam dos combates contra a injustiça e a miséria: são assim condenados sem apelo o sindicalismo inglês, julgado incapaz de superar uma perspectiva reformista; o blanquismo, acusado de subscrever um comunismo "abstrato" e de confundir ação revolucionária com técnica de complô; Pierre-Joseph Proudhon, pequeno-burguês que hesitava constantemente, segundo eles, entre a tese e a antítese e era mais metafísico do que economista etc. Eles reforçam a ideia – bastante tenaz a partir de então e da qual o mínimo que se pode dizer é que abandona os matizes – de que tudo o que não é conforme à concepção deles, qualificada como científica, aproxima-se da utopia.

Essa atitude se fortalece ainda mais e se traduz em práticas de expulsão quando, em 1864, é fundada – por iniciativa deles – a *Associação Internacional dos Trabalhadores* (AIT). Decerto, tal como a *Liga dos Comunistas*, essa associação não é um partido, nem no sentido de facção da classe política, que o termo possui nos regimes burgueses da época, nem no sentido que mais tarde lhe dará Lênin. Trata-se de um agrupamento de indivíduos e grupos díspares, unidos em torno de um objetivo geral. Todavia, seus congressos são ocasiões de lutas pelo poder, onde as manobras de assembleia desempenham um grande papel. Marx e Engels não são os últimos a utilizá-las para eliminar seus rivais, os partidários de Ferdinand Lassalle, inicialmente, e, depois, os de Proudhon e de Bakunin.

No curso desses conflitos – em particular do que opôs "marxistas" e "bakuninistas" –, revelam-se outros traços da concepção política de Marx e de Engels. Em primeiro lugar, uma concentração do interesse nas partes avançadas da classe operária europeia, em detrimento das outras camadas do proletariado do campo e das cidades (Engels chegará ao ponto de aprovar a repressão contra os eslavos do sul, cujos movimentos inconsiderados apresentam o risco de frear o florescimento do movimento operário alemão). Em segundo lugar, um "eurocentrismo" radical, que considera necessário para o progresso dos povos não europeus que esses passem pelas mesmas fases que as nações brancas, e, que, ao mesmo tempo, justifica, por exemplo, a colonização inglesa na Índia. Finalmente, manifestam-se também, cada vez mais fortemente, o temor da espontaneidade revolucionária das massas, o desejo de controlar suas iniciativas e uma confiança na racionalidade unificante, a qual – batizada de científica – é colocada como garantia de sucesso duradouro.

Marx não havia aprovado o movimento que esteve na origem da Comuna de Paris, em 1871. Todavia, aderiu ao mesmo e analisou seus méritos em *A guerra civil na França* (1871). A influência do evento aparece no último texto político de Marx, a *Crítica do Programa de Gotha* (1875).

- Nele são denunciados os erros cometidos no estabelecimento do programa do "Partido Operário Alemão": idealismo (o trabalho como fundamento da natureza humana), moralismo (o objetivo do partido definido como a distribuição "equânime" dos produtos do trabalho), obreirismo (exaltação das "virtudes" operárias), estatismo nacionalista (apologia do Estado popular livre alemão).
- E são definidos a revolução (a tomada do poder pelo povo em armas), o poder transitório (a ditadura do proletariado), seu primeiro ato (o socialismo, a socialização dos meios de produção), seu objetivo a médio prazo (o desaparecimento do Estado e a implantação de uma sociedade organizada pelos trabalhadores em benefício de todos), seu objetivo a longo prazo (comunismo, realização da era da liberdade, começo da história).

Nesse meio-tempo, em 1872, para evitar que os anarquistas se apossassem da direção da AIT, Marx decidira transferir sua sede para os Estados Unidos. Logo depois irá dissolvê-la.

De uma estranha diversidade de níveis, apesar da unidade do seu projeto; espantosamente inovadora e, ao mesmo tempo, profundamente tributária do espírito da época, a obra de Marx e Engels contém em germe todos os "marxismos" que, ulteriormente, irão reivindicá-la, alguns dos quais a trairão no momento mesmo em que a reiteram literalmente. Paradoxalmente, o que permanece vivo nessa obra não é nem a filosofia da história, nem o socialismo científico, nem a estratégia da revolução mundial, mas o desejo – utópico – de instaurar uma organização econômica que engendre não somente os meios da liberdade, mas a própria ação livre.

INDICAÇÕES BIBLIOGRÁFICAS

Apresentaremos em seguida alguns dos escritos de Karl Marx significativos de sua concepção da ação política. Os assinalados com um asterisco são em colaboração com Friedrich Engels:

Contribution à la critique de la philosophie du Droit de Hegel. Introduction (1844), Aubier-Montaigne, 1971 [ed. brasileira: "Crítica da filosofia do direito de Hegel – Introdução", in *Temas de Ciências Humanas*, Grijalbo, São Paulo, 1977, vol. 2, p.1-14].

Thèses sur Feuerbach (1845), in *Manuscrits de 1844 (Economie politique et philosophie)*, Ed. Sociales, 1962 (ed. brasileira: *Teses contra Feuerbach*, in "Os Pensadores", Abril Cultural, São Paulo, vol.XXXV, 1974, p.55-9].

*Idéologie allemande** (1845-46), Ed. Sociales, 1959 [ed. brasileira parcial: *Ideologia alemã*, Ciências Humanas, São Paulo, 1980].

Engels, F., *Situation des classes laborieuses en Angleterre* (1845), Ed. Sociales, 1956.

*Manifeste du Parti Communiste** (1848), "Le Livre du Poche", 1973 [ed. brasileira: *Manifesto do Partido Comunista*, in Marx-Engels, *Obras Escolhidas*, Alfa-Ômega, São Paulo, 1979, vol.1].

Les luttes de classes en France (1848-1850) (1850), Ed. Sociales, 1967 [ed. brasileira: *As lutas de classe na França*, in ibid., vol.1].

Le Dix-huit Brumaire de Louis Bonaparte (1852), Ed. Sociales, 1963 [ed. brasileira: *O 18 Brumário de Luís Bonaparte*, ibid., vol.1].

Introduction générale à la Critique de l'Economie politique (1857), § 3, in *Oeuvres*, Gallimard, col. "Pléiade", t. I, 1963 [ed. brasileira: "Introdução à crítica da economia política", in "Os Pensadores", ed.cit., p.109-31].

Contribution à la Critique de l'Economie Politique (1859). *Avant-propos*, ibid. [ed. brasileira: *Para a crítica da economia política*, "Prefácio", ibid., p.133-8].

Adresse inaugurale à l'Association Internationale des Travaileurs (1864), ibid. [ed. brasileira: "Manifesto de Lançamento da Associação Internacional dos Trabalhadores", in Marx-Engels, *Obras Escolhidas*, ed.cit., vol.1].

La guerre civile en France (1871) (1871), Ed. Sociales, 1953 [ed. brasileira: "A guerra civil na França", ibid., vol.2].

Critique du programme du parti ouvrier allemand (Programme de Gotha) (1875), ibid. [ed. brasileira: *Crítica do Programa de Gotha*, ibid., vol.2].

Para o essencial desses textos, cf. F. Châtelet, E. Pisier-Kouchner, J.-M. Vincent, *Les marxistes et la politique*, 1ª parte, PUF, col. "Thémis".

No seio de uma abundantíssima literatura referente à obra de Marx e Engels, encontram-se selecionadas a seguir algumas das leituras contemporâneas em língua francesa que parecem as mais significativas (por ordem alfabética):

Althusser, L., *Pour Marx*, Maspero, 1965 [ed. brasileira: *Em favor de Marx*, Zahar Editores, Rio de Janeiro, 1980].
Aron, R., *Les étapes de la pensée sociologique*, Gallimard, 1967.
Axelos, K., *Marx, penseur de la technique*, Ed. de Minuit, 1961.
Calvez, J.Y., *La pensée de Karl Marx*, Ed. du Seuil, 1956.
Châtelet, F., *Logos et Praxis*, Sedes, 1962 [ed. brasileira: *Logos e práxis*, Paz e Terra, Rio de Janeiro, 1972].
Lefebvre, H., *Pour connaître la pensée de Marx*, Bordas, 1947.
Naville, P., *Le nouveau Leviathan* I, Rivière, 1957.
Rubel, M., *Karl Marx, essai de biographie intellectuelle*, Rivière, 1957.

Os socialistas utópicos

O termo "socialismo" apareceu nos anos 1830: nem todos os homens e forças que o reivindicavam faziam apelo à utopia. Longe disso. Todavia, muito rapidamente, uma santa aliança de movimentos de ideias, muito contraditória no plano político, permitiu que a ligação dos dois termos - socialismo e utopia - servisse para desenhar no século XIX um conjunto muito díspar de concepções políticas; condição para ingressar nesse conjunto era preocupar-se com a *questão social*, sem colocá-la nos quadros do liberalismo ou do marxismo. Ironia da sorte e desforra do século XX: o próprio marxismo foi designado assim por determinadas pessoas, de modo que passou a se atribuir à utopia socialista o advento do socialismo real...

Socialismo e utopia

Periodicamente, a utopia é apontada como bode expiatório: responsável pelo Terror e por qualquer Gulag. E isso ocorre hoje tanto à direita quanto à esquerda. A utopia é considerada como uma "eterna heresia" (cf. Thomas Molnar, *L'utopie: Eternelle hérésie* [1967], Beauchesne, 1973); e, mais precisamente, a utopia socialista é acusada de engendrar, em nome de um "homem novo", de uma "sociedade nova", um Estado totalitário.

Com efeito, os caçadores da utopia correm com muita sede ao pote. Incoerência e confusão presidem essa condenação bem-pensante. Como sublinha Miguel Abensour, o sonho de uma sociedade de plenitude, de transparência ou de liberdade irrompe constantemente na reflexão política; e, na verdade, é preciso - com "má-fé" - forçar os textos e contentar-se com perspectivas históricas apressadas para poder imputar a Fourier a responsabilidade pela explosão pornográfica; a Cabet, a organização do terror; a Buchez, a de qualquer Inquisição; ou ler em Marx a sinistra vontade de impor o Gulag (cf. Miguel Abensour, "Le procès des maîtres rêveurs", *Libre*, 78/4; e também *Les formes de l'utopie socialiste communiste*, Payot).

A condenação dos universos concentracionários é uma coisa; a condenação da utopia, outra. A pressa com a qual alguém se contenta com a última deve inspirar desconfiança, a partir do momento em que não se percebe seu verdadeiro alcance ideológico. Tanto à direita como à esquerda, e mesmo levada pelas melhores intenções, a condenação da utopia serve à glória do realismo político e, em última instância, da razão de Estado. Na raiz da posição utópica, há uma atitude de *revolta* diante do estado de coisas estabelecido. Quem ganha o quê, em qualquer momento, com essa denúncia? Em nome da necessidade histórica, dos imperativos do progresso, do peso das circunstâncias, da barreira dos fatos, do respeito pelas limitações naturais, das fraquezas de uma vontade humana decretada como impaciente impõe-se a ideia de um curso necessário das coisas e da obrigação em que se encontra uma sociedade ávida de segurança de se conformar com a ordem estabelecida pela instância estática, considerada sábia por definição. Acusa-se o sonho, *um imaginário social*, sempre presente, sem que se investigue mais sobre as modalidades de seu desvio. O desafio nem sempre é claro, mas – na maioria dos casos – chega-se a estabelecer a mesma equação, cuja grosseria do enunciado desafia a inteligência: a luta pela igualdade é causa de desigualdade; a luta pela liberdade é causa de opressão (cf., como exemplo, esse modelo de sutilezas em "La fin du socialisme", *Club de l'Horloge*, Lettre d'information nº 3, 1981).

Se o marxismo se encontra frequentemente no banco dos acusados de utopia, contribui também para fornecer as armas da crítica. Numerosos textos de Marx e Engels – um dos quais, de Engels, apresenta o significativo título *Socialismo utópico e socialismo científico* (trata-se de três capítulos do *Anti-Dühring*, publicados em separado e sob esse título com a concordância de Engels) – atacam vivamente os "socialistas utópicos". Aqui, a oposição entre a ciência e a utopia está carregada dessa pretensão cientificista cara ao século XIX. Somente o método marxista, o materialismo dialético e histórico, pode pretender ser verdadeiramente científico. Qualquer outro método, ou ausência de método – o dos Fourier, Leroux, Cabet, Owen e Louis Blanc –, é utópico, ou seja: ingênuo, pueril, irrealista, idealista, moralista, metafísico, até mesmo "religioso"; e, tal como a religião, a utopia adormece o povo e amacia a sua consciência de classe. Por sorte, Marx venceu; o socialismo utópico – e esse é seu principal mérito – não passa da *infância* do socialismo científico, que aquele anuncia e para o qual abre caminho; é um socialismo "pré-marxista".

Em seu livro *Les formes de l'utopie socialiste communiste* (op.cit.), Miguel Abensour discute essa pretensão marxiana e marxista de constituir a maturidade. Além de ser refutável tanto na teoria como na prática, essa afirmação de uma continuidade histórica entre um socialismo utópico precursor ultrapassado e um marxismo científico que revela ao movimento operário sua plena maturidade é reveladora dessa filosofia da história própria a todos os determinismos positivistas. Sob esse aspecto, o tom do *Manifesto Comunista,* por exemplo, é mais do que claro: as latas de lixo da história estão cheias de utopia. Pode-se tratar dessas primeiras tentativas de revolta no tempo da sociedade feudal: "Elas fracassam necessariamente, em razão do estado embrionário do próprio proletariado e na ausência das condições materiais de sua emancipação, que só podem ser realizadas na época burguesa" (não podemos nos impedir de pensar nesses "gênios inúteis" por terem surgido antes da hora positivista, dos quais falava Auguste Comte). Mas pode se tratar também desses sistemas socialistas de Saint-Simon, de Fourier, de Owen... os quais, decerto, apresentam algumas proposições úteis e positivas, mas cuja importância é julgada como "função inversa do desenvolvimento histórico".

Pois, sempre segundo Marx, a utopia é a-histórica: por ignorar a luta de classes. Os utopistas são capazes de crítica; percebem o antagonismo das classes, mas "substituem a atividade social por sua própria engenhosidade", "as condições históricas da emancipação por condições fantasiosas". Só concebem o proletariado sob a forma da classe mais sofredora, mas desejam melhorar a condição de todos, mesmo a dos privilegiados. Crendo na força do exemplo e penetrados de pacifismo, são incapazes de conceber as leis da revolução.

Para além das acepções do senso comum, podemos recordar que a utopia – termo inventado por Thomas More, em 1516 – pode significar "em nenhuma parte". Esse "lugar em nenhum lugar", esse *alhures* tanto no tempo como no espaço, ganha um alcance significativo: é *subversão* de uma ordem estabelecida, modelo sempre *diverso,* e, portanto, crítica do modelo dado e considerado real, *insubmissão* ao *Estabelecido.* A utopia é arma contra o positivismo, precisamente no ponto em que esse – pela voz de Auguste Comte – proclama "a subordinação necessária e permanente da imaginação".

Desse modo, se aceitamos esse alcance, a força da utopia não pode ser medida por sua capacidade de realização (argumento que, querendo defender a utopia, termina por enfraquecê-la), mas por uma capacidade crítica que recusa as discussões no quadro imposto e se volta contra os princípios, contra as aporias dos sistemas que emergem dos próprios sistemas. Nesse sentido, a utopia extrai sua força não da predição ou da previsão, mas da *invenção* de uma alteridade crítica.

Todavia, os utópicos do século XIX, ao contrário de uma opinião banal, não renegam em nada a ideia da ciência e, muito pelo contrário, pretendem valer-se dela contra os falsos sábios, contra as falsas ciências de todo tipo, fabricadas pelo espírito positivista. Essa é também a origem de muitas confusões nesse particular: esquece-se que o terreno intelectual e social onde se elaboram essas diferentes doutrinas é o mesmo, deixando suas marcas de tal modo que não é possível distinguir muito claramente entre as várias posições.

No conjunto, as doutrinas socialistas do século XIX têm em comum o fato de criticarem o liberalismo enquanto é incapaz de resolver a "questão social" e de proporem soluções práticas fundadas na dupla convicção da imoralidade e da ineficácia da economia política clássica. Indo-se além disso, as divergências são tantas que, agrupá-las sob um mesmo qualificativo de utópicos, resulta numa impostura. Ao contrário, é preciso um minucioso e paciente trabalho de investigação sobre a parte de utopia contida em cada um dos sistemas propostos, a fim de indicar posteriormente qual a significação principal de cada uma delas. (É esse, por exemplo, o trabalho ao qual se dedica Miguel Abensour, op. cit., e a qual não temos intenção de nos entregar aqui.)

Lembremos simplesmente, por exemplo, que Robert Owen – industrial inglês – prega a criação de comunidades agrárias que absorveriam a indústria, aboliriam a propriedade privada e levariam, por contágio, ao advento da felicidade e da virtude sobre a terra.

Étienne Cabet recorre ao cristianismo para justificar a criação de um mundo novo, comunista. O Evangelho prescreve a partilha dos bens e a supressão da moeda. Disso resulta uma dupla equação:

– ninguém pode se dizer cristão se não for comunista;
– os comunistas atuais são os discípulos, imitadores e continuadores de Jesus Cristo.

Comunismo cristão em Cabet, cristianismo socialista em Buchez e em Pierre Leroux, os dois ex-saint-simonianos, sobretudo cristãos. Buchez reinterpreta 1793 à luz do Evangelho: a Convenção quis "realizar o princípio cristão" (enquanto a Constituinte fez uma "obra protestante", foi individualista, esquecendo-se do "objetivo da atividade comum"). A "teoria do bem comum" comanda todo o sistema de Buchez. Quanto a Pierre Leroux, ele propaga – ou mesmo inventa a palavra "socialismo", mas como a bandeira de uma religião para a humanidade e não como a da luta de classes:

> Cada um por todos, todos por cada um, por meio da ciência e do amor (*Três discursos*).

> Somos socialistas, se se entender por socialismo a doutrina que não sacrificará nenhum dos termos da fórmula "liberdade, fraternidade, unidade", mas que conciliará todos eles (*ibid.*).

A ode a Fourier

Se aceitarmos adotar a posição metodológica que consiste em sublinhar apenas o traço da utopia, então o modelo exemplar é certamente o de Charles Fourier (1772-1837).

Encontram-se na obra de Fourier os princípios de uma crítica radical não somente da ordem social existente em seu tempo, mas da própria Civilização, bem como um conjunto de proposições para construir um Mundo Harmonioso.

Segundo Fourier, a civilização se define por três constantes: reprimir, corrigir, moderar. Constantemente, a civilização é apenas repressão, correção, moderação do "real", no qual ela não introduz senão desordem, irrazão, violência. Como observou Roland Barthes (cf. *Sade, Fourier, Loyola,* Paris, Le Seuil, 1972), a civilização é assim um "conjunto teórico imperfectível", "irremediável teoricamente"; e Fourier, portanto, não buscará estabelecer uma "boa" teoria da civilização, mas somente as condições práticas da libertação desse real assim corrigido, moderado, reprimido. Fourier não reivindica de nenhum modo a utopia: só é utópico o sistema que crê suprimir cientificamente os efeitos de contradições que ele ignora e, em particular, essa contradição fundamental entre o real e a civilização.

A civilização é criticável no próprio princípio de toda organização social por ela induzida: cada homem, nela, tem necessidade da infelicidade alheia.

Tanto em economia como em política, os princípios do liberalismo – fundados na concorrência – concedem sempre o prêmio ao mais forte, ao mais mentiroso, ao mais astucioso, ao mais egoísta: a sociedade é organizada, na *incoerência* e na fragmentação, de modo a selecionar os piores parasitas, tais como os que vivem de rendas, os soldados, os comerciantes, os cientistas. Incoerência em matéria de indústria:

> Comecei a desconfiar de uma desordem fundamental no mecanismo industrial; e disso nasceram pesquisas que me fizeram descobrir as leis do movimento universal esquecidas por Newton .... Poder-se-ão contar quatro maçãs célebres: duas pelos desastres que provocaram, a de Adão e a de Páris; e duas pelos serviços que prestaram, a de Newton e a minha.

Incoerência em matéria de comércio:

> Experimentei por ele uma aversão secreta; e fiz em sete anos a promessa que Aníbal fez em nove contra Roma: jurei um ódio eterno ao comércio.

Incoerência em matéria política: a liberdade política, o sistema representativo, a separação dos poderes "não passam de mentira e engodo" e levam sempre a resultados contrários aos que se busca com eles.

E há pior: em civilização, essa incoerência generalizada se duplica num sistema de *coerção* também generalizado. Fourier não se contenta com uma crítica dos sistemas econômico e político. Sua ironia minuciosa não deixa na sombra nenhum aspecto do que forma a "vida cotidiana" do indivíduo: educação, família, sexualidade, urbanismo, poluição; e, por toda parte, ele descobre o traço da coerção. Sua crítica ao princípio familiar será tão radical que servirá de objeto a censuras de todos os tipos, inclusive por parte de seus mais fiéis discípulos.

Para Fourier, os princípios do mercantilismo e do casamento burguês coincidem: assiste-se a um jogo de enganos onde todos são enganados, tanto os mais fortes como os mais fracos, homens, mulheres e crianças coexistem na dissimulação e na agressividade reprimida. Pois a civilização

> organizou o regime dos amores numa coerção generalizada e, em seguida, na falsidade generalizada: pois há falsidade sempre que existe regime coercitivo. A proibição e o contrabando são inseparáveis, tanto no amor como na mercadoria.

Não há sombra de justiça na sorte reservada a essas jovens postas à venda "a quem quiser negociar sua aquisição e propriedade exclusiva"; não há sombra de justiça na sorte reservada a essas crianças "trancadas no verão" e tão mal-educadas por "babás" que não têm "nem os recursos, nem a paixão, nem os conhecimentos, nem o discernimento" necessários à educação delas. Mas tampouco o sexo forte conhece a felicidade. Fourier elabora, por exemplo, um irresistível "quadro analítico do corneamento", passando em revista 76 espécies de "cornos":

> Em projeto ou antecipado, marcial ou fanfarrão, argutos ou cautelosos, irreprochável ou vítima, de resguarda, saudável, regenerador ou conservador, auxiliar ou coadjuvante, transcendente ou de alto voo, federal ou coligado, em nome próprio ou como testa de ferro, apóstata ou trânsfuga, de urgência ou como salvaguarda, judicioso ou garantido .... E termina essa saborosa enumeração com uma breve constatação: "Moralistas: se os senhores atacam um vício como o adultério; denunciam-no na mulher e o toleram no homem, porque ele é o mais forte" (cf. *Vers la liberté en amour*, Gallimard, col. "Idées", 1975).

A crítica, nesse ponto como em muitos outros, supera - e de longe - a de Marx e Engels: muito mais do que produto da luta de classes, o adultério - como toda tara da civilização, segundo Fourier - existe apenas como mentira que é imposta pela coerção... Em suma: tudo deve ser refeito. Aqui e agora, sem nada esperar de nenhuma transcendência, ou de nenhuma lei objetiva. Com o objetivo de substituir o Mundo Civilizado pelo Mundo Harmonioso.

Charles Fourier pretende atingir a harmonia universal através da multiplicação do exemplo do falanstério. Trata-se de pensar a contrapelo os princípios e consequências da civilização: isso é possibilitado pela teoria das paixões.

Praticando ao mesmo tempo a "dúvida absoluta" e o "distanciamento absoluto", percebe-se que a civilização reprime uma realidade que é preciso urgentemente reabilitar praticamente: *a paixão* (depois chamada de desejo). Nessa questão, é preciso evitar todo ponto de vista moral no sentido de civilizado: somente a sociedade civilizada decretou como sendo boas ou más certas paixões, provocando assim divisão, atomização, fragmentação, guerras e coerções. Somente o respeito por todas as paixões, na atração apaixonada e na combinação serial das atrações, leva o gênero humano à unidade e harmonia universais. Cada sexo experimenta pelo menos *810 paixões,* todas naturais e felizes, que Fourier depois reestrutura numa "combinatória de *12 paixões principais*", algumas das quais são retomadas da psicologia clássica e outras são inventadas, como a cabalística, ou a inconstância, mas que ele evita - como o nota Barthes (op.cit.) - classificar em função de uma preeminência moral. A teoria das paixões faz explodir a velha e clássica oposição entre ordem e liberdade. Não é da ordem legítima que se deve deduzir a liberdade; não há outra ordem além da ordem da liberdade. O falanstério deve permitir provar isso.

Associação fundada sobre a liberação das paixões, o *Falanstério* resolve o problema da organização social na felicidade e na liberdade. O trabalho não é mais algo coato, pois cada série realiza nele os seus próprios gostos; a propriedade não é suprimida, mas não é mais o roubo se todos têm acesso a ela; tampouco o dinheiro é suprimido, mas ele não é mais fonte de espoliação, se deixa de ser necessário. A coletividade protege o indivíduo, mas – em última instância – o indivíduo nada tem a temer da coletividade: o urbanismo inventado por Fourier para o Palácio da Coletividade esforça-se por proteger a existência ao mesmo tempo coletiva e particular.

A felicidade é uma questão de justiça: "Mínimo de bem-estar assegurado a cada indivíduo, supressão do salário: são esses os traços comuns a Fourier e aos socialistas. Mas ele se separa da maioria deles pelo modo de distribuição que admite e por uma concepção da justiça onde a igualdade material não tem nenhum papel. Mas ele se afasta ainda mais dos socialistas pelo papel que reserva para a liberdade" (cf. Henry Michel, *L'idée de l'Etat*, Hachette, 3ª ed., 1898).

A liberdade, com efeito, está "por toda parte em Fourier". Como Roland Barthes observa, sua Utopia não comporta nenhum traço de humanismo integrador; o objetivo do falanstério não é proteger a sociedade do conflito (pela associação segundo as semelhanças), nem reduzir o conflito (pela normalização das paixões), nem transcendê-lo (pela "compreensão" do outro), mas talvez simplesmente deixá-lo atuar. E Barthes tem razão ao notar que, em Fourier, a força subversiva reside antes de mais nada no estilo. E, se a unidade é natural, se não é necessário recorrer a nenhum artifício integrador, o Estado torna-se inútil: "Em vão se procuraria, no sistema de Fourier, a autoridade, o poder. A hierarquia é muito desenvolvida; os títulos de 'magnatas' e os 'cetros graduados' são abundantes. Mas a posse desses títulos, feita para contentar certas paixões, não implica nenhuma potência coercitiva ... . Mais audacioso do que os economistas e os liberais que se limitam a restringir a ação do Estado, Fourier elimina até mesmo sua ideia; e nunca emprega nem mesmo a palavra que traduz a ideia" (Henry Michel, op.cit.).

É inútil medir a força da utopia de Fourier por sua capacidade de realização. Com efeito, o que importam os sucessos e os fracassos dos falanstérios, os sobressaltos periódicos do desejo comunitário, os progressos da agricultura ou da telecomunicação? O essencial reside nesse poder de imaginação que permitiria aos homens entrever por um instante o futuro, para se recusarem "a ser criados de homens que nascerão nos dois mil anos".

INDICAÇÕES BIBLIOGRÁFICAS

Abensour, M., *Les formes de l'utopie socialiste communiste*, no prelo.

Beer, M., *A History of British Socialism*, Londres, Allen & Unwin, 1948.

Buchez, P.-J., *Introduction à la science de l'histoire*, 1833; *Histoire parlamentaire de la Révolution française*, 1833-38; *Traité de Politique et de Science Sociale*, 1866.
Cabet, É., *Voyage en Icarie*, 1842.
______, *Le vrai christianisme suivant Jésus-Christ*, 1847.
Fourier, C., *Oeuvres*, Anthropos, 1966, 6 vols.
______, *Vers la liberté en amour*, coletânea de extratos apresentados por Daniel Guérin, Gallimard, col. "Idées", 1975.
Lacroix, B., *L'utopie communautaire*, PUF, 1981.
Leroux, P., *De l'Humanité*, 1840; *Du christianisme et de ses origines démocratiques*, 1848.
Owen, R., *Le nouveau monde moral*, textos escolhidos apresentados por A.L. Morton, Ed. Sociales, 1963.

A sociedade fora do Estado: de Max Stirner ao anarcossindicalismo

O projeto de uma sociedade "industrialista" fundada na ciência como meio de dominação da natureza e como técnica de gestão da coletividade, assim como o contraprojeto da ditadura do proletariado, primeiro momento da instauração de uma sociedade sem classes, por mais opostos que sejam em sua orientação política, têm em comum o fato de requerer o princípio de um poder unificador que tem como missão realizar a história. É da invenção fraterna e de um imaginário mais realista do que o real miserável produzido pelo Estado burguês que se alimentam os artesãos da Utopia. Em seu empreendimento, a anarquia gostaria de unir a radical idade desses últimos com a exigência de revolução política que está no coração da concepção de Marx.

O movimento anarquista do século XIX se inscreve numa tradição muito antiga, marcada ao mesmo tempo pela reivindicação da independência do indivíduo que recusa a ordem sociopolítica imposta - da qual os cínicos da Antiguidade pagã são os representantes mais audaciosos -, e pela afirmação de que os grupos humanos são capazes de se organizar de modo autônomo, segundo seus desejos e suas vontades, fora ou à margem da autoridade política - posições muitas vezes adotadas, tanto pelas primeiras comunidades cristãs quanto pelos burgueses da Idade Média ou pelos *diggers* quando da Revolução Inglesa, por exemplo.

Para a anarquia, *colocar a questão social* é não somente recusar o Estado (burguês) e sua problemática política sem perspectiva, mas também considerar que os indivíduos e os grupos possuem em si mesmos a capacidade de engendrar uma outra forma de organização da sociedade que não a do Estado (ou de seu equivalente: o diretório dos sábios, o partido encarregado de representar o proletariado etc.). "Nem Deus, nem senhor": o *slogan* significa, antes de mais nada, que nenhum princípio que se supõe imutável - ainda que revolucionário - é aceitável, já que sua própria instituição é uma hipoteca para a liberdade.

Por isso, o tema constante que anima o movimento anarquista é *a luta antiautoritária*, sob qualquer forma que se apresente essa autoridade. Essa luta toma como ponto de apoio o fato de que, em todos os níveis da realidade social, *a única potência efetiva é a do indivíduo*; e, sendo assim, toda outra potência deriva dela e aquela que se separa de sua origem e se volta contra ela é uma *usurpação* fundada numa mentira. A partir disso, desenvolveu-se uma corrente - minoritária - que se ateve a essa afirmação e chegou a negar o fato da sociedade; e uma corrente - majoritária - que se esforça por realizar uma dinâmica que visa a opor às coerções econômicas e políticas a força de potências individuais que organizam por si mesmas sua coalizão.

INDICAÇÕES BIBLIOGRÁFICAS

Dolléans, E., *Histoire du mouvement ouvrier (1830 à nos jours)*, A. Colin, 1953, 3 vols.

Maitron, J., *Dictionaire biographique du mouvement ouvrier français*, Ed. Ouvrières, 1964-67; *Histoire du mouvement anarchiste en France (1880-1914)*, SVEL, 1951.

Netlau, M., *Histoire de l'anarchie (1927-1931)*, Ed. du Cercle, 1971.

Sergent, A., Cl. Harmel, *Histoire de l'anarchie*, Le Portulan, 1949.

Voline, *La révolution inconnue* (1947), Belfond, 1969.

O individualismo e os paradoxos do niilismo: de Max Stirner a Netchaiev

Foi no seio do movimento dos "hegelianos de esquerda" e, portanto, na vizinhança de Marx e de Bakunin, que apareceu em 1844, escrita por Max Stirner (1806-56), uma obra estranha e caótica, *O único e sua propriedade*, que é o manifesto do *individualismo absoluto*. Trata-se de um texto *filosófico*, que não pode ser compreendido se não é inserido em seu contexto de ideias.

Deve-se recordar que, no centro das reflexões veementes desse grupo contestador, encontram-se personagens de elevada estatura: G.W.F. Hegel e Ludwig Feuerbach. O primeiro elaborou uma filosofia da história na qual o homem – tanto em seu ser coletivo como em seu ser individual – é a encarnação do movimento do Espírito (= Razão), cujo fim é a reconciliação universal no seio do Estado mundial; contra essa escatologia que julga idealista, Feuerbach construiu uma concepção crítica, que põe no centro a humanidade compreendida como materialidade que, para se libertar, tem de lutar contra a alienação religiosa e sua expressão filosófica (= o hegelianismo).

Com uma fingida ingenuidade, Stirner pergunta o que o indivíduo ganhou com essa operação. A resposta é clara: uma nova alienação. Feuerbach lhe impõe realizar-se como homem; e define – tal como a religião, a filosofia, as doutrinas políticas – novas tarefas, uma nova missão. Para convencer-se disso, basta-lhe considerar o que ocorreu com o Eu depois que o liberalismo inscreveu em seu programa a liberdade e a igualdade: politicamente, a tirania do rei foi substituída pela tirania da nação soberana; socialmente, as hierarquias dos estamentos foram substituídas pela hierarquia do dinheiro, e a coação ao trabalho manteve-se idêntica; quanto aos "revolucionários", disputam entre si para saber a quais instituições será submetida a sociedade futura.

Stirner apela a uma tomada de consciência: que o *Eu*, finalmente, saiba se reconhecer ao mesmo tempo como *única potência real* e como *originalidade irredutível*; que deixe de crer no *direito*, que não é mais do que a expressão do querer do Estado; que não entre em sociedade com os outros se não na medida em que disso vier a tirar satisfações, e de modo sempre provisório; que recuse toda missão, todo destino, e que conheça apenas uma única tarefa, seu próprio florescimento e seu gozo pessoal.

Depois de um sucesso efêmero, a obra não terá efeitos notórios em seu tempo. Nietzsche – que, ao que parece, não a conheceu – reencontrará seus temas e lhes dará desenvolvimentos surpreendentes. Será preciso esperar pelo século XX para que essa afirmação individualista, que condena *todos* os ensinamentos científicos e ético-políticos, encontre sua ressonância. Todavia, essa mesma atitude de desafio em face dos valores estabelecidos e dos projetos subversivos que eles suscitam – esse *niilismo* – surgiu novamente, em circunstâncias diferentes, e engendrou tomadas de posições individuais de estilo completamente diverso.

Foi no romance de Turgueniev, *Pais e filhos* (1862), que o termo *niilismo* surgiu em sua atual acepção. Na mesma época, Nikolai Tchernichevski apresentou, em *Que fazer?*, um "personagem extraordinário", "o sal do sal da terra", que, calma e firmemente, empenha-se – por suas palavras e condutas – em destruir as ideias recebidas e em abalar os poderes. Já duas décadas antes, Vissarion Bielinski (1811-48) opusera às ilusões românticas a força da crítica realista e o projeto de uma subversão profunda das estruturas mentais e sociais. Na mesma óptica, Nikolai Tchernichevski (1828-89) – que passou 37 anos de sua vida na prisão ou no exílio – sonha com uma mulher que fosse uma completa cidadã; imagina a fundação, na Santa Rússia, de cooperativas femininas de produção; afirma um hedonismo completo e denuncia as imposturas da alma bela. Escreve ao tzar para denunciar o odioso embuste que foi a abolição da servidão. Seu discípulo Nikolai Dobroliubov (1836-61) analisa, a partir do personagem de um romance de Gontchárov, *Oblomov*, a neurose coletiva que prolifera na Rússia à sombra do despotismo: o "oblomovismo" é o desencanto, a incapacidade de reagir, a resignação e a veleidade; ele prevê a explosão que porá fim a essa situação insustentável. O poeta do grupo, Dmitri Pisarev (1840-68), admite que os "niilistas" são fanáticos; "mas o que os fanatiza é uma sóbria vontade, muito precisa e muito humana, de proporcionar a todos os homens em geral a maior parte da felicidade terrena."

Todavia, a explosão se faz esperar; a repressão contra as forças da liberdade aumentou. Dizendo-se anarquista, convencido de ter recebido a aprovação de Bakunin, Serguei Netchaiev – que morreu na prisão, em Petersburgo, em 1882 – lança-se numa ação de propaganda e de prática do terrorismo. Em toda a Europa, dos anos que se seguem ao esmagamento da Comuna de Paris até o início de nosso século, desencadeia-se uma vaga de assassinatos políticos que se pretendem exemplares e que têm como finalidade provar a liberdade do indivíduo inflexível e despertar o povo de sua letargia. Se, na ausência de qualquer filiação, há uma lógica que leva de Stirner ao niilismo russo e às afirmações nietzschianas, nenhuma lógica leva do pressuposto anarquista ao uso do terror: esse decorre muito mais de uma técnica inteiramente subjetiva de ajuste de contas.

De resto, o anarquismo escolheu outros caminhos...

INDICAÇÕES BIBLIOGRÁFICAS

Netchaiev, S., *Catecismo do revolucionário*, 1970.

Stirner, M., *L'Unique et sa propriété* (1845), in *Oeuvres complètes*, Lausanne, L'Age d'homme, 1972.

Tchernichevski, N., N. Dobroliubov e D. Pisarev, *Extraits*, in *Les nihilistes russes*, Aubier-Montaigne, 1974.

A capacidade política das classes operárias segundo P.-J. Proudhon

Esse título de um livro póstumo de Pierre-Joseph Proudhon (1809-65) fornece o ponto de vista que permite introduzir uma certa unidade numa obra muito diversa quanto aos objetos e aos níveis de análise, cuja leitura foi hipotecada pela crítica de Marx, crítica que o marxismo posterior irá radicalizar até chegar ao desconhecimento.

É verdade que as demonstrações de Proudhon são prejudicadas por imprecisões históricas e por referências filosóficas pouco pertinentes, e que lhe ocorreu dar sua confiança a empreendimentos duvidosos. Mas há dois aspectos de sua atividade sobre os quais não poderia ser levantada nenhuma suspeição:

– A constância e a firmeza de seu devotamento à causa do socialismo, se por esse termo se entende a dinâmica de emancipação das classes subjugadas, como pode ser testemunhado, entre outras coisas, por seu discurso à Câmara de 31 de julho de 1848, que valeu ao deputado Proudhon uma condenação quase unânime da Assembleia.

– O desejo de se manter o mais perto possível das iniciativas próprias da classe operária que se organizava para lutar contra a expressão capitalista, contra a miséria e contra a apatia política, bem como sua vontade de inscrever seu projeto no quadro desse combate por uma autonomia máxima do proletariado.

Essa vontade de levar em máxima conta as diversas formas da reivindicação empírica levou a análise proudhoniana a recusar as abstrações realizadas pelos economistas, moralistas e políticos (reformadores ou revolucionários). Pois as ações operárias não separam os dados econômicos dos sociais ou políticos: elas lutam contra a opressão e pela justiça, sem prejulgar sobre a natureza da "instância" cuja transformação será decisiva. Intervêm onde podem, quando podem, com objetivos que evoluem em função dos episódios de suas lutas.

A economia política clássica não viu que a divisão social do trabalho no sistema capitalista implica uma espoliação – um *roubo* – que não pode deixar de ter como efeito o antagonismo entre proprietários e proletários. Isolando o domínio econômico, ela mascarou o fato de que o capital enquanto tal não produz nada, que ele é apenas um suporte e que somente o trabalho é produtivo. Os jacobinos e seus sucessores mais ou menos radicais – Louis Blanc e Auguste Blanqui –, ao privilegiarem o fator político, tomando como objetivo a conquista do poder e desconhecendo a importância das relações sociais na produção, abriram caminho para a onipotência do Estado, que cedo terá por fim somente a sua manutenção (e, para isso, o seu fortalecimento) e a limitação das liberdades. Quanto aos arautos da igualdade e da fraternidade universais, eles desconhecem as relações empíricas de força.

O próprio funcionamento do capitalismo põe em destaque a interpretação do econômico, do social e do político: o sistema da propriedade capitalista, que se apropria do excedente do trabalho operário, implica a centralização estatal e a ocupação do poder pelos governantes-proprietários em todos os níveis da vida social. E, vice-versa, a constituição de uma instância soberana - ainda que fosse o fruto da vontade geral, como queria Jean-Jacques Rousseau - implica uma coerção política que impede os produtores de organizarem a produção segundo seus interesses e suas vontades e leva inelutavelmente a uma outra servidão.

Sendo assim, o teórico preocupado com a realidade operária concebe a indispensável revolução como remanejamento que subverte *todas* as relações sociais. Embora seja necessário, por exemplo, expropriar os capitalistas proprietários das grandes unidades de produção industrial, deve ser evitada a estatização, que reinstaura a dinâmica da opressão: a socialização deve ser compreendida como controle dos produtores sobre sua atividade no próprio local, que permita determinar o valor dos diferentes produtos mediante convenções nacionais constantemente revisáveis. Do mesmo modo, a fim de evitar a instituição de um princípio centralizador, deve-se conservar o estatuto privado do artesanato, do pequeno comércio e da pequena propriedade agrícola.

Pois, se é preciso abolir a exploração, trata-se também de preservar a motivação motriz da atividade, a competição, limitada pela fixação de regras que definam o valor médio em função do custo social e que excluam qualquer possibilidade de monopólio. Assim, Proudhon empenha-se em combinar, do modo mais flexível possível, o *coletivismo* - aplicável às empresas de importância e função nacionais -, o *mutualismo* - que é o fermento da invenção e da auto-organização operárias -, e um *setor privado* - onde são garantidos os direitos da individualidade solitária. Não é certo que Proudhon tenha tido razão quando se referiu à filosofia de Hegel para legitimar seu projeto: a ideia da dialética aberta, na qual os termos contraditórios se conservam sem síntese e onde cada um desenvolve seus aspectos positivos e anula o que implica de negativo, não tem nenhum sentido teórico. Só pode funcionar como metáfora: para denunciar as simplificações de uma filosofia da história que, sob o pretexto de inteligibilidade, obriga a classe operária a realizar uma missão previamente definida.

A esse modo de organização diversificada, único capaz de introduzir a justiça nas relações sociais, corresponde a forma política do *federalismo.* O empirismo de Proudhon reconhece como dados o fato da família e o da nação. Mas é inútil, em sua opinião, que essa última se institua como poder de Estado. Quanto ao poder central, não poderia ser senão a emanação das comunas, das regiões e das empresas ("coletivas" ou "mutualistas"), que, já administrando a si mesmas, necessitariam apenas de um órgão de coordenação e de orientação, que teria unicamente de estatuir acerca das questões comuns, após debates em que partes interessadas discutiriam amplamente. Decerto, é ilusório pressupor uma harmonia qualquer entre as realidades constituintes. Surgirão conflitos, implicando relações de força: sabe-se muito bem que o recurso à decisão dos que dizem representar a "vontade geral" leva a dar força de lei ao interesse do grupo mais forte. É mais realista e conforme à justiça prever organismos de discussão no seio dos quais poderiam ser estabelecidos compromissos finalmente aceitáveis pelas partes em conflito...

Tão afastado do liberalismo quanto do socialismo autoritário, o anarquismo de Proudhon recusa a existência formal ou real de qualquer princípio que transcenda a sociedade. Ele recusa o aparelho de Estado encarregado de executar os decretos da "vontade geral"; desconfia das lições que a competência política pretende dar aos produtores; não reconhece a autoridade de um partido, por mais revolucionárias que sejam suas proclamações. Não admite senão uma única transcendência: a da ideia de justiça. Ela intervém como valor regulador, no duplo sentido de que constitui a motivação concreta dos movimentos operários que lutam contra a espoliação, a humilhação e a impotência (às quais a irracional idade e a violência burguesas condenam os trabalhadores), e o ideal a que eles devem visar.

INDICAÇÕES BIBLIOGRÁFICAS

Ansart, P., *Naissance de l'anarchisme*, PUF, 1970.

Langlois, J., *Défense et actualité de Proudhon*, Payot, 1976.

Proudhon, P.-J., *Qu'est-ce que la propriété?*, 1840; *De la création de l'ordre dans l'humanité*, 1843; *Philosophie de la misère*, 1846; *Idée générale de la Révolution du XIXe siècle*, 1851; *Du principe fédératif...*, 1865: *De la capacité politique des classes ouvrières*, 1865.

Proudhon, coletânea de textos por C. Bouglé, Alcan, 1930.

Do anarquismo libertário de Bakunin ao anarcossindicalismo

O pensamento e a ação de Mikhail Bakunin (1814-76) situam-se em linha de continuidade direta com o pensamento de Proudhon. Mas Bakunin distingue-se de Proudhon por um lado agressivo e ab-rupto, característico também das tomadas de posição dos libertários espanhóis, catalães e "jurassianos", cujas federações ficaram ao lado de Bakunin nos conflitos que o opuseram a Marx no seio da Primeira Internacional. Bakunin, que também fez parte dos "hegelianos de esquerda", acreditou-se obrigado a definir "sua" dialética: ao contrário de Proudhon, ele privilegia a negatividade. A posição do homem é sua animalidade; a negação é a revolta contra esse estado de dependência por meio do pensamento; a negação da negação é a realização da liberdade humana pela destruição das limitações impostas pelo pensamento.

Mas, depois de se ter empenhado nos movimentos que militavam em favor da constituição de Estados nacionais eslavos contra a hegemonia tzarista, aderiu ao campo antiautoritário quando, em 1861, conseguiu fugir do seu exílio siberiano. Até sua morte, durante 15 anos, participou fisicamente dos combates travados contra a opressão e polemizou tão vivamente contra Marx que esse se amedrontou e conseguiu expulsá-lo da AIT em 1872. Sua perspectiva histórica é incisiva: a religião (e a ideia de Deus), o Estado (e a autoridade de um princípio político) e a propriedade (e os sistemas econômicos que lhe correspondem) talvez tenham contribuído no passado para a emancipação do homem do seu estatuto animal. Hoje, estão superadas e constituem freios à emancipação humana e ao florescimento da liberdade.

A crítica da religião, ao modo de Feuerbach ou de Marx, é insuficiente. *Para afirmar o homem, é preciso negar Deus.* O ateísmo e o que dele resulta normalmente – "o niilismo prático", a recusa das morais – constituem o fundamento do pensamento libertário. Piotr Kropotkin (1842-1921), que possuía uma boa formação científica, irá desenvolver esse tema, pretendendo dar-lhe uma legitimação científica: segundo ele, a organização físico química é anárquica, sem princípio unificador, e apresenta, em cada um dos seus campos, fatos de associação.

O Estado, sob qualquer forma que se apresente – bem como o que ele implica, a autoridade centralizada, a administração, a legislação, a representação dos cidadãos –, não pode deixar de se opor ao livre florescimento da humanidade. Qualquer que seja o modo pelo qual é designada, a instituição que detém a potência de decidir *pela* sociedade se opõe a essa e a coage. A "ditadura do proletariado" dos partidários de Marx não poderia ter outro fim além da ditadura de uma burocracia *sobre* o proletariado, precisa Mikhail Bakunin. Ele se vincula à ideia proudhoniana de uma federação de comunas.

Pois, se é preciso suprimir a propriedade privada dos meios de produção, é preciso também construir formas de organização de tal tipo que as diversas liberdades individuais possam se fortalecer uma às outras e explicitar suas capacidades fora de qualquer coerção econômica global. O comunismo libertário tem como elemento de base, nessa óptica, a *comuna livre* e a *empresa dirigida coletivamente*...

O fracasso da Comuna de Paris; o constante fortalecimento dos poderes imperialistas no terceiro terço do século XIX; o desenvolvimento massivo do capitalismo industrial, que arregimenta massas cada vez maiores de trabalhadores; as ilusões eleitoralistas alimentadas pelos partidos socialistas que se unem no seio da Segunda Internacional Operária em 1889: todos esses fatos atingem duramente o movimento libertário. O terrorismo individual ou especulações sobre o emprego ético da violência de massa – como as de Georges Sorel em suas *Reflexões sobre a violência* (1906) – pretendem fornecer uma resposta a essa situação bloqueada. Todavia, o anarquismo encontra um ponto de enraizamento mais adequado e seus objetivos na ação que empreende nos sindicatos operários. Sobretudo na Itália, na Catalunha e na França, a concepção proudhoniana – readaptada às circunstâncias – encontra-se na origem de poderosas ações, que visam a obter, ao mesmo tempo, em cada empresa, em cada profissão, um melhoramento das condições de trabalho e dos salários, a manutenção da combatividade dos trabalhadores e o agrupamento nas Bolsas do Trabalho da classe operária no nível de cada cidade, a fim de garantir a emancipação e a formação de cada um e de constituir uma força capaz de intervir globalmente na luta econômica. O objetivo consiste em forjar – fora dos partidos políticos – uma força que esteja nas mãos dos operários e que, controlada por eles, possa se contrapor à política do Estado burguês e, ao mesmo tempo, lutar concretamente contra o poder capitalista. Trata-se não de conquistar o poder do Estado, mas de fabricar uma máquina autônoma de onde deve brotar uma nova sociedade.

Na França, a Carta de Amiens – adotada pela CGT (Confederação Geral dos Trabalhadores) em 1906 – especifica bastante bem o sentido político desse "apoliticismo". E a violência da repressão que se abateu sobre as grandes greves nacionais entre 1900 e 1914 testemunha o temor que ele suscita entre os governantes. Tal como o enquadramento dos sindicatos por Lênin e Trotski após a Revolução Bolchevique. Tal como a batalha iniciada em 1980 na Polônia sobre os "sindicatos livres".

INDICAÇÕES BIBLIOGRÁFICAS

Bakunin, M., *Oeuvres complètes,* 6 vols., Stok, 1907-22.
Guérin, D., *L'Anarchisme*, Gallimard, col. "Idées", 1965.
Kaminski, H.E., *Bakounine, la vie d'un révolutionnaire*, Ed. Montaigne, 1938.
Kropotkin, P., *Paroles d'un révolté* (1885), Flammarion, 1885.

Idealismo, crença ingênua no homem, otimismo inconsiderado no que diz respeito à capacidade das coletividades de se encarregar de seus conflitos, espírito "pequeno-burguês" e culto da individualidade; realismo grosseiro, exaltação das tendências "materialistas", gosto pela expressão violenta e pelo ato excessivo, coletivismo que não hesita em ironizar os sentimentos "naturais", complacência culpável em face do desvio e da anormalidade. Essas críticas foram dirigidas, ao mesmo tempo, contra o anarquismo. No melhor dos casos, falam em nome de um poder – presente ou futuro – fortalecido por um saber – sobre o homem, a sociedade e a história.

Desconhecem precisamente a singularidade do ponto de vista libertário: propor uma perspectiva de emancipação sem, por causa disso, ter de construir uma política, elaborar uma Constituição ou um programa econômico e nomear um governo; considerar que a questão social não pode ser posta e ter sua solução encaminhada a não ser pela própria sociedade, sociedade feita de indivíduos e de grupos inteiramente diferentes e não pré-formada como povo (nacional), classe (sábia, ou produtiva, ou proletária) ou consenso ("saco" onde cada político põe o que convém a suas ambições e seus interesses); aceitar a palavra "liberalismo" quando ela implanta uma dinâmica de liberdade, mas recusar as instituições que ela assume, já que destinada a fortalecer a potência do Estado; denunciar o socialismo autoritário, que pretende pôr como objetivo a libertação da sociedade como tal, mas começa por subjugá-la aos imperativos da eficácia econômica e do sentido da história.

Uma tal posição, assumida no jogo político, é frágil. É preciso também constatar que os anarquistas perderam suas batalhas políticas no século XX. Mas o pensamento libertário não deixou e não deixa de continuar ativo no Leste e no Oeste, nas lutas contra o totalitarismo burocrático e nas que são travadas contra a ordem industrial capitalista. Ele se desenvolve não como doutrina, mas como estado de espírito e como prática cotidiana. Ele se encontra espontaneamente em relação de cumplicidade com as formas de cultura literária, artística, filosófica mais ricas e mais vivas do mundo contemporâneo. O "materialismo prático" que tal pensamento tentou implantar, a imprescritível liberdade que tomou como eixo de suas afirmações, estão, em grande parte, na origem das atuais investigações que visam a definir a democracia como organização da liberdade fora da potência do Estado.

INDICAÇÕES BIBLIOGRÁFICAS

Guy-Grand, G., *La philosophie syndicaliste*, Grasset, 1951.
H. Dubief, *Le syndicalisme révolutionnaire*, textos escolhidos, A. Colin, col. "U", 1969.
Labriola, A., *Socialisme et philosophie* (*Lettres à Georges Sorel*), Giard, 1899.
Lefranc, G., *Histoire du mouvement syndical français*, Libr. syndic., 1937.
_____, *Les expériences syndicales internationales*... Aubier, 1952.
Pelloutier, F., *Histoire des Bourses du Travail* (1902), Costes, 1946.
Sorel, G., *Réflexions sur la violence* (1908), Rivière, 1946.

CAPÍTULO V

O Estado-Gerente

A IDEIA DE GERÊNCIA

Poder de um só, poder de um grupo, poder do povo: a classificação tripartite, exposta pela primeira vez por Heródoto, revela-se hoje particularmente inoperante. Em grande número de Estados contemporâneos, a legitimidade proclamada é de tipo democrático, ao passo que a aparência política confere o poder a uma espécie de monarca temporário (às vezes eleito) e o funcionamento político real é de tipo oligárquico.

Quanto às classificações que tendem hoje a distinguir os Estados de acordo com o fato de serem o "produto" do liberalismo, do socialismo ou do fascismo, trata-se de algo construído com finalidades de propaganda, ou destinado a registrar debates ideológicos, tendo apenas, no mais das vezes, um valor polêmico.

Desse modo, no que se refere ao conjunto dos Estados líderes do bloco ocidental – ditos democracias ocidentais, liberais ou avançadas –, o termo *gerência* parece o menos apropriado para designar o corpo de concepções políticas que os sustenta.

O termo *liberalismo*, habitualmente contraposto a "socialismo" ou "comunismo", engendra numerosas confusões, tanto mais porque se refere a um conjunto de proposições doutrinárias dominantes no século XIX, mas de nenhum modo permanentes. O termo "gerência" pode permitir pôr fim a essa oposição equívoca: ele designa elementos doutrinários do liberalismo (tanto em sua gênese como em seus desenvolvimentos), mas também do socialismo (cuja especificidade tende frequentemente a ser anulada quando se faz dele um subproduto doutrinário do marxismo).

Com efeito, o termo "gerência" – tal como o entendemos aqui – implica a renúncia a uma concepção do liberalismo inteiramente contida na ideologia de uma classe social ou confundida com um programa socioeconômico limitado ao "*laisser-faire, laisser-passer*". Em sua *História da teoria política,*

George H. Sabine constata, no fim do século XIX, uma convergência de princípios entre os pensamentos liberais e socialistas, e tenta avaliar o que a evolução das "democracias ocidentais" deve a essa convergência.

É certo que, em final do século XIX, os liberais parecem dispostos a considerar o "mercado livre" como uma instituição social e a pôr fim à oposição sistemática entre o econômico e o político. O Estado torna-se menos suspeito, a concepção da liberdade menos negativa. Entre certas tendências do liberalismo e do socialismo (em particular, a fabiana), a fronteira é muito tênue. Produz-se uma espécie de osmose: a segurança e a estabilidade são também condições da liberdade e a competição entra em acordo com a previsão (*planned society*); não se renuncia ao individualismo, mas esse é "racionalizado".

Essa evolução impõe o abandono do termo "liberalismo", a não ser que lhe seja conservado o estrito sentido que tem na luta eleitoral, para distinguila das posições conservadoras ou socialistas; ou a não ser, ainda, que se lhe permita monopolizar sob sua sigla o conjunto das concepções democráticas às quais aderem outras correntes, particularmente socialistas. Mas, nesse caso, para evitar qualquer confusão, é melhor falar em "gerência".

Não pretendemos ocultar as dificuldades metodológicas e os riscos teóricos em que incorremos com essa escolha e que são, pelo menos, de duas diferentes ordens, inclusive contraditórias:

- Por um lado, para levar a *sério* um acordo mínimo sobre um certo número de valores e de práticas, deve-se evitar a tentação de apagar as diferenças, de negar os antagonismos políticos, tomando-se ao pé da letra o mito do consenso.
- Por outro lado, e inversamente, para levar em conta esses antagonismos internos ao Estado-Gerente, deve-se evitar considerá-lo como um simples quadro informe e não específico, a partir do qual emergem outras formas de Estado, essas específicas, de modo que a gerência – captada como tecido de ilusões e suporte de mentiras – transformar-se-ia num princípio de causalidade e de responsabilidade. O Estado-Gerente existe; encontramo-lo todos os dias: o fato de que esteja grávido de tentações fascistas, tecnocráticas ou de outro tipo não diminui sua especificidade, mas, ao contrário, contribui para mantê-la.

O termo *gerência* implica a ideia de uma separação necessária entre o poder e uma realidade que é dada ao mesmo tempo de modo natural e histórico, a saber, a "sociedade civil". Em consequência, a sociedade civil não pode ser considerada como "matéria-prima oferecida às experiências políticas"

(Georges Burdeau), pois tanto os indivíduos como os grupos que a constituem possuem – antes e fora do Poder – direitos que esse tem de respeitar. Todavia, o Poder é considerado como a própria expressão dessa sociedade cuja independência ele figura e garante. Essa posição do Poder, posição de exterioridade ao dado social que ele tem a missão de regular, já que ele também é seu tutor designado, faz do Estado o *gerente* da sociedade.

A expressão Estado-Gerente testemunha o equívoco que caracteriza essa concepção e reforça o "silêncio teórico" de que ele se tornou objeto no século XX, não tendo em seu favor, salvo exceções, "senão testemunhas muito medíocres, ou dissertações despojadas de amplitude e de sabor ..." (Marcel Prélot), com o risco de abandonar "o terreno ideológico aos opositores" (F.P. Bénoit). A gerência é silenciosa; as grandes vozes do século passado se calaram; tudo se passa como se, na ordem política, os princípios tivessem se tornado objeto de tão grande *consensus* que podem dispensar as doutrinas.

Salvo se resolvermos tomar esse silêncio como sinal de um mal-estar: mal-estar em aceitar o equívoco da gerência, mal-estar em aceitar a especificidade desse Estado-Gerente trabalhado de dentro pelas tentações mais antagônicas.

A gerência implica, ao mesmo tempo, a obrigação para o que gere de estar *a serviço de seu mandante* – o corpo dos cidadãos, na maioria dos casos – e a *precariedade* essencial do *mandato,* fixado pelas regras do jogo político em vigor. Todavia, cada ato do gerente é marcado pelo timbre da potência soberana. O Estado-Gerente é um ser duplo, limitado pela obrigação de serviço para a qual foi instituído e levado a usar uma potência que multiplique seu título de legitimidade.

Essa *duplicidade* introduz disjunções significativas nos valores constitutivos da concepção política da gerência, como, por exemplo, para citarmos as mais notórias, o humanismo, o pluralismo e o reformismo.

A gerência faz apelo ao *humanismo*: reconhece uma essência comum a todos os homens, quaisquer que sejam suas condições, de onde ela faz derivar direitos fundamentais que tem por missão garantir, no quadro de um "Estado de direito". Mas, tanto no interior como no exterior, o Estado de direito contém sua própria contradição, legalizando a exceção e a derrogação como partes integrantes do sistema. Exacerbados esses efeitos do colonialismo e do nacionalismo, acumulam-se os desmentidos às proclamações humanistas. A Nação-Estado terá triunfado sobre o Estado-Gerente?

Outra característica da gerência: a afirmação da necessidade do *pluralismo* político. Separado da sociedade, o Poder emana dela; é, portanto, o produto de sufrágios livremente expressos. Todavia, se pluralismo e consenso exigem-se reciprocamente, também se contradizem. A sociedade é múltipla e conflitual; o poder que a gere não poderia representá-la sem tentar reduzi-la à uniformidade e perpetuar sua gerência pela manipulação: o Estado-Partido é uma ameaça constante.

Finalmente, implícita na própria fonte do liberalismo, a vontade de *reformismo* está incluída na ideia e na atividade da gerência. Mitos progressistas e desenvolvimentos tecnológicos decuplicam a necessidade do intervencionismo estatal, de modo que hoje, em nome da racionalidade técnica, o Estado-Cientista avança em todo Estado-Gerente...

INDICAÇÕES BIBLIOGRÁFICAS

Bénoit, F.-P., *La démocratie libérale*, PUF, 1979.
Burdeau, G., *Le libéralisme*, Le Seuil, 1979.
Prélot, M., *Histoire des idées politiques*, Dalloz, 1966.
Sabine, G.H., *A history of political theory*, Dryden Press, Hinsdale, Illinois, 4ª ed. revista por Thomas L. Thorson, 1973.

O HUMANISMO

O humanismo é entendido aqui em seu sentido mais amplo e designa o conjunto de doutrinas e mesmo de atitudes que tendem a considerar o homem como fim e valor superiores. Quer seja datado do Renascimento ou do século XIX, o termo – para além dos grandes debates filosóficos e antropológicos – pode designar uma ideia simples: em comunidade, o individualismo se veste de moral; e essa moral, de certo modo, "sustentará" o político. É nesse sentido que a permanência do protesto humanista é um traço do Estado-Gerente. Uma tal permanência não implica nem sua realidade, nem sua mentira. Mas implica efeitos de discurso que devem ser relacionados com um ordenamento jurídico: o Estado-Gerente se organiza em Estado de direito. A raiz não é nova: o humanismo contém o universalismo, no sentido de que a particularidade individual garante o respeito pelo universal. Sendo assim, o humanismo leva a recusar a fundação de uma definição da humanidade com base em distinções e diferenças (de raça ou de classe, por exemplo) e a proclamar todos os homens que vivem no seio de uma comunidade política como *iguais* diante da lei que garante seus *direitos*.

Do humanismo ao Estado de direito

A questão do *Estado de direito* encontra suas fontes filosóficas na obra, por exemplo, de Kant (cf. cap. III). Mas ela restringiu-se por muito tempo ao terreno jurídico (cf., no direito administrativo francês, as discussões relativas ao princípio da legalidade). Conheceu, há pouco, uma nova voga no *seio* da teoria política, que a utiliza por vezes como meio para possibilitar uma abordagem da especificidade das Democracias Ocidentais em relação aos Estados ditos totalitários. O debate que assim se instaurou deu lugar a interessantes aberturas, mas apresenta o risco de levar a um duplo impasse, sobretudo se não for capaz de transcender as considerações puramente polêmicas.

- Primeiro impasse: a tentação de autossatisfação. A palavra é tomada em sua realidade: o Estado de direito é aquele que, inteiramente submetido a um Direito considerado como justo, trata seus cidadãos em função de uma estrita legalidade. Desse modo, a simples alusão a esse paraíso jurídico permite ocultar as discriminações, as injustiças, as exceções internas cometidas em seu próprio nome; e a reflexão torna-se deliberadamente cega diante das contradições do sistema. Melhor: na medida em que nada justifica a exportação do Estado de direito, um certo ambiente internacional é dissolvido; o colonialismo e o imperialismo, em qualquer de suas formas, não têm nenhum papel na explicação do Estado de não direito; o que se faz é simplesmente uma exortação ao grande combate pelos direitos do homem. Combate utilizado para fins políticos grosseiros. Mas assiste-se ao delineamento de um risco mais insidioso na atitude dos que, de boa-fé, chegam a atribuir à própria forma estatal os méritos do Direito, valendo-se do fato de que não existe, nem histórica nem sociologicamente, Estado de direito sem Estado, e que, *a contrario*, a carência de Direito, em outras partes, nasce da ausência de Estado. Além de não repousar em nenhuma consideração séria, uma tal análise fornece seus argumentos de autoridade às doutrinas da *Segurança*, cuja propaganda se fortalece ao agitar, contra a delinquência e o terrorismo, os espectros da insegurança.

Mas o debate dá lugar a um segundo impasse, ligado dessa feita à escola do ceticismo. Retirando argumentos das hipocrisias, das insuficiências e dos crimes do Estado de direito, superando até mesmo a crítica marxista de seu *formalismo*, chega-se a recusar a distinção entre os Estados, a renunciar a dar seu nome às democracias e, portanto, a compreender o que nelas se passa, ainda que se trate da incerta sorte da liberdade. Política da mescla indiferenciada, que alimenta os positivismos e impede a inteligibilidade do político.

Assim, para além das discussões polêmicas, é preciso voltar a essa questão fundamental que, segundo Claude Lefort, está contida na expressão "Estado de direito", ou seja: a operação de separação entre o poder e a Lei, nos termos da qual "um novo ponto de sustentação é fixado: o homem". Assim, o direito encontra-se categoricamente estabelecido na natureza do homem, uma natureza presente em cada indivíduo, nos termos da qual o Estado de direito implica certamente, quaisquer que sejam os meios de dominação postos à disposição de uma classe, "a possibilidade de uma oposição ao poder fundado no direito".

O conjunto dos discursos que sustentam o Estado-Gerente é portador dessa proclamação humanista que alimenta os fundamentos e os desenvolvimentos do Estado de direito: discursos inteiramente ideológicos, mas que contribuem para a constituição dessas forças simbólicas específicas de uma certa realidade política.

INDICAÇÃO BIBLIOGRÁFICA

Lefort, C., "Droits de l'homme et politique", *Libre*, 80/7, Payot, reeditado in Cl. Lefort, *L'invention démocratique, les limites de la domination totalitaire*, Fayard, 1981 [ed. brasileira: *A invenção democrática: os limites da dominação totalitária*, Brasiliense, São Paulo, 1982].

A inspiração cristã

Embora a Igreja viva no mais das vezes *separada* do Estado-Gerente, ela contribuiu poderosamente para inspirar os seus fundamentos ideológicos e, em particular, participou na promoção do humanismo. A questão do desenvolvimento, das tendências, das tentações, das hesitações do cristianismo político no século XX supera – por sua amplitude – a investigação puramente doutrinária. Nesse domínio, a reflexão não pode dispensar estudos ao mesmo tempo históricos e teológicos, aos quais o presente livro não pode aludir.

Contentar-nos-emos em recordar as observações de Hegel relativas ao alcance do *monoteísmo:* esse, instituindo um Ser perfeito, infinitamente poderoso e bom, como criador de todas as coisas, fazendo do homem uma criatura livre, libertou o humano, ao mesmo tempo, de sua submissão ao capricho das divindades pagãs e de sua inclusão no dado natural: o homem, criatura livre, é doravante um ser liberado, para sua desgraça ou felicidade, para sua danação ou salvação. A ajuda da Igreja, fundada por Deus, permite fazer com que as potências da salvação triunfem sobre as da danação. A Igreja é instituída para socorrer os homens; a política cristã, participando do poder ou se apoderando dele, tem como objetivo facilitar essa ação salvadora da humanidade.

Na realidade, como se sabe, a questão não é assim tão óbvia; e a vocação humanista cede frequentemente lugar às exigências de mediação política. Mesmo quando algumas vezes, como em 1978, com a eleição de João Paulo II, a Igreja colocou em sua direção um verdadeiro papa político...

A primeira encíclica do pontificado, *Redemptor Humanis*, de 1979, reafirma fortemente a ideia de que a Redenção envolve a humanidade inteira, pois cada homem traz em sua particularidade o valor divino. A seu modo, a Igreja parece se alinhar com a defesa dos direitos humanos, que por tanto tempo combateu em sua formulação revolucionária e republicana e que tentará compatibilizar com as múltiplas proibições emanadas de sua ordem moral... Aqui, o humanismo não sofre apenas o desmentido cotidiano de uma realidade exterior; ele está ainda nos balbucios de uma reivindicação concreta.

Os filósofos cristãos desse século - de Simone Weil (1909-43) a Gustave Thibon (1903-2001), de Unamuno (1864-1936) a Gabriel Marcel (1889-1973), de Teilhard de Chardin (1881-1955) a Maritain (1882-1973) - buscam apaixonadamente fazer com que recuem os limites da indiferença diante da condição temporal: o sofrimento humano continua em busca de seu estatuto, a partir do momento em que o mandamento da caridade não contém indicação precisa sobre a organização da justiça. Ora, a humanidade - que se pretende proteger enquanto tal - não é reconhecida como livre em suas escolhas: entregue a seu próprio orgulho, de resto, ela não soube organizar mais do que a *opressão* do egoísmo individual ou da barbárie coletivista.

O humanismo cristão implica uma ambiguidade específica. O homem, decerto, é por ele considerado como valor supremo, já que feito à imagem de Deus. Nesse sentido, ele apela a um universalismo. A pessoa humana é protegida sem distinção de sexo, raça, classe, cultura. Mas é à *Igreja* que cabe

> manifestar o mistério de Deus, desse Deus que é o fim último do homem, assim como, ao mesmo tempo, revelar ao homem o sentido de sua própria existência, ou seja, sua verdade essencial (Encíclica *Gladium et Spes*, 1965).

Entre Deus e o homem se interpõe a Igreja, ou, em outras palavras, uma organização, com seus interesses, sua burocracia, suas estratégias, sua política. Essa especificidade organizacional, particularmente forte no caso do catolicismo (o *Soberano* Pontífice é, de direito, o chefe de um Estado), explica por que, de acordo com o caso, o cristianismo apareça como

- o defensor dos direitos do Homem diante dos poderes políticos que o ameaçam essencialmente (Estados socialistas "ateus");
- o promotor dos direitos da Igreja ao lado de poderes políticos que o aceitam (Estados-Gerentes laicos).

A proclamação humanista de toda uma parte da corrente cristã, portanto, serviu para uma acomodação com regimes cuja conformidade aos valores do cristianismo não é evidente (nacional-socialismo hitleriano, ditaduras de Mussolini e Franco etc.). Essa aparente anomalia não se explica apenas pela atuação dedicada aos direitos da Igreja, mas também pelas características do humanismo cristão, que propaga as virtudes da ordem e da autoridade, incitando assim à submissão. Nos Estados-Gerentes, esses cristãos se alinharam entre os mais conservadores, defendendo o nacionalismo, o racismo e o colonialismo. (Como exemplo, basta lembrar que – no fim do século – a divisão entre os dreyfusistas e os antidreyfusistas era, em ampla medida, a mesma que havia entre não católicos e católicos.) O humanismo, contudo, pode levar a uma atitude inversa tanto por parte de cristãos que o tomam ao pé da letra, como inclusive – em certos contextos – por parte das Igrejas que podem se tornar instrumentos últimos de oposição à ditadura, como na América Latina.

Fundado por Emmanuel Mounier, o movimento *personalista* representou o mais interessante esforço intelectual para tentar retirar o humanismo cristão de seus impasses. Enquanto *pessoa,* o indivíduo é apreendido em sua relação com o outro; e é essa relação que funda tanto seu sentido originário como sua vocação. Em determinado sentido, o personalismo abre caminho para um engajamento: o ideal cristão incita a uma revolução espiritual contra a despersonalização das relações humanas, num mundo dominado pelo egoísmo, pelo materialismo, pelo capitalismo. Mas Mounier, recusando à burguesia capitalista o direito de monopolizar o Evangelho, denuncia também qualquer tentação marxista:

> A ortodoxia marxista deu provas mais sangrentas da selvageria da Razão do que os excessos da Inquisição o fez em relação à conservação do fanatismo. O imperialismo proletário ameaça suceder, duramente, com a dialética na mão, os imperialismos capitalistas. Mais ainda do que a ditadura de um interesse, que é frequentemente temperada pela prudência e por um certo relativismo,

deve-se temer uma "primazia do espiritual" que serviria apenas para encobrir um regime autoritário da abstração. A Razão impessoal não pode respeitar as pessoas . . . .

INDICAÇÕES BIBLIOGRÁFICAS

Maritain, J., *Christianisme et Démocratie*, Hartmann, 1943 [ed. brasileira: *Cristianismo e democracia*, Agir, Rio de Janeiro]; *Humanisme intégral*, Aubier, 1936 [ed. brasileira: *Humanismo integral*, Cia. Ed. Nacional, São Paulo]; *L'homme et l'Etat*, PUF, 1954 [ed. brasileira: *O homem e o Estado*, Agir, Rio de Janeiro].

Mounier, E., *Manifestes au service du personalisme*, Le Seuil, 1936; *Les certitudes difficiles*, Le Seuil, 1951.

O humanismo republicano

Contra o coletivismo e o fascismo, contra o materialismo e o reino da máquina, denunciando o compromisso das Igrejas com os Estados no racismo e na guerra, o humanismo tem também sua voz laica. As correntes liberais do século XX, quando não confessam oficialmente um conservadorismo crispado na defesa de seus privilégios ou quando não se entregam às tentações do organicismo cientificista, pretendem apelar à herança das Luzes e repetir ainda que o homem é finalidade suprema e não poderia ser tratado como uma coisa; que ele tem, em relação ao Estado, direitos fundamentais que a República protege.

Herdeiro do utilitarismo, o *radicalismo,* por exemplo, crê poder resolver as ambiguidades cristãs no que se refere ao sofrimento humano: a felicidade é deste mundo. Mas, no século XX, o otimismo se faz mais matizado. O domínio da natureza, a ampliação das riquezas, o desenvolvimento da educação não triunfaram contra a malvadez humana. É preciso mais...

Léon Bourgeois, primeiro Presidente do Conselho radical (1895), esforçou-se no sentido de elaborar uma teoria social e política a partir do conceito de *solidariedade.* Trata-se de tornar historicamente aceitável a tese do contrato social no sentido de uma superação: na origem da soberania estatal não poderia estar um contrato no sentido estrito do termo, já que a realização de um tal ato supõe uma sociedade já organizada, mas há algo como um *quase contrato.* O fato de se nascer numa sociedade humana compromete imediatamente o indivíduo em relação a tal sociedade. Mas o compromisso é bilateral: a sociedade se compromete a reparar as injustiças que resultam de sua existência. Desse modo, as leis – atos da vontade coletiva – têm de remediar as injustiças e restabelecer a igualdade. Essa é a função do Estado, que "não é nada mais do que o fiador de todos os contratos", e que, por conseguinte, deve pagar aos que são credores e fazer com que os devedores paguem. A ideia de solidariedade, assim, substitui a ideia – muito mais vaga na opinião de Léon Bourgeois – da fraternidade e confere ao Estado um verdadeiro dever de assistência e de intervenção. Nos termos do quase contrato social, a autoridade é uma gestão de negócios, que deve impor à propriedade encargos funcionais, desenvolver a solidariedade progressiva e generalizar a previdência. Diante da questão social, esse solidarismo – em sua pretensão de renovar os fundamentos do radicalismo – acantona-se num reformismo prudente, tentando ao mesmo tempo promover uma ideia mais concreta dos direitos do homem.

Em seu livro *A democracia diante da ciência* (1925), Célestin Bouglé tenta ampliar as bases filosóficas do "solidarismo", demonstrando que, no quadro da República, a democracia será – aplicada à sociedade – o resultado do desenvolvimento da racionalidade cartesiana e dos progressos científicos, que farão com que recuem definitivamente o elitismo, o autoritarismo, o racismo, permitindo finalmente a afirmação concreta dos "direitos do homem".

INDICAÇÕES BIBLIOGRÁFICAS

Bourgeois, L., *La solidarité*, A. Colin, 1896.

_____, *Essai d'une philosophie de la solidarité*, Alcan, 1902.

O socialismo humanista

Para a social-democracia, o humanismo é algo óbvio. O conjunto de suas declarações humanistas carece de qualquer originalidade teórica, em comparação com as que emanam dos outros sustentáculos do Estado-Gerente. No máximo, ela se contentará com uma atitude de vigilância crítica diante das distorções entre as intenções proclamadas e as práticas manifestas de seus adversários na competição política. Todavia, é essa reivindicação humanista que a distingue especificamente, em primeiro lugar, das correntes marxistas-leninistas.

Assim, Eduard Bernstein – nesse início do século XX – abriu o dossiê do revisionismo em nome de um retorno ao humanismo; em nome, mais precisamente, de um retorno a Kant contra Hegel, para condenar sem apelação os fundamentos materialistas e dialéticos da teoria de Marx. Bernstein expressa, por exemplo, seu desacordo com a célebre fórmula de Marx: "Não é a consciência do homem que determina sua existência; ao contrário, é sua existência social que determina sua consciência." Embora o fator determinante da evolução social resida na produção e na reprodução dos meios de existência – objeta Bernstein –, a consciência do homem, fonte de conhecimento e de vontade, não pode ser subordinada à matéria. O conhecimento permite ao homem mudar o curso das coisas, pois "a necessidade só é cega na medida em que não é compreendida". É preciso, em particular, reabilitar – contra Marx, que a "dessacralizou" – a *Moral* enquanto "potência capaz de ação criadora". Contra Marx, Bernstein demonstra que "o desprezo pelo ideal, a elevação dos fatores materiais ao nível de forças onipotentes no seio da evolução são uma ilusão".

Fiel continuador do pensamento de Bernstein, o socialista belga Henri de Man pretende também demonstrar que a hipótese materialista de Marx é radicalmente superável e superada: a luta de classes só tem sentido "se transferida do plano econômico para o plano ético", a não ser que se deixe de lado o objetivo final do projeto socialista. Para que a emancipação de uma classe implique realmente a emancipação da humanidade em seu conjunto, "é preciso que ela justifique seus objetivos e seus métodos não em nome do interesse particular, mas através de juízos de valor de validade humana geral". Ademais, o marxismo engana-se quanto a seus inimigos e às causas do mal: não são os princípios do humanismo burguês ou do cristianismo que devem ser denunciados, mas apenas a insuficiência de sua realização; desse modo,

> o movimento socialista é, ao mesmo tempo, o defensor da democracia, da qual a burguesia desertou, e o realizador do ideal cristão, que foi traído pela Igreja.

Henri de Man tenta fundar suas exigências "revisionistas" no que ele mesmo chama de "otimismo cultural humanista": a cultura proletária, sem se aburguesar, deve retomar o impulso dado na época cultural burguesa e estender "o domínio do próximo em direções muito diferentes: contra as barreiras de raça, de nacionalidade, de religião, de sexo, de idade e de classe". Mas isso só é possível porque o proletariado não detém o monopólio do ideal socialista, que é fundado em convicções morais de ordem universal: "O socialismo é uma tendência da vontade no sentido de uma ordem social justa. Ele considera suas reivindicações como justas porque julga as instituições e relações sociais segundo um critério moral universalmente válido."

Na França, é também em nome de uma reivindicação de humanismo que as duas grandes figuras da social-democracia, Jean Jaurès e Léon Blum, pretendem repudiar o marxismo, assim como – de resto – o liberalismo, na medida em que esse é assimilado apenas ao capitalismo.

Embora pretenda se distinguir de Bernstein, Jean Jaurès – tal como o revisionista alemão – rejeita o materialismo histórico, a doutrina da luta de classes, o catastrofismo revolucionário e a tese da pauperização absoluta do proletariado. Em sua célebre controvérsia com Lafargue, ele invoca Spinoza, Kant e Hegel para tentar reconciliar idealismo e materialismo:

> O movimento da história é, ao mesmo tempo, uma afirmação idealista da consciência contra os regimes que rebaixam o homem e uma reação automática das forças humanas contra toda situação social instável e violenta .... É a humanidade que, através de formas econômicas que repugnam cada vez menos sua ideia, realiza-se a si mesma. E existe na história humana não apenas uma evolução necessária, mas uma direção inteligível e um sentido ideal .... A humanidade se busca e se afirma ela mesma; e, qualquer que seja a diversidade dos ambientes, das épocas, das reivindicações econômicas, é um mesmo sopro de lamento e de esperança que sai da boca do escravo, do servo e do proletário; é esse sopro imortal de humanidade que forma a alma do que chamamos de direito (conferência de dezembro de 1894, recolhida em *L'esprit du socialisme*, Paris, Gonthier, col. "Médiations", 1964).

O humanismo de Jaurès refere-se aos "direitos do homem" e ao individualismo consequente: "Somente o socialismo dará à declaração dos direitos do homem todo seu sentido e realizará o direito humano ...; *o socialismo é o individualismo lógico e completo.*"

Desde a primeira parte de sua obra e de sua ação, Léon Blum é também – independentemente do que, por vezes, se diz ele – o militante de um socialismo não marxista, na perspectiva de uma ética universalista:

> O socialismo nasceu da consciência da igualdade natural, ao passo que a sociedade em que vivemos é inteiramente fundada no privilégio. Nasceu da compaixão e da cólera suscitadas em todo coração honesto por esses espetáculos intoleráveis, a miséria, o desemprego, o frio, a fome, que ocorrem enquanto a terra, como disse um poeta, produz pão suficiente para alimentar todos os filhos dos homens, enquanto a subsistência e o bem-estar de cada homem deveriam ser garantidos por todos os outros .... O socialismo não é, como já se disse tantas vezes, o produto da inveja, que é o mais baixo dos impulsos humanos, mas da justiça e da piedade, que são os mais belos. *O socialismo, portanto, é uma moral*

> *e uma religião, tanto quanto uma doutrina.* É a aplicação exata, no presente estado da sociedade, *desses sentimentos generosos e universais nos quais as morais e as religiões fundaram-se sucessivamente* (*Pour être socialisme*, 1919, citado em Jean Touchard, *La gauche en France depuis 1900*, Le Seuil, 1977).

Amigo de Péguy e de Charles Andler, discípulo de Benoit Malon e de Jaurès, Léon Blum pronuncia-se em favor de um humanismo do coração e da razão, cujas exigências são acentuadas à medida que ele desenvolve sua obra: nem fatalismo nem determinismo na escolha dessa sociedade, nem resignação nem cinismo nesse programa de "socialismo humanista", que "deve liberar a pessoa humana de todas as servidões que a oprimem" e garantir "ao homem, à mulher, à criança, numa sociedade fundada sobre a igualdade e a fraternidade, o livre exercício de seus direitos e de suas faculdades naturais".

INDICAÇÕES BIBLIOGRÁFICAS

Bernstein, E., *Les présupposés du socialisme* (1899), Le Seuil, 1974 [ed. brasileira parcial: *Socialismo evolucionário*, Zahar Editores, Rio de Janeiro, 1964].

Blum, L., *A l'échelle humaine* (1946), Gallimard, 1971, prefácio de René Rémond.

De Man, H., *Zur Psychologie des Sozialismus* (1922); trad. francesa: *Au-delà du marxisme*, 1933.

Jaurès, J., *L'esprit du socialisme*, antologia, Gonthier, col. "Médiations", 1964.

O PLURALISMO

A democracia implica uma ambiguidade: ela pretende permitir a coexistência pacífica de opiniões e interesses plurais e conflitivos. As argumentações que a sustentam levam a ambiguidade até a caricatura: até anular o problema, ao dizê-lo resolvido nas mitologias contraditórias das teorias do consenso. Mas elas mesmas só têm razão de ser porque pressupõem o pluralismo...

Essas ambiguidades podem ser encontradas no coração das diferentes doutrinas animadas por essa filosofia pluralista, a qual "pode reivindicar, ao mesmo tempo, o pensamento social cristão e um certo liberalismo intelectual, do qual – em oposição ao marxismo-leninismo – continuam impregnando tanto as escolas socialistas francesas quanto o trabalhismo britânico" (Georges Burdeau, *La démocratie*, Le Seuil, nova ed., 1966).

Hesitações cristãs

Para além da proclamação de humanismo, o cristianismo se vê posto em face da irritante questão do compromisso político. Deve escolher entre os diferentes regimes da Cidade dos homens?

Jacques Maritain convoca os fiéis a levarem a ação cristã para a Cidade:

> O cristão não dá sua alma ao mundo. Mas deve ir ao mundo, deve falar ao mundo, deve estar no mundo e no mais profundo do mundo: não digo que deva fazer isso apenas com o objetivo de dar testemunho de Deus e da vida eterna, mas também para realizar como cristão seu ofício de homem no mundo e para fazer com que a vida temporal do mundo avance para as margens de Deus (*Humanismo integral*, 1936).

A novidade da ação política católica no século XX reside no fato de que ela supera o estrito conservadorismo antidemocrático dos séculos anteriores. Em 1891, o papa Leão XIII encorajou o alinhamento com a Terceira República (encíclica *Rerum Novarum*). Depois da Primeira Guerra Mundial, uma parte dos católicos passou a aceitar a democracia liberal e o pluralismo. O italiano Don Sturzo fundou o Partido Popular, ancestral da Democracia Cristã, e convocou à defesa de todos os pluralismos:

- Pluralismo horizontal: multiplicidade de grupos sociais, defesa das células familiares, poderes locais etc.
- Pluralismo vertical: diversidade das doutrinas políticas, multiplicidade dos partidos, tolerância etc.

Para além do princípio da tolerância, é possível (e desejável) definir *uma política cristã*? Os cristãos se dividem sobre esse ponto:

- *A organização dos cristãos* conforme as normas da política clássica é pregada, à direita, por Charpentier de Ribes e os "democratas populares"; à esquerda, por Marc Sagnier; e, depois, ao centro, por Georges Bidault e o MRP.
- "*A primazia espiritual*" é afirmada por Jacques Maritain, que convida a definir uma política nova, onde o espiritual ilumine o temporal, exatamente como "o impulso democrático [é] uma manifestação temporal da inspiração evangélica".
- A recusa de uma política cristã, e, *a fortiori*, de um partido confessional, é veemente em Emmanuel Mounier, que prefere apelar para um "novo Re-

nascimento" contra o indivíduo abstrato do cartesianismo. Mounier pretende desatrelar completamente o cristianismo da "desordem estabelecida".

No século XX, a evolução da política do Vaticano orienta-se indubitavelmente no sentido de uma acolhida das instituições democráticas. Todavia, deve-se matizar o julgamento segundo o qual, por exemplo, "ao dar aos direitos do homem uma importância primordial, João XXIII tinha de ser conduzido, pela lógica de seu pensamento, a considerar favoravelmente as instituições do constitucionalismo democrático".[1] Na realidade, a Igreja Católica não se pronunciou claramente em favor do pluralismo eleitoral e continua – por evidentes razões de "clientelismo" político – a manter reservas importantes. Assim, a encíclica *Pacem in terris* contém essa evidente ambiguidade:

> A ideia de que os cidadãos podem tomar parte ativa na vida pública é um direito inerente à dignidade das pessoas, embora as modalidades dessa participação sejam subordinadas ao grau de maturidade alcançado pela comunidade política da qual são membros e na qual atuam (João XXIII, *Pacem in terris*, Centurion, 1963).

O democratismo poliárquico

No século XX, o liberalismo não inventa nada e inova pouco: tudo foi dito nos últimos séculos. Uma dupla tradição herdada de John Cocke, por um lado, e de Hegel, por outro, permite ilustrar e enriquecer dois princípios combinados, que podem ser superpostos e não são contraditórios: o governo da sociedade é necessário; o governo é necessariamente separado da sociedade.

O Poder é um lugar que deve ser ocupado. A ocupação é legal e legítima quando é resultado de uma competição livre entre forças reconhecidas como plurais, surgidas da sociedade, e que o Poder representa mas não encarna. Essa ideia não é nova; ou seja, ela está contida, desde suas origens, na reivindicação democrática, e refere-se ao mesmo tempo às fontes e aos limites do poder de Estado. A necessária separação entre governo e sociedade implica a regra do *pluralismo eleitoral*, diferente e constantemente evocada em todas as literaturas políticas do Estado-Gerente:

[1] M. Prélot e F. Gallouédec-Génuys, *Le libéralisme catholique*, Paris, Armand Colin, 1969, p.416.

> A luta política é não somente explícita, mas institucionalizada. Aceitando como fundamento do poder a coletividade em sua diversidade, esse regime põe freios à autoridade governamental. O poder deve ser encarado no sentido de que nenhuma equipe dirigente está instalada para sempre, que nenhum programa pode ser considerado definitivo, que toda política só é oficial provisoriamente. Essa abertura – ou melhor, essa disponibilidade – do poder é comandada por uma filosofia pluralista, que faz da oposição uma força tão legítima quanto os governantes do momento. Não somente todas as tendências e todos os interesses podem se expressar, mas todos têm a esperança de aceder ao governo e de utilizar suas prerrogativas segundo seus pontos de vista (Georges Burdeau, "Démocratie", *Encyclopaedia Universalis*).

Surgida das tradições liberais, a regra do pluralismo eleitoral – que afasta a encarnação em favor da representação – põe fundamentalmente em xeque o projeto totalitário. Assim, entre as doutrinas políticas, é importante reconhecer as que teorizam como projeto de fundo (e não como pura tática) a designação dos governantes a partir da sanção do pluralismo eleitoral. Com efeito, por mais manipulado que seja em alguns casos, por mais aproximativo que seja sempre em suas aplicações, o ato do sufrágio possui, antes de mais nada, uma *eficácia simbólica*; a questão da democracia pode então ser enunciada como

> a de uma sociedade que acolhe o conflito de classe, a fragmentação das experiências do mundo, a heterogeneidade das culturas e dos costumes, a coexistência de normas e de valores irredutíveis (Claude Lefort).

Eficácia simbólica que não ratifica em nenhum caso a tese do *consenso* pacífico e generalizado; as intenções pluralistas do Estado-Gerente sabem combinar o projeto democrático com um certo projeto de dominação:

> Ao mesmo tempo em que acolhe o conflito, combina-se desde sua origem com uma organização quase militar do proletariado no quadro da indústria; ao mesmo tempo em que acolhe a heterogeneidade cultural, a variedade das crenças e dos costumes, combina-se ainda com o colonialismo e o racismo; ao mesmo tempo em que permite a manifestação de uma fragmentação das experiências do mundo, combina-se ainda com um discurso ideológico que tende a erigir como modelo a figura burguesa do verdadeiro, do belo, do bem, do real ... (Claude Lefort).

Pois tudo se passa como se se tratasse de apagar a significação real dessa "confissão de diversidade" que constitui simbolicamente a liberdade de eleição. Com os progressos do sufrágio universal, a dominação – menos do que nunca – poderá aparecer como tal. A partir de então, multiplicam-se as justificações doutrinárias, fundadas no consenso ou no princípio majoritário, destinadas – em nome, frequentemente, de uma maior fidelidade da Representação – a mascarar o fato de que esse pluralismo leva a um elitismo político e social: porque o sufrágio universal não exclui nem a formação de uma *classe política*, nem a prática do *voto censitário oculto*, conforme a expressão de Daniel Gaxie (Le Seuil, 1978).

No século XX, a gerência "assume" o fato oligárquico, mas disserta sobre a qualidade das elites, das quais, ao mesmo tempo, critica a insuficiente representatividade e a falta de eficiência. Pois o Estado-Gerente sofre de uma constante crise de sua representação (cf., por exemplo, Joseph Barthélemy, "La crise de la démocratie représentative", *Revue de droit public*, 1928); mas essa crise, que sob diferentes formas lhe é inerente, certamente a ameaça menos do que as diversas tentativas doutrinárias que pretendem resolvê-la e se inscrevem no coração de uma longa "reforma do Estado". O sufrágio universal é acusado de levar a uma "poliarquia eletiva" (Giovanni Sartori), agravada pelo regime partidário.

Decerto, o pluripartidarismo aparece como a verdadeira garantia do pluralismo político:

> Enquanto os partidos aparecerem com representativos do maior número de cidadãos – ou seja, enquanto eles oferecerem, por sua diversidade, uma expressão satisfatoriamente fiel das diversas opiniões entre as quais hesitam os indivíduos e os grupos –, a liberdade definida como escolha dos governantes continua a existir, ainda que não seguramente de modo total (mas ela já o foi alguma vez?): em certo sentido, ela é maior hoje do que ontem, na medida em que o sufrágio universal e a necessidade de convencer as multidões não enquadradas pelos notáveis atenua o caráter oligárquico dos regimes representativos (Raymond Aron, *Essai sur les libertés*).

Mas, ligado ao pluralismo, o sistema partidário é constantemente acusado de falsear o jogo democrático, agravando a "passividade das massas" e manipulando as verdadeiras opções políticas. Basta pensar na crítica exemplar de Michels ou de Ostrogorski: da militância à profissionalização política, a atividade partidária secreta uma elite rapidamente inamovível, desencorajando qualquer participação popular, de modo que "a estrutura oligárquica do edifício esmaga o princípio democrático fundamental". Inércia das massas e especialização dos chefes reforçam-se mutuamente.

A partir de então e com uma argumentação sólida, o discurso crítico sobre as imperfeições do pluralismo e do pluripartidarismo termina inapelavelmente por apelar à democracia para jogá-la contra si mesma: ao povo real contra o povo legal e partidário, aos grupos reais orgânicos contra os grupos artificiais. Sob o pretexto de clarificar as escolhas ou de corrigir as imperfeições da representação, joga-se o consenso contra a divisão, o controle contra a decisão, o plebiscito contra a eleição, o Executivo contra o Parlamento: não repugna ao discurso liberal a emergência do Estado-Cientista. Ele chega até a apelar para ele em nome mesmo da democracia: sub-repticiamente, a eficiência governamental torna-se o corretivo de todas as crises de representação.

O socialismo pluralista

Sustentáculo do Estado-Gerente, a social-democracia faz da defesa do pluralismo eleitoral uma linha de ruptura tanto com o fascismo quanto com o bolchevismo, mesmo quando ela pretende representar apenas uma parte – operária – da população eleitoral:

> A originalidade da social-democracia em relação ao leninismo reside no fato de que ela considera que a democracia, após a conquista do poder pela via eleitoral, deve continuar a funcionar para todos os membros da sociedade .... Democracia significa, portanto, para os partidos social-democratas, democracia para todos, tanto burgueses como trabalhadores .... Por conseguinte, a social-democracia aceita a divisão social em toda a sua profundidade .... A social-democracia se caracteriza, de fato, pelo compromisso com o poder econômico e pela competição pacífica (ou seja, a democracia) pelo poder político. O compromisso garante a competição no sentido de que a preserva. A opção pela democracia é bem mais do que uma estratégia de acesso ao poder: é um projeto político de fundo sobre a própria natureza da sociedade a construir .... A social-democracia reconhece a existência do conflito de classe; sua força chega mesmo a resultar do fato de ser partido da classe operária; e isso a distingue dos partidos políticos de direita, que se apoiam também no reconhecimento do pluralismo .... O caráter específico da social-democracia reside no fato de que funda seu projeto na existência do conflito de classe entre os trabalhadores e a burguesia. Isso a distingue dos partidos de direita e a aproxima dos partidos comunistas. Mas ela não pretende resolver esse conflito pela eliminação do ad-

> versário; e nisso ela aceita, como a direita liberal, o pluralismo da sociedade ... (Alain Bergounioux, Bernard Manin, *La social-démocratie ou le compromis*, Paris, PUF, 1979, p.199 e ss.).

Essa observação vale para o conjunto das correntes social-democratas no século XX, quaisquer que sejam suas divergências doutrinárias ou suas hesitações eventuais.

Citaremos, como exemplo, o socialismo fabiano (depois trabalhista), que rapidamente assimilou esse princípio; mas podemos citar também o socialismo escandinavo, para o qual o referido princípio "é óbvio", embora não seja objeto de grandes desenvolvimentos teóricos. "Vamos tomar o poder e falar menos sobre ele", a partir do momento em que se está de acordo sobre o princípio da democracia capitalista.

De resto, e principalmente nos países onde existe uma forte organização leninista, o debate doutrinário suscita maiores discussões e é marcado por mais ambiguidades. Pelo menos, pode-se constatar que, para além das hesitações de "linha" e dos compromissos estratégicos próprios das organizações, as vozes que sustentam a concepção social-democrata não hesitam em recordar a necessidade do pluralismo eleitoral e o respeito a suas consequências em matéria de liberdades políticas.

É o caso de Bernstein, certamente. A crítica humanista do marxismo prolonga-se em crítica política. Bernstein recusa assimilar a democracia à dominação da classe burguesa. A democracia é "a ausência da dominação de classe"; ou seja, um estado social onde nenhuma classe desfrutará de um privilégio qualquer em face da comunidade; a democracia, portanto, é "a supressão da dominação de classe, embora não seja a supressão efetiva das próprias classes". Longe de se reduzir a uma simples "liberdade para os proprietários de escravos", a democracia é uma conquista moderna preciosa para todos, que o proletariado deve desenvolver e não destruir. A *democracia* é, simultaneamente,

> o meio e o fim. Ela é o meio para estabelecer o socialismo e, ao mesmo tempo, é a forma de sua realização.

Karl Kautsky, a partir do momento em que se tornou "renegado", foi ainda mais longe ao afirmar, para além das considerações de aritmética eleitoral, a consubstancialidade da democracia e do socialismo. É em termos extremamente claros que ele toma posição contra os métodos bolcheviques quando da Revolução de 1917, fazendo da democracia a linha de demarcação:

> A oposição entre as duas correntes não se funda em mesquinhas rivalidades pessoais, mas repousa na oposição de dois métodos radicalmente diferentes: o método democrático e o método ditatorial. As duas correntes querem a mesma coisa: a emancipação do proletariado e, com ela, a da humanidade através do socialismo. Mas o caminho escolhido por uns é considerado pelos outros como falso e capaz apenas de levar à ruína (Karl Kautsky, *La dictature du prolétariat* [1918], Paris, Bourgeois, col. "10/18", 1972).

Do mesmo modo, na França, para além das oscilações das organizações – e qualquer que seja a influência persistente de correntes hostis à democracia parlamentar (cf. as divisões sobre o caso Millerand) –, Jean Jaurès e Léon Blum, por exemplo, não deixaram nunca de lutar contra a tentação perniciosa de renegar as conquistas democráticas. Assim, Jean Jaurès inquieta-se com o "jogo duplo" dos que não aceitam o pluralismo eleitoral a não ser como compromisso tático e mandam "delegados ao Parlamento, mas declarando previamente que não terão nele mais do que um papel ridículo, de impotência e corrupção". Para Jaurès, a "defesa de Dreyfus" não pode deixar o proletariado "indiferente", do mesmo modo como a democracia não pode ser abandonada à burguesia; a democracia não é burguesa e a defesa das liberdades políticas na República é a "filha" da classe operária: "O que seria das liberdades políticas nesse país se, há 120 anos, a classe operária não tivesse consagrado a todos os movimentos de emancipação sua valentia, sua força, seu desinteresse?" É o eco desses princípios que podemos encontrar na obra de Léon Blum, ainda que a distinção entre conquista, exercício e ocupação do poder tenha por vezes dado lugar a algumas ambiguidades. Com efeito, desde 1920, Léon Blum denunciou o bolchevismo como blanquismo e reafirmou, até o fim da vida, seu apego aos "princípios essenciais da democracia": "Não pode estar em jogo qualquer atentado ao princípio eletivo nem à lei do sufrágio universal, que é o próprio símbolo da democracia" (Léon Blum, *À l'échelle humaine*, 1946).

Todavia, apesar desse seu apego ao pluralismo, apesar de suas reiteradas críticas aos regimes fascistas ou bolcheviques, a social-democracia dá frequentemente provas de cegueira teórica. Isso resulta do fato de que "ela foi conquistada para a ideia de uma boa estatização"; de que "ela ignora que trabalha, sob a aparência de nobres motivos, em favor de uma separação cada vez maior entre o poder administrativo, regulamentador, policial, por um lado, e, por outro, a sociedade sobre a qual atua" (Claude Lefort, *L'invention démocratique*, op.cit.).

Seu mais nobre motivo: o reformismo.

INDICAÇÕES BIBLIOGRÁFICAS

Aron, R., *Essai sur les libertés*, Calmann-Lévy, ed. revista, 1976.

Burdeau, G., *La démocratie*, Bruxelas, 1956, Le Seuil, col. "Points", 1978.

Sartori, G., *Théorie de la démocratie*, A. Colin, 1973.

O REFORMISMO

Quando o Estado-Gerente age, o reformismo torna-se a legitimação principal de sua ação. É preciso articular aqui duas observações distintas, mas convergentes: por um lado, o reformismo não é suplementar, mas sim complementar ao pluralismo; por outro, esse complemento tem uma dimensão histórica e é bem enunciado numa convergência progressiva dos discursos liberais e socialistas sobre a necessidade da intervenção *estatal* na sociedade civil ou na sociedade pura e simplesmente.

A primeira observação vai de encontro a certas análises clássicas, segundo as quais o liberalismo originário - dito "puro", ou "verdadeiro" - excluiria toda intervenção do Estado, exclusão de onde se deduz sua especificidade essencial. Em seu comentário da obra de Benjamin Constant, Marcel Gauchet demonstra, com rara finura, que "a dinâmica da liberalização é, simultânea e indissociavelmente, a dinâmica do fortalecimento do Estado administrativo"; que "a emancipação liberal da sociedade civil foi e continua a ser o próprio vetor da estatização no seio de nosso mundo".

Desse modo, somente por cair numa "ilusão originária" é que Benjamin Constant, por exemplo, podia imaginar que a autonomização da sociedade civil podia "conter" para sempre a intervenção estatal. Ele não previa que a posição de exterioridade do Estado, ao mesmo tempo em que preservava a liberdade *na* sociedade, podia legitimar sua ação *sobre* a sociedade. Tanto mais que, para o Estado-Gerente, não se trata de opor, mas de combinar os valores da Ordem e do Progresso; que não se trata somente de *manter*, mas de fazer *surgir*.

Desse modo, não é por causa do abandono progressivo de sua posição de exterioridade que o Estado conquista sua capacidade de ação; é precisamente essa posição que contém o princípio dela: "a instância política conquistou-a ganhando precisamente uma posição de exterioridade gestionária ... . Incitar em vez de proibir: doravante, passou a ser esse o horizonte."

Contido nas premissas, o reformismo se impõe progressivamente à medida que se processa a ampliação das "conquistas" democráticas. Desse modo, no século XX, combinado com a democracia política que, no mesmo processo, o limita e o amplia, o reformismo torna-se a base dos projetos comuns que asseguram a convergência do liberalismo e do socialismo no sentido da gerência. Convergência que, evidentemente, não exclui diferenças muito importantes nos projetos; e, sobretudo, convergência que não exclui a luta política, muito pelo contrário.

Por isso, convém examinar de mais perto aspectos dessa convergência tal como resulta dos efeitos dessa referência comum ao reformismo

INDICAÇÃO BIBLIOGRÁFICA

Constant, B., *De la liberté chez les modernes. Écrits politiques (1810-1824)*, textos apresentados por Marcel Gauchet, Hachette, "Le Livre de Poche", 1980.

Da caridade à prevenção do risco social

O século XIX descobriu a questão social. Tendo falhado ao mesmo tempo em moral e em competência, o liberalismo duvidou de si mesmo e da justeza de seus valores. Somente uma reforma generalizada poderá salvar as aparências. A afirmação de um direito natural à propriedade, assim como uma liberdade de competição, leva sem nenhuma dúvida à concentração dos bens em mãos de uma classe privilegiada: consequência ao mesmo tempo imoral e perigosa para a própria liberdade de concorrência, o desenvolvimento dos monopólios – bem como o destino reservado à classe operária – provocou inquietação... Ciência e moral são postas em questão.

A separação entre a sociedade e o Estado conduz a uma inconsequência: a simples "teoria negativa do Estado" provoca o abandono da sociedade incapaz de se autobastar, de se auto-ordenar, de se autodesenvolver; a anarquia e a miséria tornam-se ameaçadoras. Desse modo, o raciocínio é simples: é preciso descobrir as bases de uma teoria positiva do Estado, destinado a salvar os mitos do interesse geral, da produtividade, do progresso, fazendo-os concordar com os novos esquemas da revolução política.

Desde o final do século XIX, a Igreja Católica lembrou ao Estado os seus deveres de intervenção no sentido de um Bem Comum remodelado segundo as necessidades do tempo. A encíclica *Rerum Novarum* descobriu que, praticando uma imposição moderada e uma repartição equânime dos encargos públicos, garantindo o progresso da indústria e do comércio, o Estado podia "melhorar enormemente o destino da classe operária", sem cometer o pecado de intervencionismo: "Ele o fará em todo rigor do seu direito e sem ter de temer ser admoestado por ingerência; pois, precisamente em virtude de seu ofício, o Estado deve servir ao interesse comum."

A Igreja busca no arsenal de sua própria temática os argumentos mais bem apropriados para lutar ao mesmo tempo contra o "egoísmo" do economicismo liberal e contra a ameaça socialista. Em 1931, na encíclica *Quadragesimo Anno*, o papa Pio IX lembra que os esforços de Leão XIII tinham como objetivo ultrapassar "com audácia as barreiras nas quais o liberalismo contivera a intervenção dos poderes públicos", quando já estavam abalados "os falsos dogmas do liberalismo, que há muito paralisavam toda ação eficaz dos poderes públicos". A Igreja oficial se desforrava da ideologia dos direitos naturais: a propriedade privada não é intocável e, dado que não há ordem sem autoridade, a do Estado pode remediar eficazmente as desordens sociais. Decerto, a Igreja evita uma condenação radical do capitalismo, condenação da qual ela não queria nem podia assumir as consequências políticas. Trata-se apenas de pregar um reformismo prudente: "Quando ela concilia o direito de propriedade com as exigências do interesse geral, a autoridade pública – longe de se mostrar inimiga dos que possuem – presta-lhes um benéfico serviço, impedindo a propriedade privada de 'provocar males intoleráveis e de preparar seu próprio desaparecimento'; é preciso, portanto, que 'a livre concorrência, contida em limites razoáveis e justos, e, mais ainda, o poder econômico sejam efetivamente submetidos à autoridade pública."

Na primeira parte do século XX, a Igreja apela ao Estado para reformar o social. Apelo muito moderado, sem nenhuma dúvida, em face dos valores dominantes, já que não se trata de uma arbitragem. Georges Burdeau observa justamente: "Admitindo a propriedade privada, o salariato, a concorrência motivada pela busca do lucro [o cristianismo social], conta sobretudo com uma restauração dos valores cristãos para humanizar as relações sociais. Assim, a arbitragem do Estado aparece como uma forma derivada de proteção: a assistência oficializa a caridade, modela o seu espírito" (Georges Burdeau, *Le libéralisme*, op.cit.).

No conjunto, todavia, um certo tom é dado, uma condenação é feita: o liberalismo econômico não é considerado capaz de barrar o caminho ao marxismo... Mas a exegese das teses papais leva a diferentes políticas cristãs: algumas correntes, em nome de um corporativismo autoritário dos mais elementares, colaboram abertamente com governos militares e fascistas; outras, em nome de uma espécie de socialismo comunitário, aliam-se – em certos contextos históricos ou geográficos determinados – a forças políticas até mesmo marxistas, contanto que se digam de "libertação". Mas, no conjunto, essas teses papais permitem sobretudo aos partidos democrata-cristãos – para além de alguns sobressaltos – contribuir para a sustentação do Estado-Gerente e de seus equilíbrios...

Com efeito, seria um erro ver no reformismo pontifício apenas a marca de uma hostilidade arcaica aos capitalismos, enquanto a república laica levaria ao reformismo progressista. Assim, na França, o movimento solidarista prega firmemente a revisão do liberalismo econômico: é preciso ampliar a fraternidade até torná-la solidariedade. Ainda que os radicais – pela voz de *Alain*, por exemplo – continuem a manifestar sua desconfiança em relação ao Estado, todos apelam agora a esse mesmo Estado para que faça reinar "maior justiça social" através de uma melhor distribuição dos bens, para que proteja o cidadão contra o risco social através da generalização dos sistemas de previdência.

Uma banalidade aceita: a guerra de massa do século XX, acompanhada por seus efeitos econômicos e sociais, transforma irremediavelmente as últimas ilusões do liberalismo. Quaisquer que sejam as divergências nas propostas, há um apelo generalizado ao Estado. Com Keynes, em particular, o Estado-Gerente – com a Grã-Bretanha à frente – descobre o grande medo de males sociais como o desemprego, contra os quais os automatismos da liberdade nada podem. A partir de então, os três grandes princípios do pensamento econômico clássico – o estalão-ouro, o equilíbrio orçamentário e o livre-cambismo – parecem postos em questão. Em nome mesmo da liberdade, a autoridade central deve ser restaurada por meio da economia *dirigida*. Keynes propõe-se descobrir "o que, num sistema econômico dado, determina a todo momento a renda nacional e (o que é quase o mesmo) o volume do emprego ...". É certamente o fim do liberalismo (John Maynard Keynes, *The end of "laisser-faire"*, Londres, 1926) que se manifesta nessa busca de uma nova avaliação das relações entre autoridade e liberdade: "Quanto à nossa tarefa final, ela poderia consistir em escolher, no tipo de sistema em que realmente vivemos, as variáveis cujo controle ou manobra podem ser assegurados conscientemente pela autoridade central."

Nos Estados Unidos, a gerência teoriza um pouco mais, em nome do pragmatismo; a reforma se estende lentamente do sistema educacional para o sistema econômico, ao mesmo tempo em que – diante da crise – desenvolvem-se as críticas ao capitalismo tradicional. Franklin Roosevelt (1882-1945) defende a propriedade privada e a livre-empresa, mas declara firmemente que somente a intervenção do Estado pode corrigir as leis naturais no sentido do Bem-Estar geral. Com a experiência da Tennessee Valley Authority, o reformismo encontra seu presidente. Na Europa, por outro lado, a referência a essa experiência norte-americana libera a ideia de plano, até mesmo de planejamento, pelo menos indicativo. Confirmado em sua necessidade pela Segunda Guerra Mundial, o intervencionismo introduz no Estado-Gerente os germes do Estado-Cientista (cf. cap. IX).

Mais do que qualquer outra, por sua amplitude teórica inigualável nessa época de grandes silêncios, a obra de Bertrand de Jouvenel é exemplar. Ela dá as chaves das autotransformações progressivas do liberalismo, tornando legíveis os efeitos de uma inquietação, dominando pouco a pouco suas contradições nostálgicas: maldita em si mesma, a concentração do poder político encontra sua justificação na necessidade de enérgicas previsões econômicas e de medidas sociais adequadas. Ao longo dessa obra, a crítica mais lúcida dos malefícios do poder (*Du pouvoir. Histoire naturelle de sa croissance*, 1945, reed. Hachette, 1972) , o diagnóstico de seu crescimento natural agravado pelas doutrinas individualistas (*De la souveraineté. À la recherche du bien politique*, Paris, Médicis, 1955), a análise realista da concentração do executivo em detrimento da representação parlamentar (*Du Principat*, Paris, Hachette, 1972), o apelo ao desenvolvimento de "contrapoderes" destinados a multiplicar os focos de autoridade no seio da sociedade: esses tópicos organizam um sistema teórico a partir do qual se efetuam opções doutrinárias, cuja coerência final - para além de suas diversidades - pode ser apreciada (cf. Evelyne Pisier, *Autorité et liberté dans les écrits politiques de Bertrand de Jouvenel*, Paris, PUF, 1967). Partidário entusiasta do New Deal, impressionado por Keynes, adepto dessa "arte de governar que é o planejamento", pregando a economia dirigida (cf. *L'économie dirigée*, Paris, Valois, 1928), Bertrand de Jouvenel cedeu por algum tempo à tentação fascista: e isso "porque o capitalismo só pode ser destruído por uma ditadura" e o papel histórico do fascismo é "pôr fim à decomposição social do Ocidente". Embora dure pouco em Bertrand de Jouvenel, essa tentação merece ser sublinhada, pois é típica desses desvios comuns a várias correntes neoliberais, desvios que podem ser justificados por uma certa vontade de reforma (cf., por exemplo, seus artigos publicados em *La lutte des jeunes* ou em *L'émancipation nationale*).

Depois da Segunda Guerra Mundial, a reação de Bertrand de Jouvenel permite ilustrar ainda essas derrapadas dos conservadores desesperados com o crescimento estatal. Todavia, Bertrand de Jouvenel continuou convencido da necessidade de uma *boa* intervenção estatal: contanto que fosse praticada por elites competentes e sábias. Já que não existe na natureza do Estado "nenhuma fatalidade que o torne um incapaz no domínio econômico" e que, portanto, ele "pode gerir a produção melhor do que o concurso das iniciativas privadas"; já que o alto funcionário é "o senhor de hoje", que destronou as antigas elites que se tornaram desfuncionais; já que é um erro associar os termos "cesarismo" e "burocracia", pois "a burocracia pode ser mais um corretivo do cesarismo do que um seu dócil instrumento"; já que a ciência econômica deve superar o horizonte do mercado e se orientar para uma verdadeira estratégia "prospectiva da economia social"; por tudo isso, o Estado pode ser esse gerente cientista capaz de reformar a sociedade.

INDICAÇÕES BIBLIOGRÁFICAS

De Jouvenel, B., *Du pouvoir. Histoire naturelle de sa croissance* (1945), reed. Hachette, 1972.

Encycliques et Messages sociaux, textos coletados por H. Guitton, Dalloz, 1948.

Keynes, J.M., *The end of "laisser-faire"*, Londres, 1926; *Teoria geral do emprego, do juro e da moeda*, 1936.

Rumo ao controle social

Desde o fim da Primeira Guerra Mundial, uma questão se resolve no seio do Estado-Gerente: a questão do reformismo. Tudo se passa como se se assistisse à progressiva e profunda vitória da *social-democracia*, quaisquer que sejam as conjunturas eleitorais. Por um lado, a economia se socializou a um grau que não poderia sequer ser imaginado há cinquenta anos. Além de setores inteiros da produção, cuja propriedade se tornou pública, as transferências sociais operam uma redistribuição permanente das rendas e dos capitais (Louis Salleron, *Libéralisme et socialisme*). Por outro lado, a consagração dos direitos sociais de todo tipo, bem como a generalização da previdência, confirma o avanço das concepções social-democratas.

Esse julgamento implica diversas controvérsias. Periodicamente, escutamos a voz dos que – alarmados ou satisfeitos – diagnosticam uma real *crise* da social-democracia. Mas esse diagnóstico, ainda que tivesse algum fundamento, não invalidaria a tese de conjunto: ao contrário.

Com efeito, é claro que, em diversos períodos no curso desse século, a social-democracia pareceu se comportar mal: incapacidades crônicas da social-democracia alemã, do *Labour* ou dos socialistas franceses diante de um certo número de crises internacionais e internas. A análise é bastante conhecida para que tenhamos de insistir aqui nessa questão.

Todavia, essas "crises" testemunham, em última instância, um processo de adaptação a estruturas capitalistas que elas mesmas contribuíram para transformar, através da superação progressiva da mística revolucionária marxista e com a ajuda desse projeto de "reformas de estrutura" cuja coerência só lentamente se desenha. Decerto, ambiguidades e ambivalências se multiplicam: aceitando a regra do pluralismo, o socialismo democrático teve dificuldades "eleitorais" para concretizar sua ruptura com o marxismo; pregando sistematicamente o projeto de uma transformação progressiva da sociedade com a ajuda de um conjunto de reformas de estrutura, teve dificuldades para adquirir e conservar uma especificidade própria.

Desde os anos 1930, um certo número de porta-vozes da social-democracia passou a preconizar um reformismo nitidamente diferente dos projetos marxistas-leninistas, um reformismo segundo o qual o planejamento não tem como objetivo a apropriação coletiva. É, por exemplo, a posição de Henri de Man. Outros adotam posições mais ambíguas. Assim, em *Au-delà du réformisme*, Léon Blum ergue-se contra o planismo preconizado por De Man e acredita poder propor um "reformismo revolucionário", "reformas não reformistas", expressando assim as dificuldades próprias à social-democracia francesa, dominada pela herança do guesdismo e pela referência ambígua à ideia de revolução. Ainda em 1951, na declaração de Frankfurt, a Internacional Socialista se contenta com uma síntese ambígua, que permite às diferentes correntes social-democratas opções diversas entre diferentes formas de propriedade coletiva, contanto que subsista um amplo setor privado (cf., sobre tais pontos, a obra de Alain Bergounioux e Bernard Manin, op.cit.).

Mas, em seguida, a maioria dos partidos social-democratas pronunciou-se mais claramente contra a socialização da produção, em favor da aceitação dos mecanismos de um capitalismo organizado e dirigido, tese que foi consagrada no Programa de Bad Godesberg (1959). Finalmente, qualquer que seja a diversidade da situação em cada país, pode-se afirmar: "Assim como a Primeira Guerra Mundial tornara inevitável a intervenção do Estado, a Segunda realizou determinados princípios da economia mista e, durante certo tempo, deu uma orientação socializante às economias ocidentais, mediante formas de planificação, controles estatais e acordos entre empresas. De modo mais duradouro, durante a guerra, as democracias ocidentais aceitaram as principais reivindicações do movimento social-democrata dos anos 1920 … . A exigência de segurança social e de proteção era agora admitida: os social-democratas fizeram dela um objetivo próprio, mas o mesmo não estava ausente das políticas conservadoras" (Bergounioux e Manin). Em outras palavras: a ideia de uma vitória das concepções socialistas sobre as concepções liberais tem certamente um sentido, mas na condição de vinculá-la à ideia de um compromisso progressivo que acompanha a evolução das estruturas do capitalismo. É preciso lembrar ainda que uma tal vitória só foi obtida com o surgimento e fortalecimento desse novo parceiro social essencial: o sindicalismo.

Em sua origem, o sindicalismo não poderia ser confundido com o advento da social-democracia, pelo menos não em todos os casos. Ao contrário: ele ganha forma doutrinária e organizativa no seio de um entrecruzamento de concepções filosóficas, políticas e sociológicas que mantêm uma espécie de confusão "natural" entre a questão social e a questão operária. Desde o final do século XIX, a autocrítica do liberalismo pôs radicalmente em questão os dogmas sagrados do individualismo e do subjetivismo; tomada de consciência que provoca e acelera, por toda parte, lutas operárias cada vez mais determinadas. Como Tocqueville previra, a questão da igualdade subverte definitivamente os dados da liberdade.

Em sua origem e durante algumas décadas, a concepção sindical da política oscilou entre diversas tendências; e, em certos países, em particular na França, na Itália ou na Espanha, sofreu a influência do anarquismo. Filósofos como Antonio Labriola (1843-1904) ou Georges Sorel (1847-1922) tentaram criar uma teoria da autonomia sindical em relação à política clássica, marcando-a com perspectivas radicalmente antiestatistas. Sobretudo na França, como observa Jean Touchard, a "referência Sorel" acompanha e prolonga a "referência Proudhon". Os sindicalistas devem ser capazes, através do mito da greve geral e da ginástica da ação direta, de constituir uma elite revolucionária, posta na vanguarda das massas operárias, suscetível de derrubar o chamado Estado democrático e parlamentar. A ação sindical, portanto, deve ser autônoma.

Numerosas correntes, numerosos líderes continuam influenciados por essa "mitologia" teórica e prática:

> O Estado tem como razão de ser tão somente a salvaguarda de interesses políticos, supérfluos e prejudiciais ... . E o sindicalismo não visa a uma simples modificação do pessoal governante, mas sim à redução do Estado a zero, transferindo para os organismos sindicais as poucas funções úteis que criam a ilusão sobre seu valor e suprimindo pura e simplesmente as demais (Pelloutier).

A famosa Carta de Amiens (1906), à qual aderiu a maior parte do movimento sindical francês, traz a marca dessas concepções: verdadeira declaração de desconfiança em face do Estado, do trade-unionismo, dos partidos políticos, ela pretende consagrar os princípios da autonomia sindical diante do patronato, assim como agrupar, "independentemente de qualquer escola política, todos os trabalhadores conscientes da luta a ser travada em prol do desaparecimento do salariato". Pronuncia-se em favor da ação direta e da greve geral contra a colaboração de classe e o eleitoralismo político; em suma, contra o reformismo estatal e a gerência. Mas, apesar da marca profunda das concepções libertárias, o sindicalismo sofreu também a influência do marxismo: assim, na França, depois da guerra de 1914 e, sobretudo, depois da cisão de 1921, os comunistas tiveram êxito onde os guesdistas tinham fracassado: uma parte do sindicalismo operário tornou-se correia de transmissão do Partido Comunista e suas teses não mais apresentam originalidade em relação às concepções leninistas do Estado de classe.

Todavia, para além dessas influências ambivalentes e contraditórias, o fato sindical no século XX tem um outro alcance: defendendo os temas da democracia industrial e social, em estreita associação com as forças políticas, influenciado pelo empirismo trade-unionista, o sindicalismo ocidental, em seu conjunto, apela para a arbitragem do Estado nos conflitos com o patronato, por intermédio de "convenções coletivas" suscetíveis de assegurar seu reconhecimento como novo parceiro social e de estender as medidas de reforma econômica e social. Em alguns lugares, as práticas de "participação" ou de "cogestão" associam os sindicatos à gerência e a transformam no sentido de uma "proteção social", cujo reverso obrigatório é a extensão do "controle social": "O sindicalismo, que sonhara integrar o Estado a si, integra-se agora nele sob o duplo signo da unidade e da obrigação." Parceiro do Estado, o sindicalismo não escapa da burocratização: seus porta-vozes estão em posição de compromisso.

A emergência e a potência do sindicalismo tornam-se componentes essenciais do Estado-Gerente. Expressão suplementar e ambígua da divisão social, o fato sindical marca a derrota das soluções corporativistas, que teorizavam seu desaparecimento; mas são, ao mesmo tempo, uma vitória – certamente diferente, mas parcialmente semelhante em seus objetivos – do corporativismo.

O corporativismo não é uma concepção política uniforme, portadora de uma significação principal única. No final do século XIX, na fronteira por vezes incerta entre o sociologismo e o comtismo, a ideia de corporação nasceu tanto de uma desforra do tradicionalismo em relação ao individualismo revolucionário quanto de vontades – politicamente contraditórias – de fazer com que fossem ouvidas as vozes dos "grupos" e, em particular, dos agrupamentos profissionais, a fim de proceder a uma profunda reforma das estruturas administrativas e sociais do Estado-Nação. Descoberta da questão social, emergência da sociedade contra o Estado? Com efeito, no seio de correntes muito diversas, o projeto corporativo irá em seguida se integrar em concepções destinadas "objetivamente" a reforçar o Estado e a lutar sutilmente contra a influência do sindicalismo operário. Foi o caso do corporativismo maurrassiano, até sua versão Vichy; ou, mais simplesmente, de todos os corporativismos fascistas, versões Salazar, Franco ou Mussolini. Mas ocorre o mesmo, na linha da maior inclinação, no caso das concepções desses juristas-politicistas, ainda que sinceramente animados por um desejo descentralizador, convencidos de que o individualismo liberal arruína as possibilidades da democracia constitucional e de que a representação parlamentar deve ceder lugar à representação profissional (cf., por exemplo, as ambiguidades das opções de Léon Duguit). Acompanhando um desejo de reforma do capitalismo com o objetivo de disciplinar a concorrência e reorganizar a economia, o corporativismo deixa ouvir uma "voz" social que se trata de *controlar* o melhor possível. Paradoxalmente, no seio do Estado-Gerente, ele só tem êxito onde fracassa, ou seja, com a vitória do sindicalismo, da qual se pode dizer que "foi sem dúvida o grande fato da história do pensamento político francês no século XX" (Jacques Droz). E, decerto, do conjunto dos Estados-Gerentes.

Ligada ao crescimento dos partidos social-democratas, a integração progressiva do fato sindical deu lugar a uma "forma política" nova, na qual certos autores veem o advento de uma espécie de neocorporativismo, tradução institucional do "compromisso triangular" permanente entre o Estado, o patronato e os sindicatos.

Uma tal evolução permite à palavra de ordem da reforma social continuar na ordem do dia: a divisão social não é cancelada. Mas, a cada etapa do compromisso político ou econômico, o acordo traduz uma maior intervenção do Estado. Assim concebida e praticada, a gerência anuncia o fim das ideologias?

INDICAÇÕES BIBLIOGRÁFICAS

Bergounioux, A. e Bernard Manin, *La social-démocratie ou le compromis*, PUF, 1979.

Buci-Glucksmann, C. e Göran Therborn, *Le défi social-démocrate*, Maspero, 1981.

Sorel, G., *Réflexions sur la violence*, 1908, Rivière, 1946; *Matériaux d'une théorie du prolétariat*, 1919, Rivière, 1921.

Sobre o fim das ideologias

A tese se apoia em algumas evidências às quais se concede em geral um estatuto sociológico:

- evolução do capitalismo ocidental no sentido da "socialização";
- relativa integração das classes operárias por intermédio das forças políticas e sindicais gestionárias;
- importância dos fatores tecnológicos que determinam objetivamente as decisões políticas e, paralelamente, a ascensão das elites técnicas.

A social-democratização progressiva das sociedades industriais é de tal ordem que o conflito não tem mais razão de ser. Essa é, por exemplo, a tese defendida na França por Raymond Aron, acompanhando diferentes trabalhos americanos no mesmo sentido.

> Um certo número de valores ou de mecanismos considerados como socialistas foram efetivamente realizados ou utilizados nas sociedades europeias. Os mecanismos de funcionamento, o controle parcial do comércio exterior, a socialização da poupança, a ação do Estado sobre o volume de investimentos, são fenômenos que a linguagem comum chama de "socialistas" .... Ademais, alguns dos chamados valores socialistas realizaram-se nas sociedades ocidentais: a desigualdade das rendas foi atenuada; os sindicatos operários são relativamente livres; as discussões sobre as condições de trabalho entre sindicatos operários e sindicatos patronais tornaram-se um costume; a tributação progressiva parece ser uma evidência; as leis de previdência social são aceitas pelos mais reacionários (*Dix-huit leçons sur la société industrielle*, Gallimard, col. "Idées", 1962).

Desse modo, o conjunto desses fatores reforça o "consenso" ou – o que dá no mesmo – a apatia política e ideológica dos cidadãos. As grandes lutas ideológicas são reservadas ao Terceiro Mundo. Na sociedade industrial do século XX, a "desvalorização dos conflitos ideológicos do século XIX" parece algo definitivo: não há nenhum sinal de retorno ou de despertar no horizonte.

Inaugurada nos anos 1960, essa controvérsia se esgotou por si mesma à força de argumentos válidos e contraditórios, mas sempre surgidos de projetos ideológicos característicos (cf. Jean Meynaud, *Le déclin des idéologies*, curso na Universidade de Lausanne, 1960-61). Só levaremos em conta aqui, nas concepções políticas atuais, os sintomas de nova desconfiança em face do Estado: surgiu um "novo liberalismo", que pretende reabilitar o *laisser-faire*? E também um "novo socialismo", que pretende reabilitar a causa da autogestão?

Em torno da "Escola de Chicago", que se inspira nos trabalhos de Hayek (cf., em particular, *O caminho da servidão*, 1945), a palavra de ordem é a do retorno às leis do mercado, a fim de combater o mal essencial, ou seja, o Estado. Assim, Milton Friedmann, retomando de Hayek a ideia de que as crises econômicas do século XX não resultaram do excesso de capitalismo, mas do excesso de intervencionismo, contesta vigorosamente "os pretensos benefícios do Estado-Previdência moderno". O inimigo é Keynes. A planificação, inclusive a indicativa, abre o caminho para a servidão. A intervenção dos poderes públicos não é de modo algum necessária para o desenvolvimento tecnológico. Quanto à legislação social, mais do que diminuir a exploração, reforça o Estado: e, ao contrário, "a melhor garantia contra todas as explorações é o mercado". As melhores estruturas sociais se fundam no máximo de estruturas de troca. A lógica do mercado, portadora em si mesma de progresso tecnológico, pode – na condição de que todos os seus mecanismos sejam respeitados – levar a uma redução exemplar do mal, ou seja, do domínio de intervenção do Estado (sobre todos esses pontos, cf. Henri Lepage, *Demain le capitalisme*, 1979, e *Demain le libéralisme,* 1980). É muito cedo para afirmar que esse conjunto de proposições tem um alcance mais significativo do que, no melhor dos casos, um debate sobre o uso obrigatório do cinto de segurança... e se é capaz de ressuscitar um liberalismo que se tinha por morto e desonrado (cf. Georges Burdeau, *Le libéralisme,* op.cit.).

Parece que também na "esquerda" se assiste a uma renovação teórica da inquietação em face do Estado. A autogestão não é uma invenção recente. Tem suas raízes na confluência entre as intenções descentralizadoras do liberalismo e as doutrinas proudhonianas. Desde a origem, é marcada por equívocos. No século XX, servirá para designar experiências muito diferentes. No seio das correntes social-democratas, corresponde na maioria dos casos a uma vontade de "democratização" da empresa ou da administração, vontade que evidentemente se acomoda com um dirigismo ampliado ao nível do Estado; por vezes, corresponde ao desejo de evitar o risco de uniformização ideológica e, portanto, de "crise de identidade". Transparecem então sinais de uma verdadeira inquietação em face do socialismo administrativo e planificador que traz "cada vez mais Estado", bem como as marcas de uma verdadeira sensibilidade em face das burocracias de todo tipo. Sinais não negligenciáveis, decerto, mas que não devem gerar ilusões. Sobretudo se engendrarem apenas uma análise tão falsa quanto otimista do "Estado-crise" ou de uma "crise histórica do modelo keynesiano" (cf. Christine Buci-Glucksmann e Göran Therborn, op.cit.), mesmo que animada pela melhor das intenções: a de liberar o social do Estado-Gerente, mas o preservando das tentações do Estado-Partido.

CAPÍTULO VI

O Estado-Partido

No século XX, *o socialismo* muda: desdobra-se. O projeto socialista é doravante *ideologia* e *instituição*. Ele se organiza, realiza-se. Dois fatores radicalmente novos são responsáveis por essa alteração:

1. O marxismo, qualquer que seja sua variante, torna-se a ideologia oficial de todos os partidos socialistas europeus. Depois da expulsão de Bakunin da Primeira Internacional (1872), da unificação dos socialistas alemães (Gotha, 1875) e da criação por Guesde e Lafargue do Partido Operário Francês (1879), nasceu o "marxismo", o "marxismo" triunfou; tornou-se o referente doutrinário supremo em relação ao qual determinam-se todos os matizes e todas as rupturas, inclusive após 1917, inclusive após a ruptura sino-soviética.

2. O marxismo, através dos que o reivindicam, institucionaliza-se. Poderosas organizações (Estados ou partidos) se estruturam, tornando-se doravante parte integrante da realidade do socialismo. Nenhuma definição de socialismo escapa agora a uma referência organizacional. Nas vésperas da Primeira Guerra Mundial, todas as nações europeias são representadas nos congressos da Segunda Internacional, com dois partidos dominando o conjunto: a social-democracia alemã (Kautsky) e a Seção Francesa da Internacional Operária (Jaurès). A partir de 1917, o polo de atração do movimento socialista torna-se um Estado, a União Soviética. Depois da Segunda Guerra Mundial, novos Estados vêm reforçá-lo e constituem o "campo socialista". Em 1949, o Estado mais populoso do mundo – a China – torna-se por sua vez socialista.

Ideologia e instituição, o socialismo se enuncia *após* Marx e lhe pede que responda a questões que ele não se colocou ou que não resolveu. Disso resultam quatro ambiguidades do legado marxista:

1. *O estatuto do texto de Marx e Engels* torna-se equívoco. Ele oferece

- uma filosofia da história?
- *ou* uma teoria da revolução?

- uma concepção do homem onde o Ser é o devir único e necessário de uma humanidade que se encaminha inelutavelmente para a sociedade finalmente transparente?
- *ou* uma análise da contingência das ações e da complexidade dos organismos sociais, uma estratégia da mudança social onde o devir só é necessário retrospectivamente?

2. *A significação das teses marxistas* parece contraditória. Trata-se

- de uma leitura da evolução das sociedade como algo determinado pela economia, onde a infraestrutura é a causa da superestrutura e determina suas rupturas?
- *ou* do recurso à luta de classes como simples chave de inteligibilidade, da referência às relações de produção para definir as condições históricas da ação política?
- de um necessitarismo, onde a causalidade é econômica?
- *ou* de um voluntarismo onde o eficaz é a política?

3. *A natureza da força que fará a Revolução* é imprecisa. É necessário

- um poder que dirija o movimento, decrete expulsões, funcione como um tribunal, detenha o duplo privilégio de representar a classe operária e de possuir o saber do devir?
- *ou* um Partido que seja apenas uma liga, um organismo sem função dirigente, um centro de coordenação das informações e das pesquisas, que deixe a cada movimento proletário sua autonomia, suas ideias e seus ritmos?

4. *As modalidades da Revolução* não parecem mais claras. Leremos

- Marx, que imaginava a Revolução baseado no modelo das insurreições que deram por certo tempo o poder ao povo (1793, 1830, 1848, 1871), ou seja, a conquista violenta do poder pelo povo em armas?
- *ou* o velho Engels, que, diante dos sucessos eleitorais do socialismo marxista na Alemanha e do crescimento dos sindicatos, julgava ter chegado o momento da ação política legal?

Essas ambiguidades não são estranhas ao espantoso resultado que conhecemos: a consolidação desse outro Leviatã que é o *Estado socialista,* cada vez mais forte e cada vez mais centralizado, que não oferece nenhuma perspectiva de extinção, salvo para quem ainda quer crer na fábula de uma "função dialética da defesa e da extinção do Estado". O paradoxo convida a estudar sucessivamente *a crítica do Estado burguês* e *a gênese do Estado socialista* para melhor apreender esse monstro que é o Estado-Partido.

A crítica do Estado burguês

Embora não tenham elaborado uma teoria do Estado, Marx e Engels empreenderam a crítica mais radical, no século XIX, de todas as teorias do Estado. Todo Estado é o produto da divisão da sociedade em classes antagônicas; o Estado burguês não é mais do que o produto do capitalismo e, por isso, um instrumento de opressão, de exploração e de domínio de uma classe (burguesa) sobre outra (proletária). O socialismo substituirá a dominação do homem sobre o homem pela administração das coisas, o que implica a crítica de um Estado que consagra a exploração econômica e a dominação política.

Um sistema de exploração econômica

A burguesia desempenhou um papel revolucionário, mas não é mais – segundo Marx – uma força de progresso. Revela-se incapaz de controlar o formidável desenvolvimento industrial que suscitou e que vai inelutavelmente conduzir à sua própria ruína: "O operário produz o capital. O capital produz o operário." A burguesia, negando o proletariado, nega a si mesma; o proletariado não pode se negar a não ser negando a burguesia. "A burguesia produz seus próprios coveiros. Sua queda e a vitória do proletariado são igualmente inevitáveis." Essa profecia do *Manifesto Comunista* encontra-se confirmada e argumentada nos principais textos de Marx e de Engels. Mas a crise geral na qual o capitalismo deve entrar em colapso tardará a se produzir; o capitalismo evoluirá e o movimento socialista conhecerá um certo número de ajustamentos e de debates sobre a natureza da exploração capitalista.

A crise do capitalismo: o revisionismo de Bernstein

Eduard Bernstein, executor testamentário de Engels, foi o primeiro que ousou contestar a crítica marxista do capitalismo e sugerir que – longe de se autodestruir – *o capitalismo se autorregula.*

A revisão proposta por Bernstein funda-se em três críticas das teses econômicas de Marx e em uma conclusão: o capitalismo deve evitar as crises.

– A primeira crítica refere-se à teoria do valor-trabalho:

> Não se pode fundar cientificamente o socialismo ou o comunismo no único fato de que o assalariado não recebe o valor integral do produto do seu traba-

> lho ... . A teoria do valor não estabelece norma para a justiça ou a injustiça da divisão do produto do trabalho, do mesmo modo como a teoria dos átomos não estabelece nenhum critério para julgar sobre a beleza ou o não valor de uma obra de escultura.

O valor de um produto depende também de sua utilidade, fator subjetivo.

– Segunda crítica: a teoria da pauperização é desmentida pelos fatos:

> A formação de sociedades anônimas contrapõe-se à centralizacão das fortunas, que resulta da concentração das empresas. Não há maior concentração de capital. O número de possuidores aumenta.

– A terceira crítica decorre dessa: a polarização das classes anunciada por Marx não se realizou. As classes médias não se proletarizam e se ampliam.

> O crescimento contínuo da produção coloca-nos, portanto, diante da seguinte alternativa: ou uma elevação progressiva do bem-estar do proletariado, ou uma classe média numerosa.

No conjunto, o capitalismo moderno tornou-se capaz de evitar a crise. Seus elementos novos permitem-lhe fazê-lo: a extensão gigantesca do mercado mundial, a redução do tempo necessário à transmissão de informações, a circulação cada vez mais rápida das mercadorias, o aumento da riqueza dos países capitalistas europeus, a flexibilidade do sistema de crédito e o aparecimento dos cartéis. "Crises gerais semelhantes às de outrora tornaram-se improváveis." O caminho da catástrofe econômica está fechado. Isso obriga a voltar-se para o caminho político.

Kautsky assumiu a tarefa de refutar as teses de Bernstein. Ele o fez através da defesa de um marxismo ultraortodoxo. Estranho debate, no qual Kautsky critica Bernstein por ter inflado, até mesmo inventado, as posições de Marx: mas, em seguida, ele retoma por sua conta essas "inflações". Ele contradiz assim, ponto por ponto, as revisões de Bernstein:

– O agravamento da exploração? É algo incontestável; e Marx não falou em pauperização absoluta, mas sim relativa. A riqueza aumenta, mas a parte do proletariado em sua divisão não aumenta.

– A concentração capitalista, negada por Bernstein? É que ela se polarizou em relação ao número das empresas. O fenômeno é qualitativo. Alguns grupos dominam cada vez mais em todos os setores, inclusive na agricultura.

– A polarização das classes? O desenvolvimento da classe média não passa de uma ilusão; sua proletarização é uma realidade. Os pequenos-burgueses que proliferam ("mascates, mercadores ambulantes etc.") são apenas desempregados disfarçados.

– A crise do capitalismo? É absolutamente inelutável, cientificamente demonstrada pelas leis do desenvolvimento econômico; e essas leis se impõem tão necessariamente como as leis da natureza; o homem não pode escapar delas. O teórico da social-democracia alemã defende assim um marxismo quase darwinista, no qual a práxis revolucionária não tem lugar, já que as leis objetivas do desenvolvimento governam por si sós o mundo e levam diretamente ao socialismo. Kautsky não varia; seu "evolucionismo" intangível leva-o a se opor ao idealismo "direitista" de Bernstein no final do século XIX, assim como o levará a condenar os bolcheviques que violam de modo esquerdista as leis da história.

INDICAÇÕES BIBLIOGRÁFICAS

Bernstein, E., *Les préssupposés du socialisme*, 1899, reed. Le Seuil, 1974 [ed. brasileira parcial: *Socialismo evolucionário*, Zahar Editores, Rio de Janeiro, 1964].

Kautsky, K., *Le marxisme et son critique Bernstein*, 1899, Stock, 1900.

A revolução mundial: Rosa Luxemburgo

Kautsky não teve o monopólio da réplica a Bernstein. A revolucionária polonesa que se tornou alemã, Rosa Luxemburgo, assumiu igualmente a defesa do marxismo, ou, mais exatamente, da revolução socialista, que as teses de Bernstein apresentavam como algo inútil. O erro de Bernstein resulta do esquecimento dos três dados fundamentais do capitalismo revelados pelo socialismo científico, ou seja, que o socialismo pode se apoiar:

> 1º Na crescente anarquia da economia capitalista, que a levará fatalmente ao colapso;
> 2º Na socialização crescente do processo de produção, que cria os primeiros fundamentos positivos da ordem social vindoura;
> 3º Finalmente, na organização e na crescente consciência de classe do proletariado, que constituem o elemento ativo da revolução iminente.

Bernstein elimina o primeiro elemento, o que lhe permite desembaraçar-se da revolução.

Para além dessa resposta, Rosa Luxemburgo apresenta uma análise mais pessoal do desenvolvimento capitalista, à luz do imperialismo. Elabora *uma teoria da acumulação do capital*, que traz uma nova justificação para a tese da crise fatal do capitalismo.

Rosa Luxemburgo parte de uma leitura de *O Capital*, precisamente do seu Livro II. Nele, Marx realiza uma admirável demonstração dos mecanismos de criação da mais-valia, mas não explica a reprodução *ampliada* do capitalismo, não indica como a mais-valia se realiza, como – uma vez concluído o processo de produção – as mercadorias portadoras de mais-valia podem ser compradas. Pelos operários? Eles não dispõem de meios suficientes. Pelos capitalistas? São pouco numerosos para absorver toda a mais-valia. Então como? Pelas zonas não capitalistas. O capitalismo está condenado à *mundialização*. Só subsiste arruinando as estruturas não capitalistas. Tem necessidade delas "como de um solo nutriz, às expensas do qual a acumulação prossegue, absorvendo-o".

Compreende-se que o capitalismo esteja condenado à morte. Ele sobrevive tão somente estendendo sua dominação às camadas não capitalistas nos países capitalistas, aos países não capitalistas através do mundo. Uma vez concluída essa extensão, ele não disporá de nenhum fruto para se alimentar e deverá morrer. Ao contrário de Kautsky, Rosa Luxemburgo não toma esse inexorável fim como pretexto para pregar uma atitude de espera passiva. O próprio mecanismo da acumulação favorece a irrupção de revoluções antes da agonia final. A mundialização implica uma "concorrência violenta para se apoderar das últimas porções do ambiente mundial não capitalista"; e essa encarniçada luta implica "uma série de catástrofes econômicas e políticas: crises mundiais, guerras, revoluções".

Acrescentemos que, no seio dessas análises de economia política, tinham lugar disputas políticas precisas. Bernstein milita em favor do reformismo, que pouco a pouco conquistava a classe operária alemã através de seus sindicatos; e, fustigando as "contradições entre a fraseologia e a prática social-democratas", queria pôr a teoria de acordo com os comportamentos políticos do proletariado. Kautsky apegava-se a um determinismo ortodoxo, do qual fazia profissão de fé: "Se se revelasse um dia que a concepção materialista da história e a concepção do proletariado como força dirigente da revolução vindoura haviam se tornado obsoletas, eu deveria então admitir que tudo terminara para mim e que minha vida não teria mais sentido." Difícil dizer mais. Acrescentemos ainda, mais uma vez, que – paralelamente às disputas políticas – são também temperamentos que se enfrentam. O de Rosa Luxemburgo lhe fazia dizer: "A revolução é grandiosa e tudo o mais não passa de besteira."

INDICAÇÃO BIBLIOGRÁFICA

Luxemburgo, R., *Reforme ou révolution?* (1898). Maspero, 1971 [ed. brasileira: *Reforma ou revolução?*, Elipse, São Paulo, s.d.]; *A acumulação do capital*, 1913 (ed. brasileira: Zahar Editores, Rio de Janeiro, 2ª ed., 1981].

A etapa imperialista (Lênin)

No curso de suas refutações das teses revisionistas, Lênin foi levado a elaborar uma nova análise do capitalismo, ou, se se prefere, um prolongamento da análise marxista do capitalismo através da teoria do imperialismo. O regime capitalista entrou numa nova etapa; a última antes de seu colapso, a etapa imperialista.

O imperialismo se caracteriza por quatro fatores principais:

1. *O capitalismo de monopólio*: "O capitalismo, em sua fase imperialista, aproxima-se estreitamente da socialização integral da produção."
2. *O capitalismo financeiro*: "O imperialismo é o capitalismo que atingiu o estágio de desenvolvimento no qual se exerce a dominação dos monopólios e do capital financeiro." Os bancos tornaram-se senhores da economia, mediante a interpretação entre capital industrial e capital bancário.
3. *A exportação dos capitais*: "O que caracterizava o antigo capitalismo, no qual reinava plenamente a livre concorrência, era a exportação de mercadorias. O que caracteriza o capitalismo atual, no qual reinam os monopólios, é a exportação dos capitais."
4. *A luta pela partilha do mundo*, luta entre os grupos capitalistas pela conquista de novos setores, luta entre Estados capitalistas pela ocupação de colônias: "Os trustes internacionais começam a dividir entre si o mundo ...; a superfície do globo já está dividida entre os grandes países capitalistas."

As consequências que Lênin atribui a essa transformação do capitalismo não são exatamente as indicadas por Rudolf Hilferding ou Rosa Luxemburgo, nos quais ele se inspirou para conceber a teoria do imperialismo. Lênin recusa a visão apocalíptica da revolucionária alemã. As contradições do sistema mundial não desembocarão na autodestruição do regime enquanto a luta de classes não puser termo à existência do capitalismo. Esse manifesta capacidade de adaptação: a constituição de uma oligarquia financeira, nascida do imperialismo, permite a melhoria econômica da classe operária, a atenuação da luta de classes e a recuperação de uma parte do movimento operário, a corrupção de uma "aristocracia operária".

O estágio imperialista, contudo, favorece as perspectivas revolucionárias. Ele apressa o advento do socialismo, antes de mais nada, por multiplicar *os riscos de guerra*:

> Com efeito, não se pode conceber outra base para a partilha das zonas de influência, dos interesses, das colônias, em regime capitalista ..., além da força dos participantes da partilha, força econômica, financeira, militar.

Da teoria do imperialismo, decorre sobretudo *a lei do desenvolvimento desigual:*

> O desenvolvimento desigual e por saltos das diferentes empresas, das diferentes indústrias e dos diferentes países são inevitáveis em regime capitalista.
>
> É preciso saber encontrar, a cada momento dado, o elo preciso, que deve ser preso com todas as forças para que se possa segurar toda a cadeia e preparar solidamente a passagem para o elo seguinte.

Essa concepção do *elo mais fraco da cadeia imperialista* irá justificar teoricamente a possibilidade de uma revolução socialista num país atrasado como era a Rússia tzarista.

Lênin, assim, distingue-se de Rosa Luxemburgo, para a qual a revolução socialista se desencadeará inicialmente nas metrópoles avançadas do capitalismo. Mas ele se opõe sobretudo a Kautsky, duplamente. A teoria leninista do imperialismo recusa a teoria kautskyana de um "ultraimperialismo", no qual se imporia a cooperação pacífica entre Estados que houvessem partilhado o mundo entre si. Contradiz também a estrita ortodoxia de um Kautsky, segundo a qual a revolução não poderia irromper num país feudal ("o sucesso do leninismo é o fracasso do marxismo").

INDICAÇÃO BIBLIOGRÁFICA

Lênin (Vladimir Ilitch Ulianov), *O imperialismo, estágio supremo do capitalismo*, 1916 [ed. brasileira: in *Obras Escolhidas*, Alfa-Ômega, São Paulo, 1979-1980, vol. 1].

Socialismo soviético e imperialismo (Stálin)

A teoria leninista do imperialismo e sua lei do elo mais fraco anunciam a tese stalinista do *socialismo num só país.* Lênin, com efeito, infletiu a perspectiva imaginada por Marx e Engels de uma revolução socialista mais ou menos simultânea nos principais países capitalistas. A lei do desenvolvimento desigual implica que

> esta conclusão que se impõe: o socialismo não pode vencer simultaneamente em todos os países; ele vencerá inicialmente num só país ou em vários países.

Esse ponto de vista serviu, em sua origem, a uma posição revolucionária: não esperar o incêndio do Ocidente para sublevar o proletariado russo. Opondo-se a Zinoviev e Kamenev, Lênin escreveu ao Comitê Central em 6 de novembro de 1917:

> Gostaria de convencer os camaradas que tudo depende hoje de um fio de cabelo .... Seria o maior dos crimes, por parte de revolucionários, deixar escapar o momento .... Esperar para agir é a morte.

Stálin saberá canonizar essa posição para fazer dela um instrumento a serviço da defesa do Estado soviético.

Stálin utiliza as diferentes análises do imperialismo em função das necessidades políticas. Num primeiro momento, defende a posição moderada de Bukharin. Esse último opunha ao catastrofismo de Rosa Luxemburgo a possibilidade de uma passagem para o *capitalismo de Estado,* como forma de adaptação do capitalismo à fase imperialista. Disso resultaria uma estabilização relativa dos regimes capitalistas, uma tese que Stálin podia usar contra a teoria trotskista da Revolução permanente. A partir de 1929, Stálin desautoriza Bukharin e endossa oficialmente a tese da "crise geral do capitalismo", combinando-a astuciosamente com a realização do "socialismo num só país". A industrialização e a potência crescentes da União Soviética estreitavam geográfica e economicamente o mercado mundial aberto à economia capitalista. Por isso, elas aceleram o seu colapso. Em outras palavras: o crescimento da potência do Estado soviético (e, ao mesmo tempo, de Stálin) cria as condições necessárias para a queda do capitalismo. *A luta pela revolução se identifica com a defesa da União Soviética.* E, quanto mais o Estado soviético for forte, tanto mais o capitalismo será fraco.

O esquema geral é conservado, mas infletido, depois da Segunda Guerra Mundial. Trata-se menos de reforçar o Estado soviético – coisa já feita – do que abrir caminho para uma primeira forma de coexistência pacífica. A dificuldade consiste em justificar esse amolecimento sem renunciar ao discurso revolucionário, do qual a União Soviética ainda retira sua legitimidade. Stálin, portanto, recusa as análises do economista Varga, segundo o qual a nova partilha do mundo entre Estados capitalistas e socialistas abria *uma era de paz relativa*, sem crise previsível do capitalismo. Ao contrário, a existência de Estados socialistas exacerbaria a concorrência imperialista, provocando um novo estreitamento de suas bases. Essa restrição dos escoadouros provocará conflitos internos e externos. A crise geral do capitalismo continua tal e qual. Mas continua por si mesma, sozinha, sem que a União Soviética tenha necessidade de fazer a Revolução em escala mundial, ou, de qualquer modo, sem que ela tenha necessidade de destruir esse sistema através da guerra. Das análises do Estado burguês como sistema de exploração econômica, passa-se assim insensivelmente para a justificação da política de Estado posta em prática pela União Soviética. Ou melhor: as análises do capitalismo justificam essa política.

INDICAÇÕES BIBLIOGRÁFICAS

Bukharin, N., *Imperialismo e acumulação de capital*, 1925, D. Kaisergruber, *L'affaire Boukharine*, Maspero, 1980.

Stálin (Joseph Vissarionovitch Djugatchvili), *Problemas do leninismo*, 1926 [há várias edições brasileiras].

Varga, J., *As mudanças da economia capitalista*, 1946.

O pós-Stálin: O capitalismo monopolista de Estado

A descongestão representada pela desestalinização permitiu um certo questionamento da teoria coagulada em que se convertera a explicação leninista-stalinista do imperialismo, a qual condenava o capitalismo à lenta agonia de seu estágio último e os revolucionários do mundo inteiro à defesa prioritária dos Estados socialistas. Não é que a crítica do Estado burguês tenha se alterado radicalmente, mas a tese do capitalismo monopolista de Estado opera um certo retorno à fonte leninista, ao mesmo tempo em que se abre a uma maior diversidade de interpretações.

O retorno (constrangido?) a Lênin corresponde a uma leitura mais atenta de sua análise do imperialismo. A interpretação stalinista insistia excessivamente sobre a qualificação de "estágio supremo", último estertor, última solução antes do colapso final. Deixava de lado o fato de que Lênin via igualmente nesse estágio imperialista uma *transição* para o socialismo, já percebida por Engels:

> A relação capitalista não é suprimida; ao contrário, é levada às suas últimas instâncias. Mas, atingido esse ponto, ela se inverte. A propriedade do Estado sobre as forças produtivas não é a solução do conflito, mas contém em si mesma o meio formal, o modo de se aproximar da solução.

Lênin foi mais longe, vendo no capitalismo de Estado um pré-socialismo:

> O capitalismo de Estado é a preparação material mais completa do socialismo, a antessala do socialismo, a etapa da história que nenhuma etapa intermediária separa do socialismo.

Em 1960, a Conferência dos 81 Partidos Comunistas, reunida em Moscou, seguiu essa pista e adotou uma fórmula que rompe com as teses stalinistas:

> As contradições do imperialismo aceleraram a transformação do capitalismo monopolista em capitalismo monopolista de Estado. Reforçando o poder dos monopólios sobre a vida nacional, o capitalismo monopolista de Estado *reúne a potência dos monopólios e a do Estado num mecanismo único,* destinado a salvar o regime capitalista, a aumentar ao máximo os lucros da burguesia imperialista por meio da exploração da classe operária e da pilhagem das camadas da população.

A história do capitalismo é assim dividida em três estágios e quatro fases:

Estágios	*Capitalismo*	*Período (Europa)*
Primitivo	Manufatureiro	Séc. XVII-XVIII
Clássico	Concorrencial	Séc. XIX
Imperialismo	– Monopolista	Início do séc. XX
	Monopolista de Estado	Meio e fim do séc. XX

Quanto às *consequências políticas* da teoria do capitalismo monopolista de Estado, elas tendem a aproximar os comunistas dos não leninistas e, em particular, dos movimentos socialistas, na medida em que a extrema concentração do poder econômico e político reduz ainda mais o campo dos inimigos e aumenta, correlativamente, o dos aliados potenciais. Com boa lógica, as análises do CME militam em favor das "amplas alianças antimonopolistas", da "união do povo" etc. Assim, os especialistas do *Partido Comunista Francês* propuseram em 1970 uma nova representação da estrutura social da França, que opõe mais de 95% da população ativa, vítimas mais ou menos diretas dos monopólios, a uma pequena minoria que a compõe ou a serve:

45% Classe operária
30% Camadas intermediárias assalariadas (na qual se incluem os intelectuais)
21% Camadas médias não assalariadas (na qual se incluem o pequeno e o médio campesinato)
4% Burguesia (dirigentes de empresas e capitalistas auxiliares da burguesia)
N.B. – No XXII Congresso do PCF, em 1976, Georges Marchais reduziu a população dos "donos da França" a "menos de 250 pessoas". Os 4% caíram para 0,0001%.

O fato mais importante é que, se a estatização do capitalismo prepara formalmente (Engels) e materialmente (Lênin) o socialismo, perspectivas mais imediatas do que a "crise final" se abrem em princípio aos comunistas. Falta-lhes apenas controlar o Estado, o mecanismo único Estado-monopólios, para substituí-lo então por um mecanismo Estado-classe operária.

INDICAÇÕES BIBLIOGRÁFICAS

Duhamel, O., *La gauche et la Ve Republique*, PUF, 1980.
Lavau, G., *A quoi sert le parti communiste?*, Grasset, 1981.
Partido Comunista Francês (1920), *Traité marxiste d'économie politique. Le capitalisme monopoliste d'Etat*, Editions Sociales, 1971.

Um sistema de dominação política

A crítica marxista do Estado retira sua originalidade da denúncia do poder estatal como instrumento de exploração econômica. Mas continua a ser verdade que esse poder organiza a dominação política de uma classe sobre a outra (as outras), o que coloca, quando menos, a questão de saber se sua natureza está inteiramente contida no sistema de exploração econômica. Ao insistirem demasiadamente na originalidade do materialismo histórico, seus adeptos correm o risco de se contentarem com uma análise simplista do político; se o matizarem em excesso, temem estar fazendo concessões à "ideologia burguesa". Muitos debates entre marxistas caem nesse círculo vicioso; algumas construções tentam escapar dele, e buscam melhorar a inteligibilidade das *superestruturas,* tornar mais preciso o lugar que a teoria concede ao político, ao jurídico e o ideológico em relação ao econômico.

A investigação sobre a natureza das superestruturas começa com Bernstein, que contesta a tese do simples *reflexo* do econômico pelo político; e isso é feito no quadro da "revisão" do marxismo por ele proposta. Para tentar resolver o problema do economicismo sem renunciar ao materialismo histórico, Gramsci apresenta uma noção nova, a de *hegemonia,* na qual Althusser irá se inspirar para a criação do conceito de *aparelhos ideológicos de Estado.*

Reflexos e ideologias (Bernstein)

Bernstein combate o núcleo do materialismo marxista, ou seja, a ideia de que a estrutura econômica determina tudo, assim resumida por Marx:

> Na produção social de sua existência, os homens entram em relações determinadas, necessárias, independentes de sua vontade: relações de produção, que correspondem a um grau determinado de desenvolvimento das forças produtivas. A estrutura econômica da sociedade constitui "a base concreta sobre a qual se eleva uma superestrutura jurídica e política e à qual correspondem formas de consciência social determinadas".
>
> Portanto, não é a consciência social dos homens que determina seu ser. Ao contrário, é seu ser social que determina sua consciência (Marx, "Prefácio" a *Para a crítica da economia política,* 1959).

Bernstein vê nessa colocação uma *superestimação do econômico,* cada vez mais inexata:

> O interesse privado já está recuando diante do interesse coletivo; e, precisamente por causa desse fato, os fatores econômicos deixam de desempenhar um papel de primeiro plano.
>
> As causas econômicas são um substrato sobre o qual nascem as ideias; mas a difusão dessas ideias, a forma que assumem, depende de uma multidão de outros fatores.

> A multiplicidade dos fatores que escapam à economia termina por modificar o caráter da necessidade histórica (*Les pressupposés du socialisme*, p.40).

Desse modo, ele convida a superar "nossa concepção primitiva do materialismo histórico" e, para isso, invoca Engels contra Marx (carta a Conrad Schmidt, 1890):

> Diante de nossos adversários, tivemos de afirmar o princípio essencial que eles rejeitavam: a influência dos fatores econômicos. Foi assim que nem sempre tivemos ocasião ou tempo para esclarecer a importância dos outros fatores que participam do processo histórico.

Contudo, Bernstein não se contenta com a imagem do bastão, que – para ser posto na posição certa – é excessivamente inclinado no sentido oposto. Ele chega a repudiar qualquer materialismo:

> *O materialismo é um calvinismo ateu*, que – embora negando a ideia da predestinação – admite que tudo é determinado pela totalidade da matéria.
>
> A dialética é uma metafísica, não científica, indemonstrável: "Hoje, pode-se provar tudo mediante os escritos de Marx ou de Engels, situação ideal para os apologistas e os rábulas."

Recusando a importância primeira da economia, reabilitando o papel da ideologia e da moral, Bernstein prega um retorno a Kant contra Hegel:

> A obra de Marx e Engels deve demasiadamente ao hegelianismo; mas ela só é grandiosa onde se afasta dele. E o erro blanquista do marxismo encontra sua fonte e sua justificação na própria dialética.

Ele chega assim a distinguir *duas correntes no movimento socialista* moderno (ideia que, em seguida, irá conhecer um certo sucesso):

o socialismo dos teóricos,	e	o socialismo das sublevações,
construtivo		destrutivo
utópico		demagógico
societário e pacifista		conspirativo
evolucionista		terrorista
idealista		materialista
kantiano,		hegeliano-blanquista.

A teoria marxista seria apenas uma tentativa de síntese entre essas duas tendências, mas um compromisso fracassado, um dualismo não superado, já que o marxismo deslizou para o blanquismo, para o socialismo político, estatista, antidemocrático.

É preciso retornar à versão moral do marxismo ou lhe opor a versão democrática do socialismo. Bernstein insiste – um dos primeiros, junto com Jaurès, a fazê-lo – na complementaridade entre *socialismo e democracia*. Ele avança fórmulas que, algumas décadas mais tarde, florescerão no eurocomunismo:

> A democracia é, ao mesmo tempo, um meio e um fim. É um instrumento para instaurar o socialismo e a própria forma de sua realização.
>
> O socialismo, em última instância, é apenas a aplicação da democracia à totalidade da vida social.
>
> Que sentido há em ficar apegado à ideia da ditadura do proletariado, quando, por toda parte, os representantes da social-democracia participam do jogo da representação proporcional e do Poder Legislativo, práticas que são o oposto da ditadura?

As inflexões bernsteinianas inspiraram, ao mesmo tempo, a modernização do movimento comunista ocidental mais ortodoxo e os esboços heterodoxos de um socialismo humanista – o de um Henri de Man, onde o socialismo torna-se a forma moderna "da filosofia antiga, da moral cristã, do humanismo burguês".

O Estado, hegemonia revestida de coerção (Gramsci)

Decerto, os socialistas humanistas reabilitam a moral e a política, mas através de um abandono mais ou menos completo do "marxismo", reduzido a uma vaga sociologia das classes sociais. Os trabalhos do comunista italiano Antonio Gramsci, ao contrário, mantêm-se no quadro do socialismo marxista, ao mesmo tempo em que lhe aportam uma contribuição original no sentido de flexibilizar as relações entre o ideológico-político e o econômico. Essa renovação da concepção marxista do político passa por uma redefinição do Estado e por uma atenção particular ao papel dos intelectuais.

Gramsci propõe uma definição extensiva do Estado, que se distingue tanto de sua apreensão puramente econômica (Marx) quanto de sua caracterização como aparelho de repressão (Lênin). De modo mais amplo,

> "o Estado é a sociedade civil mais a sociedade política: uma hegemonia revestida de coerção".
>
> A direção intelectual e moral da sociedade, as instituições que a asseguram – a Igreja, a escola, os partidos políticos, a imprensa etc. – a ideologia dominante soma-se à máquina administrativa a serviço da exploração, às estruturas repressivas que protegem a classe dominante – o exército, a política, a justiça etc.
>
> O Estado moderno funciona por consenso e não somente por violência.

Uma tal concepção é plena de *consequências políticas.* Se o Estado não se reduz a uma simples máquina de opressão, não é possível reduzir a revolução à tomada do instrumento para voltá-lo contra os opressores. Nesse ponto, Gramsci contradiz diretamente Lênin. Com a ressalva de que ele concede que sua definição vale sobretudo para o Ocidente desenvolvido. A. Gramsci sublinha que, no "Oriente" (Rússia), a sociedade civil é "gelatinosa", enquanto a sociedade política é quase tudo. Portanto, cabe aqui limitar-se a uma insurreição que se apodere do Estado *strictu senso,* a uma estratégia leninista. Mas, no Ocidente, onde a sociedade civil é diferentemente desenvolvida, onde o Estado *lato sensu* se apoia menos em seu versante repressivo do que em sua face ideológica: é preciso também (inicialmente) quebrar esse edifício intelectual e moral, aniquilar a hegemonia da burguesia, garantir a hegemonia da classe operária.

Os *efeitos teóricos* da problemática gramsciana põem em questão as interpretações sumárias da relação entre infraestrutura econômica e superestruturas. Para explicar essa relação, ele constrói a noção de *bloco histórico,* a saber, a articulação precisa, numa situação histórica determinada, entre a estrutura social (as classes) e a superestrutura ideológica e política. Em vez de falar de determinação da superestrutura pela estrutura, ou da ação de retorno da estrutura sobre a superestrutura, Gramsci considera que estrutura e superestrutura são *organicamente* soldadas entre si.

A ligação orgânica entre a estrutura social e o ideológico-político é assegurada pelos *intelectuais, "funcionários da superestrutura".* São eles que asseguram a hegemonia da classe dirigente, elaboram e difundem sua concepção do mundo em todas as classes, por intermédio da filosofia, da religião, do folclore, ou simplesmente do "senso comum". Mas eles não são simples lacaios: formam uma camada social relativamente autônoma, cujos laços com a classe dirigente são, aqui também, orgânicos e não mecânicos. Eles "devem se destacar da classe dominante para se unirem a ela mais intimamente, para serem a verdadeira superestrutura e não somente um elemento inorgânico e indistinto da estrutura econômica".

INDICAÇÕES BIBLIOGRÁFICAS

Buci-Glucksmann, C., *Gramsci et l'Etat*, Fayard, 1975 [ed. brasileira: *Gramsci e o Estado*, Paz e Terra, Rio de Janeiro, 1980].

Gramsci, A., *Oeuvres complètes*, em curso de publicação, Gallimard, 1974. [Principais edições brasileiras de obras de Gramsci: *Concepção dialética da história*, 1966; *Cartas do cárcere*, 1966; *Maquiavel, a política e o Estado moderno*, 1968; *Os intelectuais e a organização da cultura*, 1968; *Literatura e vida nacional*, 1968, todos publicados pela Civilização Brasileira, Rio de Janeiro; *Obras Escolhidas*, Martins Fontes, 1978.]

Portelli, H., *Gramsci et le bloc historique*, PUF, 1972 [ed. brasileira: *Gramsci e o bloco histórico*, Paz e Terra, Rio de Janeiro, 1976].

O gramscismo-leninismo: Althusser e Poulantzas

Na perspectiva traçada por Gramsci, um certo número de marxistas contemporâneos tem se esforçado no sentido de "salvar" o marxismo tornando-o mais complexo, o que apresenta, pelo menos, o mérito de libertá-lo do que se convencionou chamar de "economicismo". Nicos Poulantzas aperfeiçoa assim a análise marxista das bases sociais do poder político; e Louis Althusser, a do Estado.

A noção gramsciana de *bloco histórico* afasta-se singularmente da dicotomia grosseira que vê apenas a burguesia exploradora e o proletariado explorado. Nesse sentido, ela explica necessariamente melhor a complexidade do capitalismo da "revolução científica e técnica". Serve igualmente como ponto de partida para o questionamento da ortodoxia marxista. Roger Garaudy, por exemplo, inspirou-se nessa noção para propor a formação de um bloco histórico novo, que agrupasse operários e intelectuais. Supõe-se que a camada dos operários altamente qualificados deverá ter o papel de cimento nessa nova aliança.

Não tendo preocupações políticas tão imediatas, Nicos Poulantzas retomou a noção de *bloco no poder* para tornar mais sutil a chave para a inteligibilidade das sociedades contemporâneas. Ele distingue diferentes tipos de classes sociais (ou frações de classes):

- A *classe hegemônica* é a que detém a hegemonia política.
- A *classe dominante* é a que exerce a direção econômica.
- A *classe reinante* é a que ocupa (principalmente) o governo.
- A *classe "de apoio"* é aquela em cujo seio se recruta o aparelho de Estado.

Essa primeira série pertence ao princípio do bloco no poder. Além disso, existem:

- As *classes aliadas*, que se beneficiam de certos compromissos com o bloco no poder.
- As *classes-apoio*, que sustentam o Estado por ilusão ideológica e sem proveito.
- As *classes subalternas*, excluídas do bloco no poder e diretamente exploradas.

Chega-se assim a um esquema muito complexo, tanto mais que a mesma classe pode ocupar várias posições (exemplo: a pequena burguesia sob a Terceira República, ao mesmo tempo classe reinante e classe aliada). Faltaria ainda aplicar o esquema.

L. Althusser retoma igualmente a distinção feita por Marx entre:

- o *poder de Estado*, que pertence à classe que domina na produção e
- o *aparelho de Estado*, que é o instrumento de exercício do poder estatal, não necessariamente em mãos da classe que detém o poder de Estado. Mas a noção de aparelho de Estado deve ser repensada. Os marxistas insistem tradicionalmente nos aparelhos encarregados da repressão (exército, polícia, tribunais), enquanto existem também o que ele chama de *aparelhos ideológicos de Estado* (AIE): as igrejas, as famílias, a escola, os partidos, as organizações sindicais ou socioprofissionais etc.

Os AIE garantem a reprodução das relações de produção, mas a garantem através da ideologia. Portadores e administradores das ideias da classe no poder, eles modelam as consciências e o inconsciente dos indivíduos e dos grupos. Valem-se de seu caráter privado, de suas formas diversificadas. de sua aparente neutralidade e da tradição humanista de que desfruta para reforçar sutilmente o poder, tornando-o aceitável. Conforme a época, determinado aparelho ideológico de Estado desempenha um papel de primeiro plano. O par Igreja/Família, que reinava na vida cotidiana na época medieval, foi hoje substituído pelo par Escola/Família. Os AIE, e seu indispensável pluralismo, são locais atravessados pela luta de classes e, portanto, alvos decisivos do combate pelo socialismo.

INDICAÇÕES BIBLIOGRÁFICAS

Althusser, L., *Positions (1964-1975)*, Ed. Sociales, 1976 [ed. brasileira: *Posições 1 e 2*, Graal, Rio de Janeiro, 1978 e 1980].

Poulantzas, N., *Pouvoir politique et classes sociales*, Maspero, 1968 [ed. brasileira: *Poder político e classes sociais*, Martins Fontes, São Paulo, 1976].

Rancière, J., *Les leçons d'Althusser*, Gallimard, col. "Idées", 1974.

A gênese do Estado socialista

Em outubro de 1917, o Império dos tzares tornou-se o primeiro "Estado socialista". "Estado socialista": a ideia se complica, acrescenta-se a ela o referente real, um Estado, um verdadeiro, e que dura; prossegue a obsessiva questão do Estado.

> Isso significa que, depois da queda da antiga sociedade, haverá uma nova dominação de classe, resumindo-se num novo poder político? Não .... A classe trabalhadora, no curso de seu desenvolvimento, substituirá a antiga sociedade civil por uma associação que excluirá as classes e seu antagonismo; e não haverá mais poder político propriamente dito.

Marx escreveu essas frases (*Miséria da filosofia*, 1847): e elas foram lidas por todo mundo. O socialismo extrai sua força de persuasão dessa escatologia: o anúncio do fim do Estado, do fim da dominação do homem pelo homem:

> É a verdadeira solução do antagonismo entre o homem e a natureza, entre o homem e o homem; a verdadeira solução da luta entre existência e essência. É o enigma resolvido da história e sabe que é essa solução – afirmou Marx em 1844.

Todavia, uma dificuldade: "no curso de seu desenvolvimento ... ." Os socialistas não são anarquistas, o Estado não será suprimido do dia para a noite, a revolução se inscreve numa evolução, a passagem para o comunismo se faz por etapas, um Estado socialista é (provisoriamente) necessário. E tudo se complica com o parêntesis, na teoria e na prática. Como conceber esse "provisório"? Por que, ele se institucionaliza? Por que ironia o socialismo anuncia a *extinção do Estado* ao mesmo tempo em que organiza *o fortalecimento do Estado*? Não será o momento de elucidar o que bem poderia ser uma das maiores estratégias da história e do pensamento políticos?

A extinção do Estado

A dificuldade começa com o imprevisto: *a Revolução na Rússia*. É acentuada por uma inovação: *a teoria leninista do partido*. Vincula-se com a relação Estado/Revolução: *a ditadura do proletariado*.

A revolução bolchevique (Plekhanov, Trotski, Lênin)

Uma sociedade "não pode nem superar com um salto, nem abolir por decreto as fases de seu desenvolvimento natural". Se seguirmos a letra de Marx em *O Capital,* não haveria necessidade de (ou teria sido impossível) fazer a revolução na Rússia atrasada. As sociedades devem passar por cinco estágios:

1. *Comunidade primitiva,* onde não existe propriedade privada;
2. *Regime escravista,* onde aparece a dominação do homem pelo homem;
3. *Regime feudal:* propriedade principalmente fundiária, florescimento das forças produtivas;
4. *Capitalismo:* caracterizado pela propriedade privada dos meios de produção;
5. *Socialismo:* socialização dos meios de produção, extinção do Estado.

Somente após esses cinco estágios é que pode e deve aparecer o *comunismo.*

Lênin não desmente esse determinismo; ajusta-o para fazer a revolução, através, por um lado, de sua teoria do imperialismo, e, por outro, da tese do primado do político. Nesse sistema, a autonomia do político figura apenas como uma falsa janela em relação à inevitabilidade; a dialética fornece uma simetria artificial:

> *O marxismo-leninismo,*
> que vê a lei social com espírito dialético,
>
> • mostra que ela opera sob a forma da tendência dominante da evolução das relações sociais dadas. Isso significa que a lei determina a orientação geral do movimento que decorre necessariamente dessas ou daquelas condições objetivas.
> • Mas ... a marcha concreta dos eventos depende não somente das leis gerais, mas também da correlação real das forças de classe, da política das classes em luta e de muitas outras condições específicas.
>
> Alguns desses fatores podem apressar ou retardar o sucesso definitivo da luta da classe operária. Todavia, a vitória da classe operária e do socialismo continua inevitável.

Apressar ou retardar o inevitável: esse é o magro lugar concedido ao político pelo manual de marxismo-leninismo editado em Moscou.

Para além dos debates filosóficos sobre determinismo e dialética, necessidade e liberdade, Lênin vê-se diante de um problema histórico preciso:

a atualidade ou o caráter prematuro da Revolução na Rússia. Para resolvê-lo, é preciso estudar duas questões, frequentemente confundidas:

1) Trata-se, para um país semifeudal, de *se poupar do estágio capitalista*?

2) Trata-se, no estágio capitalista, de *evitar o poder da burguesia* e, desse modo, de transformar qualitativamente esse estágio capitalista para acelerar a transformação ao socialismo?

A primeira questão opõe os populistas russos aos mencheviques e aos bolcheviques. Os primeiros (Tchernichevski, Herzen, Tkatchev) consideram que a ausência de escoadouros externos e a estreiteza do mercado interno tornam impossível a implantação do capitalismo na Rússia. Além disso, a estrutura comunitária das terras – o *Mir* – oferece uma base para construir o socialismo imediatamente. A Rússia agrária evitará assim os males da industrialização e do capitalismo. Para Lênin, trata-se de heresia e de absurdo: "O campesinato comunitário russo não é o antagonista do capitalismo; ao contrário, é sua base mais profunda e mais sólida" (*O desenvolvimento do capitalismo na Rússia*, 1896).

Quanto à segunda questão – o lugar do proletariado na revolução capitalista –, ela divide a social-democracia russa, que estava de acordo apenas contra o comunismo agrário dos populistas. O debate toma forma quando da Revolução de 1905. Três correntes, três posições:

- Num polo, Plekhanov e a maioria dos mencheviques:

  O socialismo não está na ordem do dia. Não é preciso tomar o poder, mas sim *apoiar a burguesia.* Já que a sociedade russa não é suficientemente desenvolvida, o proletariado russo não é suficientemente maduro. Uma revolução prematura levaria a um desastre, como o demonstra a Comuna de Paris; e Marx teria sido contra.

- No outro polo, Trotski e os mais "revolucionários":

  "Não ao tzar: governo operário." A revolução socialista é possível. É preciso tomar o poder. O proletariado pode conduzir sozinho uma *revolução permanente,* ou seja, ininterrupta, burguês-proletária, e colocar "o coletivismo na ordem do dia".

Entre os dois, Lênin, mais matizado:

- Como para Plekhanov, o capitalismo lhe parece necessário; o socialismo é prematuro. "A ideia de buscar a salvação da classe operária em outra coisa que não o *desenvolvimento do capitalismo* é reacionária." "Em países como a Rússia, a classe operária sofre menos com o capitalismo do que com a insuficiência de desenvolvimento do capitalismo." "A classe operária tem todo o interesse no desenvolvimento mais amplo, mais livre e mais rápido do capitalismo."

- Contra Plekhanov e Martinov, e com Trotski, ele acredita que a burguesia russa é incapaz de realizar uma revolução burguesa; assim, o proletariado deve tomar o poder. Mas com os camponeses e para realizar as reformas burguesas: república, liberdades democráticas, separação entre a Igreja e o Estado, transformações econômicas. Isso só poderá ser feito mediante a "*ditadura revolucionária democrática do proletariado e do campesinato*".

Em 1917, Lênin se alinha com a posição de Trotski, a do socialismo imediato:

> Hoje, quem falar apenas da ditadura democrática revolucionária do proletariado e do campesinato está atrasado em relação à vida; e passou, na prática, para a pequena burguesia, merecendo ser relegado aos arquivos. A revolução democrático burguesa é uma fórmula que envelheceu. Está morta. ... *Todo poder aos sovietes* (*Teses de Abril*).

Pode-se considerar que, atento à evolução histórica, Lênin tornou-se "trotskista", ou seja, que retomou por sua conta o ponto de vista da revolução permanente. Pode-se também afirmar que ele não mudou, que continuou convencido da necessidade do encadeamento das etapas (capitalismo, socialismo, comunismo). Nesse caso, o socialismo se encarrega na Rússia daquilo que o capitalismo não é capaz de fazer: *o socialismo "nada mais é do que um monopólio capitalista de Estado* instituído em benefício de todo o povo e que, por isso, perde seu caráter de monopólio capitalista" (*O Estado e a Revolução*, 1917). E Lênin jamais duvidou da necessidade de uma evolução capitalista da economia, de uma espécie de capitalismo sem capitalistas. O socialista alemão Arthur Rosenberg escreveu: "O programa econômico de Lênin poderia ter sido aprovado *naquele momento* por políticos burgueses de esquerda na Europa e na Rússia, se não tivesse sido combinado com uma democracia política ilimitada." Sobre esse último ponto, pode-se e deve-se discutir; mas é verdade que Lênin resolveu o problema da revolução na Rússia mediante a política, em termos políticos.

INDICAÇÕES BIBLIOGRÁFICAS

Lênin, *Duas táticas da social-democracia na revolução russa*, 1905; *Teses de Abril*, 1917 [eds. brasileiras: in *Obras Escolhidas*, Alfa-Ômega, São Paulo, 1979-80, respectivamente tomos 1 e 2].

Plekhanov, G., *Les questions fondamentales du marxisme*, Ed. Sociales, 1947 [ed. brasileira: *Questões fundamentais do marximo*, Hucitec, São Paulo, 1976].

Trotski (Lev Bronstein), *Bilan et perspectives* (1906), Ed. de Minuit, 1969; *La révolution permanente* (1931), col. "10/18", 1963 [ed. brasileira: *A revolução permanente*, Ciências Humanas, São Paulo, 1979].

A teoria leninista do Partido (Lukács, Trotski, Lênin)

A teoria do Partido (ou da organização revolucionária) é o verdadeiro cadinho do leninismo. Constitui o principal acréscimo feito por Lênin e Marx, ao mesmo tempo em que oferece a solução política para a superação do economicismo e permite a Revolução na Rússia. Parte de uma certa concepção da consciência de classe e leva a um certo tipo de organização do proletariado.

É "na prática que o homem deve provar a verdade, ou seja, a realidade é a potência de seu pensamento". E, em nome da unidade dialética entre pensamento e real, Lênin não deixará de revisar Marx, ao mesmo tempo em que não cessa jamais de lutar contra o revisionismo. O marxismo não é uma filosofia especulativa, mas uma ciência para transformar o mundo. Essa transformação só se realizará através de uma dialética da teoria e da prática. O agente dessa dialética será o Partido. Cabe-lhe preencher as insuficiências quantitativas e qualitativas do proletariado russo.

Lukács explica como a teoria leninista da organização funciona como resposta política ao evolucionismo. Lênin não considera que a vitória do socialismo seja inelutável. O proletariado só é revolucionário *na medida em que se eleva à consciência de classe*. E essa elevação não se dá nem automática nem espontaneamente. Lukács faz aqui uma distinção entre consciência *psicológica* e consciência *atribuída*. O proletariado, imediatamente, possui apenas uma consciência psicológica, conjunto dos "pensamentos empíricos efetivos; psicologicamente descritíveis e explicáveis, que os homens elaboram acerca de sua situação vital". Os operários, portanto, são capazes de reações de defesa contra a burguesia. Mas não de fazer a Revolução. Lukács e Lênin criticam o "espontaneísmo" de Rosa Luxemburgo, bem como sua "convicção dogmática segundo a qual se produzem, ao mesmo tempo que a necessidade social real, também o meio de sua satisfação; ou seja, ao mesmo tempo a tarefa e sua solução".

A verdadeira consciência de classe do proletariado não é sua consciência psicológica, mas uma consciência atribuída, a consciência que a classe teria se fosse capaz de captar a situação histórica do ponto de vista de seu interesse de classe, ou seja, com uma compreensão da totalidade da sociedade. A classe operária pode chegar a esse ponto de vista, mas não o faz necessariamente e nem sozinha. Lênin insiste – de acordo com Kautsky – sobre essa incapacidade:

> A história de todos os países atesta que, por suas próprias forças, a classe operária pode atingir apenas a consciência *trade-unionista*, defensiva, reivindicativa. A consciência socialista é um *elemento importado de fora* na luta de classe do proletariado (*Que fazer?*, 1902).

A consciência atribuída – "a adequação à evolução objetiva global" – é trazida ao proletariado pelo Partido e, mais precisamente, pelos intelectuais revolucionários que o dirigem. Esses intelectuais egressos da burguesia, mas que romperam com ela – põem a serviço da classe operária "as conquistas teóricas da humanidade".

INDICAÇÕES BIBLIOGRÁFICAS

Lukács, G., *Histoire et conscience de classe*, 1923, Ed. de Minuit, 1960.

Weber, H., *Marxisme et conscience de classe*, col. "10/18", 1975.

Colas, D., *Principes du léninisme. La théorie du parti et ses implications politiques*, tese, 1980, PUF, 1982.

Essa concepção "importadora" da consciência de classe – segundo a qual o proletariado deve importar seu saber – implica a concepção elitista e antidemocrática da *organização* revolucionária apresentada por Lênin.

Lênin se inspira nos métodos herdados do capitalismo e da burguesia, pelos quais – como Marx – ele não esconde sua admiração, ao mesmo tempo em que os condena:

> A fábrica capitalista, essa fábrica que a alguns parece ser um espantalho, é precisamente a forma superior da cooperação capitalista, que agrupou e disciplinou o proletariado, ensinou-lhe a organização, colocou-o à frente de todas as outras categorias da população laboriosa e explorada. Foi o *marxismo – ideologia do proletariado educado pelo capitalismo* – que ensinou e ensina aos intelectuais volúveis a diferença entre o lado explorador da fábrica (disciplina baseada no temor de morrer de fome) e seu lado organizador (disciplina baseada no trabalho em comum, resultado de uma técnica altamente desenvolvida) (ibid.).

O Partido *sabe*, graças aos intelectuais rompidos com a burguesia. Rosa Luxemburgo, Léon Blum e muitos outros criticaram Lênin por seu blanquismo. Blanqui, com efeito, foi um dos primeiros apóstolos do vanguardismo:

> Eram burgueses os que primeiro levantaram a bandeira do proletariado, que formularam as doutrinas igualitárias, que as difundem, mantêm e soerguem depois da queda. Em todo lugar, são burgueses que dirigem o povo em suas batalhas contra a burguesia.

O Partido organiza e dirige, de modo militar, a luta política da classe operária. Rosa Luxemburgo denuncia esta subordinação:

> A classe operária reclama o direito de aprender, por seus próprios esforços, a dialética da história. Os erros cometidos pelo movimento operário revolucionário são historicamente muito mais fecundos que a infalibilidade do melhor comitê central.

O Partido é composto de uma elite aguerrida, de combatentes de vanguarda, de revolucionários profissionais que comandam os operários. É organizado de modo predominantemente antidemocrático: nem publicidade, nem eletividade dos funcionários, rigorosa seleção de membros e disciplina de ferro. Na época em que Lênin apresentou esses princípios (*Que fazer?*, 1902), Trotski os recusou:

> Estão presentes dois métodos de construção do Partido: o fato de querer pensar pelo proletariado, o *substitutismo* político do proletariado e sua mobilização política para exercer uma pressão racional sobre todos os grupos e partidos políticos. Com o centralismo leninista, em primeiro lugar, a organização do Partido substitui o conjunto do Partido; depois, o Comitê Central substitui a própria organização; e, finalmente, um único ditador substituirá o Comitê Central.

Era premonitório. Todavia, em 1917, Trotski alinhou-se com a posição de Lênin, com o centralismo:

> A dominação revolucionária do proletariado supõe no próprio proletariado a dominação de um Partido dotado de um programa de ação bem definido e de uma forte disciplina interna.

No conjunto, Lênin e Trotski - que se opunham em 1905 sobre a possibilidade de uma revolução socialista e sobre a organização do Partido - puseram-se de acordo em 1917. Trotski adotou o centralismo leninista; Lênin adotou a possibilidade de uma revolução proletária. Notemos que o movimento dessas convergências corresponde ao endurecimento de cada um deles, no qual Stálin encontrará seu elemento.

	LÊNIN	TROTSKI
1905	Revolução democrática	Revolução proletária
	porém	*porém*
	Partido ditatorial	Partido democrático
1917	Revolução proletária *e* ditadura de Partido	

INDICAÇÕES BIBLIOGRÁFICAS

Blanqui, A., *Textes choisis*, Editions Sociales, 1956.

Luxemburgo, R., *Grève de masse, parti et syndicats*, 1906, Maspero, 1971; *La révolution russe*, 1918, Maspero, 1971.

Trotski, L., *Terrorisme et communisme*, 1920, col. "10/18" [ed. brasileira: *Terrorismo e comunismo*, Saga, Rio de Janeiro, 1969.

A ditadura do proletariado: o Estado e a Revolução

A teoria da extinção do Estado é exposta do modo mais completo na obra capital escrita por *Lênin* às vésperas da insurreição de outubro: *O Estado e a Revolução*. Texto de leitura essencial para os que querem compreender a teoria e a prática do socialismo, fácil porque claro, difícil porque aberto a uma pluralidade de interpretações. A escolha entre essas interpretações condiciona nada menos do que a explicação do stalinismo, a relação entre Lênin e Stálin, as causas do socialismo ditatorial, as possibilidades de um socialismo libertador. Dois tipos de versão se opõem; uma (com uma variante stalinista, que aceita o todo, e com uma variante anti-stalinista, que rejeita o bolchevismo e seus êmulos) estabelece as filiações teóricas entre leninismo e stalinismo. A outra, ao contrário, sublinha a ruptura radical entre eles e inocenta Lênin do pecado stalinista.

A *leitura libertária* de *O Estado e a Revolução* conserva-se próxima do texto de Lênin. Lucio Coletti distingue assim, no livro, três pontos principais:

uma exposição da teoria marxista do Estado, uma concepção da conquista-destruição do Estado burguês e, depois, da abolição de todo Estado. Ou seja:

– *Apresentação leninista da teoria marxista do Estado*: O Estado é o produto e a manifestação da inconciliabilidade das contradições de classe. É preciso evitar o contrassenso funcionalista que acredita que o Estado surge por causa das contradições de classe (verdadeiro) e tem por função, por causa disso, resolvê-las (falso): a existência do Estado prova a inconciliabilidade entre as classes. É preciso igualmente evitar o contrassenso revisionista que admite ser o Estado um fenômeno de dominação de classe, mas crê que sua transformação é possível sem sua destruição, através apenas de sua conquista pela classe dominada.

– *Conquista-destruição do Estado burguês*. Marx escreveu:

> Todas as revoluções políticas não fizeram mais do que aperfeiçoar a máquina do Estado, em vez de quebrá-la. (*O 18 Brumário de Luís Bonaparte*).

Engels escreveu e concretizou no *Anti-Dühring*:

> O proletariado se apodera do poder de Estado e transforma os meios de produção, inicialmente, em propriedade do Estado. Mas, ao fazer isso, ele se suprime a si mesmo como proletariado, suprime todas as diferenças de classe e oposições de classe e, igualmente, suprime o Estado enquanto Estado ... .
>
> A intervenção de um poder de Estado nas relações sociais torna-se supérflua, progressivamente, nos vários terrenos; e, desse modo, ele vai naturalmente minguando. O governo das pessoas cede lugar à administração das coisas e à direção das operações de produção. O Estado não é "abolido"; ele se extingue.

Lênin o cita, interpreta-o, puxa-o para o lado do bolchevismo:

> Engels fala aqui da "supressão" do Estado pela revolução proletária *da burguesia* enquanto o que se fala sobre a "extinção" refere-se ao que subsiste do Estado proletário, depois da revolução socialista. O Estado burguês, segundo Engels, não se extingue; é "suprimido" pelo proletariado no curso da revolução. O que se extingue, depois dessa revolução, é o Estado proletário ... .

– *Abolição do Estado proletário*: Depois de ter evitado uma interpretação "anarquista" de Engels (destruição definitiva do Estado pela revolução), Lênin volta a ser libertário. A tarefa principal da ditadura do proletariado é abolir o Estado:

> A democracia da burguesia torna-se proletária e o Estado se transforma em algo que não é mais um Estado.
>
> Somente o comunismo é capaz de realizar uma democracia realmente completa; e, quanto mais ela for completa, mais rapidamente se tornará supérflua e desaparecerá por si mesma.

Pela primeira vez na história, as massas são chamadas ao governo. A revolução transforma "os organismos representativos em organismos atuantes". Seguindo o modelo da Comuna, os sovietes substituem o mandato representativo pelo mandato imperativo. Passa-se assim da ditadura democrática para a democracia direta e da democracia direta para o fim do Estado.

Esse belo encadeamento não se realizou. Uma *leitura estatista* de *O Estado e a Revolução* pode, pelo menos, reivindicar o argumento da realidade. A passagem do leninismo para o stalinismo foi historicamente possível. Isso significa, portanto, que ela o foi também teoricamente, ou seja, segundo a ordem do raciocínio.

A interpretação estatista do leninismo sublinha que, por trás de seus acentos libertários, Lênin reencontra *o Estado*; e, por trás da chegada das massas ao poder, *a dominação de uma vanguarda.*

"Todo o poder aos *sovietes*": a fórmula é vazia ou excessivamente cheia. Ela confunde tudo; com uma das mãos, concede a destruição do Estado, mas, com a outra, reintegra os sovietes na teoria repressiva. Pois, através dos sovietes, é *o Partido* que toma o poder, o Partido que exerce o poder, o Partido que constrói seu Estado. Os socialistas antiestatistas opõem então o par ditatorial Lênin-Stálin ao par libertário Marx-Engels. A ditadura do proletariado oferece o argumento privilegiado dessa oposição. Uns se contentam em contar: a ditadura do proletariado, noção central do leninismo, desempenha em Marx um papel apenas secundário, já que ele pouco a evoca: somente duas vezes, segundo Boris Souvarine, 11 vezes no máximo, segundo H. Draper. Mas Marx fala dela em seus principais textos políticos. Chegou mesmo a escrever:

> O que eu trouxe de novo foi provar ... que essa luta de classes leva necessariamente à ditadura do proletariado (*Carta a Weydemeier*, 1852).

Dir-se-á, então, que Marx não teorizou essa ditadura e lhe conferiu um conteúdo incerto (cf. Kautsky ou Maximilien Rubel).

Finalmente, terceiro argumento utilizado, a significação da ditadura do proletariado não é a mesma em Lênin, que lhe retira o conteúdo democrático. O pensamento político de Marx não teria deixado de ser democrático. Já o *Manifesto* definia a Revolução como "o movimento espontâneo da imensa maioria em proveito da imensa maioria". Quanto à ditadura do proletariado, é apenas um *poder democrático* revolucionário, conforme o modelo *da Comuna*:

> O filisteu social-democrata foi recentemente tomado por um sagrado terror ao ouvir as palavras "ditadura do proletariado". Pois bem, senhores, querem saber com o que se parece essa ditadura? Olhem para a Comuna de Paris: é a ditadura do proletariado (Engels, "Prefácio" de 1891 a Marx. *A guerra civil na França*, 1871).

Qualquer pessoa pode constatar que o poder soviético há muito não se inspira mais nas características da Comuna, sublinhadas por Marx: regime democrático.

> A Comuna foi composta de conselheiros municipais, eleitos por sufrágio universal nos diversos bairros da cidade. Eram responsáveis e revogáveis a qualquer momento.

Destruição do Estado, *destruição dos poderes*, do poder clerical:

> A Comuna colocou-se como tarefa quebrar o instrumental espiritual da opressão, o poder dos padres ... . [Esses] foram devolvidos ao tranquilo retiro da vida privada, para lá viver da esmola dos fiéis, tal como seus predecessores, os apóstolos.

Destruição da polícia, da administração, da justiça, cujos funcionários tornam-se responsáveis e revogáveis a qualquer momento. Destruição da *centralização*:

> O regime da Comuna, uma vez estabelecido em Paris e nos centros secundários, faria com que o antigo governo centralizado também nas províncias fosse substituído pelo autogoverno dos produtores (Marx, *A guerra civil na França*, 1871).

Última crítica: Lênin substitui a ditadura majoritária da classe majoritária pela *ditadura minoritária do partido de vanguarda.* Reencontramos aqui a acusação de blanquismo:

> Marx disse aos blanquistas: sim, nós queremos a ditadura ao mesmo tempo audaciosa e enérgica para defender a revolução; mas somos contra o que vocês desejam como ditadura: queremos a ditadura da classe, ou seja, do proletariado, e não a do partido revolucionário (Engels, 1874).

INDICAÇÕES BIBLIOGRÁFICAS

Châtelet, F., Evelyne Pisier-Kouchner e Jean-Marie Vincent, *Les marxistes et la politique*, PUF, 1975, col. "Thémis".

Coletti, L., *De Rousseau à Lenine*, Gramma, 1972.

Gorter, H., *Réponse à Lénine*, Librairie ouvrière, 1920 [ed. brasileira: *Carta aberta ao companheiro Lênin* (1920), in M. Tragtenberg (org.), *Marxismo heterodoxo*, Brasiliense, São Paulo, 1981, p.14-74].

Kautsky, K., *La dictature du prolétariat*, 1918, col. "10/18", 1972 [ed. brasileira: Kautsky/Lênin, *A ditadura do proletariado/A revolução proletária e o renegado Kautsky*, Ciências Humanas, São Paulo, 1979, p.3-87].

O fortalecimento do Estado

Ditadura do Partido, justificada em teoria, exacerbada na prática: com Lênin, já se torna problemático traçar a fronteira entre o teórico e o empírico. Stálin proclama-se herdeiro direto de Lênin, não sem razões, não sem abusos. Convém revelar a falsificação e indicar o que a autoriza. Em outras palavras: elucidar a continuidade/descontinuidade entre *Lênin e Stálin,* o que permite avaliar melhor as *críticas ao stalinismo,* assim como o novo rumo seguido pela oposição no pós-stalinismo: a *dissidência.*

De Lênin a Stálin (Trotski, Zhdânov, Stálin)

Antes de mais nada, uma realidade: o nascimento do Estado soviético não deu lugar, nos fatos, a nenhum "salto qualitativo" ou "ampliação" da democracia, mas – desde Lênin – ao seu contrário:

- redução progressiva da liberdade de imprensa e da liberdade de expressão;
- proibição oficial da greve (não se pode fazer greve contra si mesmo);
- recusa de admitir os comunistas de esquerda no Conselho de Comissários do Povo;
- criação da Tcheca, polícia política para reprimir os heterodoxos;
- proclamação oficial do "Terror Vermelho" para "defender" a Revolução;
- subordinação dos sindicatos: "o trabalho deles ... é convencer as massas" (Lênin);
- funcionarização da administração, burocratização dos sovietes;
- dissolução da Assembleia Constituinte, onde os bolcheviques eram minoritários;

- proibição do pluripartidarismo, inclusive limitado aos defensores do socialismo;
- supressão autoritária das frações no seio do Partido único;
- justificação do recurso à ditadura.

Cada uma dessas medidas deu lugar a inumeráveis debates na literatura socialista. A tendência dominante as justifica em nome das necessidades práticas e das ameaças contra a Revolução agredida: realidades políticas que seria difícil negar ou álibis de uma engrenagem fatal? O debate, em certo sentido, é puramente empírico; em outro, imortal. Não seria possível deixar de sublinhar as peças teóricas que constituem a trama do fortalecimento do Estado, os dois principais pontos de articulação entre Stálin e Lênin: o socialismo em um só país; o agravamento da luta de classes.

O socialismo em um só país. Com Trotski, Lênin acreditou durante muito tempo que "a salvação só é possível pelo único caminho da revolução socialista internacional". Sua lei do desenvolvimento desigual introduziu a primeira brecha: a Revolução podia começar num só país. Mas ela deveria rapidamente se estender ao restante da cadeia imperialista, em particular através da transformação da guerra internacional em guerra revolucionária mundial. A partir de 1918, Lênin vê nessa ideia nada mais do que um "conto de fadas". Passa-se assim da *revolução* em um só país ao *socialismo* em um só país. O ponto de vista torna-se tese oficial somente sob Stálin, mas "tem sua origem no leninismo" (H. Lefebvre). Esse deslizamento permite passar sub-repticiamente do leninismo trotskista ao stalinismo leninista, e do socialismo internacional ao *socialismo nacional*:

> A doutrina de Stálin leva a esse notável resultado: ela suprime aparentemente a contradição que existe na Rússia soviética entre o mito socialista e a realidade. É a ditadura do proletariado que reina na Rússia e sua tarefa consiste em realizar o socialismo integral com a eliminação total dos elementos capitalistas .... Desde 1925, o mito da Rússia soviética consiste no fato de que a teoria bolchevique oficial faz passar o socialismo nacional, tal como existe na Rússia, pelo socialismo marxista ortodoxo (A. Rosenberg, *Histoire du bolchevisme*, cit.).

INDICAÇÕES BIBLIOGRÁFICAS

Korsch, K., Paul Mattick, Anton Pannekoek, Otto Rühle e Helmut Wagner. *La contre-révolution bureaucratique*, Ch. Bourjois, col. "10/18", 1973.

Lefebvre, H., *Pour connaître la pensée de Lenine*, Bordas, 1957, reed. 1977.

Nos anos 1928-29, o stalinismo se afirma. O socialismo em um só país é elevado ao nível de teoria; completa-se com um projeto de industrialização acelerada, que impõe destruir os *kulaks* e realizar a coletivização forçada da agricultura. Para isso, Stálin retoma de Lênin a tese segundo a qual a ditadura do proletariado se justifica pela *intensificação da luta de classes.* O Estado socialista, o "meio-Estado" da ditadura do proletariado, esvazia-se então de todo conteúdo democrático. Sobre o socialismo, transição entre o capitalismo e o comunismo, Lênin escreveu:

> O período de derrubada e supressão completa da burguesia ... é necessariamente marcado por uma luta de classes de intensidade sem precedentes .... O Estado desse período, portanto, deve necessariamente ser democrático de um modo novo e (para os proletários) ditatorial de um modo novo contra a burguesia.

Stálin conserva apenas a parte ditatorial da frase, para melhor justificar a repressão, inclusive contra os comunistas moderados:

> *Bukharin* supõe que, sob a ditadura do proletariado, a luta de classes deve se extinguir e desaparecer .... Ora, Lênin nos ensina que as classes só serão abolidas depois de uma luta de classes mais perseverante, mais encarniçada ainda sob a ditadura do proletariado do que antes dela.

O stalinismo força assim os textos de Lênin para chegar à identificação teórica entre Estado socialista e Estado soviético. O fortalecimento do Estado inscreve-se então em linha de continuidade direta com o leninismo, já que é na União Soviética que se constrói o socialismo, e as condições particulares de seu desenvolvimento impõem o afastamento de qualquer referência à extinção do Estado. Dito isso, é certamente necessário que o socialismo progrida, que a abolição das classes termine por se delinear no horizonte, sem o que a referência ao marxismo-leninismo perderia qualquer verossimilhança. Disso resulta a nova tese sobre o advento da *sociedade sem classes*:

> A sociedade soviética de nossa época, ao contrário de qualquer sociedade capitalista ..., não tem mais em seu seio classes antagônicas, inimigas ...; as classes exploradoras foram liquidadas (Stálin, 1939).

Mas como justificar a persistência do Estado quando desapareceu o antagonismo das classes que é o seu fundamento? Por um atalho engenhoso: *o cerco capitalista*. Se o esquema da extinção do Estado não funciona exatamente como previsto, apesar dos progressos do socialismo na União Soviética, a culpa é do outro, do inimigo, do mundo capitalista hostil, sempre pronto a intervir militarmente para restaurar o capitalismo. O Estado soviético está cercado; portanto, não pode desaparecer.

A Constituição de 1936 proclama o fim de toda função de repressão interna. Os opositores mudam de qualidade. Não são mais "inimigos de classe", mas "cúmplices do imperialismo". É assim que se explica o fato de que a repressão tenha podido atingir o proletariado e os próprios comunistas. O *Partido* é, por excelência, o órgão dessa repressão. Stálin pode se proclamar, sobre esse ponto, continuador de Lênin: para ganhar a luta de classes intensificada ou a luta contra os agentes do estrangeiro, o Partido deve reforçar o seu monolitismo. Ele exerce seu poder tirânico e confere legitimidade em todos os domínios, inclusive na arte (Jdanov) ou na biologia (Lysenko). Ele sabe e diz o Verdadeiro, o Belo, o Bem. E sua autoridade se estende a todos os cidadãos, pois o Estado é o Partido, o Partido é o Estado.

INDICAÇÃO BIBLIOGRÁFICA

Jdanov, A., *Sobre a literatura, a filosofia e a música*, 1947 e Stálin (Joseph Vissarionovitch Djugatchvili), *Quesitos do leninismo* (artigos), 1926.

A crítica do stalinismo (Luxemburgo, Trotski, Djilas)

A avaliação do stalinismo é condicionada, pelo menos à esquerda, pelo balanço das continuidades e descontinuidades entre Marx-Lênin-Stálin. O encadeamento salta aos olhos porque cada um pôde, com certa credibilidade, reivindicar o precedente. Marx autoriza Lênin, que autoriza Stálin. Mas as rupturas teóricas não deixam por isso de existir; e elas permitem fazer uma escolha no cardápio. De Marx a Stálin, sobre as questões-chave da Revolução e do Estado, há uma sucessão de inflexões:

	Marx-Engels	*Trotski*	*Lênin*	*Stálin*
REVOLUÇÃO e	*Revolução simultânea* nos países capitalistas desenvolvidos	*Revolução permanente*, nacional e, depois, mundial	*Revolução na Rússia*, socialismo na Rússia, revolução no mundo	*Socialismo em um só país*
construção do socialismo	"Reino mundial do proletariado" (Estatutos da AIT, 1864)	"A revolução socialista ... não pode ser mantida nos quadros nacionais"	Socialismo em um só país, esperando a revolução na Europa	Os interesses da Revolução se reduzem aos interesses da União Soviética ameaçada
PARTIDO	Partido = instrumento de coordenação	Partido = centro de organização da revolução mundial	Partido = vanguarda que dirige a Revolução e o Estado	Partido = Estado Estado = Partido
Ditadura do proletariado	Ditadura muito provisória do proletariado	Ditadura do partido, ao mesmo tempo ditatorial e democrática		Ditadura ditatorial do partido
ESTADO	*Abolição rápida* do Estado	*Extinção progressiva* do Estado		*Fortalecimento* do Estado

A *crítica trotskista* se antecipa a todas as outras, já que ganha corpo à medida que Joseph Stálin ascende. Todavia, outros revolucionários souberam denunciar a ameaça burocrática, antes mesmo que ela se manifestasse em toda sua dimensão. E souberam fazê-lo em termos de uma nitidez que Trotski jamais alcançará. É assim que Rosa Luxemburgo lembra aos bolcheviques que eles têm o dever de

> substituir a democracia burguesa pela democracia socialista e não suprimir qualquer democracia;
>
> fazer com que "a democracia socialista não comece somente na Terra Prometida, quando a infraestrutura da economia socialista houver sido criada";
>
> lembrar que a liberdade somente para os partidários do governo, somente para os membros do partido – por mais numerosos que sejam – não é liberdade ....
>
> A liberdade é sempre, pelo menos, a liberdade de quem pensa diferentemente.

Trotski não podia sequer ter acesso a essas evidências: sua luta "contra a burocracia carecia de base, porque Trotski era objetivamente um artesão dessa burocracia" (Cl. Lefort). Em 1921, ele condena as teses da *Oposição Operária* sobre a democracia no partido e sobre a gestão operária confiada aos sindicatos; aprova os bombardeios dos insurrectos de Kronstadt, que reclamavam eleições livres para os sovietes. Só a partir de 1923 é que a oposição de esquerda trotskista evoca os "sintomas de degenerescência" e as "ameaças de um *Termidor*".

Trotski funda sua condenação sobre a denúncia da tese do socialismo em um só país; e, portanto, limita sua crítica ao stalinismo, ainda que a torne mais complexa com o passar dos anos. Qualquer que seja a amplitude de sua análise *da burocracia*, ele se recusa a ver nela um novo sistema de exploração, uma nova classe dirigente. Ela é apenas uma casta parasitária:

> Quando a burocracia rouba o povo .... estamos diante não de uma exploração de classe, no sentido científico da palavra, mas de um parasitismo social, ainda que em grande escala .... O clero da Idade Média era uma classe ..., na medida em que sua dominação se apoiava num sistema determinado de propriedade fundiária e de servidão. A atual Igreja não é uma classe exploradora, mas uma corporação parasitária.

A burocracia corresponde, evidentemente, a muito mais do que um simples parasitismo; Trotski, porém, não o admite, por temor de pôr em questão o próprio bolchevismo. Para valorizar as conquistas de Outubro de 1917, ele subestima o stalinismo. O Estado stalinista é assim um *Estado operário degenerado*: degenerado, mas operário. Dizer mais (para pior) seria considerar que não havia sido necessário fazer a Revolução de 1917.

No Leste, emergiram *outras críticas*, mais radicais. Na Iugoslávia, Milovan Djilas, expulso da Liga dos Comunistas em 1954 por "desvio burguês", considera a burocracia *uma nova classe dirigente*:

> Classe: ela toma "posse das riquezas nacionais em nome da coletividade".
>
> Nova: ao contrário das precedentes, que "só obtiveram o poder depois da formação de novas estruturas econômicas no seio da velha sociedade", a burocracia não tomou o poder para "completar uma ordem econômica renovada", mas para "estabelecer" seu próprio sistema econômico e instaurar, desse modo, seu poder sobre toda a sociedade.

Na Polônia, Kuron e Modzelewski anunciaram, em 1964, uma crise geral da economia e choques entre as forças revolucionárias e a classe dominante do socialismo burocrático. Classe dominante de tipo original, ligada às necessidades de industrialização de um país subdesenvolvido. A burocracia é a única a responder a essas necessidades, porque

> é a única a poder fazer da industrialização – ou seja, da produção pela produção – seu interesse de classe.
>
> A burocracia política central é uma classe dominante: tem o poder exclusivo sobre os meios de produção de base, compra a força de trabalho da classe operária, toma-lhe através da força bruta e da coerção econômica o produto excedente, que explora para objetivos hostis ou alheios aos operários, ou seja, com o objetivo de ampliar e de reforçar seu poder sobre a produção e a sociedade.

Na Alemanha Oriental, Rudolf Bahro – filósofo comunista condenado a oito anos de prisão, em 1977, depois de ter escrito *A alternativa: para uma crítica do socialismo realmente existente* – desenvolve uma análise marxista dos países ditos socialistas:

> A análise nos leva a definir um conceito geral de "via não capitalista", que compreende a maioria dos países que se intitulam socialistas, bem como a buscar a origem dessa via não capitalista na herança do chamado modo de produção asiático. É sobre isso que se funda a análise da evolução da Rússia ... que passou de um despotismo agrário a um despotismo industrial.

Todas essas tentativas teóricas foram reprimidas, já que todas iam demasiadamente longe, condenando as raízes do sistema, muito além dos limites aceitos pela chamada desestalinização.

INDICAÇÕES BIBLIOGRÁFICAS

Bahro, R., *L'alternative*, 1977, Stock, 1979 [ed. brasileira parcial: *A alternativa*, Paz e Terra, Rio de Janeiro, 1980].

Djilas, M., *La nouvelle classe dirigeante*, Plon, 1957 [ed. brasileira: *A nova classe dirigente*, Agir, Rio de Janeiro, 1958].

Kuron, Modzelewski, *Lettre ouverte au Parti polonais*, 1964, Maspero, 1969.

Trotski, *Novo curso*, 1923; *A Quarta Internacional e a URSS*, 1933; *A revolução traída*, 1936; *Stálin*, 1940.

A desestalinização

Em 1956, o XX Congresso do Partido Comunista da União Soviética condenou – oficialmente, mas de modo secreto – o stalinismo, considerado como um *culto à personalidade*. Expressão de uma incontestável verdade, mas de extrema pobreza teórica para caracterizar o sistema stalinista.

A autocracia de Stálin foi certamente o coroamento do sistema, mas foi sobretudo sua verdade. A onipotência e a onisciência de Stálin são a conclusão lógica do delírio que é a interpretação do marxismo como filosofia da história de tipo agostiniano. O paralelismo com a visão providencialista de um Bossuet é chocante; nessa visão, um certo número de encarnações devem levar ao "Fim do Tempo".

Em Bossuet,	*aqui*,
Deus se encarna em Cristo;	as massas se encarnam no proletariado;
o Cristo, na Igreja;	o proletariado, em "seu" partido;
a Igreja, no papa.	o partido, em seu secretário-geral.

O chefe, parteiro genial da sociedade comunista! Foi necessário o desaparecimento físico do tirano e o vazio assim criado para que esse delírio fosse substituído, sob a pressão das camadas de técnicos, por um Estado igualmente autoritário, mas que atua de modo mais matizado.

Os limites teóricos da crítica oficial do stalinismo são diretamente determinados pelos limites práticos da desestalinização. Trata-se de mudar os procedimentos sem subverter o sistema. Portanto, o regime stalinista continua a ser considerado como globalmente positivo; e suas "bases socialistas" estão intactas. Kruschev atribui exclusivamente à personalidade e aos métodos de direção de Stálin os malefícios do período.

No seio dos partidos comunistas ocidentais, alguns julgaram a análise um pouco limitada, em função dos fatos revelados: manipulação, petrificação dos dogmas, esmagamento da democracia, estabelecimento de normas "infernais" nas fábricas, deportação de populações inteiras, liquidação física de milhões de pessoas, comunistas ou não. Assim, Togliatti – dirigente do Partido Comunista Italiano – sublinha:

> Supor que uma personalidade, ainda que tão importante como Stálin, tenha podido mudar nosso regime social e político é contradizer os fatos, o marxismo, a realidade: é cair no idealismo.

Dessa suposição, Togliatti extrai importantes consequências políticas, os elos que levarão ao *eurocomunismo*: o policentrismo, a afirmação de que existem caminhos nacionais para o socialismo; o caminho italiano, "constitucionalista", democrático, pluralista, eurocomunista por antecipação.

O Partido Comunista Francês não irá tão rápido nem tão longe, reservando essas audácias a alguns dos seus membros, mais ou menos marginais. Roger Garaudy inspira-se em Gramsci e prega um novo bloco histórico entre operários e intelectuais. É expulso do PCF em 1970. Jean Ellenstein não o é. Ele estuda o "fenômeno staliniano" segundo uma problemática na qual as condições históricas particulares da Rússia substituem o culto da personalidade como chave explicativa. A história explica: e o comunismo francês será diferente. No outro polo do PCF, Louis Althusser propõe "um conceito, ainda que provisório: o desvio stalinista". Ele caracteriza a Segunda Internacional social-democrata pelo "par humanismo/economicismo" e sugere que o stalinismo é "uma forma de desforra póstuma da Segunda Internacional".

INDICAÇÕES BIBLIOGRÁFICAS

Althusser, L., *Réponse à John Lewis*, Maspero, 1973 [ed. brasileira: *Resposta a John Lewis*, in *Posições* – 1, Graal, Rio de Janeiro, 1978, p.13-71].

Ellenstein, J., *Le phénomène stalinien*, Grasset, 1976.

Garaudy, R., *Le grand tournant du socialisme*, Gallimard, 1970, col. "Idées" [ed. brasileira: *A grande virada do socialismo*, Civilização Brasileira, Rio de Janeiro, 1971].
Lazitch, B., *Le rapport Khrouchtchev et son histoire*, Seuil, 1979, col. "Points".
Togliatti, P., *Le Testament de Togliatti*, Maspero, 1964 [ed. brasileira: "Memorial de Ialta" (1964), in Togliatti, *Socialismo e democracia. Obras escolhidas 1944/1964*, Muro, Rio de Janeiro, 1980, p.225-35].

Dissidências

Os eurocomunistas e alguns outros discutem ainda sobre a natureza do stalinismo, seus efeitos, suas sequelas. Mas a margem se estreita: até onde é possível empenhar-se na denúncia de um regime para o qual se conserva a etiqueta de "socialista". A dissidência se situa além: ela indica uma ruptura. Os dissidentes se colocam "fora do sistema e de seu fundamento ideológico". Não esperam mais a liberalização da desestalinização, não sonham mais com uma reforma interna. Indicam diretamente o caráter monstruoso do Estado socialista que perdura e se fortalece.

Hungria, 1956; Polônia, 1956; Tchecoslováquia, 1968; Polônia, 1970; Polônia, 1980: em todos os casos, revoltas antitotalitárias, sublevações da classe operária contra si mesma, ou seja, contra o Estado que pretende encarná-la; em todos os casos, fermentos da dissidência, dilacerações flagrantes dos discursos sobre o Estado da classe operária em processo de extinção. Ao mesmo tempo, paradoxalmente – imenso sofrimento, indizível ironia –, a dissidência se apodera da arma legalista. A partir do processo contra Siniavski e Daniel (1966), criam-se comitês, que reclamam a aplicação das Constituições, das leis, da Declaração Universal dos *direitos do homem*. Desse movimento, surge também uma obra literária e política.

Também aqui, só há novidade para os que se recusavam a saber. Desde os anos 1930, Boris Souvarine denunciava o assassinato das liberdades e o extermínio da elite camponesa. Ele apresenta a "incrível" cifra de dez a 15 milhões de deportados. Hoje, a dissidência quebrou a intransponível barreira entre o amigo e o inimigo: o silêncio não dita mais a lei. Os testemunhos e análises se multiplicam. Sob formas novas. Vejamos o que diz Zinoviev, em *Os cumes escarpados* (1977):

> Não é de se excluir que existam situações onde todo um povo é culpado de um crime contra um único indivíduo.
> – Isso é casuística, diz ela.
> – É essa casuística que funda toda a civilização do Direito, diz ele.

– Mas se os interesses do povo... diz ela.

– Então, todo o código não passa de uma grande palhaçada, diz ele. Uma sociedade cujo *slogan* oficial é que os interesses do povo estão acima dos interesses dos indivíduos é uma sociedade sem Direito. Pura e simplesmente.

Anticomunismo radical, que não evita apreciações heréticas:

Na época do stalinismo, "o país conheceu uma promoção sem precedentes na história da humanidade; milhões de pessoas deixaram as camadas inferiores da sociedade para se tornarem contramestres, engenheiros, professores, médicos, atores, oficiais, pesquisadores, escritores etc." ("Victimes et complices", *Le Monde*, 22 de dezembro de 1979).

A despeito de todos os seus horrores, o stalinismo foi um autêntico poder do povo (Zinoviev, ibid.).

Em 1976, Pinochet e Brejnev trocaram seus "dissidentes": o comunista chileno Corvalán e o "louco" soviético Bukovski. Confissão que, a seu modo, Bukovski revela:

Por que você não se levanta quando um chefe entra?

Economizo minhas forças. – Sete dias de prisão como castigo.

Por que você não quer trabalhar?

Com 450 gramas de pão, não se resolve muita coisa.

Lembre-se de que, durante a guerra, no tempo do bloqueio, os habitantes de Leningrado recebiam apenas 200 gramas por dia: e, apesar disso, trabalhavam.

Ou seja: eles mesmos se comparavam aos fascistas.

INDICAÇÕES BIBLIOGRÁFICAS

Bukovski, V., *Et le vent reprend ses tours*, Laffont, 1978.

Soljenitsin, A., *L'archipel du Goulag*, Le Seuil, 3 vols., 1974-76 [ed. brasileira: *O arquipélago Gulag*, Difel, São Paulo].

Zinoviev, A., *L'avenir radieux*, L'Age d'homme, 1978.

CAPÍTULO VII

O Estado-Força

Estado total, poderíamos dizer, se a expressão não convidasse a confundir fascismos e socialismos; Estado racial, se ela não induzisse a uma assimilação abusiva da Itália mussoliniana com a Alemanha de Hitler; Estado-Povo, se essa tradução do alemão *völklisch* não privilegiasse apenas um termo (povo) em detrimento do outro (raça), quando precisamente a palavra *völklisch* os funde. Portanto, usaremos Estado-Força, embora todo Estado funcione em maior ou menor medida com base na coerção; e o faremos porque o nazismo, os fascismos e as doutrinas contrarrevolucionárias que os precederam ou os acompanharam têm em comum a luta por um Estado forte que não seja limitado pelo direito, sem nem mesmo apresentar a desculpa ou o pretexto de sua futura extinção.

Isso não anula que entrecruzamentos ocorram, nem que toda classificação tome partido. Ainda que, no caso em pauta, seja possível reivindicar a seriedade da análise para escapar à alternativa corrente, em virtude da qual seria preciso ou confundir stalinismo e nazismo sob todos os pontos de vista, ou passar por um defensor do Gulag. É verdade que Mussolini começou como socialista revolucionário e que não precisou de nenhuma ruptura radical para chegar ao fascismo; como também é verdade que Maurras, por suas nostalgias, liga-se mais a Chateaubriand do que a Hitler. A história das ideias convida a uma pluralidade de associações; mas, como se disse, o jogo das filiações importa menos do que a revelação dos efeitos reais produzidos por esse ou aquele pensamento. Charles Maurras não atraiu ninguém para o liberalismo democrático; ao contrário, ele não foi estranho à aceitação do nazismo por boa parte das elites políticas, econômicas e intelectuais francesas.

O mesmo problema se coloca, mas com um risco ainda maior de arbitrariedade, no que se refere às ideologias mais novas – mais recentemente formuladas –, as quais, por definição, são excessivamente jovens para ter produzido seus efeitos, sobretudo na medida em que permanecem marginais ou minoritárias. A nova direita não reivindica sua inclusão – de resto, contestável – na linhagem nazista. O elitismo argumentado pela biologia inscreve-a indubitavelmente na continuidade contrarrevolucionária; mas alguns liberalismos também se construíram com base no culto da elite. Contudo, ela será incluída nesse capítulo porque, na configuração ideológica do século que acaba, ela ocupa um lugar análogo ao dos contrarrevolucionários do fim do século XIX e dos fascistas dos anos 1930. A nova direita remete à antiga, sem que o fascismo possa ser considerado como um simples parêntese.

A DIREITA CONTRARREVOLUCIONÁRIA: DO NACIONALISMO AO RACISMO

O nacionalismo integral

A direita francesa da primeira metade do século XX é dominada pela personalidade de Charles Maurras: "Uma das maiores forças intelectuais de nosso tempo" (Malraux), "um dos mestres de nossa geração" (Mauriac), "meu mestre" (Montherlant). Num período marcado pela crise das democracias parlamentares e do capitalismo na Europa, o papel desempenhado pela doutrina maurrasiana revelou-se complexo, para não dizer contraditório. É habitual sublinhar as diferenças, até mesmo as incompatibilidades, entre o nacionalismo integral e as ideologias fascistas. Com efeito, veremos que o aspecto reacionário do maurrasismo opunha-se à "revolução fascista"; mas, em seguida, iremos precisar como a direita francesa foi igualmente revolucionária e pré-fascista. No final das contas, se o nacionalismo francês afastou a França do fascismo, não deixou por isso de forjar "as origens francesas do fascismo".[1]

A unidade do pensamento maurrasiano – e, mais ainda, da direita francesa anterior à Segunda Guerra Mundial – repousa em sua determinação contrarrevolucionária. Contra a Revolução Francesa, antes de mais nada; contra a revolução bolchevique, como é evidente, mas na maioria dos casos de modo acessório; contra o igualitarismo que as une, a Ação Francesa pregou uma contrarrevolução política e social. Contra julho de 1789, em favor de julho de 1940. Ela aspira a um Estado forte, talvez cúmplice do Estado fascista, mas diferente dele.

A *contrarrevolução política* condena os ideais da Revolução Francesa e lhes opõe as virtudes da monarquia.

---

[1] Para retomarmos o pertinente subtítulo do livro de Zeev Sternhell, *La droite révolutionnaire, 1885-1914*, Paris, Le Seuil, 1978, col. "L'Univers Historique".

Por um lado, Maurras se contenta em retomar os argumentos do tradicionalismo contra a democracia. Como Burke, Bonald e Maistre, 1789 lhe parece *antinatural*, na medida em que a natureza se identifica com a continuidade da ordem histórica. Mas o *historicismo* de Maurras é *laicizado.* Sabe-se que Maurras não chegou a crer e recusou-se a abandonar seu ateísmo,[2] embora ele contivesse grandes inconvenientes políticos.[3] O cristianismo lhe era particularmente insuportável: "Há no Evangelho um almanaque para formar um bom demagogo anarquista" ("Ele depôs os poderosos", "Ele cumulou os famintos de bens", "Ele expulsou os ricos depois de tê-los despojado" etc.). Todavia, se Maurras recusava "o Cristo judeu cercado de judeus obscuros", cobria de louvores a Igreja Católica por ter implantado uma construção de ordem, de razão, de sabedoria, de autoridade e de conservadorismo, a partir de uma mensagem confusa, judaica, oriental, anarquista. A Igreja soube deformar, violar e trair as Escrituras subversivas; essa foi sua genialidade política.

Vê-se aqui a roupagem modernista de Maurras, o seu *positivismo.* Pouco lhe importa, em última instância, ter de crer em Deus para apoiar a Igreja, já que a influência política dessa é benéfica. Do mesmo modo, ele denuncia o irracionalismo da Revolução. Decerto, Burke já voltara a Razão contra seus filósofos, mas através de uma definição da razão pelos preconceitos, retomada por Taine ("a natureza e a história escolheram previamente por nós") ou Barrès ("vamos nos vestir com nossos preconceitos, eles nos aquecem"); ou, em outras palavras, através de uma recusa da inteligência ("essa pequena coisa na superfície de nós mesmos"). Ao contrário, Maurras apela para a inteligência clássica, para a razão positiva, experimental, prática; e é em nome da civilização, laboriosa construção da razão, que ele denuncia a Revolução. Foi "pela análise dos últimos *erros literários do romantismo* que fomos levados, e até mesmo arrastados, ao estudo do erro moral e político de um Estado em revolução". Odiando o romantismo – bárbaro por ser estranho às letras clássicas, preferindo os impulsos à razão, a desordem e a indisciplina à ordem greco-latina –, Maurras chega a recusar a Revolução, já que o romantismo "não passa de uma consequência literária, filosófica e moral da Revolução". Raciocínio surpreendente, pouco suscetível de arrastar as massas; e referência à razão positiva, que pretenderá ser um dique contra as torrentes irracionais do fascismo.

---

[2] Se deixamos de lado sua conversão *in extremis*, arrancada em seu leito de morte pelo abade Cormier, e ao qual Maurras concedeu: "Estou cansado de raciocinar."

[3] A Ação Francesa recrutava o grosso de sua clientela nos meios católicos. O ateísmo de Maurras implicou a condenação do seu movimento e a excomunhão de seus membros entre 1927 e 1939.

Esse moderantismo reacionário reencontra-se no *monarquismo* da Ação Francesa. A monarquia é necessária, pois somente o rei pode salvar a França. O princípio monárquico é superior: é imposto pelo nacionalismo, pela hereditariedade.

> Uma vez colocada a vontade de conservar nossa pátria francesa como postulado, tudo se encadeia, tudo se deduz de um movimento inelutável. A fantasia, a própria escolha não desempenham nisso nenhum papel: se você está resolvido a ser patriota, terá obrigatoriamente de ser monarquista .... A razão o quer. É preciso segui-la e ir até onde ela conduz (Charles Maurras, *Mes idées politiques*, 1937, p.280).

Essa geração, marcada pela derrota de 1870, imputava a responsabilidade de tal derrota à deriva democrática impotente em face do autoritarismo prussiano: "Um país democrático não pode ser bem governado, bem administrado, bem comandado" (Ernest Renan, *La Réforme intellectuelle et morale de la France*, 1871). Se o nacionalismo exige a pirâmide das obediências, e, portanto, a hierarquia monárquica, a hereditariedade a justifica. "Nasce-se juiz ou mercador, militar, agricultor ou marinheiro." O príncipe é assim "uma variedade social do tipo do homem". A hereditariedade confere ao poder a força, a duração e a continuidade das quais carece cruelmente o regime democrático.

Em que o monarquismo maurrasiano se afastaria do fascismo? Em primeiro lugar, ele desviaria os seus adeptos dos movimentos de massa fascistas. O monarca hereditário não tem muito a ver com o chefe carismático que inflama suas coortes. Os caminhos propostos pela Ação Francesa para a tomada do poder permaneciam relativamente tranquilos, pelo menos no plano verbal. O momento doutrinário predominava sobre tudo: "política antes de mais nada." Advertido pela derrota boulangista, Maurras tirou a seguinte conclusão: "Não há nenhuma possibilidade de restauração da coisa pública sem doutrina." Os partidários do nacionalismo integral, portanto, eram convidados a propagar a doutrina. Num segundo momento, com os progressos da "mentalidade conspirativa", chegou a hora do "golpe de força". Maurras atrasa um século e oferece como modelo *Mademoiselle Monck* (publicado em 1910, com um prefácio de Andre Malraux), uma bela mulher convencida por seu amante a apoiar Luís XVIII e que soube persuadir Talleyrand a aderir aos Bourbon. Assim, como se lamentava Georges Valois, "Maurras – em vez de organizar as forças nacionais para a conquista do poder – sempre considerou que atuaria através do espírito sobre o Homem, militar ou civil, que daria o golpe".

Por outro lado, a concepção maurrasiana do Estado monárquico está bastante longe da concepção do Estado fascista. Ela não se apoia numa mobilização popular, o que lhe tira a componente de massa própria dos fascismos. Barres compreendera isso, afirmando que "uma inteligência julgando *in abstracto* adota o sistema monárquico que constituiu o território francês" (Resposta a Maurras, in *Enquête sur la monarchie*, 1900), mas considerava indispensável aceitar a Revolução. Para além da questão do regime, Maurras desejava a restauração de um Estado forte, mas evitava o estatismo e não aderiu à concepção totalitária do Estado: "Quando o Estado se torna tudo, o Estado não é mais nada." Embora tenha apreciado Mussolini, não aceitou a estatolatria mussoliniana, segundo a qual "tudo está no Estado, nada contra o Estado, nada fora do Estado". Maurras considera, ao contrário, que "a sociedade, tanto espiritual como temporal, é anterior – lógica e historicamente – ao Estado". Se retomarmos a classificação dos tipos de Estado proposta em 1934 pelo jurista nazista Ernst Rudolf Huber, veremos que Maurras se situa, em última instância, na categoria não fascista:[4]

A Sociedade	*O Estado*	*Estado e Sociedade*
domina o Estado	domina e forma a sociedade	reunidos numa unidade nova
Estado dos partidos (democracias)	Estado absoluto (Itália fascista)	Estado *völklisch* (Alemanha nazista)
Estado de um partido (bolchevismo)		

O nacionalismo integral se alimentava mais da fonte liberal, afirmando que

> o Estado e a sociedade são coisas distintas. A sociedade começa *pela família*, sua primeira unidade. Continua no *município*, na *associação* profissional e confessional, na variedade infinita de grupos, corporações, companhias e comunidades, na ausência dos quais toda vida humana desapareceria. *O Estado* é apenas um órgão, indispensável e primordial, da sociedade. O Estado, qualquer que seja ele, é o funcionário da sociedade (Maurras, *Mes idées politiques*, 1937, p.122).

E Maurras irá encontrar acentos tocquevillianos para pregar uma monarquia *descentralizada*. O corporativismo só aparentemente aproxima o na-

[4] Sobre essa tipologia, ver Jean-Pierre Faye, *Langages totalitaires*, 1972.

cionalismo francês do fascismo, pois se trata de dois tipos diferentes de corporativismo:

	Corporativismo fascista	*Corporativismo associacionista*
Natureza da corporação	Engrenagem política	Instituição social
Extensão do corporativismo	Conjunto da sociedade	Domínio profissional
Criação	Obrigatória	Facultativa
Estruturas e poderes	Decididos pelo Estado	Definidos pelos interesses
Designação dos dirigentes	Homologados pelo Estado	Designados pelos interessados

No sistema fascista, as corporações são um instrumento em mãos do partido único para permitir ao Estado estender seu controle sobre a sociedade subordinada. A política estende sua dominação sobre todas as esferas da vida. Para o nacionalismo integral, trata-se, ao contrário, de "subtrair o domínio social das paixões e dos interesses da política". Nesse sentido, e mais uma vez, é por se pretender reacionário que o nacionalismo francês impede-se de ser fascista. A modernidade do estatismo, levado às suas mais extremas consequências pelo fascismo, ele opõe a nostalgia das corporações do Antigo Regime.

Dito isso, e recordadas essas diferenças, Maurras não teria interessado tanta gente se se limitasse a lamentar o desaparecimento das corporações profissionais ou a defender o retorno do duque de Orléans ao trono. Se o discurso nacionalista dessa direita se limitasse aos arcaísmos evocados acima, não teria feito mais do que abalar o consenso sobre a democracia parlamentar. Mas ele carreava igualmente um delírio racista, tanto mais *aceitável* na medida em que era acompanhado pelas abstrações mais moderadas sobre as virtudes do classicismo.

INDICAÇÕES BIBLIOGRÁFICAS

Barrès, M., *Les déracinés*, 1897; *Scènes et doctrines du nationalisme*, 1925.

Maurras, C., *Enquête sur la monarchie*, 1900; *Mes idées politiques*, 1937; *Dictionnaire politique et critique*, editado por Pierre Chardon, Fayard, 1932-35, 5 vols.

Sternhell, Z., *Maurice Barrès et le nationalisme français*, Colin, 1972.

Weber, E., *L'Action Française*, Stock, 1962.

O racismo pré-fascista

Era algo corrente, no século XIX, se ser racista e não ocultar demasiadamente o fato. A *esquerda* teve seus antissemitas, entre os quais várias figuras do socialismo francês. Fourier observou: "Os judeus se arrogam o título de povo de Deus e foram o verdadeiro povo do inferno." Seu discípulo Alphonse de Toussenel publicou, em 1845, *Os judeus, reis da época: História da feudalidade financeira*; em 1848, participou na Comissão de Trabalho implantada por Louis Blanc. Proudhon ia mais longe:

> O judeu é o inimigo do gênero humano. É preciso fazer com que essa raça volte para a Ásia ou teremos de exterminá-la. E, moderando sua posição, diz: "Tolerar os anciãos que não geram mais."

Blanqui não está longe de partilhar esse ponto de vista: "O sufrágio universal é uma coisa já julgada … . É a entronização definitiva dos Rothschild, o advento dos judeus." Seu adjunto, o comunardo Tridon, publicou *Sobre o molochismo judeu* (Bruxelas, 1884), cujo programa exorta "a raça indo-ariana" a combater "o espírito e as ideias semíticas".

Com Edouart Drumont, *o racismo passa para a direita*. O antissemitismo deixa de ser um complemento, primitivo mas secundário, do anticapitalismo, para se tornar seu sustentáculo. *A França judaica* (1885) pretende demonstrar que os judeus introduziram o capitalismo na França por causa de sua qualidade racial. "O antissemitismo jamais foi uma questão religiosa; foi sempre uma questão econômica e social." Não nos deixemos enganar: se o judeu é o inimigo social, isso resulta de sua raça:

> • O semita é negociante por instinto, tem a vocação para o tráfico, a genialidade para tudo o que for troca, para tudo o que for oportunidade de enganar seu semelhante.
> • O ariano é agricultor, monge e, sobretudo, soldado: a guerra é seu verdadeiro elemento, ele corre alegremente para o perigo, desafia a morte (*La France juive*, Flammarion, 1885, p.10).

Essa dicotomia delirante dirigia-se ao mesmo tempo às massas oprimidas pelo capitalismo e aos aristocratas expropriados pela burguesia. A *Ação Francesa* não se enganou de modo algum: "As duas paixões (plebiscitária e antissemita) são certamente as únicas forças revolucionárias que o nacionalismo pode opor atualmente ao parlamentarismo que nos entrega ao estrangeiro" (Henri Vaugeois). Os judeus não são somente responsáveis pelo capitalismo, mas também pela Revolução Francesa. Com efeito, Maurras escreve - sem rir - que "a Revolução procede na França de um esforço do Estrangeiro e de seus prepostos, com o objetivo de expulsar o indígena". Ela nos submete às "dinastias judaicas e metecas".

O racismo maurrasiano pregava quatro grandes exclusões, atacando:

- *os metecos*, ou seja, os estrangeiros, quaisquer que sejam, mas sobretudo os que vêm do Leste, desse Oriente que obcecava Maurras, o Oriente obscuro, apaixonado, de influências dissolutas, hostil à Razão, contra "os grandes bárbaros brancos surgidos em cerrado turbilhão da floresta das Ardenas";
- *os franco-maçons*, malditos pelo antidemocratismo numa época em que a franco-maçonaria era a armadura ideológica da República, em que todo professor tendia a ser o padre racionalista da Igreja democrática;
- *os protestantes*, ainda que esses fossem mais liberais do que revolucionários e, por vezes, até conservadores no cenário político francês (basta pensar em Guizot, que morreu afirmando: "O sufrágio universal, nunca!"), mas que eram individualistas e adeptos de uma teologia que suprimia a Igreja – a melhor – para deixar cada cristão, em sua subjetividade, diante de Deus – o pior;
- *os judeus*, que concentravam todas as taras; metecos, já que frequentemente recém-imigrados; alemães, pois frequentemente provenientes dessa Alemanha odiada; usurários, e por isso responsáveis pelas dificuldades da aristocracia rural; bolcheviques, já que Marx, Trotski, Rosa Luxemburgo, Zinoviev etc. eram judeus.

Veremos as justificações apresentadas por esse racismo (cf. *infra*: a bioideologia, do darwinismo social à sociobiologia). O importante aqui é sublinhar que ele ia de mãos dadas com uma tentativa de recuperação do socialismo, que fará precisamente a originalidade do fascismo, mussoliniano ou hitlerista.

"A aliança dos sorelianos e dos maurrasianos franceses suscitou na Itália um entusiasmo que dificilmente se pode imaginar hoje" (Sternhell). No início do século XX, foi na França que se operaram (ou foram tentadas) as primeiras junções entre o movimento operário e o nacionalismo, entre a extrema direita e a extrema esquerda. Maurras considera que um "socialismo libertado do elemento democrático e cosmopolita pode casar-se com o nacionalismo como uma luva benfeita com uma bela mão": um socialismo antidemocrático, um socialismo nacional. Georges Valois organizará então essa

	Partido Popular Francês	*Francismo*	*O feixe (Le Faisceau)*	*Juventudes patrióticas*	*Cruz de fogo (Croix-de-Feu)*	*Ação Francesa*
Líder	Jacques DORIOT	Marcel BUCARD	Georges VALOIS	Pierre TAITTINGER	Coronel de LA ROCQUE	Charles MAURRAS
Criação	1936	1923	1925	1924	1927	1899
Programa político	Doriot no poder. Unir o social e o nacional	"Agir é tudo"	Um chefe nacional, uma nação com suas corporações	Criar centúrias paramilitares	Restabelecer a ordem pelo agrupamento	Restaurar a monarquia por um golpe de força
Doutrina	Tecnocracia anticomunista	Fascismo	Fusão de nacionalismo e fascismo	Proteger os nacionais	"Não somos fascistas, mas antirrevolucionários"	Nacionalismo integral
Relação com os fascismos	Pró-nazista (LVF)	Mussoliniano depois hitleriano	Mussoliniano; depois, volta ao anarcossindicalismo	Não fascista	Antialemã. Alguns resistentes	Defensor do governo de Vichy

abertura operária da Ação Francesa. Ele escreve *A monarquia e a classe operária* (1914) para justificar a recuperação corporativista do sindicalismo: "O movimento sindicalista substitui a poeira de indivíduos, que quer encontrar acima dela o Estado republicano, por agrupamentos profissionais sobre os quais se apoia a tradicional monarquia francesa." Outros monarquistas sociais, como Firmin Bacconier, elaboram os princípios do Estado corporativo que serão aplicados pelo fascismo italiano.

Em outras palavras: se a França não conheceu regime fascista, foi provavelmente por causa de suas estruturas mentais e sociais, de seu desenvolvimento histórico próprio; não foi, certamente, por não ter possuído intelectuais fascistas, nem por não ter conhecido doutrinários corporativistas, nacionalistas e racistas.

Pode-se admitir que esse racismo constituiu um pré-fascismo. No período entre as duas guerras, ele reaparecerá na maioria dos grupos fascistas ou de extrema direita franceses, hoje esquecidos, mas dos quais se pode resumir a existência:

Com exceção de Doriot, egresso do Partido Comunista, todos esses movimentos sofreram, em maior ou menor medida, a influência do maurrasismo. Numerosos de seus aderentes chegaram a colaborar com a Alemanha nazista, apesar de seu nacionalismo, apesar da germanofobia da Ação Francesa. O antissemitismo levará o próprio Maurras a desejar a vitória do inimigo eterno, pois, "se os anglo-americanos ganhassem, isso significaria o retorno dos franco-maçons, dos judeus e de todo o pessoal político eliminado em 1940" (*L'Action française,* 8 de maio de 1944). Na prática, portanto, o nacionalismo francês levou à aceitação do nazismo, considerado como preferível às perversões da democracia parlamentar. Na prática, a ideologia racista difundida pela direita francesa sob a Terceira República tornou o nacional-socialismo *aceitável.*

Fascismos/Nazismos: interpretações

Hitler vê "o jovem judeu de cabelos negros espiar durante horas, com o rosto iluminado por uma alegria satânica, a jovem inconsciente do perigo, que ele suja com seu sangue, emasculando assim o povo de onde ela provém … . Assim como ele corrompe sistematicamente as mulheres e as moças, não teme derrubar … as barreiras que o sangue põe entre os outros povos".

Lendo essas linhas neuróticas em *Mein Kampf,* o historiador das ideias tende a negligenciar a importância da ideologia nazista e a buscar em outro ponto a explicação de seu sucesso: "Uma oportunidade histórica prodigiosa deu uma força de penetração e uma celebridade extraordinária a uma obra intrinsecamente medíocre" (J.-J. Chevalier). Como se a nulidade de uma ideologia devesse levar à sua ineficácia! A vantagem desse tipo de reação é que ela estimulou a pesquisa plural de explicação do(s) fascismo(s); o inconveniente é que afastou a questão da ideologia. O fascismo, contudo, não se reduz a um *evento*, do qual seria preciso buscar as causas, nem a um *fenômeno*, do qual caberia revelar as manifestações; é também uma *ideologia*. Uma? O fascismo italiano e o nazismo diferem de modo evidente; e seria absurdo assimilar a doutrina de extermínio do segundo ao nacionalismo principalmente grotesco, inclusive em seu totalitarismo, do primeiro. Independentemente dessa oposição, um e outro foram objeto de tentativas de explicação idênticas, cujo inventário - mesmo simplificado - permite descobrir a diversidade das abordagens de uma concepção política.

Sem pretender resumir todas as obras publicadas sobre o problema do fascismo, pode-se - a partir das sínteses historiográficas mais recentes[5] - deduzir cinco tipos de explicação, que se aplicam prioritariamente ao nazismo, frequentemente ao fascismo italiano, por vezes aos outros fascismos da Europa, e inclusive a manifestações situadas em outros locais.

A explicação culturalista

O procedimento consiste em buscar inicialmente a chave do fascismo nas especificidades nacionais dos países que o adotaram. Esse tipo de interpretação é aplicada à Itália mussoliniana dos primeiros anos, tanto mais facilmente na medida em que a Alemanha ainda não era nazista. Sob sua forma mais rudimentar, a análise remete ao desvendamento de um mal nacional do qual o fascismo seria a manifestação paroxística. O sucesso dos grupos fascistas italianos torna-se assim "a última explosão de um mal enraizado entre os italianos, constituído pelo hábito da insubordinação, pela ausência de sentimento cívico ..., pela corrupção; em suma, por vícios nascidos de séculos de governo despótico" (N. Valeri). A tese do *mal italiano* (ou alemão, ou espanhol) não remonta forçosamente até a penumbra da psicologia dos povos. Pode também explicá-lo pelas particularidades da história nacional,

[5] Cf. Renzo de Felice, *Comprendre le fascisme*, Paris, Seghers, 1975; e Pierre Ayçoberry, *La question nazie: Les interprétations du nacional-socialisme*, 1922-75, Paris, Le Seuil, 1979.

com o risco de cair no *ultradeterminismo* histórico: tudo o que o precedeu levou, quase inevitavelmente, ao fascismo. O historiador americano Dennis Mack Smith vê assim na história da Itália, entre 1861 e 1922, a continuidade de uma "ditadura parlamentar italiana", que "apresentou somente diferenças de grau sob Cavour, Depretis, Crispi ou Giolitti". Mussolini torna-se o herdeiro legítimo deles.

Um enfoque análogo, pondo o acento nas culturas políticas, buscou a chave do nazismo no espírito alemão, inclusive na alma germânica. Uma filiação é então estabelecida entre o *luteranismo* e o nacional-socialismo. A sociologia empírica constata que o voto nazista foi maciço nas regiões protestantes; a história factual confirma que uma maioria dos membros da Igreja Protestante aceitou a depuração dos pastores não arianos; o historiador das ideias explicará o todo pelos efeitos políticos da religiosidade luterana, que reserva a liberdade à consciência individual e convida à submissão ao poder exterior, qualquer que seja ele. Supõe-se que o próprio misticismo protestante tenha favorecido a submissão ardente dos alemães à "mística profana" que foi o nazismo. O *prussianismo* é igualmente invocado, na medida em que teria engendrado "a uniformização, a submissão irrefletida em face das autoridades ..., todos os tipos de pulsões e de paixões malsãs" (Meinecke). Bismarck prepara Hitler ao inculcar o culto da razão de Estado.

A versão mais explosiva dessa tese foi elaborada pelo germanista francês Edmond Vermeil, segundo o qual toda a história alemã é dominada pelo "*romantismo* organizado". Antes da chegada de Hitler ao poder, romantismo e organização enfrentaram-se incessantemente; e, na verdade, existem duas Alemanhas, a do Nordeste, racional, uniformizada, sob o jugo dos fidalgos, e, portanto, prussiana, e a do Sudeste, particularista, fragmentada, povoada por pequenos camponeses, romântica. O nazismo teria germinado a partir desse dualismo fundamental, que ele integra em sua dinâmica; e sua agressividade tende a resolver a dilaceração criada ao longo da história alemã. Trata-se de "um militarismo radical [que] induz a Alemanha à exaltação absurda de suas taras mais inveteradas" (Vermeil). A explicação alemã conhece variantes mais grosseiras, apesar das aparências. O sociólogo americano Talcott Parsons, assim, irá explicar o sucesso hitleriano pela crise do sistema de valores tipicamente alemão, que resultaria de sete características germânicas: um persistente feudalismo, uma poderosa burocracia, um estilo de governo luterano, a dominação dos *lobbies* sobre os partidos, uma indústria burocratizada, uma inclinação particular pelos títulos honoríficos e, finalmente, relações familiares muito formais, compensadas por amizades viris. A Alemanha, traumatizada pela derrota de 1918 e pelas crises que se seguiram, teria ingressado num estado de *anomia*, de ruptura do sistema de valores, de onde surgiu então o nazismo. Levado ao limite, esse tipo de problemática chega a explicar o comportamento dos oficiais SS como o fez um psiquiatra francês no Processo de Nuremberg: ele não descobria nos SS nenhum sintoma de doença mental, mas um temperamento profundamente mau, devido ao "choque da civilização clássica e cristã com uma forma particularmente temível e aguda de *germanismo*". A interpretação do nazismo, então, passa a ser claramente dominada pelas exigências da luta contra a Alemanha.

INDICAÇÕES BIBLIOGRÁFICAS

Meinecke, F., *Die deutsche Katastrophe*, Wiesbaden, 1946.

Vermeil, E., *L'Allemagne, essai d'explication*, Paris, 1945.

A explicação pelo totalitário

À guerra mundial, cedo sucedeu a guerra fria. Mudam as necessidades: e aparece a explicação totalitária. Nos antípodas das análises precedentes, o nazismo não é mais relacionado às profundezas da alma alemã, mas confundido com as ditaduras de massa dos tempos modernos, quer sejam negras ou vermelhas, *fascistas ou comunistas.* Portanto, a denúncia do totalitarismo supõe, pelo menos implicitamente, que um só sistema político deve ser reconhecido como legítimo: a democracia pluralista ocidental. Compreende-se por que os precursores da explicação pelo totalitário situavam-se na direita antifascista.

Hermann Rauschning, antigo governador nazista de Danzig (hoje Gdansk), é também um dos primeiros a enxergar por trás da cruz gamada "a bolchevização, o socialismo de Estado, o Império militar e totalitário". Assim como certos homens de direita aceitaram o nazismo porque o avaliaram, num primeiro momento, como um anticomunismo, outros conservadores o rejeitam por ver nele, antes de mais nada, um criptocomunismo. No furor dos anos 1930, ainda é a Revolução de Outubro que determina as reações diante de Hitler. A década que se seguiu deu a palavra aos politólogos, os quais constroem modelos mais abstratos, aparentemente mais neutros. Hans

Kohn dera o tom, ao ser o primeiro a sistematizar os pontos comuns e as diferenças entre comunismo e nazismo. Seu modelo ditatorial pode ser assim resumido:

	Comunismo	*Nazismo*
Identidade social chefes apoio	Egressos das classes inferiores Grupos sociais opostos às classes dirigentes	
Identidade ideológica	Luta contra todas as religiões Pretensão à verdade absoluta Vontade de ser a juventude do mundo	
Diferenças no tipo de ditadura	Ditadura racional, internacionalista, provisória em nome da liberdade	Ditadura carismática, nacionalista, permanente em nome da nação.

À medida que a tese do totalitarismo toma corpo, as diferenças entre sovietismo e hitlerismo são cada vez mais minimizadas, ou mesmo inteiramente silenciadas. Suas condições de emergência são apresentadas como idênticas: centralismo estatal, ascensão das massas, crises da religião e da democracia, derrotas militares, tudo isso se conjuga para deixar o campo aberto à ditadura. Seus resultados se confundem: monopolização da direção de todas as atividades humanas, públicas ou privadas, pelo partido e seu chefe; apoio nas classes médias inferiores para fundir todas as classes; criação de uma Igreja missionária, inteiramente voltada para seu novo Deus, o do sangue e do solo ou o do materialismo.

Hannah Arendt, que foi quem melhor aprofundou a noção de totalitarismo, concebe-o em última instância como uma lógica da demência:

> Pouco importam a tradição nacional ou a fonte particular de sua ideologia: o regime totalitário transforma sempre as classes em *massas*; substitui o sistema de partidos não por ditaduras de partido único, mas por um movimento de massa; desloca o centro do poder do exército para a polícia e instaura uma política exterior que visa abertamente à dominação do mundo.

A *demência* – o não senso ou o supersenso (*supersense*) – resulta do fato de que a racionalidade não explica as opções totalitárias. Quando Heydrich escreveu a Hitler para lhe pedir que adiasse o extermínio dos judeus tchecos porque ele precisava de mão de obra, e quando propôs que eles fossem transformados em carne para salsichas, mas somente dentro de um ou dois anos, recebeu uma resposta negativa. Quando quadros nazistas justificaram a eutanásia para eliminar bocas inúteis, foram chamados à ordem: a eliminação dos deficientes físicos ou mentais justifica-se apenas por "considerações éticas". O terror totalitário não busca tanto conquistar o mundo por motivos de potência, mas antes para provar a legitimidade de seu movimento, para tornar o mundo coerente, ou seja, conforme à concepção que dele têm os totalitários.

Outro modo de dizer a mesma coisa: esses dementes são recrutados *entre os marginais.* O sociólogo americano Daniel Lerner estudou a origem social dos quadros nazistas a partir do *Anuário* do Terceiro Reich e construiu um índice de marginalidade pelo acúmulo de várias variáveis (instabilidade profissional, casamento em idade anormal - precoce ou tardia -, juventude, fracassos escolares e universitários, nascimento numa região de fronteira etc.). Aplicando esse índice às diferentes categorias de responsáveis nazistas (encarregados da administração, da propaganda ou da repressão), descobriu que todos os grupos possuíam um índice de marginalidade superior a 75%. Os animadores do totalitarismo eram recrutados na nova classe média - funcionários, profissionais liberais, gerentes - e, mais especificamente, entre os marginais desses grupos intermediários. Alguns anos mais tarde, D. Lerner aplicou o mesmo método aos partidos comunistas russo e chinês. Obteve resultados análogos; com o que se demonstra que a elite totalitária é marginal, tem a mesma composição, tanto entre os vermelhos como entre os negros (cf. Daniel Lerner, *The Nazi Elite,* Stanford, 1951; "The coercitive ideologists in perspective", in *World revolutionary elites*, 1965).

Último modo de chegar à mesma conclusão: fascismo e comunismo decorrem de um único sistema, *o sistema totalitário.* Carl J. Friedrich o caracteriza segundo um modelo de cinco faces, o que se poderia chamar uma sociedade pentagonal, ou, melhor, uma destruição pentagonal da sociedade. Pela primeira vez na história, um regime político acumula cinco monopólios e controla sozinho a ideologia, o Estado, a política, o Exército e os *mass media.* Os três últimos monopólios tornaram-se possíveis graças ao desenvolvimento técnico; os dois primeiros, aos progressos educacionais, os quais, segundo Friedrich, aumentam as necessidades de certeza e, portanto, a predisposição à submissão. As sociedades totalitárias levam ao limite máximo as taras das sociedades técnicas do mundo contemporâneo, das quais se distinguem apenas pela unificação dos instrumentos que, nos regimes democráticos, conservam-se separados.

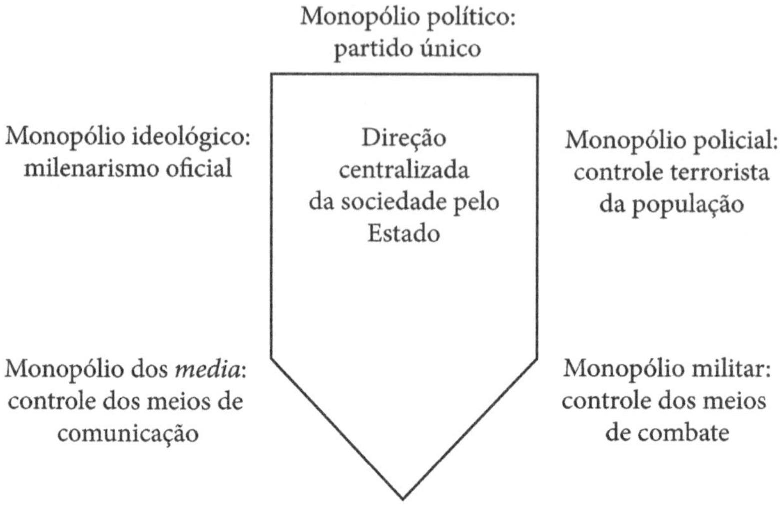

A acumulação desses monopólios por uma só força leva ao quase *desaparecimento da sociedade civil* e a uma supressão do "homem privado". O conteúdo social dos regimes, decerto, pode variar; a finalidade que eles atribuem às suas ideologias pode ser oposta; mas seus métodos são tão idênticos que é possível caracterizá-los através dessa maneira totalitária de agir. Não se trata apenas de uma aproximação formal, de violações da democracia, já que os totalitarismos diferem dos despotismos tradicionais e organizam *ditaduras de massa* de tipo inteiramente inédito.

Ao pentágono de Friedrich,[6] poderia corresponder o triângulo de Carl W. Deutsch.[7] O totalitarismo tende a funcionar segundo *três fases*:

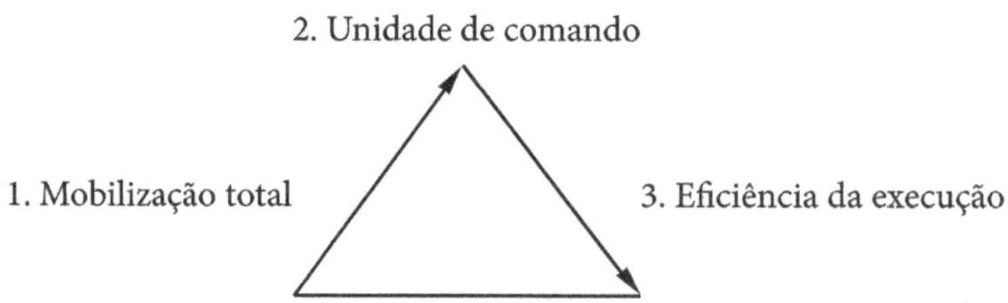

[6] Carl J. Friedrich, *Totalitarianism*, 1954 (*Dictature totalitaire*, 1956).

[7] Carl W. Deutsch, in ibid.: "Cracks in the Monolith and pattern of desintegration in totalitarian systems".

Mas cada uma dessas fases põe problemas: a primeira exige a destruição permanente, sob pena de esclerose; a segunda sobrecarrega o chefe; a última oscila entre o terror e a persuasão. O totalitarismo cria assim suas próprias divisões e as condições de sua desintegração. Conclusão otimista, à qual se opõe o esquema bipolar de Zbigniew Brzezinski: racionalidade e objetivo revolucionário constituem os *dois polos* do totalitarismo; decerto, eles estão em estado de tensão quase permanente, mas tecnocratas preocupados com a conservação e fanáticos da uniformização permanecem solidários. É em conjunto que eles fazem com que o sistema funcione; e seria absurdo supor uma liberalização desse sistema somente por causa da ascensão dos tecnocratas. O assessor do presidente Carter irá se recordar do que escrevera 20 anos antes, quando não era mais do que um politólogo.[8]

Curiosamente, foram historiadores da Alemanha Ocidental que puseram em questão algumas simplificações da teoria do totalitarismo, sublinhando as *oposições entre comunismo e nazismo*:

	Nazismo	*Comunismo*
Sociedade:	industrial	agrária
Classe dominante:	defesa do capital	destruição do capital
Ideologia:	racismo-manipulação	socialismo-produção
Classe dirigente:	fechada (elite)	ampliação progressiva
Terror:	militar, selecionador, exterminador	policial, inquisitorial (confissão)
Resultado:	pura destruição	construção de uma sociedade

INDICAÇÕES BIBLIOGRÁFICAS

Arendt, H., *Le système totalitaire*, Le Seuil, 1972 (terceira parte de *The origins of Totalitarism*, Nova York, 1951), col. "Politique".

Besançon, A., *Présent soviétique et passé russe*, Le Livre de Poche, 1980.

Kohn, H., *Dictatorship in the Modern World*, Minneapolis, 1935.

Rauschning, H., *La révolution du nihilisme* (1937), reed. Gallimard, 1980.

[8] Z. Brzezinski, "Totalitarism and rationality", *American political science review*, 1956; *O expurgo permanente*, 1956.

A explicação econômica (Bettelheim, Guérin, Poulantzas)

Nos antípodas das confusões institucionais ou das assimilações segundo os procedimentos, o economicismo opõe radicalmente o fascismo à revolução socialista, até colocar essa oposição antes de qualquer outra coisa: o fascismo (do qual o nazismo é apenas uma variante) constitui a contrarrevolução do século XX, o tipo contrarrevolucionário novo, que corresponde à nova fase do capitalismo, o imperialismo monopolista. Os marxistas, desse modo, deslocam a análise para um terreno mais favorável, que apresenta a imensa vantagem de eludir os pontos comuns entre os Gulags e a peste marrom e de sublinhar, ao contrário, a incontornável diferença entre eles, ou melhor, seu antagonismo. *Last but not least*: privilegiar o econômico permite denunciar, ao mesmo tempo, *as cumplicidades do capital* no advento do fascismo e uma das mais sensíveis debilidades da tese totalitária: como confundir a estatização soviética e a manutenção da propriedade privada dos meios de produção na Alemanha, na Itália ou na península Ibérica?

O núcleo invariante das análises marxistas do fascismo relaciona-o à crise estrutural do capitalismo desenvolvido: a ditadura fascista corresponde a uma solução para o capital ameaçado. Essa problemática sublinha, corretamente, o parentesco demo-capitalismo dos fascistas: "Ainda está grávido o ventre de onde saiu a besta imunda" (Bertolt Brecht). Se o Gulag provém do socialismo, o mussolinismo, o salazarismo, o hitlerismo e o franquismo provêm certamente do capitalismo. Mas o risco é que a simples recordação dessa verdade deve a uma denúncia bastante simplista do fascismo-agente-do-grande-capital.

Na origem desses esquemas, o simplismo desemboca no absurdo. Foi o caso da teoria do social-fascismo, formulada pela Terceira Internacional por ocasião da conquista do poder por Mussolini e logo estendida à Alemanha. Com esse vocábulo, Stálin transpôs grosseiramente a teoria leninista do social-imperialismo, que explicava a traição nacionalista dos social-democratas quando da Primeira Guerra Mundial através da formação de uma nova coalizão entre a burguesia monopolista e a aristocracia operária. O social-fascismo prolonga o social-chauvinismo e leva à ideia de que há fascismo por toda parte; ou seja, que todas as forças políticas, com exceção dos comunistas, estão contaminadas pelo vírus fascista. Molotov, Malinski e Stálin condenam assim a busca de alianças entre socialistas e, *a fortiori*, com essa ou aquela tendência burguesa. Todo mundo é fascista: Brüning (dirigente do Centro Católico, chanceler alemão em 1930-32) é fascista; von Papen (sucessor de Brüning) assumiu a liderança de um "golpe de Estado fascista"; finalmente, "a social-democracia é objetivamente a ala moderada do fascismo" (Stálin).

Esse esquerdismo teórico e prático ia de mãos dadas com uma interpretação ultraotimista das potencialidades revolucionárias do período. Os comunistas podiam se permitir lançar todo o mundo no mesmo saco fascista, já que a revolução estava na ordem do dia. Dois meses depois da subida de Adolf Hitler ao poder, a cúpula da Internacional Comunista afirma ainda sem temor: "A instituição da ditadura fascista aberta, que destrói as ilusões democráticas das massas e as liberta da influência social-democrata, acelera a marcha da Alemanha para a revolução proletária."

Como a sequência da história entrou em choque frontal com a inanidade dessa expectativa, a tese da *ultrarreação* substituiu a do social-fascismo. "O fascismo é a ditadura aberta e terrorista dos elementos mais reacionários, mais chauvinistas e mais imperialistas do capital financeiro" (*G. Dimítrov*, VII Congresso do Komintern, 1935). Inversão total: "ditadura aberta", e, portanto, as democracias burguesas não são fascistas; "dos elementos mais...", nem todo mundo é mais fascista; "do capital financeiro", ou seja, existe um capital não fascista, uma burguesia democrática; novas alianças podem ser concebidas, entra-se assim na era das Frentes Populares. Decerto, a nova definição aparece tão abertamente política quanto a velha definição por ela afastada. Assim, a referência ao capital financeiro, característico da fase imperialista do capitalismo (e, portanto, de sua fase última), ou seja, a mais moderna no desenvolvimento histórico, não deixa por isso de ser qualificada como ultrarreacionária. Mas o que importam essas incoerências? Ninguém pediria à Terceira Internacional que adotasse um ponto de vista científico; não seriam os seus dirigentes que iriam ter essa pretensão.

Os outros adeptos do materialismo científico, professores universitários e/ou políticos, sem abandonar a correlação entre fascismo e crise do capitalismo desenvolvido, irão pôr o acento – em diferentes graus – na *autonomia relativa* do fenômeno fascista. Dois clássicos se destacam nessa matéria. Charles Bettelheim, que estudou *A economia alemã sob o nazismo*; e Daniel Guérin, que publicou *Fascismo e grande capital*. Para a economia marxista, o nazismo corresponde às necessidades da infraestrutura: a insuficiência do mercado interno torna indispensável a obtenção de *novos escoadouros*, inicialmente através do rearmamento, depois pela conquista militar de mercados externos. Quanto ao materialista libertário que é Daniel Guérin, ele considera que – num primeiro momento – o fascismo era o instrumento da *indústria pesada* contra a indústria leve, embora essa distinção desapareça com a crise e a conquista do poder pelas forças fascistas: "A burguesia recorre à solução fascista para se proteger menos contra as perturbações de rua do que contra as perturbações de seu próprio sistema econômico." No essencial, portanto, os fascistas aparecem como os *agentes do grande capital* e sua autonomia parece das mais limitadas. Contudo, Guérin considera que a independência do exército (italiano ou alemão) prova que *a burguesia* sabe se manter autônoma em relação aos regimes fascistas, chegando mesmo – quando as circunstâncias o exigem – a se opor a ele (prisão de Mussolini em 25 de julho de 1943; atentado contra Hitler em 24 de julho de 1944).

Quando os marxistas querem ir adiante no reconhecimento da especificidade do fascismo, podem recorrer ao esquema *bonapartista*. Esboçado por Marx em *O 18 Brumário de Luís Bonaparte*, a explicação afirma que, em situação de crise, a burguesia pode ser levada a abandonar o poder político para melhor conservar seu poder social ameaçado. Transposto para o caso fascista, o bonapartismo significa então que o fascismo corresponde a uma expropriação política da burguesia, mas em seu próprio interesse. Assim, apresentando a "teoria do fascismo em Trotski", Ernest Mandel explica como o fascismo constitui, ao mesmo tempo, uma realização e uma negação das tendências do capital monopolista. A essa primeira especificidade, de resto, acrescenta-se uma evidência por muito tempo negada pelos comunistas ortodoxos, mas sublinhada por Trotski, a saber, que o fascismo se apoia num *movimento de massas da pequena burguesia*, o que o diferencia de outros tipos de Estado policial. Nicos Poulantzas insiste também na originalidade do regime fascista, cujo aparecimento resulta de uma *crise de representação*, ou seja, de uma crise do sistema político, na qual os partidos e a ideologia tradicionais não conseguem mais garantir a hegemonia burguesa. O fascismo se apresenta então como o mediador indispensável para restabelecer essa hegemonia, o que ele faz mediante a criação de um partido de massa, a conservação de uma dualidade entre partido e Estado e o recurso privilegiado à família e à propaganda para perpetuar a dominação.

Último eco da explicação econômica, a busca da inteligibilidade do nazismo pode renunciar a toda causalidade infraestrutural e deixar de lado o grande capital, mas descobrir os traços industriais da ideologia nazista. Nesse sentido, Joseph Billig chama a atenção para a organização industrial dos *campos de concentração*, nos quais ele vê "um modelo caricatural de *capitalismo de Estado*". A verdade nazista, então, seria encontrada menos em Hitler, fanático mas conservador, do que na exaltação da ciência e da técnica de um Rosenberg: o homem luciferiano germano-nórdico traz consigo uma visão industrial da história.

INDICAÇÕES BIBLIOGRÁFICAS

Bettelheim, C., *L'économie allemande sous le nazisme*, Rivière, 2 vols., 1946, reed. Maspero, 1971.

Billig, J., *L'hitlérisme et le système concentrationnaire*, PUF, 1967.

Guérin, D., *Fascisme et grand capital*, Gallimard, 1936, 2ª ed., 1945, reed. Maspero, 1965.

Mandel, E., "Préface" a Leon Trotski, *Comment vaincre le fascisme?*, Buchet-Chastel, 1973.

Poulantzas, N., *Fascisme et dictature*, Maspero, 1970, Le Seuil, 1973.

A explicação psíquica (Reich, Horkheimer, Fromm)

Do sistema fascista, passa-se assim ao homem fascista; do economicismo, ao psiquismo. Para compreender uma realidade tão demencial como o Holocausto, é tentador referi-la à demência de seus atores. A elucidação do mistério pode então ser buscada ou na psicobiografia dos dirigentes, ou na psicossociologia das massas arrebatadas pela aventura.

Adolf Hitler presta-se muito bem a uma "psicanálise" do chefe: esse frustrado "extraordinariamente preguiçoso, pensionista vitalício de um refúgio para ociosos, artista demitido", essa caricatura do incapaz, incapaz de montar a cavalo, incapaz de dirigir, incapaz de procriar (Thomas Mann), esse protótipo de *neurótico*, o que fez senão aliviar suas neuroses, senão vingar a moça emporcalhada numa rua de Viena?

Todavia, resta explicar por que ele conseguiu chegar aonde chegou. Dir-se-á que se beneficiou de uma situação excepcional, na qual suas neuroses pessoais correspondiam às predisposições psicológicas dos alemães. Os jovens alemães dos anos 1930 haviam conhecido, em sua infância, o traumatismo de 1914-18, difícil de ser imaginado por quem não o viveu. Tinham enfrentado, ao mesmo tempo, a fome e a derrota dos pais. A grande crise de 1929 operou como uma perturbação externa de tal violência que desencadeou, segundo um processo já assinalado por Freud, um retorno ao traumatismo da infância. A juventude alemã, reconduzida às suas angústias infantis, oferecia assim a Hitler "uma oportunidade única de projetar nas massas alemãs os conflitos inconscientes que havia constituído sua própria infância" (Robert Waite, *The Psychopatic God: Adolf Hitler*, Nova York, 1977).

Quanto a Mussolini, ele escapa mais facilmente à psicobiografia, na medida em que ninguém lhe atribuiu a condição de sifilítico ou suspeitou que fosse impotente. Os estudos que não vão além das perturbações da personalidade do chefe parecem assim um pouco limitados; e a explicação psíquica apoia-se melhor na análise dos comportamentos coletivos.

Antes de recorrer à psicologia das massas, alguns historiadores interpretaram o fascismo italiano como uma doença moral. É o caso de Benedetto Croce, para quem esse fascismo foi "um obscurecimento da consciência, uma crise de depressão cívica e uma embriaguez, produtos da guerra". Mas foi mérito de Wilhelm Reich ter explicado o fascismo através da psicologia das massas sexualmente frustradas:

> *Não existe um só homem vivo que não traga em sua estrutura de caráter os elementos da sensibilidade e do pensamento fascistas.* O fascismo se distingue de todos os outros partidos reacionários pelo fato de *ser aceito e preconizado pelas massas* (W. Reich, prefácio à 3ª edição de *Psicologia de massas do fascismo*, 1946).

O fascismo soube responder à angústia das massas, dilaceradas entre seu desejo de liberdade e seu medo da liberdade. Ele representa "a segunda camada caracterial, a dos impulsos secundários" (crueldade, sadismo etc.); é "a atitude emocional fundamental do homem oprimido pela civilização maquinista autoritária"; seu racismo é "uma forma de repressão e de angústia sexuais, que emanam elas mesmas da sociedade patriarcal e autoritária".

Essa pista iria ser explorada por filósofos e sociólogos alemães, da chamada Escola de Frankfurt. Max Horkheimer foi o primeiro a aplicar a teoria critica e a psicanálise às mediações que ligam os interesses de uma classe (a infraestrutura) à sua cultura (a superestrutura). Ele aprofundou a hipótese de Reich, segundo a qual o pai de família está no coração dessas mediações. Tendo perdido sua autonomia econômica na passagem do capitalismo liberal para o capitalismo monopolista, o pai de família desfruta apenas um prestígio irracional e frágil. Reich mostrara que o pequeno-burguês socialmente reprimido por seu superior hierárquico reprimia, por sua vez, sexualmente seus filhos; Horkheimer acrescenta que a aura do pai foi transferida para o Estado.

Erich Fromm pôde então avaliar a *personalidade autoritária* do homem subjugado. "*A aspiração ao poder não é produto da força, mas o filho abastardado da fraqueza.*" Para demonstrar isso, Fromm não se contenta em afirmar que o fascismo teve êxito por permitir que as massas satisfizessem seus impulsos sadomasoquistas através da identificação com os poderes dominantes. Ele sugere, não sem razão, que o problema fundamental de todo indivíduo reside no *aparentamento*, na busca de uma identidade social, na necessidade de pertencer a uma comunidade. O aparentamento se opera em face da família e em face da sociedade; mas o capitalismo tende a destruir esses laços de identidade: "As relações sociais perderam seu caráter direto e humano .... Em todas as relações sociais e pessoais, as leis do mercado são a regra." O homem moderno sofre a despersonalização. O indivíduo "vende a si mesmo e sente que é uma mercadoria". No mundo moderno, as ligações familiares, que outrora proporcionavam segurança, afrouxaram-se; e as condições econômicas, por seu turno, impedem o seu florescimento. Confrontado com essa despersonalização, o indivíduo põe em ação "*mecanismos de evasão* [para] tentar escapar à sua instabilidade e à sua solidão". Busca fugir de sua liberdade, tornada um fardo intolerável; trata-se de uma fuga no "*conformismo* dos autômatos", na "*destrutividade*", na eliminação do outro e no *autoritarismo*, com seu duplo aspecto masoquista (dissolver-se num conjunto) e sádico (agir segundo as regras desse conjunto). Essa fuga da liberdade não se processa de modo indiferenciado em todas as classes sociais. A classe média entrega-se a ela com maior intensidade, na medida em que sua frustração social é mais viva; ela combina "a nostalgia da submissão e a sede de poder". A perseguição (ao homossexual, ao marginal, ao judeu, ao outro) e a guerra (colonial ou mundial) satisfazem seus impulsos sádicos. A personalidade autoritária reencontra segurança e identidade no fascismo. Esquematicamente, o processo pode ser assim resumido:

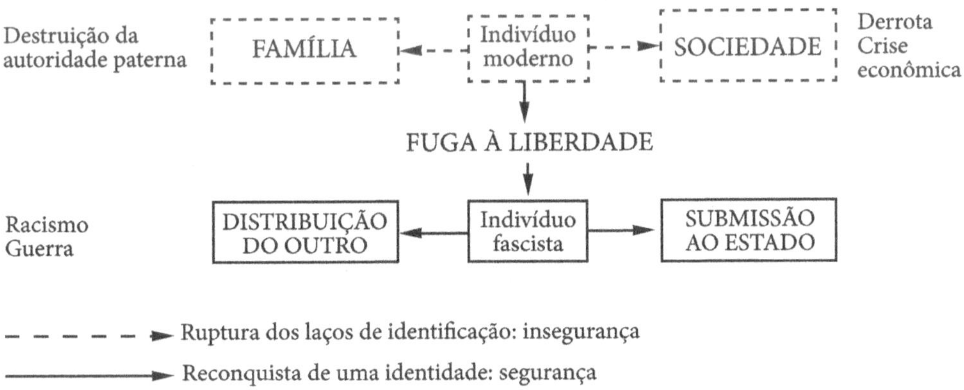

Compreende-se então a espantosa normalidade do fascismo. Os guardas dos campos de extermínio nazista eram honrados pequeno-burgueses, perfeitamente virtuosos, que tinham inclusive assumido o compromisso de não maltratar seus prisioneiros e renovavam esse compromisso a cada três meses.

INDICAÇÕES BIBLIOGRÁFICAS

Fromm, E., *Escape from freedom*, 1941 [ed. brasileira: *O medo à liberdade*, Zahar Editores, Rio de Janeiro, 12ª ed., 1980].
Reich, W., *Psicologia de massas do fascismo*, 1933 (trad. francesa, 1972).

As explicações sociológicas (Lipset, Moore)

A sociologia confirma a banalidade do fascismo. S. Lipset falará assim de um *extremismo do centro* para caracterizar o nacional-socialismo. Nos antípodas dos estudos que insistem na marginalidade, Lipset conclui suas análises de sociologia eleitoral indicando que os nazistas obtiveram seus principais sucessos nos meios estáveis, mais nas pequenas cidades do que nas grandes, mais no campo do que nas metrópoles, ganhando eleitores centristas mais do que eleitores de direita. Portanto, não haveria um fascismo, mas três extremismos:

o extremismo de direita:	*o extremismo de centro:*	*o extremismo de esquerda:*
da classe superior; nos países de economia atrasada;	da classe média; nos lugares onde o capitalismo e o movimento operário são desenvolvidos;	da classe operária; nos países em processo de industrialização rápida
exs.: Horthy, Dolfuss, Salazar	ex.: Hitler	ex.: Perón

Sem entrar nos detalhes das análises sociológicas do fascismo, gostaríamos de mencionar a tentativa de síntese que reconhece nele uma das vias para a *modernização*. O totalitarismo hitleriano ou mussoliniano seria um dos caminhos para a modernização, do mesmo modo como as ditaduras do Terceiro Mundo que, hoje, parecem se inspirar neles, em maior ou menor medida. A ideia originária, exposta em 1965 por F. Kenneth Oranski, estabelece relações entre as diferentes etapas do desenvolvimento econômico e a evolução das estruturas políticas. Esquematicamente, distinguem-se quatro fases na história da Europa desde o século XVI:

Desenvolvimento econômico	*Desenvolvimento político*
1. Unificação primitiva	Unidade nacional e centralização
2. Industrialização	Nova classe dirigente
3. Prosperidade nacional	Participação das massas, democracia
4. Abundância	Revolução da automação

A primeira e a última fase do desenvolvimento não contam para o fascismo, que só é suscetível de intervir na segunda e na terceira. Ainda nesse último caso, não se trata de fascismo propriamente dito, já que – segundo Organski – o fascismo "é apenas uma das variedades da política de industrialização". "Hitler era um ditador autoritário, um nacionalista, um agressor e um louco, mas não era um fascista, já que a Alemanha era plenamente industrializada quando ele subiu ao poder .... O sistema nazista não era uma forma da política de industrialização, mas uma variante da política de prosperidade." Quanto ao segundo estágio, três formas de poder podem lhe corresponder, conforme a intensidade da acumulação de capital e o ritmo imprimido à industrialização:

INDUSTRIALIZAÇÃO	rápida	stalinismo
	progressiva	democracia burguesa
	lenta	fascismo

O fascismo "representa um compromisso típico entre duas elites com vocação de poder": a coexistência entre uma elite agrícola tradicional, forte mas em declínio, e uma elite industrial ascendente, mas ainda débil; uma aliança entre a antiga e a futura classe dominante, com o objetivo de impedir uma afirmação muito rápida das massas; "a última vitória da aristocracia rural", que consegue efetivamente "exonerar a elite agrária do pagamento dos custos econômicos e sociais da industrialização".

A categoria fascista encontra-se assim consideravelmente ampliada; cobre todas as espécies de *ditaduras de desenvolvimento*; e Organski, por sua vez, a inclui na categoria mais ampla de "regimes sincráticos". Barrington Moore Jr. prolonga esse afresco sócio-histórico, observando que as ditaduras fascistas se implantaram nos países de burguesia débil (e, portanto, aliada às classes dirigentes), retardados em sua industrialização, a qual foi imposta por uma "revolução pelo alto", deixando subsistir a estrutura social tradicional. Disso resulta todo paradoxo do fascismo, uma modernização conservadora, tradução de um atraso histórico e da tentativa de superá-lo, recurso aos arcaísmos e às nostalgias pré-industriais, mas para realizar a modernização forçada; movimento dos que perdem com a industrialização, mas graças ao qual os que vão ganhar podem por fim obter sua vitória anormalmente adiada.

INDICAÇÕES BIBLIOGRÁFICAS

Moore Jr., B., *Social Origins of Dictatorship and Democracy. Lord and Peasant in the making of the modern world*, Boston, 1966 (*Les origines sociales de la dictature et de la démocratie*, Maspero, 1969).

Organski, F.K., *The Stages of Political Development*, 1965.

A BIOIDEOLOGIA: DO DARWINISMO SOCIAL À SOCIOBIOLOGIA

Para justificar a dominação de um pequeno grupo de homens sobre a multidão; a atribuição de privilégios a uma ordem em detrimento das outras; o exercício do poder político por governantes aos quais os governados se submetem; a detenção dos meios de produção por uns poucos para os quais o grosso da população trabalha: para justificar tudo isso, é tentador encontrar fundamentos científicos a partir dos quais se afirma que essas hierarquias seriam inelutáveis e que a vontade de suprimi-las seria utópica. No Antigo Regime, os germanistas já defendiam a superioridade dos nobres, invocando as origens germânicas da nobreza franca. Os nobres se consideravam superiores por causa da pureza de sua linhagem, da especificidade de sua raça. Em 1789, Sieyès convocava o Terceiro Estado a se sublevar contra esse racismo: "Por que não mandar de volta para as florestas da Francônia todas essas famílias que conservam a louca pretensão de provirem da raça dos conquistadores?" A raça dos Conquistadores, a raça dos Senhores; é sempre a mesma coisa: há uma certa continuidade, de resto, entre Boulainvilliers, Augustin Thierry, Taine, Gobineau, Chamberlain e Hitler. E é nesse sentido que um Maurras podia aparecer, ao mesmo tempo, como o último dos reacionários e o primeiro dos totalitários, como o elo que liga o velho preconceito racial da aristocracia francesa ao antissemitismo moderno, com a única reserva de que lhe faltava o germanismo.

O darwinismo social (Darwin, Taine, Le Bon)

No final do século XIX, a busca de uma justificação científica da dominação tenta recorrer às descobertas da biologia e defende um darwinismo social. A hereditariedade é invocada contra a igualdade: a biologia é usada para defender a raça.

Em 1859, Darwin publicou *Da origem das espécies por meio da seleção natural.* Ele revolucionou a biologia. "O homem é … o codescendente de alguma forma antiga, inferior e extinta"; de uma mesma fonte primata da qual veio o macaco. E sobretudo: o desenvolvimento biológico é governado pela lei da seleção natural, a saber: "A persistência do mais apto à conservação das diferenças e variações individuais favoráveis e à eliminação das variações prejudiciais."

Dessa seleção do mais apto, a direita nacionalista deduz que a igualdade é um absurdo. "Uma sociedade pode tender à igualdade; mas, na biologia, a igualdade só existe no cemitério." "Quanto mais o ser vive e se aperfeiçoa, tanto mais a divisão do trabalho implica a *desigualdade* das funções, a qual leva a uma diferenciação dos órgãos e à sua desigualdade … . A igualdade pode estar no degrau mais baixo da escala, no início da vida; ela é destruída pelos progressos da própria vida. O progresso é aristocrático." É impossível que as leis da sociedade (e a política é uma ciência positiva) não sejam da mesma ordem que as leis da vida e não "concordem em lançar todo sistema de democracia nas causalidades do mal e da morte" (Charles Maurras, *Mes idées politiques*, cap. "De la biologie à la politique").

O darwinismo social, contudo, irá mais longe que o simples desigualitarismo. Ele postula o *determinismo racial.* Em 1863, Taine considera que, "na origem e no mais profundo da região das causas, aparece a raça" (*Histoire de la littérature anglaise*, 1863, t.III, p.616). As capacidades dos homens são uma função de suas raças: "Há, naturalmente, variedades de homens, assim como há variedades de touros e de cavalos." Dois grandes tipos se opõem, um superior e outro inferior:

- Nas raças arianas, o espírito inteiro … é tomado pelo belo e pelo sublime e concebe um modelo ideal capaz, por sua nobreza e sua harmonia, de conquistar para si a ternura e o entusiasmo do gênero humano.
- Nas raças semíticas, falta a metafísica … . O espírito é muito tenso e inteiro …; o homem se reduz ao entusiasmo lírico, à paixão irrefreável, à ação fanática e limitada (ibid., t.I, p.XIX).

O peso da biologia é reforçado pelo da psicologia. A emergência da noção de inconsciente é utilizada para confirmar a predestinação dos povos. O dr. Gustave Le Bon triunfa na *psicologia dos povos.* A ciência propõe-se aqui a combater o racionalismo da filosofia das Luzes, já que essa chamada liberdade do homem não é mais do que "ignorância das causas que o subjugam … à engrenagem das necessidades que os dirigem; a condição natural de todos os seres é estarem subjugados" (*Les lois psychologiques de l'évolution des peuples*, 1895, p. 170).

Os mortos dominam os vivos e forjam os povos. A cadeia das determinações pode ser assim resumida:

MORTOS ⟶ RAÇA ⟶ INCONSCIENTE DOS VIVOS ⟶ ALMA DOS POVOS.

Na época moderna, mais do que nunca, "um povo é um organismo criado pelo passado, pois a era das multidões é a dos primitivos. A multidão é conduzida quase exclusivamente pelo inconsciente. Seus atos estão muito mais sob a influência da medula espinhal do que sob a do cérebro. Ela se aproxima nisso dos seres inteiramente primitivos" (ibid., p.43).

Última componente desse cientificismo racial é a *antropossociologia* de Vacher de Lapouge. Tal como seu amigo alemão Ludwig Woltmann, ele promete uma síntese entre marxismo e darwinismo, entre determinismo histórico e determinismo biológico, entre a luta de classes e a luta de raças. O "caráter fatal da evolução social" desmente o ideal democrático:

"Às ficções de	a política científica
Justiça	prefere a realidade
Igualdade	das Forças, das Leis,
Fraternidade	das Raças,
	da Evolução.

[Infelizes os povos que perdem tempo com seus sonhos!"]
[(*L'aryen et son rôle social*, 1899, p.IX.)]

O homem livre não existe. "A psicologia da raça domina a do indivíduo. Essa é a noção fundamental do monismo darwiniano e a contrapartida do sonho da alma virgem, forjado pelos filósofos." "O indivíduo é esmagado por sua raça; ele não é nada. A raça, a nação, são tudo."

O bio-historicismo

Paralelamente às referências de Darwin, um outro racismo encontra seus argumentos no *bio-historicismo*. Uma raça se vê atribuir uma missão histórica superior. O economista alemão Friedrich List (1789-1846) explica assim que "a raça germânica ... foi designada pela Providência, por causa de sua natureza e de seu próprio caráter, para resolver este grande problema: dirigir as questões do mundo inteiro, civilizar os países selvagens e bárbaros e povoar os ainda desabitados".

Arthur de Gobineau (1816-82) efetua uma sombria meditação sobre o declínio da humanidade, ligado ao fato de que "a espécie branca desapareceu presentemente da face do mundo" (*Essai sur l'inégalité des races humaines*, 1853). O percentual de civilização é proporcional ao percentual de sangue ariano na população em questão. Ora, a parte desse sangue "que é o único sustento do edifício de nossa sociedade se encaminha para os termos extremos de sua absorção".

Hitler retoma o tema em *Mein Kampf*, afirmando que os judeus "querem destruir pelo abastardamento que resulta da mestiçagem essa raça branca que eles odeiam; querem destroná-la do alto nível de civilização e de organização política ao qual ela se elevou e tornarem-se seus senhores". O judeu torna-se pior do que inferior: é a negatividade absoluta, um Outro diabólico. Os eslavos ou os negros são sub-homens, dos quais os Senhores devem dispor a seu bel-prazer; os judeus devem ser exterminados, já que são responsáveis pela derrota de 1918, pelo liberalismo plutocrático, pelo marxismo, pela corrupção mundial; em suma, pela *Decadência do Ocidente*. Nessa obra, publicada entre 1915 e 1920, Oswald Spengler defendia uma visão biológica da história: "As culturas são organismos. A história universal é sua biologia geral." Nascimento, infância, juventude, maturidade e velhice se sucedem nas civilizações; e a decadência se caracteriza pela mistura das culturas e das almas, já que cada cultura possui sua alma: a cultura antiga, a alma apolínea; a árabe, a alma mágica; e a ocidental, a alma faustiana.

Falando propriamente, não há racismo em Spengler, mas a combinação de seu bio-historicismo com o darwinismo social será a realização do mestre ideológico do nazismo, Alfred Rosenberg. Ele explica em *O mito do século XX* (1930) que a história é animada pelo conflito entre a raça ariana e a raça semítica, a qual contaminou o cristianismo (judaicizado por são Paulo e são Mateus), o liberalismo e o marxismo. A Reforma corresponde à revolta dos germanos contra a tirania judaico-romana. Os franceses não compreenderam isso e a França se abastardou ao expulsar os huguenotes. Seu tipo racial se modificou, até se tomar braquicéfalo, com o crânio achatado e arredondado.

A exploração das ciências humanas a serviço do Estado-Força culmina com o recurso à geografia. Friedrich Ratzel, o fundador da *geopolítica*, parte igualmente de uma concepção biológica do Estado para dela deduzir que cada povo tem o direito de explorar os territórios que correspondam a seu espaço vital. A geografia física torna-se ciência da conquista. O general geógrafo Karl Haushofer transmite a mensagem a seu amigo Rudolf Hesse; e a teoria do *Lebensraum* toma lugar no *corpus* nacional-socialista.

Depois da derrota do totalitarismo nazista, ninguém mais pensará, no Ocidente, em defender abertamente uma doutrina racista. O quádruplo absurdo do racismo parece mais bem conhecido:

1) *As raças puras não existem*; todos os grupos humanos resultam de uma mestiçagem. Mas, supondo-se que elas existam,

2) a pureza não representa *nenhuma superioridade biológica*; a própria noção de abastardamento é absurda. E isso tanto mais porque

3) uma eventual superioridade genética não implica *nenhuma superioridade psicológica e cultural*, da qual fosse automaticamente dedutível. E, mesmo admitindo-se essa última hipótese,

4) uma superioridade cultural não justifica *por si só a hegemonia política*. Não há nenhuma evidência de que os maiores, ou os mais musculosos, ou os mais belos, ou os mais inteligentes governem os outros homens.

A sociobiologia

Sem pregar um racismo que se tornou inconfessável em qualquer variante, uma corrente científica e política contemporânea procede de modo comparável aos adeptos do darwinismo social de final do século XIX, transpondo pura e simplesmente os resultados ou leis das ciências naturais para as ciências sociais e, mais particularmente, as descobertas da biologia para a ciência política. Além de uma tal transposição ser cientificamente absurda, ela pretende levar a um aniquilamento científico da liberdade de opções políticas. A "Ciência" – no caso, a sociobiologia – demonstra que os comportamentos sociais são determinados em bases biológicas. Somente os obscurantistas, então, pretenderiam transformar sociedades cujas bases fundamentais estão inscritas nos genes. "O futuro pertence à família tradicional. O altruísmo provém do 'egoísmo genético'." As leis da vida condenam o nivelamento mundial. Essa é a mensagem revolucionária de 300 dos maiores cientistas ingleses e americanos, os "sociobiologistas", como escreve Alain de Benoist (*Le Figaro Magazine*, 30 de junho de 1979).

A nova direita se refere, em primeiro lugar, à *etologia*, "que aplica certas ligações tiradas da teoria da evolução à análise do comportamento dos homens e dos animais" (Alain de Benoist, *Vu de droite*, Paris, Copernic, 1977, p.156). Antes dos sociobiologistas, os zoólogos mostram o caminho.

"Nossas sociedades integram a si os tarados, os semiloucos, os criminosos; os pedagogos dopam os menos bem-dotados de inteligência, recuperam os débeis mentais; e todos esses anormais entram no ciclo reprodutor. Disso resulta obrigatoriamente uma queda da saúde intelectual, moral, até mesmo física de nossos contemporâneos", escreve o padre Pierre Grassé, para pregar o eugenismo. Konrad Lorenz demonstra que o homem possui, como os animais, comportamentos inatos, entre os quais a agressividade, a hierarquia, a territorialidade. Em consequência, o espírito de competição, o gosto pelo risco, o sentimento de honra, a vontade de empreender e até mesmo o dinamismo industrial são, do mesmo modo que a guerra, 'subprodutos' de uma pulsão agressiva inscrita nas estruturas mais sutis do organismo. Combater essa pulsão significaria retirar da espécie seu gosto pela luta, sua vontade de viver (ibid., p.50). Se você não adota os valores capitalistas, está condenando a espécie. Alain de Benoist retoma as elucubrações de um Gustave Le Bon: "No indivíduo normal, as pulsões que se formam no nível do paleocórtex são em geral mais ou menos controladas pelo neocórtex. Em caso contrário, o hipotálamo bloqueia o córtex e a razão é como que paralisada: o que explica certas características da psicologia das multidões" (ibid., p.156).

O fundador da sociobiologia, E.O. Wilson, é também zoólogo, professor na Universidade de Harvard. Ele deduz do estudo das sociedades de insetos ... os princípios primeiros, que governam a evolução dos sistemas sociais (*Le Monde*, 24 de fevereiro de 1980). O núcleo de sua demonstração reside numa teoria da seleção de parentesco. O parentesco seria a estrutura preponderante das sociedades primitivas, porque se trataria de um fato biológico e não cultural. A ideia central é que os seres vivos buscam, antes de qualquer outra coisa, "otimizar seus ganhos genéticos", ou seja, assegurar a reprodução do máximo de seus genes, ser os melhores na batalha da hereditariedade. O altruísmo social traduz assim um egoísmo genético: os sacrifícios têm como objetivo salvar vários parentes e, desse modo, aumentar a quantidade de nossos genes que irá sobreviver. O altruísmo é inclusive condicionado por essa vantagem genética; é função do grau de parentesco e, portanto, é limitado (e reintegrado na teoria evolucionista seletiva). O egoísmo genético torna-se a causa primeira dos comportamentos sociais.

As conclusões políticas da bioideologia variam ao sabor das "descobertas" e das preferências de seus adeptos. "Cedo estaremos em condições de identificar a maioria dos genes que intervêm no comportamento" (Wilson). W.D. Hamilton sugere que "a discriminação racial repousa em fundamentos nitidamente genéticos": um gene racista, de qualquer modo. Podem-se imaginar outros. De todo modo, "as consequências sociais dessa mudança de perspectiva são imensas. Já que o teorema central da sociobiologia é a regra universal da 'otimização dos comportamentos', isso implica, por si mesmo, a rivalidade e a competição entre os indivíduos e, por conseguinte, a estratificação social" (Alain de Benoist, *Le Figaro Magazine*, 30 de junho de 1979). O que seria preciso demonstrar. A ordem social é biologicamente fundada.

INDICAÇÃO BIBLIOGRÁFICA

Wilson, E., *L'humaine nature. Essai de sociobiologie*, 1978, Stock, 1979; e, contra, Marshall Sahlins, *Critique de la sociobiologie* (1976), Gallimard, 1980.

CAPÍTULO VIII

A Nação-Estado

O Estado-Nação – nascido na idade clássica – continua a ser hoje a realidade política essencial. Decerto, ele foi afetado por profundas transformações: considera-se como gerente (cf. cap. V) ou se revela partidário (cf. cap. VI); pôde se apresentar como pura força (cf. cap. VII) e reivindica agora a técnica e a ciência (cf. cap. IX: "O Estado-Cientista"). Mas conserva seu núcleo nacional.

Os Estados-Nação devem também ser considerados como soberanias voltadas para o exterior, envolvidas nas relações internacionais. Constata-se, então, que os mais fortes e "avançados" dentre eles desenvolveram sua política colonial até transformá-la em expansionismo imperial, e que ainda hoje, depois da descolonização, a partilha do mundo em dois "blocos" dificilmente esconde a efetividade de impérios de tipo novo. Mas povos e nações outrora subjugados acederam à independência política, de tal modo que se impôs a forma-Estado. Estudaremos sucessivamente *os Impérios* e os problemas das *novas nações*, a fim de compreender o nascimento das Nações-Estado.[1]

Os impérios

Os Estados-Nação, quando sua potência lhes permite, buscam estender ao conjunto do mundo sua ação de dominação. Disso resultam os *imperialismos.* Nos tempos modernos, os Estados capitalistas efetuaram a legitimação do mais completo imperialismo, o da conquista. Disso resulta o *colonialismo.* O pensamento socialista condenou-o, sem saber sempre que ele mesmo instalava um outro tipo de imperialismo. Disso resulta o *social-internacionalismo.*

[1] Sobre a diferença entre Estado-Nação e Nação-Estado, cf. infra, neste capítulo.

Imperialismos

O imperialismo não esperou o "estágio supremo do capitalismo" para se manifestar. Tucídides já ensinava que ele é inerente a toda formação de tipo estatal. No seio do Estado-Nação, as coisas são mais complicadas do que o dizem Hobson, Hilferding ou Lênin. Os interesses dos que controlam o poder econômico nem sempre coincidem com os interesses dos que detêm o aparelho de Estado. E o imperialismo não se explica apenas por razões econômicas; ele se alimenta também da ideia de Império. Ademais, essa "doença" da dominação internacional não poupou a União Soviética, que se resolveu alegremente a participar da partilha do mundo. Nem mesmo os Estados que conquistaram recentemente sua independência deixaram de ser contaminados pelo vírus.

Portanto, menos que nunca é possível levar a sério (isto é, como moeda corrente) as teorias que os Estados liberais, depois os Estados socialistas, depois os Estados do Terceiro Mundo apresentaram para justificar seus direitos históricos à preeminência. Não faltaram os mitos e as filosofias da história ou do homem para defender as práticas nacional-imperialistas.

A questão começa *no século XIX*, século do homem branco, adulto, civilizado, produto da história passada e agente do futuro. O Estado centralizado e constitucional, a ciência, a religião, a indústria, o exército convertido em missionário, todos se reconciliam e dividem as tarefas. A pilhagem internacional dos conquistadores e pioneiros cede lugar a uma administração sistemática que extermina (índios da América, maoris, cafres) ou subjuga (África, Oriente), conforme o caso, mas sempre em nome *da civilização*. Cristóvão Colombo singrava os mares rumo às Índias Ocidentais para manifestar a potência de seu soberano, conseguir-lhe um butim e evangelizar as populações que desconheciam a Boa-nova. O branco do século XIX, com seus geógrafos, etnógrafos, cartógrafos e missionários, não fez outra coisa. Ao Evangelho religioso, acrescenta-se o Evangelho segundo Auguste Comte; o aventureiro é substituído pelo administrador colonial. O essencial não muda: ecumenismo cristão e universalismo europeu andam de mãos dadas. Dos *Fundamentos geográficos da história universal* de Hegel (1811) até as *Memórias* de Henry Kissinger (1980), a perspectiva não se altera. Tudo parte dos Estados brancos... e tudo volta a eles.

A *filosofia da história materialista e dialética* não passa, em última instância, de uma variedade dessa consciência progressista. Marx e Engels, decerto, enunciaram a célebre fórmula: "Um povo que oprime outro jamais poderá ser um povo livre." O marxismo na versão da Segunda Internacional, porém, nem por isso deixou de introduzir a ideia de que o proletariado industrial – e, portanto, o das nações cientificamente avançadas – detém a ponta de lança da Revolução mundial. As sublevações dos povos coloniais não são mais do que forças de apoio. O *Estado soviético* reforça essa ideologia: existem mundialmente *dois campos*:

- o da justiça, do direito e do progresso, que têm à frente a União Soviética e agrupa os proletários, as nações e os povos que sofrem a exploração capitalista-imperialista;
- o da exploração, da mentira e da reação, cosmopolita, dirigido hoje pelas corporações multinacionais e submetido à hegemonia militar, política e econômica dos Estados Unidos da América.

Essa visão da realidade mundial é essencialmente a mesma que serviu como horizonte de pensamento nos Estados liberais, de Disraeli e Jules Ferry a John Kennedy e a Nixon. As tropas soviéticas intervêm no Afeganistão (dezembro de 1979) para "libertar o país do jugo feudal". A filosofia das Luzes serviu como cobertura para a civilização-colonização do mundo. O marxismo serve como cobertura discursiva para as práticas nacionalistas do Estado soviético.

Os dois progressismos "brancos" surgidos no século XIX procedem segundo a mesma lógica de ideias, herdada de santo Agostinho e de Hegel.

- messianismo da Igreja, da cultura, do Estado (burguês);
- messianismo do proletariado, de "seu" partido, do Estado (socialista).

O *Terceiro Mundo*, o *não alinhamento* pareceram oferecer um caminho para superar essa alternativa que conserva a sujeição internacional. A Conferência de Bandung (1955) despertou essa esperança, em torno de Chu En-lai, Nasser, Nehru e Sukarno. Os pobres do mundo (de fato, no caso concreto, da África-Ásia) expressam uma "tomada de consciência de sua eminente dignidade", o que faria do fato o evento mais importante desde o Renascimento (Léopold Sendar Senghor). A condenação do colonialismo, a afirmação do não alinhamento, a busca da coexistência entre as nações se inspiravam no "Panch Shila", na não violência ensinada por Gandhi. Em 1961, Tito organizou em Belgrado a primeira conferência de cúpula dos não alinhados, que aduziu aos princípios de Bandung a libertação econômica:

> Os povos têm o direito, para suas finalidades pessoais, de dispor livremente de suas riquezas e recursos naturais.

Em 1966, Fidel Castro acrescentou o terceiro A, com a conferência de solidariedade dos povos da Ásia, África e América Latina, reunida em Havana.

O terceiro-mundismo estendeu então ao mundo o raciocínio que o jovem Marx formulara a respeito do proletariado. Os povos que sofreram as maiores injúrias e alienações, a espoliação, a servidão e a humilhação têm de querer a supressão de todas as formas de violência internacionais e interestatais, para eles mesmos e para todos os outros. Por seu destino infeliz, eles representam a consciência ética e política da humanidade. Através deles, do Terceiro Mundo, triunfarão o imperativo da paz, e, portanto, a independência dos povos, a exploração em comum dos recursos nacionais, a igualdade dos indivíduos, a defesa das liberdades no quadro das tradições e, sobretudo, serão recusadas, reprimidas, destruídas as forças imperialistas. Quantas análises foram feitas na época para provar que o Islã autêntico ou a organização tribal praticavam originariamente o socialismo e a democracia!

Todavia, o terceiro-mundismo não resiste às circunstâncias: cerco dos dois campos, sobrevivência de um passado muito próximo, fraqueza material das nações envolvidas: o não alinhamento não consegue ser mais do que uma estratégia a serviço dos nacionalismos pobres e exaltados, prontos a fazer causa comum com uma das duas hegemonias quando uma vantagem material os incitasse a tanto. Isso resulta também do fato de que o Terceiro Mundo jamais quis nem pôde se desprender do *modelo de Estado europeu*; e sua libertação significou para eles o ingresso na competição internacional. Quaisquer que tenham sido as modalidades da independência, constituiu-se um Estado de tipo europeu, cujo eixo central era o nacionalismo e, como sua imediata consequência, o imperialismo. A República Popular da China, até mesmo em seu período mais "esquerdista", atuava como qualquer outra grande potência, ou talvez até com menos pretextos no cinismo. Os *nacionalismos* mais recentes revelam-se mais sólidos do que a comunidade de língua, a tradição ético-religiosa e a desforra contra o inimigo comum: a nação árabe unificada, pelo menos do Eufrates ao Atlântico, jamais viu a luz. Duas potências ainda dominam o mundo; o número de Estados soberanos não deixa de crescer; os conflitos devidos aos nacionalismos e imperialismos locais se multiplicam. Nenhuma filosofia da história explica essa realidade; todas servem como justificação: a liberal, a marxista, a humanista terceiro-mundista.

INDICAÇÕES BIBLIOGRÁFICAS

Lichtheim, G., *De l'impérialisme* (1971), Calmann-Lévy, 1972.

Mahatma ("a grande alma") Gandhi (Mohandas Karamchand Gandhi), *Leur civilisation et notre délivrance*, Denoël, 1957.

O colonialismo

O imperialismo moderno se distingue do imperialismo clássico (o dos antigos gregos, do ecumenismo militar de Roma, do espírito de conquista e de evangelização da primeira vaga da colonização europeia) pela mundialização da sociedade burguesa, que se realiza ao lado da extensão da dominação política dos Estados. Por sua vez, a colonização se transforma. Com efeito, não se trata de *uma*, mas de *três* colonizações:

- a colonização *da evangelização e da pilhagem*, inaugurada por Cristóvão Colombo;
- a colonização *comercial*, na qual os ingleses tomam o lugar dos holandeses;
- a colonização *administrativa*, na qual os Estados Unidos estabelecem pactos e tratados.

Colônia pura ou Estado submetido à penetração econômica, não há mais nenhum hectare de terreno que escape ao mundo branco ou ao seu imitador japonês.

A grande vaga da colonização do século XIX teve seu caminho aberto pela *Grã-Bretanha*. Colônias de exploração foram estabelecidas ao longo de toda a rota das Índias; uma frota comercial cobria a maior parte das trocas intercontinentais. Disraeli chegou a criar um consenso em torno desse novo tipo de colonização, que garante a hegemonia mundial da nação. Um conjunto de ideias serve como embasamento para essa política. Inicialmente, um *sofinationalism*, um nacionalismo seguro de si, mas sem agressividade nem ressentimento. Depois, a certeza de ter razão, que é conferida pelas filosofias da história, tanto pelo pensamento missionário dos anglicanos como pela vontade de melhorar o conhecimento do mundo que anima as sociedades científicas, tanto pelo desejo de produzir dos positivistas como pelo evolucionismo de Spencer.

Com Spencer, o imperialismo recebe o reforço do *darwinismo* político (cf. *supra*, cap. VII). As leis que regem os organismos vivos aplicam-se igualmente às sociedades: princípio de evolução, crescimento dos mais capazes, atrofia dos inúteis. Portanto, é normal que o homem civilizado conquiste o mundo. Spencer continua individualista; Benjamin Kidd é mais abertamente racista e opõe o interesse a longo prazo da raça ao interesse mesquinho do indivíduo. A forma moral e a grandeza religiosa da "raça inglesa" fundam sua superioridade e sua missão imperial. No fim das contas, o Império é considerado como o produto da Providência, da Raça, do Espírito Humano; e serve como abertura para os Novos Tempos da Indústria.

Aquém das ideias que acompanham o imperialismo inglês, é preciso remontar ao *pensamento liberal*, sob cuja égide se constituiu o Estado-Nação, do qual a Grã-Bretanha é a pérola. Reencontra-se então John Locke e sua concepção do Estado como pacto, como contrato entre proprietários que transferem a uma autoridade soberana o direito de punir e de cuidar dos negócios comuns. O imperialismo resulta disso:

- o Estado é um contrato entre proprietários;
- é proprietário quem ocupou um terreno e soube fazê-lo dar frutos;
- o Estado, portanto, é um território, um conjunto de proprietários prósperos;
- por conseguinte, os nômades são excluídos do pacto civil;
- do mesmo modo, os "improdutivos" devem aceitar a tutela dos produtores civilizados para ingressar na civilização.

O dinamismo imperial triunfa sem grande dificuldade na Grã-Bretanha, no Japão, na Rússia e nos Estados Unidos. Mas ele tem de superar obstáculos no seio da Terceira República francesa. De imediato, tem de encontrar justificações mais precisas. A tarefa de legitimação do colonialismo aparece com mais clareza. A França saiu muito desgastada na guerra de 1870. Perdeu o bonapartismo, a Alsácia e a Lorena, reencontrou as facções monarquistas e a contestação socialista, esmagou a Comuna, reencontrou a divisão. Dois caminhos parecem se abrir: a desforra contra a Alemanha ou a aventura colonial.

O partido colonial triunfa e recebe múltiplos apoios. A Igreja Católica se felicita por poder evangelizar contra o anglicanismo e o protestantismo. E os colonizadores se felicitam com as justificações morais trazidas pelos católicos, tais como o abade Raboisson:

> Em todo lugar onde o francês pôs o pé, ainda que por um instante, tornou francês o solo que pisou .... É o caso de Maurício, de Trinidad, da Luisiânia, do Canadá! ... Da própria Alsácia! Portanto, pode-se construir uma França africana, uma França oriental, uma França polar (*Études sur les colonies et la colonisation au regard de la France*, 1877).

Monsenhor Lavigerie, arcebispo de Argel, lançou pessoalmente expedições contra a África negra e apelou em 1871 aos metropolitanos para que se fizessem colonos:

> Vinte, contribuindo para estabelecer sobre esse solo ainda infiel uma população laboriosa, moral, cristã, vós sereis os verdadeiros apóstolos diante de Deus e diante da pátria (*Aux Alsaciens et aux Lorains exiles*).

Os geógrafos veem finalmente reconhecidos sua utilidade e seu patriotismo. O almirante La Roncière Le Noury declara, em 1875, diante do presidente Mac-Mahon:

> A Providência nos ditou a obrigação de conhecer a Terra e de conquistá-la .... A geografia, a ciência que inspira um tão belo devotamento e em nome da qual tantas vítimas se sacrificaram, tornou-se a filosofia da terra.

Jules Ferry, republicano e laico, presidente do Conselho entre 1880 e 1885, sistematiza a argumentação em favor da colonização, com argumentos

– econômicos:

> A política colonial é filha da política industrial. Para os Estados ricos, onde os capitais abundam e se acumulam rapidamente ..., a exportação é um fator essencial da prosperidade;

– humanitários:

> Será que alguém pode negar que há mais justiça, mais ordem material e moral, mais equidade, mais virtudes sociais na África do Norte depois que a França a conquistou?

– políticos:

> ... na Europa tal como foi feita, nessa concorrência de tantos rivais que vemos crescer em torno de nós ..., numa Europa, ou melhor, num universo assim feito, a política do isolamento ou da abstenção é simplesmente o grande caminho para a decadência; ... é cair do primeiro nível para o terceiro ou quarto.

Mais de um século depois, a problemática da concorrência e do nível ainda serve para justificar *uma* política como a única política possível.

Por muito tempo, a temática da colonização será "humana", "democrática", "republicana" e "progressista", como o atesta a intervenção do professor universitário radical Albert Bayet, no Congresso de 1931 da Liga dos Direitos do Homem:

> ... a colonização é legítima quando o povo que coloniza leva consigo um tesouro de ideias e de sentimentos que enriquecerá outros povos; sendo assim, a colonização não é um direito, mas um dever .... Parece-me que a França moderna, filha do Renascimento, herdeira do século XVIII e da Revolução, representa no mundo um ideal que tem seu valor próprio e que ela pode e deve difundir pelo Universo.

Um tal discurso pode ser pronunciado por (para) todos os imperialismos.

INDICAÇÕES BIBLIOGRÁFICAS

Disraeli. B., Ver R.J. White, *The Conservative Tradition*, Londres, N. Kaye, 1950.
Ferry, J., *Le Tonkin et la mère patrie*, 1890.
Girardet, R., *L'idée coloniale en France de 1871 à 1962*, 1972, Poche, 1979.
Kidd, B., *Social Evolution*, 1894.

O social-internacionalismo

O socialismo, nascido no século XIX e difundido no XX, pretende ser uma concepção política do *internacionalismo*; e, na grande família dos socialismos, o marxismo pretende, mais que qualquer outro, rimar com internacionalismo. Ao mesmo tempo, a nação serve verdadeiramente de pretexto para o reforçamento estatal: o interesse nacional legitima o Estado soberano ou expansionista. O socialismo não pode senão redobrar sua pretensão internacionalista.

As coisas se complicam, contudo, com a doutrina leninista, que pretende efetuar em cada caso "a análise concreta de situações concretas"; e também com a concretização do projeto comunista, no qual o socialismo se reduz (provisoriamente?) a um só país (ou a uma só zona?). Finalmente, soma-se o fato de que, no século XX, a questão nacional se fragmenta em significações diversas e frequentemente contraditórias. O enfoque da "questão nacional" assume então uma ambiguidade fundamental e levanta uma verdadeira dificuldade, insuperável e insuperada. Como explicar que o socialismo internacionalista tenha sempre triunfado numa luta contra o estrangeiro, numa situação de guerra e/ou tornando-se um movimento de libertação nacional contra a dominação estrangeira (Rússia, 1917; Europa do Leste, 1945-48; China, 1949; Vietnã, 1945-73; Cuba, 1959-1962; Angola, 1975; Nicarágua, 1979 etc.)? Como explicar que, em cada oportunidade, a tomada do poder pelos socialistas implicou o fortalecimento da Nação-Estado? É preciso buscar a resposta a essas questões na obra dos primeiros teóricos do "socialismo científico", antes de seguir as superestimações do social e do político, a outra face da subestimação teórica do nacional.

Marx e a Nação

Grosso modo, poder-se-ia dizer que Marx ignora a questão nacional. *A nação não é o seu problema*; o motor da história não é a guerra dos povos, mas a luta de classes. A nação é apenas a forma ideológica do Estado capitalista e imperialista; o internacionalismo é o programa de combate contra esse Estado. O nacionalismo decorre apenas da ideologia burguesa; é "necessário" à burguesia, mas "superável" pelo proletariado.

Quando abordam o problema das nacionalidades, Marx e Engels recusam-se assim a qualquer sentimentalismo: não se deve "ver uma nacionalidade oprimida em todo ladrão de carneiros que entra em conflito com a Turquia". Eles defenderam "o direito das grandes nações europeias à existência". Desconfiavam dos "filisteus que se inflamam pelas nacionalidades". Ajustavam suas posições em função *da conjuntura.* Foi o caso em relação à Polônia; quando o tzarismo parecia forte na Rússia, "somente o restabelecimento da Polônia pode ... liquidar o maior obstáculo à emancipação dos povos europeus". Quando a revolução parecia apontar na própria Rússia, que importava a Polônia, que não era mais do que uma "nação perdida"? O mesmo quanto à necessidade histórica diante da colonização: decerto, ela se faz em nome de interesses "abjetos", mas pode corresponder a um estágio do desenvolvimento capitalista, um progresso para a revolução socialista, de qualquer modo:

> Temos de colaborar para a libertação do proletariado europeu e devemos subordinar a esse objetivo todos os outros. E, por mais interessantes que sejam os Estados balcânicos e outros, tão logo o esforço de libertação deles entra em conflito com os interesses do proletariado, que outros cuidem do problema! (Engels, *Carta a Bernstein*, 1882).

A Segunda Internacional e a superestimação da questão social

"Se vocês abolirem a exploração do homem pelo homem, abolirão a exploração de uma nação por outra nação": essa era, portanto, a mensagem do *Manifesto Comunista.* A Segunda Internacional a recebeu bem, superestimando por sua vez a questão social. Foi o caso diante do problema das "nacionalidades"; será o caso em face do problema das "colônias".

Um debate opunha, no início do século XX, *os "internacionalistas intransigentes"* aos *defensores da ortodoxia marxista.*

- Rosa Luxemburgo defende o proletariado polonês:

> Seus interesses reais na matéria, a liberdade de vida e do desenvolvimento nacional cultural, a igualdade dos cidadãos, a abolição de toda opressão nacional encontram sua única expressão possível, completa e ao mesmo tempo eficaz nas aspirações gerais de classe do proletariado a uma maior democratização dos países ocupantes.

Mas ela não defende a independência nacional da Polônia:

> A necessidade de possuir o aparelho de um Estado de classe independente, que é uma outra arma para oprimir os operários, é tão somente, nas circunstâncias atuais, levando-se em conta o caráter utópico dessa aspiração, um interesse imaginário dos operários, assimilado de uma concepção pequeno-burguesa do mundo, tão estranha aos interesses reais do proletariado quanto ao modo de pensamento do socialismo científico em geral (*A questão polonesa e o movimento socialista*, 1905).

- Karl Kautsky opõe a isso uma versão estatista de Marx, que compõe com o Estado nacional. A unidade nacional "decorre inelutavelmente do desenvolvimento econômico e não pode ser entravada, assim como não o pode esse mesmo desenvolvimento. Onde as tendências nacionais ainda lutam por seu reconhecimento, todo partido do progresso ... deve levar em conta esse caráter inelutável e ... defender a aspiração à unificação num Estado e à independência das nações nas quais vive e atua".

Contra o internacionalismo intransigente de Rosa Luxemburgo e de Pannekoek ("o fato nacional é um fato ideológico burguês"), os marxistas ortodoxos da social-democracia consideram a aspiração nacional como uma etapa necessária da revolução socialista e chegam assim a um nacionalismo tático.

A superestimação da questão social é também encontrada no exame da *questão colonial* e é acompanhada por um etnocentrismo (percepção dos grandes problemas somente do ponto de vista do centro, do Ocidente) pouco capaz de captar a significação da colonização e os desafios da descolonização. A partir desse viés comum, o movimento socialista se divide em duas grandes tendências:

• Os alemães Eduard Bernstein ou Eduard David (1863-1936) e o belga Vandervelde (1866-1938) são as principais figuras da primeira tendência, que considera *o colonialismo* como *uma necessidade* histórica: o desenvolvimento das forças produtivas o exige; a propagação da civilização o justifica. Somente os métodos do colonialismo são "atrozes". A Segunda Internacional "não condena em princípio e para sempre qualquer política colonial" (moção do Congresso de Stuttgart, 1907).

E Bernstein precisa:

> Temos o dever de praticar uma política colonial socialista positiva. Devemos abandonar a ideia utópica de entregar as colônias; a consequência extrema dessa atitude levaria a entregar os Estados Unidos da América aos índios. As colônias estão aí: é preciso aceitar esse fato. Os socialistas devem também reconhecer a necessidade que têm os povos civilizados de exercer uma certa tutela sobre os povos não civilizados ... . Essa é a tese dominante no seio dos partidos socialistas da Europa.

• Uma segunda tendência *condena* mais nitidamente o *colonialismo*. Kautsky defende e faz com que se adote uma tese complementar, segundo a qual "a política colonial capitalista, por sua própria essência, leva necessariamente à *sujeição*, ao trabalho forçado ou ao extermínio das populações indígenas do domínio colonial. A missão civilizadora reivindicada pela sociedade capitalista serve-lhe apenas como pretexto para encobrir sua sede de exploração e de conquista. Somente a sociedade socialista poderá oferecer a todos os povos a possibilidade de desenvolver plenamente sua civilização".

Sem estar isento de paternalismo, esse ponto de vista contém uma tomada de consciência da questão colonial. Seus adeptos reclamam, "sem mais tardar", a criação de partidos socialistas nos países colonizados, a fim de estabelecer laços políticos entre a classe operária dos países dominantes e os povos dominados. A renovação da problemática do imperialismo, contudo, para nisso: é a classe operária dos países colonizadores que mostra o caminho do socialismo.

A Terceira Internacional: a superestimação da questão política (Lênin, Stálin)

Lênin não rompe brutalmente com as teses da Segunda Internacional. Hesita longamente; apoia amplamente Kautsky e concorda com ele quanto ao elemento central da matriz marxiana: o primado da classe sobre a nação. Todavia, mostra-se mais atento ao *potencial revolucionário* dos movimentos nacionais. Lênin e Stálin privilegiam assim *a tática*, a utilização política da aspiração nacionalista, inicialmente para fazer a revolução, depois para defender o Estado revolucionário.

Desde 1913, Lênin encarrega Stálin – "este maravilhoso georgiano" – de elaborar uma "solução proletária para *a questão nacional*". Disso resulta a célebre definição de Stálin da nação como

> uma comunidade estável historicamente constituída, comunidade de língua, de território, de vida econômica e de formação psíquica, que se traduz na comunidade de cultura.

Definição que condena as reivindicações autonomistas:

> Basta que um só desses índices falte para que a nação deixe de ser uma nação. O mesmo para os judeus ou para os armênios...

Lênin, como Stálin, não reconhece qualquer fato nacional. O federalismo, inicialmente, foi recusado; depois, o direito de autodeterminação foi admitido, a fim de acelerar a decomposição do Império tzarista; finalmente, a reconstrução unitária foi imposta em nome da "autodeterminação dos trabalhadores" e, quando necessário, pela força (ataque à Geórgia em 1921). O nacionalismo pôde ser útil à tática revolucionária; ele não tem lugar no esquema bolchevique, sobretudo quando se trata do nacionalismo das regiões pobres e periféricas:

> A base política da ditadura do proletariado é constituída inicialmente e de modo essencial para as regiões industriais do centro e de modo algum para os limites representados pelos países agrários (Stálin, 1923).

A *questão colonial* foi tratada segundo a mesma lógica. Lênin reivindica a unidade dos pontos de vista (cf. *Sobre o direito de autodeterminação das nações*, 1914). Paralelamente, ele integra suas análises sobre a questão colonial à sua concepção do imperialismo. Lênin esboça uma concepção mundial da

Revolução, pode-se dizer que ele tenta *mundializar* o esquema legado por Marx, mas sem chegar a se desfazer do eurocentrismo:

> Em igual nível de intensidade, o golpe desferido contra o poder da burguesia inglesa pela insurreição na Irlanda tem uma importância política cem vezes maior do que se tivesse sido desferido na Ásia ou na África (*Balanço de uma discussão sobre a autodeterminação*, 1916).

Na prática, a Terceira Internacional reconhece a justeza das lutas coloniais, mas ajusta suas posições em função dos interesses da União Soviética:

> Camaradas, irmãos: chegou o momento no qual vocês poderão começar a organização de uma guerra popular justa e sagrada contra os bandidos e os opressores .... Viva a união fraternal dos povos do Oriente com a Internacional Comunista (Zinoviev, Congresso de Baku, 1920).

Na luta contra a burguesia mundial, a República Soviética deve agrupar em torno de si, ao mesmo tempo, os movimentos soviéticos (conselhistas) dos "operários avançados de todos os países" e os movimentos de libertação nacional das colônias ou das nacionalidades oprimidas. Disso resulta uma tese intermediária entre

- a velha tese economicista, segundo a qual os Estados colonizadores devem inicialmente exportar o capitalismo, antes de pensar no socialismo nas colônias;
- *e* a nova tese asiocêntrica, segundo a qual a Revolução cresce a partir do Oriente e emergem "nações proletárias", nas quais a libertação é possível imediatamente.

A Internacional "deve estabelecer acordos temporários, até mesmo alianças com a democracia burguesa das colônias e dos países atrasados".

Acordos temporários, já que toda fusão com a burguesia nacional está excluída: o objetivo continua a ser a ditadura do proletariado.

INDICAÇÕES BIBLIOGRÁFICAS

Châtelet, F., Evelyne Pisier-Kouchner e Jean-Marie Vincent, *Les marxistes et la politique*, PUF, 1975, col. "Thémis".

D'Encausse, H.C., *L'empire éclaté*, Flammarion, 1978.

Haupt, G., Michael Löwy e Claude Weill, *Les marxistes et la question nationale, 1848-1914*, Maspero, 1974.
Schram S. e Hélène Carrère d'Encausse, *Le marxisme et l'Asie*, Colin, 1966.

As novas nações

Os Impérios têm seus imperialismos; as novas nações, seus nacionalismos. Esse fato não justifica nenhuma confusão: os povos que enfrentam a descolonização *não* formam uma totalidade homogênea; e não existe, por mais que se tenha sonhado com ele, um *pensamento do Terceiro Mundo.* As concepções das novas nações, de resto, fragmentam-se no tempo e no espaço, desde o século XIX (em alguns visionários latino-americanos) até os anos 1980 (nos países ainda sob dominação colonial, de Cuba à África do Sul ou de Porto Rico à Namíbia). Ademais, as modalidades de acesso à independência variam consideravelmente entre a retirada voluntária do colonizador e as lutas armadas vitoriosas.

Todavia, permanece *um fundo comum*: os movimentos de libertação nacional e suas justificações, as técnicas de fundação de um Estado e as razões apresentadas situam-se num mesmo quadro, o do *jugo colonial,* com suas mesmas consequências sociais, materiais e ideais: subdesenvolvimento, destruição das estruturas da sociedade, esmagamento da cultura nacional. Trata-se, aqui e ali, de fazer com que exista um Estado contra as sequelas do passado colonial e apesar do novo imperialismo. Aqui e ali, a referência obrigatória é a do *Estado industrial desenvolvido*, em seu resultado liberal americano ou em seu resultado socialista soviético. Era (e continua a ser) inimaginável que africanos vivendo num mesmo território decidam-se a se organizar em agrupamentos "anárquicos" de comunidades de diferentes formas, sem rei ou presidente, sem Constituição, subscrevendo um simples direito costumeiro, praticando o escambo e buscando a autarquia econômica. Um tal desvio político teria sido (continua sendo) imediatamente punido com a intervenção das grandes potências ou dos vizinhos mais razoáveis. A forma-Estado domina.

Os fatores *ideológicos* – no sentido mais simples da palavra: os valores, as palavras de ordem, as representações, ou, em suma, as ideias – têm um peso bastante grande. Mais hoje do que outrora na Europa:

- Quando da constituição dos *Estados-Nação da Europa*, as ideias não cumpriam senão uma função de catálise. Hegel, depois de Locke e de Smith, concorda nisso com Karl Marx: o Estado moderno implantou-se numa nação

onde a sociedade civil já estava em processo de unificação e de organização.
Simplificando:
a nação precede o Estado;
o social precede o ideal.

- Com a constituição das *Nações-Estado do Terceiro Mundo*, as ideias têm de cumprir uma função decisiva. A instrução colonial desestruturou as sociedades civis dos países ocupados. O recurso à ideologia deve compensar a ausência de uma sociedade civil organizada.
Simplificando:
o Estado precede a nação;
o ideal precede o social.

Quais são essas ideias, esses valores? Pode-se agrupá-los em quatro grandes categorias ou princípios gerais de inteligibilidade, que explicam em nome e em função de que ideias se travaram os combates pela independência e se processam as ações no sentido da formação ou do fortalecimento do Estado:

a identidade, a luta armada, o povo, a religião.

Dá-se por suposto que, em cada caso histórico singular (o dos argelinos ou dos cubanos, dos chineses ou dos ganenses etc.), essas categorias se combinam ou se opõem de modo específico.

A identidade

Independentemente da diversidade das situações, a problemática da libertação colocou-se por toda parte em termos de busca de identidade. A análise puramente econômica dos efeitos do imperialismo não basta; é preciso, de modo mais amplo, denunciar a *alienação* colonial. E o que o colonialismo divisou precisa ser reunificado por meio de novas *solidariedades*. E quando, como é frequente, a *identidade* reencontrada se pretende *socialista*, isso ocorre num sentido que não é o habitual.

A identidade perdida: a alienação (Césaire, Fanon)

O processo contra o Ocidente não se limita à acusação de "pilhagem". O europeu consagra-se também à destruição das culturas tradicionais, não por causa de um ingênuo complexo de superioridade, mas para interiorizar no colonizado o sentimento de sua inferioridade. A difusão forçada do modelo cultural ocidental iria então de mãos dadas com o racismo. O colonialismo, portanto, não é simples despossessão, mas também humilhação, ofensa, atentado contra o ser.

Desde meados do século, Aimé Césaire denuncia esse processo de "desumanização" que arrancou

> milhões de homens ... de seus deuses e de sua terra, de seus hábitos, de sua vida, da vida, de sua classe, de sua sabedoria.
>
> Falam-me de progresso, de realizações, de doenças curadas, de níveis de vida elevados. Eu prefiro falar das próprias sociedades esvaziadas, de terras confiscadas, de religiões assassinadas, de coisas magníficas esmagadas, de extraordinárias possibilidades suprimidas (*Discours sur le colonialisme*, 1950).

Frantz Fanon tentou sistematizar a alienação a partir de uma análise "psiquiátrica" das funções e dos efeitos do racismo.

- Sartre afirmara que foi "o antissemitismo que criou o judeu".
- Fanon afirma que "é o racista que cria a inferioridade".

E a discriminação racial não é uma excrescência, mas a base de toda a instituição colonial. O racismo determina os comportamentos individuais e coletivos dos colonizados. Ele introduz o conflito no próprio ser do colonizado:

Conflito biológico:

> Comigo, tudo assume uma face nova. Nenhuma oportunidade me é permitida. Sou sobredeterminado do exterior. Não sou escravo da "ideia" que os outros têm de mim, mas de minha aparência. Chego lentamente no mundo, habituado a não mais pretender o surgimento. Ando rastejando. Os olhares brancos, os únicos verdadeiros, me disseram. Sou *fixado*. Tendo ajustado seu micrótomo, realizam objetivamente cortes de realidade. Sou traído. Sinto, vejo nesses olhares brancos que não é um novo homem que entra, mas um novo tipo de homem, um novo gênero. Um negro, ora! Deslizo pelos cantos... Resto em silêncio, aspiro ao anonimato, ao esquecimento. Vejam: eu aceito tudo, contanto que não me percebam mais (*Peau noire et masques blancs*, p.113).

Conflito cultural:

> Como para ilustrar o caráter totalitário da exploração colonial, o colono faz do colonizado uma espécie de quintessência do mal. A sociedade colonizada

> não é descrita apenas como sociedade Sem valores ... . O indígena é declarado impermeável à ética, ausência de valores, mas também negação dos valores ... . Os costumes do colonizado, suas tradições, seus mitos, sobretudo seus mitos, são a própria marca dessa indigência, dessa depravação constitucional (ibid., p.252).

Conflito linguístico, tão bem descrito por Kateb Yacine:

> Jamais deixei de sentir, no fundo de mim, essa segunda ruptura do cordão umbilical, esse exílio interior que só aproximava o escolar de sua mãe para dela arrancá-lo cada vez mais ... aos frêmitos reprovadores de uma língua banida, secretamente, por um mesmo acordo, rompido tão logo estabelecido ... . Assim, eu perdera ao mesmo tempo minha mãe e sua língua, os únicos tesouros inalienáveis – e, apesar disso, alienados (*Le polygone étoilé*, Paris, Le Seuil, 1962, p.181).

INDICAÇÕES BIBLIOGRÁFICAS

Césaire, A., *Discours sur le colonialisme*, Paris, 1950.

Fanon, F., *Peau noire et masques blancs*, Paris, Le Seuil, 1952, prefácio de Jean-Paul Sartre; *Les damnés de la terre*, Paris, Maspero, 1961 [ed. brasileira: *Os condenados da terra*, Civilização Brasileira, Rio de Janeiro, 1967].

A unidade reencontrada: as solidariedades (Guevara, Senghor)

Embora evitando as visões redutoras da história e da geografia, pode-se constatar uma vontade comum de superar, independentemente das experiências e dos continentes, a "balcanização" imposta pelo imperialismo. Luta revolucionária continental: Ernesto Guevara, chamado de "Che", retoma o sonho de Simon Bolívar, libertador do jugo espanhol. Para o Che, a Cordilheira dos Andes será a Sierra Maestra[2] do continente sul-americano. Cada país tem sua particularidade, mas "os continentes também as têm"; e os fatores de unidade são numerosos: língua, costumes, religião e, sobretudo,

[2] Nome da montanha onde Fidel Castro e Che Guevara iniciaram a guerrilha em Cuba.

uma identidade tão grande entre as classes desses países que eles chegam a uma identificação de caráter "internacional-americano", muito mais completa do que em outros continentes. Em todas as partes, temos o regime de latifúndios, o subdesenvolvimento, "a fome dos homens" e "o mesmo senhor" (*A guerra de guerrilhas*, 1962).

O projeto guevarista pretende ser também uma réplica ao "pseudo-americanismo" da Organização dos Estados Americanos e da Aliança para o Progresso, implantada por John F. Kennedy. E o caráter continental da luta não deve difundir a "ilusão continentalista":

> A existência das nações americanas separadas, até mesmo hostis entre si, é um (ato irreversível; e a luta revolucionária só pode ser um combate pela libertação *nacional*. Estabelecer para os processos revolucionários nacionais a condição prévia da unidade continental é adiá-los para as calendas gregas (Régis Debray, *Essais sur l'Amérique Latine*, Maspero, 1967).

Guevara fracassa: o argentino, herói da revolução cubana, morre em 8 de outubro de 1967 na Bolívia, assassinado por militares treinados no Panamá pelos Estados Unidos.

A busca da unidade árabe parece mais ambivalente. Decerto, ela cristaliza, desde o século XIX, o protesto contra o colonizador, ao qual se opõe a ideia de uma comunidade árabe, fundada ao mesmo tempo num critério religioso (o Islã) e na noção mítica de "povo":

> Será que não vale a pena, na opinião de vocês, abrir escolas a fim de nelas educar seus filhos, de instruí-los, de erguer uma barreira, graças a essas escolas, contra a influência europeia que as escolas europeias semeiam nos espíritos deles? É melhor roubá-los aos europeus do que perdê-los! Ensinem-lhes que vocês são os pais deles antes que eles antes reneguem! Transmitam a eles a religião que é a sua antes que eles se ergam contra vocês (Abdallah Al-Nadim).

Rapidamente, a ideologia da unidade árabe irá assumir um uso nacional e se expressar, antes de mais nada, no quadro do Estado-Nação.

Na África negra, mais arbitrariamente fragmentada pelo colonizador, o retorno a uma identidade comum se opõe à vontade dos novos dirigentes de preservar o quadro territorial de seu poder, ainda que esse seja precário. O haitiano Prince-Mars evocou, em 1928, as "civilizações africanas, cujo esplendor espalhou-se para além dos limites da estepe e do deserto". Aimé Césaire e Léopold Senghor fundam, em 1934, a revista *L'Etudiant Noir*.

O primeiro canta sua raça, "*raisin mûr pour pieds ivres*".[3]

O segundo confere à *negritude* o seu universalismo: "A emoção é negra como a razão é helênica."

> O que nos liga está para além da história. Está enraizado na pré-história. Pertence à geografia, à etnia e, portanto, à cultura. É anterior a qualquer colonização. Trata-se de uma comunidade cultural que chamo de africanidade. Eu a definiria como o conjunto dos valores africanos de civilização (*Jeune Afrique*, 9 de junho de 1963).

INDICAÇÕES BIBLIOGRÁFICAS

Césaire, A., *Cahiers du retour au pays natal*, 1947, Présence Africaine, 1971.

Che Guevara, *Journal de Bolivie*, Maspero, 1968 [ed. brasileira: *Diário da Bolívia*, Coordenada, Brasília, 1968].

Nkrumah, K., *A África Negra deve se unir*, 1964.

Senghor, L.S., *Liberté*, Le Seuil, 1964.

A identidade nova: a idiossincrasia socialista

Socialismo nacional, sempre; nominal, na maioria dos casos; algo destinado a armar o Estado novo. Em certas regiões árabes, a ideologia socialista nacional pretende conciliar a permanência do passado islâmico com os imperativos tecnológicos do progresso. "Busca de uma autenticidade perdida ..., bandeira erguida com finalidades diversas pelo Poder e pelos intelectuais opositores", essa ideologia "pretende superar a oposição entre a eternidade e a história. Na verdade, ela consiste em arabismo mais industrialização" (Abdallah Laroui, *L'idéologie arabe contemporaine*, Maspero, 1973).

Se há um ponto comum entre os socialistas do Terceiro Mundo, é essa função consensual: o socialismo reconciliará o Estado nacional com sua sociedade e condenará previamente toda expressão conflitual. Assim, Sékou Touré – "socialista guineense" – chega a negar a luta de classes:

> O marxismo foi amputado desse elemento para permitir a todas as camadas africanas travarem em conjunto a luta geral anticolonialista (citado por Yves Benot, *Idéologies des indépendances africaines*).

[3] "Uva madura para pés bêbados." (N.T.)

O socialismo africano imagina para si justificações específicas:

> A África "é essencialmente comunocrática. A vida coletiva, a solidariedade social emprestam a seus hábitos um fundo de humanismo que pode ser invejado por muitos povos" (Sékou Touré, ibid., p.81).

O continente negro tem um socialismo já pronto, sob medida:

> O negro resolvera o problema num sentido humanista. O solo, assim como tudo o que ele traz consigo ..., é um bem comum, dividido entre as famílias e, em alguns casos, entre os membros da família, que têm uma propriedade temporária e usufrutuária sobre ele (Senghor, *Liberté* 1).

Nesse socialismo africanizado, nessa africanidade socializada, a abolição do Estado torna-se supérflua:

> A sociedade socialista, confundindo-se com o Estado, não poderia dissolver o Estado em si, já que é ela que gera, é o povo gerador, é o povo construtor, é o povo sábio que rege, organiza e dirige a sociedade, e isso em função do seu devir. Numa tal sociedade, o Estado é algo permanente; mudará apenas a sua natureza, que se tornará social. Se cabe falar de extinção, é apenas do Estado capitalista, imperialista ou neocolonialista (Sékou Touré, ibid.).

No limite, a referência ao socialismo – já reduzida a uma pele de chagrém – torna-se ela mesma inútil; a africanidade, decomposta se necessário, é suficiente:

> Vocês, vocês são um mundo de oposições; mas nós, zairenses, nós somos um mundo de justaposição. Citem-me uma única aldeia zairense onde haja dois chefes, um dos quais oposição .... Não existe isso .... Criando vários partidos políticos, os zairenses pecariam contra a *Autenticidade* (Mobutu Sese Seko, chefe de Estado do Zaire, citado por Y. Bénot, op. cit., p.72).

O socialismo terceiro-mundializado nem sempre se torna esse álibi aglutinante, no qual a adaptação às idiossincrasias nacionais elimina todos os elementos subversivos, da luta de classes à destruição do Estado, para conservar apenas a justificação do unanimismo. Um Fanon, um Depestre, um Cabral denunciam essa busca ilusória da identidade perdida e apelam para a formação de uma identidade radicalmente nova. Buscando a identidade, reencontra-se a submissão. Busquem a libertação: encontrarão a identidade.

> O que importa não é dar prova da especificidade ou não especificidade da cultura de um povo, mas sim a luta de libertação, que é "ato de cultura" e, necessariamente, "prova de identidade" (Amilcar Cabral, *A arma da teoria*, ed. francesa, Maspero, 1975).
>
> A luta de libertação não restitui à cultura nacional seu valor e seus contornos *antigos*. [Ela visa] a uma redistribuição fundamental das relações entre os homens. É "a libertação nacional que torna a nação presente na cena da história" (Frantz Fanon, *Les damnés de la terre*, 1961).

INDICAÇÕES BIBLIOGRÁFICAS

Bénot, Y., *Idéologies des indépendances africaines*, Maspero, 1969.
Chaliand, G., *Mythes révolutionnaires du Tiers Monde*, Seuil, 1976.

A luta armada

Dupla justificação da violência: elemento necessário do processo de desalienação; resposta ao imperialismo, de fato e necessariamente agressivo. A ideologia da libertação nacional passa assim pela afirmação da necessidade da violência, única arma capaz de dar à luz a nação, antes que a nação seja Estado. Condenado pela história, o pacifismo parece agora desonrado e desonrante. A Nação-Estado arma o povo; e todo o povo, até as crianças. O fuzil equivale à virilidade; o heroísmo é patriotismo; a morte é prova suprema. Da guerrilha à guerra popular, da guerra justa à guerra santa, as palavras de ordem se militarizam, a violência é sacralizada, o terrorismo é ritualizado. Frantz Fanon tentou explicar essa necessidade do princípio-violência, enquanto Guevara (na América Latina) e Mao (na China) criaram duas estratégias da violência revolucionária.

O princípio-violência

"A descolonização é sempre um fenômeno violento" (Fanon). Não se trata apenas de uma constatação, mas também da expressão de uma *necessidade psicossociológica.* A violência, segundo o psiquiatra antilhano, preenche uma dupla função: de libertação em face do opressor e de reconhecimento de si mesmo. Ele o explica em *Les damnés de la terre*:

> • O aparecimento do colonialismo significou sincreticamente morte da sociedade autóctone, letargia cultural, petrificação dos indivíduos.
> • Para o colonizado, a vida só pode surgir do cadáver em decomposição do colono.
> Portanto, essa é a correspondência, termo a termo, dos dois raciocínios.

Abater o colono permite ao colonizado matar tanto o opressor quanto o oprimido. "A 'coisa' colonizada torna-se homem no próprio processo pelo qual se liberta." O ato de violência é constitutivo da luta, sinal de sua irreversibilidade e de sua exemplaridade. Assim, ninguém podia ser admitido nos grupos terroristas da FNL argelina senão depois de ter cometido um atentado.

A violência é também *necessidade política*, que os comunistas chineses – nos anos 1960 – opõem à coexistência pacífica pregada pelos soviéticos. O velho debate "reforma ou revolução" ressurge assim na "zona das tempestades". É um erro dos comunistas kruschevianos privilegiar a contradição entre proletariado e burguesia no seio dos países capitalistas; é um erro considerar, como eles fazem, que o regime colonial já desmoronou:

> As modificações ocorridas no mundo ... confirmam que
> • as contradições entre a política de subordinação buscada pelos imperialistas americanos e os povos do mundo e, por outro lado,
> • as contradições que opõem a política de expansão mundial praticada pelo imperialismo americano e as outras potências imperialistas, constituem o ponto de convergência das contradições no mundo depois da Segunda Guerra Mundial (*Pékin-Information*, 18 de março de 1963).
> As regiões da Ásia, da África e da América Latina "constituem o elo mais fraco do imperialismo, a principal fonte de revolução mundial atual, que irrompe tempestuosamente" (ibid.).

Portanto, não cabe mais ao proletariado dos países ocidentais arrastar os povos oprimidos à luta; mas, ao contrário, é a luta dos povos na zona das tempestades que determinará a causa revolucionária do proletariado mundial. Não reconhecendo isso, os soviéticos servem ao neocolonialismo e são adeptos do "social-reformismo", antes de se tornarem adeptos do "social-imperialismo", pior ainda que o Império americano.

A guerra popular (Mao Zedong)

A concepção maoista da luta mundial transpõe para o plano internacional um dos pontos centrais da teoria maoista da conquista do poder, a saber, o cerco das cidades pelo campo:

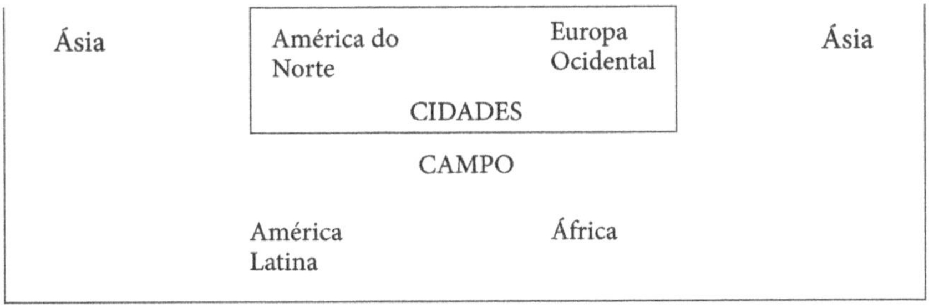

Essa visão ultraterceiro-mundista não sobreviverá a Lin Biao, eliminado em 1971. Quanto a Mao Zedong,[4] antes de ser um teórico da guerra popular, foi um prático ("quem não fez pesquisa não tem direito à palavra"). O maoismo surgiu de 30 anos de lutas revolucionárias na China, cada etapa das quais trouxe seu ensinamento.

O primeiro período (1921-27) revelou a Mao o limite de uma estratégia leninista de insurreição do proletariado urbano e a necessidade de mobilizar prioritariamente os camponeses. Ele publicou, em 1926, *Análise das classes na sociedade chinesa*, um texto que põe o acento nas capacidades revolucionárias do campesinato e cujas conclusões são rechaçadas pelo Partido Comunista Chinês, dirigido por Chen Duxiu. Dois anos mais tarde, o V Congresso do PCC recusou as teses defendidas por Mao em seu *Informe sobre uma pesquisa acerca do movimento camponês de Hunan*, favoráveis às revoltas espontâneas das massas. Mas o fracasso da insurreição operária de Xangai (1927), a virada do Kuomintang (Partido Nacional do Povo, anteriormente aliado do PCC) confirmaram Mao em sua convicção de que devia se apoiar nas massas camponesas.

O segundo período (1927-37) ensinou a necessidade de construir um exército revolucionário. A insurreição de 1927 terminou num massacre; as tropas de Chiang Kai-shek triunfaram sobre os comunistas (1934), e Mao criticou a ofensiva geral então desencadeada. Ele organizou a retirada para

[4] Mao Tsé-tung. A transcrição dos caracteres chineses é hoje uniformizada de acordo com o sistema Pinyin, pouco conhecido dos franceses [e dos brasileiros].

o noroeste, seguido pela maioria dos combatentes: dez mil quilômetros de uma *Longa Marcha* que se tornou lendária. No final da mesma (1935), Mao quebrou o cerco do Kuomintang e assumiu o controle do PCC.

O terceiro período (1937-45) permite elaborar a concepção da guerra popular prolongada. Tem-se novamente uma frente comum entre comunistas e nacionalistas contra o invasor japonês. Contudo, Mao recusa a fusão das tropas e dos comandos, com o objetivo de preservar as perspectivas revolucionárias. Disso resultam as múltiplas facetas da guerra maoista:

- nacional: aliança com a burguesia nacional, inicialmente mobilizada contra o imperialismo e, por isso, alinhada com a revolução;
- revolucionária: vanguarda confiada ao proletariado, o que respeita, pelo menos nas fórmulas, a ortodoxia leninista;
- popular: apoio nas massas camponesas e nas bases rurais, o que constitui a contribuição específica do maoismo e da revolução chinesa.

O quarto período (1945-49) vê o triunfo da revolução. Depois da capitulação dos japoneses, Mao se recusa a formar um governo de união nacional com o Kuomintang e organiza a luta militar para a conquista do poder: retomada dos combates, recuo do Exército Popular de Libertação, contra-ofensiva, proclamação da República Popular da China em 1º de outubro de 1949, em Pequim.

Em seu conjunto, essa longa luta revolucionária, cheia de reviravoltas, levou Mao a ressaltar a originalidade da estratégia de guerra popular prolongada:

– *Primazia do político.* Mao, novo Clausewitz, recorda que a guerra é a continuação da política por outros meios, mas uma continuação indispensável para garantir uma tomada revolucionária do poder:

> A tarefa central e a forma suprema da revolução é a conquista do poder pela luta armada ... . Esse princípio do marxismo-leninismo é válido em toda parte, mais ainda na China do que em outros países.

A necessidade da guerra não poderia implicar a subordinação do Partido.

"O poder está na ponta do fuzil."

Essa célebre palavra de ordem possui uma dupla significação na estratégia.

• recurso indispensável à luta armada:
"A experiência da luta de classes na época do imperialismo mostra que a classe operária e as massas trabalhadoras só podem vencer os proprietários fundiários e a burguesia armada com a ajuda dos fuzis."

• subordinação do exército ao Partido.
"O Partido manda nos fuzis."

"Não se pode permitir jamais que os fuzis mandem no Partido" (Mao Zedong, *Sobre a guerra popular prolongada*, 1938).

– *Importância dos camponeses:* a China contava com menos de 3 milhões de operários, mas com 500 milhões de camponeses e com dois milênios de tradição de lutas camponesas. Disso resulta a constância da exaltação dos movimentos camponeses em Mao,

– por motivos de eficiência revolucionária:

> Eles quebrarão todas as cadeias e se lançarão na via de sua libertação .... Temos de nos pôr à frente dos camponeses e dirigi-los (1927).

– por motivos quase morais:

> Durante anos, não tivemos nada que se assemelhasse a um salário .... Tínhamos apenas nossa ração alimentar .... Agora, entramos nas cidades. E uma boa coisa. Se não tivéssemos entrado nas cidades, Chiang Kai-sheck as ocuparia. Mas foi também uma coisa ruim, pois nosso Partido começou a se degradar. (Mao, Intervenção no Pleno do Comitê Central do PCC, abril de 1969).

– *Guerra prolongada, travada com o sentido do tempo.* O sinólogo Stuart Schram insiste nessa "notável ponderação, nesse sentido do possível em cada momento determinado" (*Mao parle au peuple*, PUF, 1977, p.34). A guerra é "de longa duração" e passa por várias fases:

1) Sublevar as massas, "atear fogo à pradaria", mediante a mobilidade:

> Quando o inimigo avança, nós recuamos; quando o inimigo para, fustigamo-lo; quando o inimigo cansa, atacamos; quando o inimigo recua, nós o perseguimos.

Desde esse primeiro estágio, convém ter o sentido da contradição:

• de dispersar as forças para sublevar as massas: "A guerra revolucionária é a guerra das massas populares; só é possível fazê-la mobilizando as massas, apoiando-se nelas" (Mao, 1934);
• de concentrar as forças para enfrentar o inimigo: "Os combates de aniquilamento produzem imediatamente profundas repercussões no adversário, qualquer que seja ele .... Vale mais aniquilar uma divisão do adversário do que pôr dez em fuga";

de empreender conjuntamente uma luta de guerrilha e uma estratégia de aniquilamento.

2) Construção de um Exército Popular, colocado sob a direção do PC, que organiza uma sociedade nas zonas rurais libertadas:

> O Exército Vermelho não se limita apenas às atividades militares .... Assume ... inclusive o estabelecimento das organizações do Partido. O exército combatente deve ser utilizado para uma dupla tarefa; combater e produzir.

Paralelamente ao acento colocado no aniquilamento, Mao insiste na defensiva e na economia dos meios: atacar inicialmente com forças dispersas; em cada combate, concentrar uma força superior à do inimigo; jamais combater quando a vitória não estiver garantida.

3) Conquista das cidades a partir do campo; das grandes cidades a partir das pequenas. Defensiva, consolidação, contraofensiva; sublevação das massas, acumulação de forças, guerra de longa duração, cerco das cidades etc.: a concepção maoista não tem muito a ver com a insurreição bolchevique.

INDICAÇÃO BIBLIOGRÁFICA

Zedong, M., *Écrits militaires*, Pequim, Ed. em línguas estrangeiras, 1964; *La guerre révolutionnaire*, Paris, UGE, col. "10/18", 1965. [Há várias edições brasileiras de obras de Mao Zedong.]

O foquismo (Castro-Guevara)

Como o maoismo, o guevarismo recusa, ao mesmo tempo, a coexistência pacífica e o caminho pacífico. Como Mao e Lin Biao, Fidel Castro e Che Guevara efetuam uma "teorização" da prática revolucionária cubana, com a diferença de que, no último caso, a distância em relação à ortodoxia soviética não é mascarada, mas, ao contrário, exagerada. Entre 1921 e 1949, os comunistas chineses tiveram o cuidado de não se chocar frontalmente com o grande irmão soviético. Entre 1953 e 1958, os comunistas cubanos não se preocuparam com isso. Também aqui, portanto, a recordação das grandes etapas da conquista do poder pelos revolucionários cubanos é indispensável à inteligibilidade da teoria do *foco*, ou seja, da estratégia da guerra de guerrilha.

Cuba foi uma das últimas colônias espanholas na América Latina a se tornar independente, depois de duas guerras de libertação (1868 e 1895); um desembarque de fuzileiros navais americanos impediu que a última concluísse numa capitulação dos espanhóis em mãos dos rebeldes. Os americanos conservaram assim um estreito controle sobre a ilha, que se acentuou com o golpe de Estado de Fulgencio Batista, em 10 de março de 1952. Foi contra essa ditadura que começou a epopeia castrista.

- Primeira etapa: *Moncada*, 26 de julho de 1953. Um golpe de força esquerdista militarmente fracassado: o ataque ao quartel de Moncada, na extremidade leste da ilha (província de Oriente, onde já haviam se iniciado as guerras de independência). Cento e setenta insurrectos, quase todos com menos de 30 anos. Noventa e um mortos, Castro preso, depois obrigado a se exilar. Em suma: o fracasso.
- Segunda etapa: *Granma*, 29 de novembro de 1956. Uma tentativa insurrecional totalmente fracassada: o desembarque de 83 revolucionários, vindos do México a bordo do *Granma*. A maioria morreu ou foi presa. Somente uma dúzia escapou ao exército de Batista. Janeiro de 1957: 12 homens perdidos nas montanhas de Oriente. Janeiro de 1959: atravessaram a ilha de leste a oeste e tomaram Havana, com vários milhares de rebeldes.
- Terceira etapa: a *Sierra Maestra*, onde tudo se passou; a montanha de Oriente onde se construiu o Exército Rebelde. Romantismo e eficiência, em cinco fases:

1) *Formação do núcleo guerrilheiro (dezembro de 1956-maio de 1957)*. – O grupo sobrevive, instala-se.

2) *Conquista da Sierra (junho de 1957-novembro de 1957)*. – O Exército Rebelde se eleva a uma centena de homens. Castro confia uma segunda coluna a Che Guevara.

3) *Propagação da luta armada (novembro de 1957-março de 1958)*. – Na planície, os políticos estão divididos. Na montanha, o Exército Rebelde está unido e cresce. Os rebeldes passam da guerra de guerrilha à guerra de colunas.

4) *Fracasso da greve geral e revés (abril-junho de 1958).* – Em 9 de abril, o "golpe decisivo" fracassa; o trabalho não para. O fracasso leva a uma subordinação maior do movimento urbano à Sierra. Batista decide lançar uma contra-ofensiva contra ela.

5) *A conquista do país (julho de 1958-janeiro de 1959).* – O Exército Rebelde expulsa o exército regular da Sierra, instaura seu poder de fato em Oriente, consolida suas alianças políticas (os comunistas só aderirão em outubro) e subleva a ilha. A progressão militar se dá por colunas, de través (de leste para oeste) e em espirais (cerco das pequenas cidades pelos campos, das capitais provinciais pelas cidades, de Havana pelas províncias). Em 5 de janeiro de 1959, uma greve geral abre a capital ao Exército Rebelde. Os castristas chegam ao poder.

A partir dessa experiência, dessa história e dessa geografia políticas, fabrica-se um modelo cubano, com o objetivo de ser aplicado ao restante da América Latina. A leitura geográfica, ou seja,

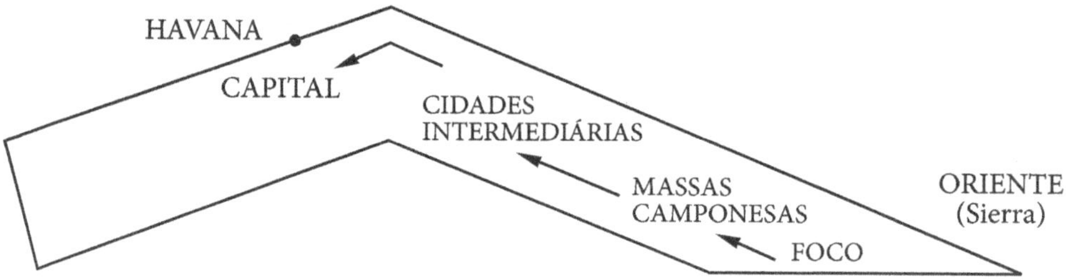

dá nascimento a uma teorização política parcial, que cobre apenas um aspecto da realidade, a luta na montanha, a guerra de guerrilha, o Exército Rebelde, mascarando um outro, a luta nas cidades, as greves, os movimentos propriamente políticos, e que nega que o sucesso da revolução castrista resulte precisamente da articulação dos dois. (Para resumir as coisas de modo esquemático, ver o quadro a seguir; o "modelo cubano" mostra *apenas a parte esquerda*, quando a revolução cubana, na verdade, abarca o conjunto.)

A teoria do *foco*, sistematizada por Régis Debray, de acordo com Castro, e que foi aplicada em 1967 por Che Guevara na Bolívia, não simplifica as coisas pelo simples prazer de valorizar o papel dos guerrilheiros da Sierra, mas cumpre funções políticas precisas, todas centradas em torno de um objetivo: "criar dois, três, vários Vietnãs", desencadear a Revolução na América do Sul. Para esse fim:

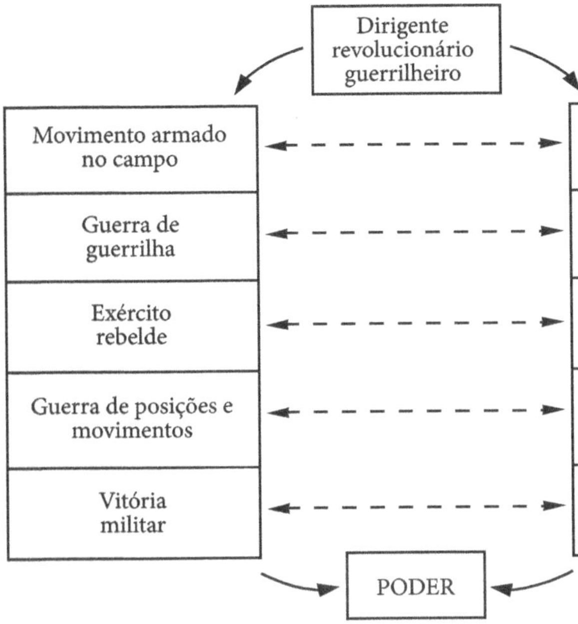

- O foquismo se opõe ao golpismo, muito familiar aos latino-americanos; afasta o golpe de Estado, recusa qualquer arbitragem do exército, insiste na necessidade de destruir o aparelho militar do Estado.
- O foquismo se opõe ao eleitoralismo, pondo o acento na ação revolucionária, ainda que desencadeada por um pequeno grupo.
- O foquismo se opõe ao mito da greve geral, que suprime o momento militar e afasta as massas camponesas da sublevação.
- O foquismo se opõe aos partidos comunistas burocratizados, imersos nas cidades, "essas incubadeiras mornas que infantilizam e aburguesam" (Régis Debray, *Révolution dans la révolution*). Ele dispensa o Partido, substituindo-o pelo Exército Rebelde e, mais precisamente, por seu comandante, cuja pessoa basta para unificar o político e o militar.
- O foquismo se opõe à expectativa passiva, mostrando apenas os elementos *novos* da revolução cubana e, antes de mais nada, seu incrível voluntarismo, que passaria por pura loucura se não tivesse triunfado. Che Guevara resume assim as principais lições da experiência cubana:

> 1. As forças populares podem ganhar uma guerra contra o exército regular.
> 2. Não se deve esperar sempre que estejam reunidas todas as condições para fazer surgir a Revolução: o foco insurrecional pode criá-las.
> 3. Na América subdesenvolvida, o terreno fundamental da luta armada deve ser o campo.

INDICAÇÕES BIBLIOGRÁFICAS

Castro, F., *Révolution Cubaine*, textos, Maspero, 1968.

Che Guevara, *La guerre de guérilla*, 1960; ed. francesa, Maspero, 1968.

Debray, R., *Révolution dans la révolution*, Maspero, 1967; *La guérilla du Che*, Le Seuil, 1974; *La critique des armes*, I e II, Le Seuil, 1974.

O povo

Na luta armada, o povo já está presente. É o grande presente-ausente. É em seu nome que se opera o distanciamento com relação à ortodoxia marxista, a começar pelo deslocamento da cidade para os campos. Mas é também em seu nome que emergem as críticas do foquismo (guerrilha *urbana* pregada por Carlos Marighela no Brasil; "luta armada combinada" proposta por Douglas Bravo na Venezuela). É ainda em seu nome que R. Debray refuta suas próprias teses em 1974: o erro do foquismo seria não indicar os elos entre a vanguarda clandestina e as massas populares. Mas é para além da estratégia revolucionária que a Nação-Estado precisa do povo.

Como proclamar a própria independência diante de forças que a impedem? Como consolidá-la diante dos que só a admitem como independência formal? Contra eles, contra o Outro, é preciso erguer o Si Mesmo; o Si Mesmo toma o nome de Nação e reivindica uma forma política: o Estado. Então vem o Estado, que prova ser Nação. Mas a palavra remete a uma realidade de sociedade civil, cuja existência deve ao mesmo tempo ser inventada e mascarada pelo Estado; inventá-la como "una", mascará-la em suas dilacerações para conservá-la assim "una". Uma nova categoria ideológica aparece então para permitir essa dupla operação de invenção e de camuflagem: o Povo.

Independentemente das diferenças segundo os regimes e as sociedades – diferenças que devem sempre ser conservadas na mente –, reencontra-se assim a proclamação da *primazia dos fatores ideológicos*, embora nem por isso todos reivindiquem o *populismo*.

A primazia da ideologia (Nkrumah, Kadhafi, Guevara, Mao)

Na *África negra*, a primazia da ideologia é encarregada de mitigar as deficiências da Nação. A palavra "ideologia" assume um sentido positivo; o debate só intervém para "escolher" a melhor ideologia. Significativa, a esse respeito, é a evolução do Senegal. Num primeiro momento, a ideologia da negritude se opõe às ideologias ocidentais, como caminho para o Um em face dos Outros:

> Trata-se de escolher "entre a ideologia da Negritude e as ideologias que, na Europa, Ásia e na América, estão a serviço dos imperialismos em luta pela dominação do Mundo", quer se trate do "capitalismo liberal", do "socialismo democrático" ou do "marxismo-leninismo ao modo russo ou chinês".

Num segundo momento (1976), o mesmo Senghor restaura o multipartidarismo, mas limitado a quatro grandes correntes ideológicas, com obrigação de vincular-se ao:

- conservadorismo (Movimento Democrático Senegalês, Boubacar Guèye)
- liberalismo (Partido Democrático Senegalês, Abdolaye Wade)
- socialismo democrático (Partido Socialista, L.S. Senghor)
- marxismo (Partido Africano de Independência, Majhemouth Diop)

Mais recentemente (1981), o multipartidarismo livre e desvinculado das ideologias foi estabelecido por Abdou Diouf, sucessor designado por Senghor, já que a unidade do país parece estar assegurada.

Esse caminho, contudo, não fez escola; a primazia da ideologia e a constante referência ao Povo vão de mãos dadas, na maioria dos casos, com a conservação de um partido único. A ideologia está acima de tudo; o Partido leva-a à prática. As ideias devem servir como motor:

> A revolução cultural deve preceder e preparar a Revolução política, econômica e social. Somente ela garantirá o sucesso do salto qualitativo e quantitativo no interior do regime (Sékou Touré, Guiné).

> Além de se esforçar para promover atitudes e fins comuns a toda a sociedade, a ideologia dominante é também a que decide sobre a forma que as instituições devem assumir (Nkrumah, 1909-72, Gana).

O Partido único, então, permite a equação Estado = Povo. A referência ao povo é quase inversamente proporcional à sua realidade. Sabe-se que, nas democracias ocidentais, a nacionalização do poder foi, no mais das vezes, algo que se deu paralelamente com sua apropriação (ainda que parcial) pelos governados, pelo "povo". As coisas não podem se dar assim nas sociedades dominadas.

– Em primeiro lugar, porque o povo não está constituído: a nova realidade estatal decorre de fronteiras artificiais herdadas da colonização:

1878, ata de Berlim, partilha da África ao sul do Saara entre as potências colonizadoras e em função da correlação de forças entre elas;

1963, carta de Adis Abeba, constitutiva da Organização da Unidade Africana, que coloca o princípio da intangibilidade das fronteiras coloniais. Os Estados cobrem realidades pluriétnicas, que a sublimação do Partido-Povo tem o objetivo de negar e/ou superar:

> A União nacional feita para que a luta política seja posta em latência (*sic*) implica que, para o chefe de Estado, o Partido Democrático do Gabão continua a ser o instrumento da política de unidade nacional (A.B. Longo, 1970).

– Em segundo lugar, porque as tradições políticas africanas combinam-se mal com a designação dos governantes por uma multidão de indivíduos indiferenciada; mas parece, ao mesmo tempo, mais e menos democrática, isto é, mais direta do que representativa, porém reduzida a entidades ligadas pela vida em comum; as *linhagens* agrupam-se no quadro de base que forma a *aldeia*; as linhagens que veneram o mesmo *ancestral* e o mesmo totem formam o *clã*; os clãs que possuem uma *língua* e tradições comuns formam a *tribo*. Em cada nível, o poder é detido por um chefe cercado por uma assembleia que reúne o conjunto dos membros do grupo reconhecidos como maduros por terem passado pelos ritos de iniciação! O poder não é somente político, mas social e religioso. A própria ideia de sua distribuição parece, portanto, absurda; o tribalismo pode certamente ser denunciado como um legado do imperialismo; mas, na verdade, o precede e torna mais necessário o recurso à retórica do povo.

Nos países que reivindicam o *Islã*, não é o povo propriamente dito que serve como referência ideológica para cimentar a unidade, mas o *Umma*, termo intraduzível como tal, que é habitualmente transcrito como "Comunidade" e, algumas vezes, como "povo crente" ou mesmo como "nação". O importante é captar a especificidade da noção e seu alcance consensual; é sublinhar o que ele não é e o que ele é.

Repousando numa filiação religiosa,

- o *Umma* reúne todos os muçulmanos. Implica a obediência a Deus. Aceita o poder de Deus. Une a família muçulmana.
- Exclui todos os não muçulmanos. Não confere nenhum direito político. Não atribui nenhum poder humano. Negligencia as divisões políticas.

A partir desse fundo comum, as utilizações políticas do Islã variam (cf. *infra*, final deste capítulo), de acordo com a orientação dos regimes.

– A unidade poderá ser garantida por um monarca e se combinar com o multipartidarismo. É o caso do Marrocos, onde o califa engendrou o sultão, e o sultão intitulou-se rei. Em suma: onde o Estado é dirigido por um *zaïm*, chefe religioso, militar e político, "comandante dos crentes", Hassan II.

– Se não é rei, o chefe da comunidade Una pode se apoiar num partido único, como o Partido Socialista Desturiano na Tunísia: Nosso sistema é fundado no partido único. O Estado é uma emanação do partido único (Burguiba, 1970).

– Todo partido, mesmo único, pode finalmente ser suprimido para proclamar o governo somente do povo, como o fez Kadhafi, "guia da revolução líbia";

> A solução é que o povo seja o aparelho de governo; mas a Lei da sociedade é o costume (tradição) ou a religião.

Para além das diferenças, de resto importantes, a ideologia apela sempre para a unidade do povo e tolera ou justifica um guia.

Primazia da ideologia e referência ao povo encontram-se sob outra forma no pensamento político de Guevara. Em primeiro lugar, como vimos, porque a revolução cubana reabilitou as condições subjetivas do processo revolucionário; e o foquismo tentou estender essa reabilitação ao continente latino-americano. Em segundo lugar, porque o discurso cubano – e, mais geralmente, o dos revolucionários da América Latina – distingue-se pela utilização quase encantatória do vocábulo *pueblo*; e, quando a revolução se institucionaliza, ela traduz *soviete* (conselho) por *poder popular.* Finalmente, porque a originalidade do guevarismo reside na vontade de criar um homem novo. Esse último ponto se encontra nas diferentes ideias do "Che":

> – A humanização do marxismo: o marxismo é também um humanismo. "O peso desse monumento da inteligência humana que é *O Capital*" leva com frequência a que se esqueça esse aspecto.
> – A libertação em relação a todas as alienações e não somente à alienação econômica. É preciso prevenir os intelectuais e os quadros do partido "contra todas as formas de sectarismo e de dogmatismo".
> – A total liberdade de expressão dos intelectuais, a qual implica, por exemplo, a recusa do "realismo socialista", que esquece o fato de que "a arte do século XIX

> é também uma arte de classe mais profundamente capitalista talvez do que a arte do século XX, na qual transparece a angústia do homem alienado".
> – A eliminação progressiva do dinheiro, afirmada na célebre controvérsia sobre os estímulos materiais, aos quais Guevara opõe os estímulos ideológicos: entusiasmo revolucionário, participação na edificação do socialismo, exemplaridade da vanguarda, tudo isso para promover a visão do homem socialista.
> – A aceleração e radicalização da história: "As botas de sete léguas" da revolução cubana podem e devem "queimar as etapas e forçar a marcha dos eventos".
> "A consciência dos homens de vanguarda" pode compensar um atraso das condições objetivas.

Compensar as lacunas da história, forçar seu decurso: esse voluntarismo revolucionário marca igualmente o maoismo.

Mao Zedong, com a *teoria das contradições*, inflete o marxismo-leninismo mediante uma valorização do papel das ideias. Querendo recordar o caráter universal e geral das contradições, Mao indica dois pontos essenciais:

– Que as contradições se estendem à superestrutura, a ponto, algumas vezes, de tornar o ideológico ou político algo essencial ou mesmo determinante:

> • Decerto, as forças produtivas, a prática, a base econômica desempenham em geral o papel principal, determinante; e quem o nega não é materialista.
> • Todavia, em certas condições ..., a teoria, a superestrutura manifestam-se, por seu turno, no papel principal e determinante (*Sobre a contradição*, 1937).

– Que as contradições subsistem no seio da sociedade socialista. Mao especifica isso 20 anos depois, no momento das "Cem Flores" (*Sobre a justa solução das contradições no seio do povo*, 1957). Podem mesmo existir contradições "entre as práticas burocráticas de certos funcionários do Estado e as massas". Disso resulta o apelo à eclosão das críticas, à liberdade de expressão, à liberação das iniciativas individuais. Disso se deduz, decerto, a legitimidade dos choques políticos, o que – à diferença da União Soviética do povo inteiro – não implica considerar todo opositor como louco e aplicar-lhe um tratamento psiquiátrico. Mas seria errado – e esse erro foi cometido – concluir, a partir disso, sobre o caráter não repressivo do maoismo. A linha "dura", chamada do "Grande Salto à frente", que sucedeu a "abertura" das Cem Flores, insistia igualmente na ideologia. A China é "uma página branca que se oferece à inspiração de Mao para que ele, nela, caligrafe o poema inesperado de sua revolução" (Simon Leys, 1971). A "revolução cultural", desencadeada em 1966, levou a luta ideológica ao seu paroxismo, ao mesmo tempo em que permitiu a Mao recobrar o controle do poder. Dois ditados simbolizam na China o desacordo sobre a extensão do reino da ideologia vermelha, o segundo dos quais valeu a Deng Xiao-ping ter sido afastado e, depois, reabilitado (1977, eliminação do "bando dos quatro").

- Que importa que o trem chegue ou não no horário, contanto que seja socialista?
- Que importa que o gato seja branco ou preto, contanto que pegue o rato?

Populismos

Todos os regimes revolucionários (ou que se dizem tais) reivindicam o povo e o socialismo, o que não impede que as diferenças entre eles sejam consideráveis. Não é certo que, sob esse aspecto, a referência ao marxismo-leninismo trace a linha de demarcação fundamental. E não é insignificante o fato de que a maioria dos Estados dominados, quando pretende dar um conteúdo real à sua independência, tenha necessidade da categoria *povo*.

O exemplo de Cuba atesta os limites da importância de uma simples referência ideológica ao marxismo. Decerto, é possível opor os primeiros anos da revolução cubana (1959-61) aos que se seguiram:

> Nem eu, nem o movimento são comunistas (Fidel Castro, 13 de janeiro de 1959). Serei marxista-leninista até o último dia de minha vida (2 de dezembro de 1961).

Contudo, independentemente do efeito de contraste acima provocado, as diferenças são maiores entre a "mono-demo-cracia" revolucionária da primeira década e a ditadura do proletariado (e, portanto, do Partido), de tipo soviético, institucionalizada nos anos 1970. Mas, mesmo depois da normalização, o povo continua a ser um referente necessário. O problema é que, nos países não industrializados, a matriz proletária do marxismo deve ser adaptada. Já vimos como todos os desvios do maoismo em relação à ortodoxia visam a reintroduzir os camponeses no processo revolucionário.

Essa é a eficácia primeira da noção de povo. Ela permite associar classes sociais normalmente antagônicas para criar uma nova unidade nacional. Além disso, como segunda função (mas não das menores), ela legitima uma relação direta entre o dirigente e as massas.

Esses dois aspectos podem ser também encontrados no que, na ausência de um termo melhor, chamaremos de populismo "de direita". Ele promove uma integração da classe operária a um sistema dominado pela burguesia, mas do qual a massa era anteriormente excluída. Será essa a característica, por exemplo, do justicialismo de Juan Perón na Argentina, mais quando de seu primeiro período de poder (1946-55), de resto, do que quando do segundo (1973-75). O discurso justicialista, pronunciado de modo extremo por sua mulher Evita, expressa o "amor pelo povo":

> Fui buscar no fundo do meu coração um sentimento fundamental que domina totalmente meu espírito e minha vida: esse sentimento é a indignação diante da injustiça .... Meu sectarismo é uma reparação e uma compensação. Durante um século, os privilegiados exploraram a classe operária. A justiça exige que, durante um século, os privilegiados sejam agora os trabalhadores.

Mutatis mutandis, o "socialismo árabe" de Gamal Abdel Nasser inclui-se num populismo análogo, mais radical, porém temperado pela referência ao Islã e pela conservação parcial da propriedade privada dos meios de produção:

> Não sou contra a propriedade privada, mas contra a propriedade que explora as massas .... Em nossa sociedade socialista há lugar para todos os trabalhadores, mas não para os milionários e os feudais (Nasser, discurso de 3 de outubro de 1961).

> *A unidade nacional* constituída pela aliança das forças populares que representam o povo trabalhador – a saber, os camponeses, os operários, os soldados, as pessoas instruídas e o capitalismo nacional – institui a União Socialista Árabe, que constitui *a autoridade que representa o povo* (artigo 3º da Proclamação Constitucional de 23 de março de 1964).

No outro polo, o populismo "de esquerda" amplia ao campesinato e à burguesia nacional a conquista e o exercício do poder, cuja ponta de lança só pode ser, já que a Revolução impõe, a classe operária, mas que não poderia, já que o subdesenvolvimento impõe, chegar sozinha ao poder. Disso resulta a atenção, que já sublinhamos, concedida por Mao aos camponeses ("o olho do camponês vê certo"). Disso resulta a sua teoria da "ditadura democrática", que incorpora uma parte da burguesia ao povo. A retórica Amigo/Inimigo, simplista, mas rica de eficácia política, pode então funcionar plenamente, tanto na ordem interna quanto na internacional:

O povo	se opõe aos	inimigos do povo
a classe operária o campesinato a pequena burguesia urbana a burguesia nacional...	aos	"cães de fila do imperialismo, à classe dos proprietários fundiários e à burguesia burocrática".

Em chinês, a palavra "povo" (*yen min*) é formada a partir de duas raízes; a primeira significa "homem", a segunda "as massas". A etimologia corresponde bastante bem à ambivalência do vocábulo "povo" na ideologia das Nações-Estado revolucionárias, onde se trata de apelar a menos que ao todo social, porém a mais que somente às classes exploradas. Stuart Schram, assim, vê na concepção maoista da "ditadura democrática" um "desejo de falar em nome da maioria esmagadora da população: uma espécie de metamorfose da teoria da vontade geral". O dirigente revolucionário retira sua legitimidade não tanto do fato de representar o povo, mas do fato de servir-lhe:

> Servir ao povo de todo o coração, sem desligar-se das massas por um só instante; partir, em tudo, dos interesses do povo e não dos interesses do indivíduo ou de um pequeno grupo ...: é isso o que inspira nossos atos (Citações do presidente Mao Tsé-tung, *Le Petit Livre Rouge*, Pequim, Ed. em línguas estrangeiras, 1966, cap. XVII: "Servir ao povo").

Segundo procedimentos diferentes, o povo desempenha um papel idêntico em Cuba. Foi ele que fez a Revolução:

> Um dia, o povo ergueu-se contra a tirania; um dia, o povo uniu-se e, um dia, o povo venceu; mas, essencialmente, o povo operário, o povo camponês, o povo estudante. E as diferentes forças se uniram como fios d'água provenientes das diferentes fontes e que se encontram num mesmo rio, no grande rio da revolução (Fidel Castro, discurso de 22 de agosto de 1975).

A identificação entre o processo revolucionário e o povo assume uma extrema importância, já que justifica a recusa de instaurar um regime democrático fundado na disputa eleitoral. Assim, na Nicarágua o sandinismo vitorioso (derrubada do ditador Somoza, em 19 de julho de 1979) afastou, em 1980, o recurso às eleições, que havia sido anteriormente previsto. Os principais líderes da Revolução (Daniel e Umberto Ortega) argumentam sobre a inutilidade dos mecanismos da democracia "burguesa", pois "o povo" já escolheu a Frente Sandinista de Libertação Nacional quando se sublevou a seu lado contra a ditadura somozista.

Finalmente, o vaivém que se supõe permanente entre a vanguarda e o povo transcende a oposição entre democracia e ditadura. Autoriza o uso do que o escritor argentino Borges chama de *oximoro*: uma fórmula explosivamente contraditória (ditadura democrática, ditadura do proletariado, poder popular etc.). O poder do Partido funda-se então sobre o que Mao chama de "linha de massas":

> O povo, somente o povo, é a força motriz, o criador da história universal (Mao, 1945, em *Citações*, op. cit., cap. XI: "A linha de massas").

> Recolher as ideias das massas, concentrá-las e levá-las novamente às massas a fim de que elas as apliquem firmemente, e chegar assim a elaborar justas ideias para o trabalho de direção: esse é o método fundamental de direção (Mao, 1943, ibid.).

A onipotência reconhecida ao povo pode então ir de mãos dadas com o poder absoluto de um grupo dirigente ou com o poder monocrático do chefe:

> Em Cuba, o socialismo – desde o início da rebelião – não podia ser outra coisa que não o fruto de um diálogo não institucionalizado, de homem para homem, entre a vanguarda e o povo ... . Tudo isso, sei muito bem, não está de acordo com o esquema de Karl Marx. Violamos as leis da história ao fazer nossa revolução. Será que não deveríamos fazê-lo? (Fidel Castro, março de 1968, citado por K.S. Karol, *Les guérrilleros au pouvoir*, Paris, Laffont, 1970).

O religioso

O fator religioso intervém na luta das Nações-Estado.

- para conquistar o estatuto estatal e pôr termo à colonização;
- para afirmar a coesão da Nação-Estado (re)constituída. O religioso preenche várias funções e opera de diversas maneiras:
  - *comunitário* por definição, ele se impõe às consciências individuais e reúne os fiéis em torno de uma fé comum;
  - esboça *uma geografia e uma história sagradas*: enraíza a língua e a mentalidade num solo originário e num momento inicial, a partir dos quais tudo advém e para os quais tudo retorna;

- *inscreve-se materialmente*: pontilha o calendário e, portanto, a memória, o território, a existência social. Seu ritual ritma a vida; as lembranças ligam-se a suas cerimônias;
- mais profundamente, *regula as famílias*, as relações de parentesco, a educação dos filhos, os sentimentos éticos que dele derivam;
- *políticas*, as religiões – e, em particular, as religiões reveladas, a judaica, a cristã, a muçulmana – são tais na medida em que ensinam aos fiéis o modo pelo qual devem se comportar diante dos poderes.

O *cristianismo* está associado principalmente ao espaço dos Estados-Nação constituídos há muito, precisamente os que aperfeiçoaram a forma-Estado, precisamente os que empreenderam a colonização do mundo. E, se a religião cristã serviu de meio de penetração para a ideologia branca, não existe exemplo inverso de Nação-Estado cujos dirigentes se tenham servido do cristianismo para quebrar seus laços com as antigas metrópoles. Isso não significa que os cristãos e suas Igrejas não possam jamais constituir contra-poderes (o Brasil militarizado e a Polônia sovietizada atestam o contrário), mas simplesmente que ele não pode, por causa de sua face ocidental, servir à constituição das Nações-Estado.

O *budismo e o bramanismo*, em troca, desempenharam um certo papel na história da China e da península indochinesa, mas – se deixarmos de lado a Índia e a Birmânia – não parecem ter intervindo diretamente nas lutas de libertação do século XX. Pode-se mesmo perguntar se o budismo não terá ensinado a submissão e o afastamento dos combates políticos, por serem demasiadamente bélicos:

> Há 2.500 anos que a pregação de um príncipe pouco importante do Nepal marcou inumeráveis gerações do Oriente; não fomentou nenhuma guerra e ensinou aos homens a serenidade e a tolerância. Citemos alguns textos dos livros canônicos:
>
> O ódio jamais pode parar o ódio; somente o amor pode parar o ódio; essa lei é antiga
>
> Se, numa batalha, um homem vencesse mil homens, enquanto um outro vencesse a si mesmo, o maior vencedor seria o segundo.
>
> Nenhum fogo pode igualar a paixão, nenhum mal pode igualar o ódio; nenhum sofrimento é comparável ao provocado por essa vida carnal; não há felicidade maior do que a paz (Jorge Luis Borges, *Qu'est-ce que le boudhisme?*, 1976, Gallimard, 1979, col. "Idées").

Restam então, como exemplos, o *judaísmo* e o *islamismo*, diretamente implicados nos conflitos políticos do século XX, pelo menos no que se refere à constituição de Nações-Estado.

Do judaísmo ao sionismo (Herzl)

Judaísmo e nacionalismo mantêm relações tão particulares que a terminologia habitual não é conveniente para o caso. O Estado de Israel complica o problema, ao mesmo tempo em que o exacerba, já que a questão sionista duplica a questão judaica. Na origem, uma aberração: a saber, a sobrevivência da comunidade judaica, embora toda a sua história "objetiva" se encaminhasse no sentido do desaparecimento dela. Antes de evocar as controvérsias sobre a relação entre judaísmo e Estado de Israel, é preciso inicialmente investigar a estranha relação entre a religião judaica e uma certa ausência de Estado. É preciso então insistir no fato de que a primeira versão do monoteísmo possui dois elementos essenciais muito específicos: o formalismo e o messianismo.

O *formalismo judaico* é original no fato de que leva muito mais a uma *moral da Lei* do que a uma moral da Fé, para retomar a distinção de Blandine Barret-Kriegel. A religião judaica supõe que

– a cidade de Deus tem uma vocação terrena, sem esperar o juízo final;

– a ética comunitária deve ser preservada;	muito mais do que a salvação individual prometida;
– a identidade judaica reside no respeito pela Lei, pelos valores aceitos por todos e para todos, e	não na afirmação da Fé na simples crença em Deus e em sua Igreja.

"*Tu, tu perseguirás a justiça*" (Deuterônomo, IV, 8).

Moral da Lei, lei e moral, direito e religião vão de mãos dadas; e a comunidade judaica observa preceitos precisos em matéria de legislação familiar, socioeconômica, política e cultural, e até regras alimentares ou profiláticas detalhadas.

O *messianismo judaico* é igualmente específico. O Deus dos judeus é "o que é". Jesus Cristo não é seu Messias. O Messias virá; mas, na verdade, ele não vem e não poderia receber uma encarnação terrestre. É a Espera contra toda espera, a recusa de toda consolação no Além, o ancoradouro da esperança colocado na vida. O "povo eleito", portanto, não deve ser interpretado como a pretensão a uma superioridade intrínseca sobre os outros homens. O povo só é eleito pela liberação de todos os homens; seu particularismo é universalismo, a redenção de Israel é a salvação da humanidade, o retorno à Terra Prometida equivale a uma promessa de terra para todos, da vitória do Bem, a vitória de Jeová, o reino da justiça.

Tudo poderia ficar nisso, não fosse a história, a começar pelo perfeito sucesso e pelo total fracasso da *assimilação*. Do século XVII ao século XIX, os judeus do Ocidente aderiram à filosofia das Luzes e defenderam o processo de emancipação. Numerosos foram os judeus que quiseram tornar-se cidadãos (e, portanto, assimilar-se), ao mesmo tempo em que, simetricamente, a lógica do Estado-Nação e da modernidade tende à anulação da especificidade judaica. A Constituinte, quando da Revolução Francesa,

> revoga todos os adiamentos, reservas, exceções inseridos nos decretos anteriores relativos aos indivíduos judeus que fizeram profissão de fé cívica, que será encarada como uma renúncia a todos os privilégios e exceções introduzidas anteriormente em favor deles.

A assimilação só teve êxito parcial, porque renasceu o antissemitismo. Desde o fim do século XIX, o caso Dreyfus revelou quanto a sociedade francesa é antissemita. Desde a invasão alemã, o regime de Vichy recordou, antecipando as exigências nazistas, o antissemitismo da direita francesa, e, por exemplo, decretou um estatuto dos judeus já em 3 de outubro de 1940. O Estado francês decide excluir os judeus dos postos de direção no exército, na função pública, no ensino, na imprensa, no rádio, no teatro e no cinema, e introduzir cotas para eles nas profissões liberais. Permite que 75.000 judeus sejam deportados, entre os quais, no verão de 1942, crianças, mulheres e velhos – o que impede crer que se se tratasse de uma simples deportação de trabalho –, e dos quais somente 2.500 escaparam dos campos de extermínio.

Na Europa do Leste, o advento do socialismo não impediu a persistência do antissemitismo, por vezes encorajado pelos dirigentes. Por seu lado, Lênin – inicialmente favorável às reivindicações autonomistas – pronunciou-se com virulência em favor da assimilação:

> A cultura nacional judaica: eis a palavra de ordem dos rabinos e dos burgueses ... Quem formular direta ou indiretamente a palavra de ordem da "cultura nacional judaica" (quaisquer que sejam suas boas intenções) é um inimigo do proletariado, partidário do que é antigo (citado por Annie Kriegel, *Les Juifs et le monde moderne*, Le Seuil, 1977).

A persistência, no Leste como no Ocidente, do antissemitismo contribuiu para o advento do sionismo político.

Em 1896, Theodor Herzl – escritor húngaro – publicou *O Estado judaico: Procura de uma solução moderna para a questão judaica.* Um ano mais tarde, reuniu em Basileia o congresso constitutivo da Organização Sionista Mundial; nascera o *sionismo.* Herzl pregava a criação de um Estado judaico, a partir da constatação do fracasso da assimilação:

> Por toda parte, tentamos lealmente nos fundir com as coletividades nacionais que nos cercavam, salvaguardando apenas a fé de nossos pais. Inutilmente somos patriotas fiéis, até mesmo em certos países de exuberantes patriotas; inutilmente aceitamos os mesmos sacrifícios em dinheiro e sangue que nossos compatriotas; inutilmente nos esforçamos para elevar a glória de nossas respectivas pátrias no domínio das artes e das ciências, assim como para aumentar suas riquezas através do comércio e da troca.
>
> Os povos entre os quais vivem os judeus são, sem exceção, aberta ou envergonhadamente antissemitas.

Portanto, é certamente o antissemitismo que impõe o sionismo, o reagrupamento do povo judeu num território, com vistas a nele construir um Estado judeu.

> Somos um povo uno, ainda que sejamos um povo apesar de nós.
>
> A Palestina continua a ser nossa pátria histórica inesquecível. Seu simples nome constituiria um grito de alinhamento de irresistível poder de atração para nosso povo. Quanto aos lugares sagrados da cristandade, poderíamos concordar uma forma de extraterritorialidade .... Formaríamos a guarda de honra em torno dos Lugares Sagrados, garantindo com nossa própria existência o cumprimento desse dever. Essa guarda de honra simbolizaria para nós a solução da questão judaica, depois de dezoito séculos de cruéis sofrimentos.

No projeto de Theodor Herzl, o Estado de Israel – quer se situe na Palestina (como seria desejável) ou em outra parte (se for preciso) – deverá ser um Estado constitucional, não ditatorial, que sirva como modelo. Herzl imagina uma "República aristocrática", um governo dos melhores, recusando qualquer solução teocrática:

> Se nossa fé cria nossa unidade, a ciência nos torna livres. Por conseguinte, não admitimos que se acentuem as veleidades teocráticas de nossos chefes religio-

> sos. Saberemos mantê-los em seus templos, assim como manteremos em suas casernas nossos soldados de carreira.

As ideias de Herzl foram vigorosamente contestadas no próprio seio da comunidade judaica. Seriam necessários os campos de extermínio nazistas para suspender muitas restrições – mas não para afastar a resistência árabe, subestimada pelo fundador do sionismo. Mesmo com esses alguns milhões de cadáveres a mais, a comunidade religiosa judaica não se tornou unânime; alguns criticaram esse "pequeno retorno" em vez de um "grande retorno". Os judeus foram coagidos ao Estado! Não se terá operado uma inversão pela qual o Estado já não é o instrumento do sionismo, mas o sionismo o instrumento do Estado? Nesse caso, o judaísmo perderia sua especificidade.

INDICAÇÕES BIBLIOGRÁFICAS

Eisenberg, J., *Une histoire des Juifs*, CAL, 1970, "Poche".

Herzl, T., *L'État juif*, 1896, Jerusalém, 1954.

Poliakov, L., *Histoire de l'antisémitisme*, Calmann-Lévy, 1977.

Do Islã ao islamismo (Afghani, Khomeini, Kadhafi)

A importância da religião manifesta-se de imediato nas dificuldades terminológicas. As confusões que frequentemente se estabelecem entre muçulmanos e árabes, entre o islã e o mundo árabe, decorrem precisamente do papel motor da religião na civilização árabe. Isso não impede que a maioria dos muçulmanos não seja árabe e que numerosos árabes não sejam muçulmanos, o que implica a necessidade de recordar as definições.

– Os *árabes* eram originariamente um conjunto de *povos* que viviam na Arábia, possuindo uma língua e cultura comuns. Nesse sentido, os árabes existem, pelo menos, desde nove séculos antes de Cristo e quinze séculos antes de Maomé; sempre nesse sentido estrito, existem hoje menos de 30 milhões de árabes ("puros").

Foi com Maomé (570-632), fundador da religião muçulmana (islã), que o religioso e o político se imbricaram, já que foi em nome do islã e pelo islã que os árabes efetuaram suas grandes conquistas dos séculos VI e VIII. Em 750, eles dominavam regiões que se estendiam dos Pireneus aos portos da China.

Os árabes designam hoje um conjunto de homens que

- reconhecem-se como tais (árabes "puros", arabizados, arabófonos);
- consideram a língua árabe sua língua natural;
- julgam pertencer a uma só nação, a "nação árabe".

Nesse sentido, havia, em 1980, cerca de 150 milhões de árabes.

– Os *muçulmanos* são os adeptos da *religião* islâmica, da qual Maomé (Muhammad ou Mahommed em árabe) é o profeta. Muçulmano é uma tradução do árabe *moslem* que significa crente, fiel. O termo é estritamente sinônimo de maometano, hoje em desuso.

Em sentido estrito, e com minúscula, *islã* é o nome dessa religião dos muçulmanos (palavra árabe que significa paz superior, piedade divina).

Por extensão, e com uma maiúscula, *Islã* designa a comunidade dos povos que professam a religião muçulmana (o islã) e a civilização que com ela se relaciona.

Havia, em 1980, cerca de 550 milhões de muçulmanos.

Portanto, convém distinguir vários tipos de situação:

1. Indivíduos *árabes mas não muçulmanos* sempre existiram: judeus, cristãos ou ateus (exemplos no Líbano ou em Israel).

2. Países *muçulmanos mas não árabes*:

- cujo Estado é *laico* (Turquia depois da proclamação da República por Mustafa Kemal em 1923, Senegal, Mali, Afeganistão);
- cujo Estado é *islâmico* (Somália, Paquistão depois de 1978, Irã desde a Revolução de 1979 etc.).

3. Países *árabes e muçulmanos*, principalmente na África do Norte e, mais ainda, no Oriente Próximo:

- cujo Estado é *laico*, embora em alguns os dirigentes se refiram ao Islã (Egito, Sudão, Kuwait, Bahrein, Qatar, Emirados Árabes Unidos, Tunísia, Argélia, Sudão), enquanto outros pregam um laicismo mais radical (Iraque, Síria, Iêmen do Sul);
- cujo Estado é *islâmico*: Arábia Saudita, Iêmen do Norte, Omã, Líbia, Marrocos e (com contestações sobre seu caráter árabe) Mauritânia.

Essas distinções, todavia, não devem ocultar a imbricação entre o fato linguístico – árabe – e o fato religioso – islâmico. O alcance político do islã reside, em primeiro lugar, nessa realidade histórica: ele serviu como vetor para o expansionismo árabe e como núcleo para uma civilização. Um traço singular da religião muçulmana desempenha aqui um papel determinante. O *Corão*, o texto da revelação, é a própria palavra de Deus ditada ao profeta. Entre 612 e 632, Deus transmitiu suas palavras ao último de seus profetas, Muhammad (Maomé, 570?-632). Disso resultou o Livro, composto por 114 suratas ou capítulos, divididos por sua vez em versículos. Em outras palavras: a doutrina religiosa, social e política do islã é enunciada pelo próprio Alá; ela é sagrada, como é sagrada a língua árabe que a expressa.

Portanto, o programa do islã se identifica com uma civilização árabe conquistadora. Comporta, ao mesmo tempo, uma purificação política e moral. Muhammad, em nome de Deus, denuncia a decadência das tribos árabes que perderam sua frugalidade e sua honra passadas, sacrificadas ao culto do dinheiro, à desigualdade, à corrupção.

O islã exalta assim a renovação árabe, exaltação que lhe permite ser associado às lutas de libertação. O ideal muçulmano, assim, foi contraposto, sucessivamente, à dominação turca e ao colonizador europeu.

A relação entre o *Império Otomano* e o islamismo é ambivalente: foi a Turquia que garantiu, do século XI ao século XVI, a unidade do mundo muçulmano, graças ao seu império centralizado; mas essa unidade se operou em detrimento do antigo Império Árabe, que precisamente o islã soubera constituir contra o Império Bizantino e que atingira o seu apogeu entre os séculos IX e X. Assim, um dos primeiros levantamentos árabes contra a potência turca se fez em nome do islã. O waabismo, do nome do seu fundador, Muhammad ibn 'Abd-al-Wahhab (1703-92), pregava – na Arábia – o retomo à pureza do islã. Provocou uma insurreição vitoriosa nas cidades sagradas (Meca e Medina), que só será derrotada ao cabo de uma guerra de sete anos (1818). No final do século XIX, foi igualmente em nome do retorno a um islã puro que Abd al-Rahman al-Kawâkibi (1849-1902) exaltou o nacionalismo árabe, cujo renascimento deveria passar pela regeneração do califado árabe.

Instituição-chave do islã, o califado aparece como igualmente ambivalente:

- teocrático

porque o califa é sucessor do profeta, lugar-tenente de Deus, e o Livro Sagrado lhe impõe obediência: "Quem obedece ao profeta obedece a Deus" (*Corão*, IV, 80).

- democrático

porque o califa deve ser designado – ou, pelo menos, aceito – pela comunidade dos crentes, o *Umma*. Somente o povo reunido – diz o Corão – está certamente de posse da verdade.

Desse modo, o acento pode ser colocado, conforme as circunstâncias e as forças sociais envolvidas, na submissão ou na reconstituição da comunidade.

A purificação política e moral permite também se opor à dominação europeia; e o islã cumpriu essa função, mais no Oriente Próximo, de resto, do que na África do Norte. Sabe-se que a penetração europeia foi inicialmente comercial e começou desde o século XVI. O *pan-islamismo* só apareceu no final do século XIX, em face da colonização propriamente dita (1830, conquista da Argélia pela França; 1839, ocupação de Aden pela Inglaterra; 1882, ocupação do Egito). Gamal ad-Din Afghani (1839-97), um dos fundadores do pan-islamismo, preparou esse deslocamento da luta contra o Império Otomano para a luta contra os ocidentais; mas essa dualidade de adversários dividiu precisamente os movimentos islâmicos, já que – à divisão entre religiosos integristas e muçulmanos modernistas – superpôs-se a opção entre o apoio aos turcos contra os ocidentais (ou, mais raramente, o inverso) e o combate contra todos os estrangeiros.

Nem no século XIX, nem hoje a invocação do islã pode ser reduzida a uma só concepção política. Podemos opor, ao preço de algumas simplificações, pelo menos dois polos:

1. *Um islã ocidentalizado,* no qual a religião muçulmana deve permitir a modernização política e econômica, no qual a referência ao Corão elimina todos os seus arcaísmos e rigorismos.

Essa orientação dá lugar a duas variantes:

– *Liberal*, quando a ocidentalização é concebida como uma modernização econômica que se inspira no esquema capitalista. Essa corrente pode defender uma monarquia constitucional (foi o destino do *Istiqlal*, partido da independência animado pelo marroquino Allal al-Fassi, que se tornou o principal sustentáculo de Muhammad V, depois Hassan II), ou uma república (como no Egito de Anwar el Sadat).

– *Socialista* ou socializante, quando o acento é posto sobre a busca de um modelo de desenvolvimento redistributivo (por exemplo, no Marrocos, a União Nacional das Forças Populares, cisão de esquerda do Istiqlal, animado em 1959 por Mehdi Ben Barka; ou, ainda, o Egito de Gamal Abdel Nasser [1918-70]), e, o que frequentemente ocorre ao mesmo tempo a afirmação de um nacionalismo árabe, mais laico do que islâmico (é o caso do *Baas*, ou "Partido Socialista da Ressurreição Árabe", cujos dois ramos rivais exercem o poder, desde 1963, na Síria, e desde 1968 no Iraque). Mesmo nesse último caso, a referência ao islã não desaparece completamente, já que na Síria (e também na Argélia) a Constituição reserva a detenção do poder supremo a um muçulmano.

2. *Um islã integrista*, para o qual o retorno ao Corão não deve ser objeto de nenhuma modernização, mas levar até seu termo a purificação moral e política. Esse polo rigorista é também "terceiro-mundista" – o que mostra como não é possível compreendê-lo com categorias políticas do tipo "direita/esquerda". Ele conduz, ao mesmo tempo, ao ultraconservadorismo religioso (e por vezes social) e à mais radical rejeição do Ocidente (satânico e corrupto).

– É o caso da *Irmandade Muçulmana*, associação criada no Egito em 1928 pelo xeque Hassan al-Banna, para concorrer com o Partido *Wadf*, criado dez anos antes por nacionalistas considerados excessivamente ocidentalizados.

É o caso, a partir de 1979, do Irã, onde a revolução que derrubou a ditadura do xá (Muhammad Reza Pahlavi) é animada pelos líderes religiosos xiitas, dirigidos pelo aiatolá Ruhollah Khomeini, e cuja legitimidade decorre exclusivamente do islã. O xiismo confere uma autoridade talvez maior ainda aos religiosos do que o sunismo (islã dominante, do qual ele se separou quando Ali, genro do profeta Maomé, foi afastado do califado em 657). O xiismo, com efeito, distingue-se do sunismo

- pela importância atribuída à razão na interpretação dos textos;
- pelas gnoses do Corão, com o objetivo de revelar sentidos ocultos;
- pela espera do retorno antes da ressurreição e do juízo final;
- pela atribuição ao *imã* (aiatolá supremo) da legitimidade absoluta, enquanto descendente do profeta e depositário do sentido real do Corão.

O imã, portanto, é superior a qualquer outro poder; um poder temporal que contradiga o chefe da comunidade religiosa é, por esse simples fato, usurpador.

Uma hierarquia religiosa extremamente poderosa desenvolveu-se com base nesses princípios e manifestou várias vezes sua potência contra o estrangeiro (1826, desencadeamento do *jihad* – guerra santa – contra a Rússia tzarista; 1889, greve dos fumantes desencadeada pelo aiatolá Chirazi, até a denúncia da concessão do tabaco persa a uma sociedade inglesa; 1950-53, apoio a Mossadegh em favor da nacionalização do petróleo; 1979, derrubada do xá).

Khomeini restaura o despotismo teocrático do islã: "Todo o povo deve ser islâmico"; é preciso "unidade de opinião, unidade de expressão, unidade de ação".

"Obedeçam a Deus e aos que, dentre vocês, detêm a autoridade divina .... O único governo aceito por Deus no dia da ressurreição deve ser organizado segundo as leis divinas e isso só é possível com o controle dos religiosos." Disso resulta que "o governo islâmico não é um governo constitucional, onde as leis sejam subordinadas à aprovação das pessoas ou da maioria".

– Finalmente, parece ser essa a inspiração do coronel líbio Muammar al-Kadhafi, ainda que esse ponto seja muito controverso, pois a "revolução líbia" agrupa elementos muito díspares. Ela começa pela derrubada de uma monarquia islâmica tradicional (1969) e empreende um caminho nasserista. Mas a República líbia restabelece o código penal da *charî'a*, a lei islâmica que resulta do Corão:

> Exemplos:
>
> Os homens têm autoridade sobre as mulheres ...
> Censurem aquelas de quem vocês temem a infidelidade;
> releguem-nas em quartos isolados e batam nelas.
> Mas não continuem a recriminá-las
> se elas lhes obedecerem.
> – Deus é supremo e grande (Surata IV, 34).
>
> Cortem as mãos do ladrão e da ladra:
> será uma retribuição pelo que eles cometeram
> e um castigo de Deus.
> – Deus é poderoso e justo (Surata V, 38).

Sob outros aspectos, a revolução líbia parece ligar-se mais ao islamismo reformista: inspiração rousseauniana do *Livro Verde*; advento, proclamado em 1977, da "era das massas"; dissolução do partido único enquanto partido e da República Árabe Líbia enquanto Estado; nascimento do poder das massas (*Jamahir*) e da *Jahahiriya Árabe Líbia Popular e Socialista;* referência apenas ao Corão e recusa da tradição (a *Sunna*) enquanto fonte do direito; perspectiva da abolição do salariato e supressão imediata de qualquer forma de aluguel – a começar pela dos apartamentos – etc. No conjunto, o gaddhafismo (kaddhafismo ou quadhdhâfismo) mistura o islamismo, o socialismo terceiro-mundista e a democracia direta, para levar a um discurso sincrético e a um poder que, por ser qualificado de popular, nem por isso deixa de possuir virtualidades totalitárias.

O exemplo líbio atesta os limites da distinção integrismo/modernismo, ao mesmo tempo em que mostra que as combinações de ambos não se situam necessariamente em/sobre uma posição intermediária, mas podem misturar os extremismos. Finalmente, ele revela que as referências ao islã (em geral) e ao povo (em geral) são suscetíveis de acumular as abstrações para manter agrupada a Nação-Estado. Para, de imediato, sacralizar o caráter arbitrário de uma política incapaz de exibir no presente as provas de sua validade. Marx pensava, em 1843, que a crítica da religião "estava no essencial concluída". Enganava-se redondamente. A crítica da religião deve ser constantemente retomada, nem mais nem menos que a crítica do Estado.

INDICAÇÕES BIBLIOGRÁFICAS

Berque, J., *Les Arabes d'hier à demain*, Le Seuil, 1960.

Carré, O., *La légitimation islamique des socialismes arabes*, Presses de la FNSP, 1979.

Gardet, L., *Les Hommes de l'Islam*, Hachette, 1977.

O Corão, ed. francesa, Gallimard, 1980, 2 tomos, col. "Folio".

Pouvoirs nº 12: *Les régimes islamiques*, PUF, 1980.

Rodinson, M., *Mahommet*, Le Seuil, 1968, col. "Politiques".

CAPÍTULO IX

O Estado-Cientista

A expressão "Estado-Cientista" corresponde a um dado característico das sociedades contemporâneas: a conivência entre Estado e a ciência, que institui uma ordem singular e radicalmente nova.

Por um lado, as atividades científicas assumem uma crescente importância, até se tornarem uma questão de Estado. *Saber e poder se articulam*: e o seu vínculo engendra uma nova mentalidade, uma nova sacralidade.

Por outro lado, as chamadas sociedades pós-industriais tornam-se tão complexas que são obrigadas a *se pensar*, a se compreender a fim de se governarem. É preciso inventar-lhes uma sociologia e encontrar uma ciência da política.

Uma ciência da sociedade

Ciência e sociedade

O Estado-Cientista começa com a reconciliação *da ciência e da indústria.* O capitalismo exige que a técnica abandone o domínio da fabricação artesanal e que a ciência deixe de ser especulativa para descer à terra. Não se trata mais de opor quem tem uma profissão a quem tem conhecimento, de opor saber e poder. Nos séculos XVII e XVIII, ainda se perpetua a separação entre,

• por um lado,
os cursos reais, igrejas, universidades, onde os corpos políticos intermediários defendem o pensamento tradicionalista e cultivam a imagem medieval do mundo, na qual o conhecimento se restringe à especulação e a moral e a política se fundam na teologia;

• e, por outro,
os salões, as sociedades científicas, os teatros, onde os iluministas concebem um pensamento novo e desenham a imagem moderna do mundo, na qual o

conhecimento se estende à livre investigação científica e a ciência se torna experimental.

Nos séculos XIX e XX, organiza-se progressivamente a fusão entre a ciência e a sociedade, ambas visando à dominação da natureza. Estabelece-se uma continuidade entre os cultores da ciência pura e os engenheiros da ciência aplicada, entre as leis descobertas pelos primeiros e os aparelhos inventados pelos segundos.

Não se trata de uma cumplicidade política, na qual físicos e capitalistas se dariam a mão, mas de evoluções complexas e complementares, de uma transformação concomitante das práticas científicas e dos estatutos da indústria. Até a Primeira Guerra Mundial, essa convergência se fará fora do Estado, contentando-se com sua episódica tutela. A partir dos anos 1920, *o Estado* se torna o organizador do par saber/poder. Ele distribui o dinheiro, define os segredos, cimenta as hierarquias. A ciência e a produção formam uma coisa só, pois é única a cadeia que parte dos laboratórios do Massachusetts Institute of Technology e leva às fábricas de Hong Kong, a cadeia que produz submarinos nucleares ou a ração para cães.

Uma transformação dessa amplitude passava por uma revisão radical da *ideia de conhecimento.* Do mesmo modo como a revolução copérnico-galileiana fez nascer a física moderna, e essa ciência foi parte decisiva da revolução industrial, assim também foi indispensável transformar novamente a terra em pátria do saber e orientar o conhecimento para a inteligibilidade do mundo real. Como dominar a natureza sem conhecê-la? Ou melhor: conhecer é dominar, é fazer com que desapareça o mistério do objeto, é entregá-lo à vontade dos homens que poderão transformá-lo.

O desenvolvimento das ciências sociais, portanto, processa-se em ligação com o do Estado industrial. Essa é uma primeira razão para abordar sociólogos e politólogos numa história das ideias políticas. Mais diretamente, os cientistas não se libertarão nunca, apesar do que por vezes afirmam, de uma pretensão política. Eles querem e vão fornecer um instrumento à política; vão extrair lições da observação social; vão oferecer uma técnica científica para o governo dos homens.

A ideia consiste, decerto, em formular *uma ciência da sociedade* contra as filosofias da história. Aqui, o empirismo triunfa e a sociologia toma corpo como disciplina de observação. Mas se trata também de elaborar *uma política racional*: para que desmontar as engrenagens das sociedades políticas, se não para fazer com que a máquina funcione melhor?

Acrescentemos que, se "a sociologia nasce com a industrialização", há razão para sublinhar que ela se liga à Revolução Francesa, esse evento tão radical quanto surpreendente, depois do qual o Estado busca novos valores e os governantes tentam encontrar certezas que se sustentem. Já que a subversão social é possível, a ciência social torna-se necessária.

Durkheim ou a explicação social

Émile Durkheim expressa muito bem a ambiguidade da nascente sociologia, não fosse senão por ter sido um dos seus primeiros fundadores.

Ele rompe incontestavelmente com toda metafísica, recusa obstinadamente qualquer teoria geral do devir. Contra a filosofia, Durkheim funda um positivismo rigoroso e decide "*tratar os fatos sociais como coisas*". Dizendo isso, não só se afasta de qualquer pretensão ontológica, que considera o homem como uma criatura indeterminada (o ser), mas também, precisamente, da psicologia individualista. É preciso admitir a existência do *fato social* independente da consciência individual. Nessa perspectiva, seu estudo sobre o suicídio era absolutamente subversivo. Afirmar que "o suicídio varia na razão inversa do grau de integração da sociedade religiosa, da sociedade doméstica ou da família, e da sociedade política, ou da nação" é admitir a prioridade do coletivo sobre o individual, do social sobre o psicológico. Um homem não se mata somente por motivos pessoais; os homens se matam mais nesta sociedade do que naquela, neste dia mais do que naquele outro...

Compreendemos que essa formulação era indispensável para construir a sociologia e que Durkheim soube fixar as regras científicas do método sociológico, buscar as causas eficientes dos fenômenos sociais antes de investigar suas causas finais ou motivos. Criar a ciência do social exigia, certamente, que se construísse a realidade social como coisa (que se pusesse de lado o Homem), que se investigassem suas determinações fora de qualquer pressuposto filosófico ou político (que se pusesse de lado o juízo).

Onde estão as ideias políticas de Durkheim? No fato de não tê-las de modo algum! Piada fácil, que não serve para nada. Ao contrário, ele se recusa a acantonar a sociologia numa investigação gratuita, e espera que ela sirva para a administração correta das sociedades, sem o que "não valeria uma hora de esforço". O cientista descobre e explica permanências e evoluções. Graças às observações dele, o político poderá agir melhor.

Independentemente dessa função de assessoria política, desejada por seu autor, a obra de Durkheim é ainda política, mas de um modo mais indireto. Ela é política por seu excesso de neutralidade, que toma a sociedade como um todo pré-constituído. O racionalismo de observação adotado por Durkheim evita certamente a superficialidade do empirismo ou os *a priori* da filosofia da história. Mas, definindo a sociedade como uma consciência coletiva, pretendendo explicar o todo social, Durkheim explica a vida coletiva tal como ela existe, explica-a até legitimá-la. Empresta à sociedade industrial sua coesão invocando sua totalidade. Propõe assim sua estabilidade e subestima os conflitos que não são anomias, casos patológicos.

Durkheim realiza nas ciências do homem o mesmo trabalho a que se entrega o Estado moderno: buscando explicar a sociedade nova, ele admite sua totalidade, explica a integração e os desvios – em suma, *racionaliza* a explicação do real no momento em que o Estado irá racionalizar sua dominação sobre o real.

INDICAÇÕES BIBLIOGRÁFICAS

Durkheim, É., *La division du travail social, étude sur l'organisation des sociétés supérieures* (1893), PUF, 1960 [ed. brasileira parcial: *Da divisão do trabalho social*, in "Os Pensadores", Abril Cultural, São Paulo, vol.XXXIII, 1973, p.303-72]; *Les règles de la méthode sociologique* (1895), PUF, 1947 [ed. brasileira: *As regras do método sociológico*, in ibid., p.373-463]; *Le suicide* (1897), PUF, 1967 [ed. brasileira parcial: *O suicídio*, in ibid., p.465-504]; *Les formes élémentaires de la vie religieuse* (1912) [ed. brasileira parcial: *As formas elementares da vida religiosa*, in ibid., p.505-47].

Lacroix, B., *Durkheim et la politique*, Fond. Nat. des Sc. Politiques, 1981.

Max Weber ou a necessidade do sagrado

À primeira vista, Max Weber parece mais prudente do que Durkheim. Não pretende explicar, mas compreender; não busca construir uma "física social", mas uma *sociologia histórica*; reserva para as ciências da natureza o exame das causas eficientes, caras a Durkheim, buscando antes captar as ações humanas a partir de dentro.

As ciências da cultura, com efeito, devem respeitar a especificidade de seu objeto, reconhecer o *Geist*, o espírito, a cultura, a humanidade, essa mistura de consciência e de vontade que impede estudar uma ação sócio-histórica como se estuda a pressão atmosférica ou o átomo; que obriga a lhe reconhecer um sentido, uma significação, pelo menos para aquela que a realiza e busca uma finalidade. E essas ações têm lugar numa sociedade, ou seja, numa cultura. Como decodificar esse contexto? Buscando o *sistema de valores* adotado pela sociedade, a fim de compreender, por exemplo, como um protestante inglês do século XVII podia ser levado a comprar bens e a fazê-los frutificar.

Weber pôde então escrever sobre *A ética protestante e o espírito do capitalismo*, explicar o aparecimento do capitalismo europeu e ligá-lo à concepção calvinista do mundo. O puritanismo proíbe o homem de conhecer os decretos de Deus, mas o obriga a engrandecer seu Reino cá embaixo. O *trabalho*, então, confirma a fé dos predestinados. Ele é oração. A organização racional do trabalho e a acumulação do capital enriquecem a vida humana não porque proporcionam dinheiro ao homem, mas por lhe provarem que ele é um eleito de Deus.

Por conseguinte, o capitalismo não nasceu apenas quando um capital foi acumulado, quando ocorreram transformações técnicas e quando uma classe tomou consciência de seu interesse econômico. Nasceu quando os homens o desejaram, quando homens conceberam o mundo diferentemente e quando o submeteram a essa nova concepção.

Para confirmar a validade de sua interpretação, Max Weber sublinha que a China pôde conhecer acumulação de capital e revolução técnica sem que lá nascesse a revolução industrial: faltava a ética suscetível de mover o conjunto. Todavia, seria abusivo concluir que Max Weber opõe ao Econômico de Marx um *Religioso* que determinaria sempre o curso da história. Ele se contenta em revelar uma configuração singular, na qual o fator religioso teve essa primazia.

Para além da gênese do capitalismo, Max Weber pôs a nu a *dimensão do político* no Estado. O andamento de sua investigação consiste então em construir categorias abstratas que ajudem a captar sociedades concretas, quando essas são confrontadas com tais categorias. O sociólogo imagina assim dois tipos de sociedade, dois modelos que, enquanto tais, não existem nunca, mas oferecem pontos de apoio:

- a comunidade (*Gemeinschaft*)
  na qual os indivíduos são fortemente integrados no todo social e atuam segundo a tradição e os dados afetivos de natureza religiosa

- *e* a sociedade (*Gesellschaft*)
  à qual os participantes aderem calculando seus interesses mútuos e na qual atuam com o objetivo de obter os acordos mais vantajosos.

A *Gesellschaft* torna-se agrupamento quando um contrato explícito une seus membros; empreendimento, quando sua finalidade é determinada de modo racional; instituição, se o empreendimento puder impor aos membros seus comportamentos mediante decretos ou leis.

Qualquer que seja sua racionalização, a ordem política permanece marcada pela dualidade entre a tendência ao conflito e a tendência à integração. Ela se caracteriza pela emergência da potência, a *Herrschaft* ou dominação, pela qual dominantes e dominados constituem-se em grupo político. O *Estado*, então, é essa instituição que exerce a dominação no espaço (um território) e no tempo (a história), esse monopólio da violência física legítima.

Uma vez estabelecida essa especificidade do político, e restabelecida a evidência em virtude da qual o Estado exige obediência, Max Weber elabora uma tipologia da dominação. Ele distingue:

- o poder *carismático*
  no qual a legitimidade remete a uma transcendência, a um princípio com o qual o líder mantém uma relação privilegiada. O líder carismático detém sozinho a autoridade, seus fiéis não podem receber senão delegações excepcionais.
  (Exemplo: o bonapartismo.)

- o poder *tradicional*
  cuja legitimidade é fundada no peso do passado e em sua aceitação, o qual dita as regras particulares. Os titulares da autoridade devem obediência pessoal a seus superiores. O poder deles é arbitrário.
  (Exemplo: as monarquias absolutas.)

- o poder *racional*
  A legitimidade é fundada num corpo de regras legais, de regras gerais. Os titulares da autoridade estão limitados a uma esfera definida de competência. O poder deles é estabelecido pelo direito.
  (Exemplo: os Estados burocráticos.)

Qual é a lição política desse trabalho? Max Weber não formula nenhuma. Ele se atém ao corte de princípio entre a reflexão científica, que anuncia apenas juízos de fato, e a atividade política, que fabrica ou reproduz valores. As conclusões científicas não induzem a nenhum valor e, ao contrário, o estabelecimento das verdades deve repudiar todo valor. Apesar dessa separação entre *o cientista* e *o político*, o acento que o sociólogo alemão coloca na universalidade da burocracia no Estado moderno (e, portanto, implicitamente, no caráter secundário das oposições capitalismo/socialismo ou ditadura/democracia) não podem deixar de ter efeitos políticos. As perspectivas traçadas por suas análises tendem a privilegiar bem mais o melhoramento da sociedade burocrática do que o advento de uma impossível democracia.

Todavia, não é simples resumir as ideias políticas de Max Weber. Ou melhor: seria simplista utilizar suas formulações sobre o chefe carismático para fazer dele um hitleriano precoce; ou referir-se à *Ética* protestante para considerá-lo um antimarxista radical. E, de resto, não importa saber se Max Weber era antimarxista ou amarxista, ou se teria ficado fascinado ou horrorizado com Hitler. Mais segura revela-se sua desesperança em face da sociedade burocrática que elimina o indivíduo, o apelo secreto de Weber a reencontrar o *sagrado*.

Max Weber foi o primeiro a compreender a sociedade pós-industrial e a ver como ela perdeu a dimensão religiosa de suas origens, para não funcionar senão segundo sua própria gravidade. Máquina vazia, que gira em torno de si mesma, ela abandona a cultura e se submete a uma racionalização extremada, que esmaga todos os valores. E Weber não crê que as sociedades humanas possam progredir sem valores, contentando-se com a verdade prática; não crê que elas possam avançar sem um Deus. É aqui que sua visão aparece radicalmente oposta ao desafio marxista. Ele interpela o Estado-Cientista, excessivamente cientista, para que ele se salve por meio de novos valores e se eleve através de novos heróis.

INDICAÇÕES BIBLIOGRÁFICAS

Aron, R., *Les étapes de la pensée sociologique*, Gallimard, 1967.

Weber, M., *A ética protestante e o espírito do capitalismo* (1904-1905) [ed. brasileira, Pioneira, São Paulo, 1967]; *A política e a ciência como vocação* (1919) [ed. brasileira: in *Ensaios de sociologia*, ed. por Hans-Gerth e C. Wright Mills, Zahar Editores, Rio de Janeiro, s.d., p.97-183]; *Economia e sociedade* (1922) [ed. brasileira parcial: *Ensaios de Sociologia*, cit.].

Vilfredo Pareto ou a propaganda pelo fato

Como todos os estudiosos do social, Pareto pretende ser científico e acredita obter isso por meio de um ultrapositivismo. A ciência é apenas lógico-experimental; o observador é neutro, somente *os fatos* é que contam. Constituir um conceito é inútil ou perigoso; pretender estabelecer núcleos de inteligibilidade que só se justificariam pela pura racionalidade corresponde a uma ilusão filosófica. A observação científica e as opções políticas, de resto, não teriam nenhuma relação entre si: "Uma mesma doutrina pode ser recusada do ponto de vista experimental e admitida do ponto de vista da utilidade social, ou *vice-versa*".

Portanto, restam os fatos, que o pesquisador irá agrupar. Conhece-se a célebre imagem do bêbado que perdeu sua chave numa rua e passou a buscá-la debaixo do poste sob o pretexto de que aí havia luz. O empirismo radical de Pareto cede a essa embriaguez: a rua não existe, a sociedade não existe como objeto; há apenas fatos sociais, zonas de luz nas quais o sociólogo pode operar aproximações, fazer triagens, propor classificações.

Nesse jogo de *classificação*, indispensável para passar à posteridade, Pareto brilha, não sem talento. Tudo parte da distinção entre *ações lógicas* e *ações não lógicas* (essas últimas, em princípio, são mais raras, dada a paixão raciocinante do homem; mas uma ação não lógica pode consistir em introduzir uma lógica onde não existe nenhuma, onde meios e fins se contradizem).

Para classificar as ações, convém conhecer os principais *instintos* do homem, o que Pareto chama de resíduos. Ele distingue dois instintos fundamentais: o instinto de combinação, pelo qual o homem – espírito lógico – gosta de calcular; e o instinto de inércia, em virtude do qual o homem – de natureza conservadora – "opõe-se a que as coisas que estão unidas se separem". Acrescentam-se a esses outros quatro instintos: manifestação de seus sentimentos, sociabilidade e conformismo, piedade, individualismo. As sociedades apelam predominantemente para esse ou aquele tipo de instinto. Atenas cultivava o instinto de combinação, próprio às sociedades democráticas; já Esparta cultivava o de conservação, e isso tornava inevitável o conflito entre as duas cidades.

Os efeitos políticos desse edifício (que nós simplificamos ao extremo) são claros. A distinção fundamental entre condutas lógicas e não lógicas permite denunciar as ilusões democráticas ou, *a fortiori*, socialistas, condenadas à contradição entre os fins (de libertação) e os meios (autoritários). Toda sociedade é dirigida por *elites* que se apoderaram do poder graças à sua arte combinatória. Mas as elites, que fazem a história, correm o risco de se perder nela. Desgastam-se, combinam excessivamente, esquecem-se do instinto de inércia, negligenciam a preocupação com a persistência dos agregados, intelectualizam-se, separam-se das massas. "A história é um cemitério de aristocratas."

Pareto recomenda aos dirigentes do século XX que se acalmem, organizem a *circulação das elites*, renovem seus membros para melhor se manterem. E, já que é *um fato* que as elites fazem as sociedades, já que é um fato a necessidade de uma elite viril para dirigir a massa, Pareto será – de fato – "liberal-fascista", representante do governo Mussolini na Sociedade das Nações, mas defensor da liberdade de imprensa. Sobretudo, será um dos primeiros doutrinários do antidoutrinarismo, desses fanáticos do fato, para os quais as massas devem inexoravelmente se submeter ao que é.

INDICAÇÕES BIBLIOGRÁFICAS

Busino, G., *Introduction à une histoire de la sociologie de Pareto*, Genebra, 1966.
Pareto, V., *Les systèmes socialistes*, 1903; *Traité de sociologie générale* (1916), Genebra, 1968.

Eric Weil ou a política da razão

O ponto de partida da concepção política desenvolvida por Eric Weil (1904-77) é *filosófico*, no sentido estrito da palavra. Renovando as perspectivas do pensamento especulativo clássico e apoiando-se nos resultados adquiridos por Kant, por Hegel (e pelo que há de hegeliano nas investigações de Marx), a concepção de Weil considera fundamental o fato de que o homem, animal social e histórico, é *razoável* (nem racional – as provas de suas "loucuras" são demasiadamente frequentes –, nem irracional – ele busca constantemente a coerência de seu discurso e de sua conduta –, mas simplesmente: *capaz de razão*).

Como tal, ele busca a satisfação, a vida plena e transparente; mas, porque é social, porque fala, essa satisfação só vale se for reconhecida por aqueles com quem ele vive, e, no limite, pela humanidade inteira. Assim, o homem visa – ainda que não o saiba – ao *universal* ("a própria ação egoísta quer a dimensão universal"). Sendo assim, a *política* é definida como:

> a ciência ... da ação razoável; ela diz respeito à ação universal, a qual – embora seja, por sua origem empírica, ação de um indivíduo ou de um grupo – não visa ao indivíduo ou ao grupo enquanto tais, mas ao gênero humano.

Nessa óptica, é claro que as ciências sociais, por mais úteis que sejam (na medida em que estudam as condições empíricas da ação), são incapazes de definir a ação razoável. Essa, como ação política, só pode ser compreendida em função de uma dupla referência: ao *indivíduo sujeito normal*, que busca (quer queira ou não) o acordo consigo mesmo, e o *gênero humano histórico*, lugar de toda satisfação possível (e duradoura).

O indivíduo quer, ao mesmo tempo, a satisfação e o universal: como ser moral, ele se pretenderia *universal*. Mas não poderia estar só: por causa disso, não pode deixar de pôr problemas *políticos*. Talvez se possa pensar que lhe basta estar de acordo com seu grupo histórico (e, portanto, que não existam problemas políticos, mas somente soluções)! Mas o que acontece quando o grupo contradiz a exigência de universalidade? Quando ele se recusa a colocar a questão de sua inserção no gênero humano, "universal concreto"? A resposta é dada por Sócrates: é preciso, em nome da moral, julgar a política.

Em outras palavras, o direito positivo de uma dada sociedade histórica não pode ser aceito como norma transcendente. Pelo menos, é o que a história estabelece; ela está repleta de rebeldes que, para estarem de acordo consigo mesmos, tomam o partido de julgar sua sociedade e suas regras, precisamente em nome da universalidade que buscam ao buscarem a satisfação. O *problema político* surge inelutavelmente a partir do momento em que se compreende que o direito positivo tem de ser referido a esse direito universal que é subjacente à sua própria essência.

Esse direito universal assume, de acordo com a época, diferentes figuras: está sempre presente como instância e impõe uma tarefa ao sujeito, ou seja, a tarefa de definir, por exemplo, para além das normas em uso, o que seria a justiça. Assim, Eric Weil dá uma representação da antiga ideia de "direito natural" que assegura o dinamismo da mesma: as condições da justiça, da liberdade, da dignidade etc. não são – em cada época – as mesmas; mas essas "reivindicações", em cada época, intervêm como exigência de superação, de recusa do dado, e como fermento...

Nesse sentido, o indivíduo moral já é um educador a partir do momento em que aceita o problema político, isto é, o questionamento do direito positivo. E o filósofo (que tampouco pode deixar de se ocupar de política) – que é concebido por Eric Weil, conforme a tradição clássica, como o homem que compreende a si mesmo – é o educador por excelência: se quer ser coerente, deve considerar que é *responsável pela liberdade*:

> A tarefa de filósofo educador consiste em discernir a razão no mundo, ou seja, em descobrir as estruturas do mundo em vista da realização da liberdade razoável (*Philosophie politique*, p.57).

Sua atividade pertence ao terreno do conhecimento. Ora, o que ele conhece na época atual é a comunidade humana organizada como *comunidade de trabalho*: seu "sagrado" é a *dominação da natureza*, é a razão calculadora, materialista e mecanicista. Essa comunidade, que existe de direito, é, por um lado, dividida em *povos* e em *Estados*; é comandada, de diversas maneiras, por mecanismos sociais que subjugam os indivíduos. Para esses últimos, tais mecanismos constituem uma segunda natureza: quer a economia seja "liberal" ou "dirigista", os indivíduos se encontram "diante de uma única necessidade, a de se valorizarem, de se tornarem preciosos uns aos outros" (id., p.77); eles estão "submetidos à pressão das circunstâncias ..., à ameaça de desemprego, de falência ..., [ameaça] de ir para o campo de trabalho forçado, de ser processado por sabotagem" (id., p.78). Sendo assim, a *competição* é a regra de conduta deles...

A essa situação, acrescenta-se o fato da divisão do gênero humano em nações; cada uma delas vê as outras nações como situadas numa *exterioridade "natural"* que deve ser combatida. Lutas de classes, lutas internacionais: o indivíduo, preso pelo racional, é mergulhado na absoluta irracionalidade. Por causa disso, "na sociedade moderna, [o indivíduo] está completamente insatisfeito" (id., p.93). Há conflito, no seio da moral viva, entre a determinação racional da eficácia e a vontade de cada um de dar um sentido à sua vida, *aqui e agora*.

Essa insatisfação leva-o a se comprometer na ação histórica, com o objetivo de realizar o "universal concreto". Nesse empreendimento, choca-se com um Estado cuja função histórica é assegurar a sobrevivência da comunidade contra a derrota externa e a dissolução interna. Para obter isso, o Estado edita leis e se apoia numa administração. Segundo Eric Weil, os debates sobre os regimes são abstratos e anedóticos, porque os regimes resultam do próprio dado histórico. Contra esse dado, o filósofo-educador não pode muita coisa: sua missão é lutar contra os dogmatismos (tecnocráticos e políticos) e denunciar os envolvimentos passionais. Trata-se sobretudo, na época atual, de recordar que o cálculo de eficácia, inelutável, não poderia desconhecer o sentimento de justiça, que permanece constantemente presente, a despeito do egoísmo imposto pelas circunstâncias; e que a expressão desse sentimento supõe a possibilidade de uma discussão livre dos cidadãos e de uma educação que permita a cada um dar sua opinião com conhecimento de causa. O objetivo do filósofo político, portanto, consiste em assegurar uma organização mundial de tal natureza que nela possa existir "a satisfação dos indivíduos razoáveis no interior dos Estados particularmente livres" (id., p.240).

Fortemente marcado pelo ensinamento hegeliano, Eric Weil não crê ser possível escapar de uma visão (em última instância) necessitarista da história e da forma-Estado como quadro obrigatório da vida razoável. Mas ele coloca essa concepção na óptica - mais próxima, nesse caso, de Kant - de que o objetivo da racionalidade é a liberdade individual. Nesse sentido, o Estado já aparece posto em questão, mas de modo apenas implícito...

INDICAÇÃO BIBLIOGRÁFICA

Weil, E., *Logique de la philosophie*, Paris, Vrin, 1950; *Philosophie politique*, Paris, Vrin, 1956.

A CIÊNCIA COMO FORÇA SOCIAL

Os filósofos como Eric Weil, os sociólogos como Max Weber, os engenheiros como Taylor e os revolucionários como Lênin concordam, em maior ou menor medida, na ideia de que o mundo se unifica em torno do princípio do trabalho, ou, mais exatamente, que o trabalho moderno tornou-se o elemento essencial de todas as sociedades, qualquer que seja o tratamento social que eles lhe aplicam.

Em outras palavras: seria absurdo negar as diferenças entre as nações industrializadas, já que umas estatizaram a propriedade dos meios de produção e substituíram o mercado de trabalho por uma ordem planificada, enquanto outros conservam a propriedade privada sob todas as suas formas. De resto, ninguém mais contesta que as primeiras conhecem modos de governo autoritários, enquanto as segundas praticam o pluralismo representativo, onde os governantes são designados pela maioria dos governados.

A organização do trabalho (Taylor)

Essas diferenças, por mais importantes que sejam, não impedem que aqui e ali existam defasagens entre os princípios de legitimação dos sistemas implantados e sua realidade, defasagens que se orientam precisamente no mesmo sentido. Quando o Estado liberal penetra na sociedade civil; quando o Estado socialista, longe de se extinguir, aumenta sua potência, um e outro desenvolvem o Leviatã. Decerto, cada um o faz a seu modo e em função de sua história: os passaportes de trabalho para todos ou os vistos de permanência para imigrados, os campos de correção ou o desemprego... Mas, para além dessas diferenças, de resto consideráveis, a direção que leva ao fortalecimento do Estado é idêntica; a lógica é a mesma, ditada pelo imperativo do desenvolvimento científico – técnico – industrial.

O questionamento difuso da civilização industrial tende hoje a fazer esquecer a dinâmica filantrópica do Estado-Cientista. Dominar a natureza, dizia-se; racionalizar o trabalho para ajudar o operário, pensava-se. Taylor começou como operário, depois tornou-se capataz, terminou como "engenheiro-assessor em organização". Quando, no início do século, concebeu a organização científica do trabalho, Taylor pretendeu ao mesmo tempo livrar o operário de seu cansaço e poupar ao patrão as "distrações" dos operários. Quis assim criar uma nova camada de trabalhadores, cuja única função fosse pôr ordem nos comportamentos. Taylor chega ao ponto de quantificar a relação ótima entre departamento de pessoal/capatazes e operários, que seria igual a um para três: um organizador para três produtores, ou, se se prefere, um vigilante para três executantes.

Graças a essa racionalização do trabalho industrial, os operários são expropriados de suas habilidades técnicas [*savoir-faire*]. Os conhecimentos tradicionais, outrora concentrados em suas cabeças, incorporam-se ao capital. Taylor implanta o que Marx anunciara: a fragmentação sistemática dos gestos de trabalho, a militarização científica das empresas, na qual os operários se tornam "a engrenagem automática de uma operação única, de modo que termina por se realizar a absurda fábula de Menenius Agrippa, que representa um homem como fragmento de seu próprio corpo ...; a grande indústria ... faz da ciência uma força produtiva independente e coloca-a a serviço do capital" (K. Marx, O *Capital*, Livro I). Em favor da produtividade, a ciência penetra na fábrica, tanto no Ocidente como no Leste.

INDICAÇÃO BIBLIOGRÁFICA

Chaplin, C., *Tempos Modernos*, 1935, filme.
Taylor, F.W., *La direction scientifique des entreprises*, Verviers, 1967.

Lênin e o taylorismo

"Somos lentamente apressados", costumava dizer Lênin. A ideia justificou a NEP, restauração parcial do capitalismo para salvar a perspectiva socialista. Lênin defendia, em virtude da mesma dialética, a ideia de que a supressão da distinção entre trabalho manual e trabalho intelectual passava pelo fortalecimento dessa distinção. Com efeito, o agravamento da divisão do trabalho – e, com ele, "da natureza autoritária do processo de trabalho" – justifica-se "se aparecer como condição para uma eficiência muito maior do trabalho produtivo, e, portanto, do encurtamento do tempo de trabalho, e, portanto, da participação do proletariado nas tarefas políticas e nas questões do Estado" (Lênin, *Oeuvres*, Ed. de Moscou, t.XX, p.93). Se o trabalho organizado e cronometrado permite ganhar quatro horas por dia, deve-se recorrer a ele e utilizar essas quatro horas para o aprendizado da autogestão.

Lênin foi além desse raciocínio em termos de eficácia. O dirigente bolchevique considerou o taylorismo como uma forma transitória de preparação ao socialismo. A estandardização do trabalho manual lhe apareceu como uma transição possível para o socialismo através da "generalização do trabalho manual a toda a sociedade". Não esqueçamos que, malgrado sua teoria do imperialismo, Lênin partilha com Marx a certeza de que o comunismo marcha paralelamente com a opulência, ou, em outras palavras, que a extinção do Estado passa por um aumento considerável da produtividade, e, no caso concreto da Rússia, que é preciso construir a base econômica do comunismo.

Decerto, é fácil criticar o monstruoso acoplamento da instauração de uma real democracia econômica e da instalação de uma não menos real ditadura técnica. Decerto, era audacioso recorrer ao modelo capitalista da grande indústria mecânica, acreditando ser suficiente confiar a sua direção às mesmas pessoas que sofrem seus efeitos para com isso evitar seus perigos. Mas seria preciso sofrer de amnésia para ignorar que a tentativa de superar essas contradições não pode ser mantida por muito tempo, o que complica o balanço.

A história sacudiu o projeto; e a guerra civil fez o mesmo com o proletariado. Nem por isso deixa de ser verdade que o stalinismo irá ganhar corpo a partir desses imperativos técnicos. Não existem rupturas entre o taylorismo, o stakanovismo, a exaltação da racionalidade técnica, a prioridade concedida à indústria pesada, a afirmação de uma camada de engenheiros e de técnicos destacada do proletariado e o fortalecimento da autoridade organizadora do Estado. Um problema verdadeiro encontrou uma solução catastrófica. De qualquer modo, Lênin se ateve à equação "comunismo = poder dos sovietes + eletrificação", o que permite ver nele um promotor do Estado-Cientista. E a dimensão industrial do bolchevismo foi tão negligenciada que vale a pena insistir aqui sobre a disjunção que se operou entre a revolução tecnológica e a revolução política. Um tecnocrata giscardiano confessou um dia sua relativa admiração pelos dirigentes soviéticos que, em meio século, realizaram uma revolução industrial mais rápida e menos custosa do que a ocorrida nos países capitalistas. A classificação comparada só teria sentido se se somassem numa coluna as crianças mortas nas minas e, na outra, as crianças mortas nos campos. Mas não é verdade que todos, em nome do trabalho, morreram pelo Estado-Cientista?

James Burnham: a irresistível ascensão dos gerentes

Burnham se situa entre Lênin e Taylor. Não somente porque foi trotskista até 1933 e publicou *The managerial revolution* em 1940, porém - mais ainda - na medida em que retomou a ideia da importância da organização do trabalho, generalizou seus efeitos, integrou-os numa concepção economicista do poder e, no conjunto, respondeu a Marx com Taylor.

Como os marxistas poderiam negar que as condições da produção determinam a posse do poder político? E Burnham constatou a uniformização crescente das infraestruturas no Hemisfério Norte. O taylorismo triunfa, da Califórnia aos Urais. O crescimento industrial, o ordenamento do mercado de trabalho e das riquezas, assim como a produtividade máxima, tornaram-se os valores das nações avançadas. As sociedades modernas se estruturam então segundo uma nova hierarquia social, dominada pelos *managers* ("os organizadores").

Somente esses técnicos muito superiores possuem ao mesmo tempo competências técnicas, conhecimentos científicos e, sobretudo, capacidades psicológicas e sociais indispensáveis para dominar, já que "os seres humanos são instrumentos de produção tão importantes quanto as máquinas e é preciso saber manejá-los". O poder na sociedade não pertence aos financistas, muito especializados; não passou para as mãos dos técnicos de laboratório, cujo saber permanece excessivamente científico; é detido pelos organizadores, que coordenam o conjunto e dirigem o todo, inclusive os homens. Os *managers* já exercem o poder real; é inelutável que se apoderam do poder legal (e, também aqui, os marxistas não diziam outra coisa quando consideravam que, na monarquia francesa do século XVIII, os burgueses já detinham o poder). A *era dos organizadores* culminará assim em um "regime ditatorial", que triunfará por todo o mundo. As superestruturas variarão em função das tradições históricas; e Burnham considera apenas três dessas variações: a soviética (estatizada), a alemã (nacional-socialista) e a americana (depois do *New Deal*).

Indicar quem detém o poder é conferi-lo a esse alguém? Se se responder afirmativamente, a distinção entre o cientista e o político desaparecerá. De resto, o fato de que Burnham acreditasse na vitória da Alemanha nacional-socialista não quer dizer que a desejasse. Também seria apressado convertê-lo no simples ideólogo dos *managers*. James Burnham inscreve-se antes na linha dos sociólogos desiludidos; e sua obra pretende ser, antes de mais nada, uma desmistificação do comunismo. Se o capitalismo está morrendo, o poder dos produtores é impossível. A lição política que disso resulta não deixa lugar a dúvidas: é inútil esperar a revolução socialista; acessoriamente, seria reacionário empenhar-se na preservação do regime capitalista. Resta então um reformismo tecnocrático que levará ao *management*. Como observava Léon Blum, "a revolução será feita, mas a revolução ditatorial substituirá a revolução social e, no que toca à imensa massa dos proletários, que não farão mais do que mudar de senhor e de explorador, ela será feita para nada".

INDICAÇÃO BIBLIOGRÁFICA

Burnham, J., *The managerial Revolution* (1940), trad. francesa: *L'ère des organisateurs*, Calmann-Lévy, 1947 (com prefácio de Léon Blum); *The Machiavelians, Defenders of Freedom* (1943) (*Les Machiavéliens*, Calmann-Lévy, 1949).

J.K. Galbraith: "Onde você trabalha?"

A ascensão dos organizadores ultrapassa o estreito quadro da empresa. O *manager* de um partido, de uma administração ou de um sindicato participará na direção do regime ditatorial. John Kenneth Galbraith não desenvolverá essa generalização das teses de Burnham, na medida em que irá preferir analisar o sistema econômico americano. O autor de O *novo Estado industrial* investiga as motivações desses novos responsáveis. Mais precisamente, ele pergunta que milagre faz com que suas motivações correspondam às das grandes empresas nas quais trabalham. Por que mecanismo os organizadores querem o que o Estado-Cientista quer? O que impulsiona a tecnoestrutura? O dinheiro, muito pouco; as gratificações, mais; o "social-narcisismo",[1] certamente.

A rentabilidade econômica é legitimada pela consciência de trabalhar numa empresa poderosa:

[1] A expressão é de Étienne Allemand, in *Pour une éthologie générale*, tese, Paris VIII, 1976.

> A grande sociedade ... continua a ser o símbolo do sucesso e do êxito na ordem da civilização. Ela transmite esse prestígio a seus membros: vale mais, evidentemente, pertencer à General Motors ou à Western Eletric do que ser um isolado. A pergunta que automaticamente se fazem dois homens que acabam de se conhecer na Flórida ou num avião é: "onde você trabalha?" E a tal ponto que, se esse detalhe não for conhecido, o outro é um enigma; não se pode situá-lo num contexto; ninguém sabe que grau de consideração ele merece .... [Se o *manager*] capitula diante da organização é porque essa faz mais por ele do que ele mesmo poderia fazer (*Le nouvel Etat industriel*, Gallimard, 1968, p.155).

O que vale para determinada multinacional vale igualmente para uma certa administração, mais ou menos apoiada no mito do serviço público. Apesar da persistência de algumas diferenças, a distinção entre público e privado torna-se cada vez mais anacrônica. Galbraith admite que cientistas e administradores se associam para constituir uma *tecnoestrutura* que governa. Notemos que as teses do economista americano pretendem ser críticas. Ele constata o desaparecimento do liberalismo econômico e, com ele, a eliminação do poder do capitalismo na empresa e do consumidor no mercado. A economia moderna é então dominada por algumas grandes firmas que invertem a lei da oferta e da procura e criam artificialmente necessidades irracionais a fim de aumentar indefinidamente o próprio crescimento. Além disso, a simbiose entre tecnoestrutura e burocracia permite ao conjunto apoderar-se de toda a sociedade.

Uma interpretação esquerdista poderia fazer de Galbraith um defensor do capitalismo monopolista de Estado. Uma leitura direitista veria nele um nostálgico da era liberal. Na verdade, o economista keynesiano-kennediano prega uma reorientação do papel do Estado, na qual a burocracia se destacaria das tecnoestruturas para satisfazer necessidades sociais. Galbraith, sobretudo, inscreve-se nessa série de autores americanos que – com Daniel Bell ou Zbigniew Brzezinski – veem na evolução dos Estados Unidos o futuro do mundo.

INDICAÇÕES BIBLIOGRÁFICAS

Bell, D., *Les contradictions culturelles du capitalisme*, PUF, 1979.

Brzezinski, Z., *A revolução tecnetrônica*, 1971.

Galbraith, J.K., *A era da opulência*, 1961; *O novo Estado industrial*, 1968 [ed. brasileira, Civilização Brasileira, Rio de Janeiro, 1968].

A ideologia tecnoburocrática

Foram os mesmos sociólogos - americanos - que inventaram a expressão "sociedade pós-industrial" e proclamaram o fim das ideologias. É que o Estado-Cientista execra a ideologia - contestável, por natureza - e a política - que pressupõe oposição. Prefere-lhes a gestão da sociedade pelos homens mais competentes.

Essa ideologia, que tende a se tornar dominante, tomou corpo nos anos 1930 e difundiu-se entre as elites em oposição à política tradicional. Para compreendê-la, talvez não seja inútil lembrar em que ela se definia contra a política, antes de ver como esse dualismo simplista desembocou em novos valores. Originariamente, portanto, temos duas orientações:

Uma salutar, a promover:	A outra nefasta, a eliminar:
Ciência (verdadeiro)	Ideologia (falso)
Administração (administrador)	Política (político)
Interesse geral	Interesses particulares
Serviço público	Opções partidárias
Neutralidade técnica	Compromissos sociais
Consenso (unidade)	Divisões (conflitos)
O Estado (o público)	A Sociedade (o privado)
Permanência dos funcionários	Instabilidade dos governos

Sob essa forma caricatural, a ideologia tecnocrática não tinha nenhuma possibilidade de triunfar. Apesar de seu modernismo, ela contradizia de modo excessivamente brutal a legitimidade democrática de que os Estados ocidentais têm também - e ainda - necessidade. Portanto, ela se atenuou para melhor concordar com os novos valores dos governantes. A convergência foi facilitada por eventos históricos e transformações estruturais. Na França, a Resistência abalou as velhas elites, obrigou altos funcionários ao compromisso, desgostou a nova geração política dos partidos. Em menor medida, 25 anos mais tarde, o Maio de 1968 produzirá efeitos análogos sobre a nova vaga de enarcas.[2] Além dessas importantes peripécias, a diversificação dos papéis do Estado implicou uma politização da administração, ao

[2] "*Énarques*", no original, ou seja, pessoas formadas pela École Nationale d'Administration (ENA), que é conhecida por fornecer os quadros superiores da administração pública na França. (N.T.)

mesmo tempo em que o fortalecimento do Poder Executivo favorecia uma funcionarização da política. Desde a Libertação, de resto, altos funcionários e dirigentes políticos são recrutados no mesmo viveiro, o da Escola Nacional de Administração. Os enarcas que se tornam políticos reivindicam o monopólio do saber sobre a técnica de decisão: como os altos funcionários, eles são capazes de decidir. Os enarcas que continuam administradores reivindicam a legitimidade representativa: o diretor de música do Ministério da Cultura representa os músicos melhor do que qualquer deputado saberia fazer; o intendente de Jura representa os jurassianos pelo menos tanto quanto o deputado que eles elegeram para a Assembleia Nacional.

No final das contas, os tecnodirigentes concordam no essencial. A política [*la politique politicienne*] e a administração executiva estão mortas. Viva *o* político [*le politique*] e a gestão? As opções partidárias cedem lugar à resolução dos problemas. Revolucionários e conservadores são afastados em conjunto para deixar o caminho aberto aos animadores da mudança social. O Estado-Cientista será dirigido por negociadores e técnicos. Especialistas técnicos e técnicos da negociação podem se dar as mãos para decidir: o resto não passa de falatório.

INDICAÇÕES BIBLIOGRÁFICAS

Association française de Sciences politiques, *Administration et politique en France sous la Ve. République*, Presses de la FNSP, 1982.

Bell, D., *The End of Ideology*, 1960 [ed. brasileira: *O fim da ideologia*, Ed. da Universidade de Brasília, Brasília, 1980].

Chevalier, J.-J. e D. Loschak, *Science administrative*, LGDJ, 1978, 2 tomos.

Variations autour de l'idéologie de l'intérêt général, vários autores, editado por J.-J. Chevalier e Danielle Loschak, PUF, 1979.

Os juristas, o direito e o Estado-Cientista

Taylor, Durkheim e Duguit foram contemporâneos. Os juristas são confrontados com o mesmo mundo com o qual se deparam engenheiros e sociólogos. O problema específico deles consiste em edificar uma teoria geral do direito compatível com esse mundo; em salvar a ciência jurídica, construindo-a. A tarefa é dura, tanto no Leste como no Ocidente: lá, porque Marx não se encarregou disso, limitando-se (por falta de tempo!) à crítica do direito burguês e não se aventurando na edificação de um direito socialista; aqui, porque o Estado-Cientista surgiu e arruinou os belos sistemas do pensamento liberal, exigindo em seu lugar uma doutrina jurídica capaz de explicar e justificar o intervencionismo estatal. Nessa tarefa tão difícil, os juristas terão um relativo êxito; e isso por caminhos diferentes, dos quais os três principais são a sociologia, a lógica formal e o materialismo.

Léon Duguit: o socorro da sociologia

Duguit começa por uma subversão. Ele recusa o direito subjetivo, quer esse resulte do individualismo postulado pelo direito natural ou do ordenamento jurídico criado pelo Estado. Toda metafísica jurídica é assim afastada; a regra do Direito não provém nem da vontade individual, nem do Estado. É, antes de mais nada, uma regra social. O princípio da obrigação, que caracteriza o imperativo jurídico, decorre da norma social: é ela quem dita a obrigação de respeitar a solidariedade social e de trabalhar para sua realização. Diante do Estado, e num primeiro momento, Duguit não carece de audácia. Ele o descreve como um fenômeno de pura força, retirando-lhe assim qualquer legitimidade jurídica. Ao mesmo tempo, ele afirma também a submissão do Estado ao Direito: a força, porque é força, não pode fundar o Direito; portanto, ela pode apenas submeter-se a ele. Quanto à doutrina jurídica tradicional, atravessada pelo idealismo, por ficções individualistas e por intricadas exegeses, ela se espantaria com a ideia de que o Direito e o Estado devem ser definidos a partir da realidade social.

Temores arcaicos, já que a dualidade de Estado e Direito termina por reforçar o Estado. Léon Duguit é incapaz de determinar a autoridade qualificada para precisar o conteúdo do Direito, na ausência de um "acordo geral das consciências". Seu sociologismo recai nos trilhos do direito natural, simplesmente substituído pelo direito objetivo: ou se supõe que o direito positivo lhe corresponde, o que, por princípio, justifica o que existe; ou então é preciso confrontar o direito positivo com o direito natural (ou objetivo). Mas quem realiza esse confronto? O autor postula sabiamente que a lei positiva, emanada do Estado, beneficia-se de uma presunção de conformidade com o direito objetivo.

Duguit reencontra assim o idealismo jurídico respeitoso da ordem estabelecida; mas o que ele legitima é a nova ordem. Sua concepção sociológica do Direito, com efeito, liberta o Estado liberal dos entraves que o impediam de se converter em Estado-Cientista. O Estado não é mais uma potência soberana, mas uma "cooperação de serviços públicos" organizados e controlados pelos governos para cumprir funções de gestão. A potência estatal é menos comprometida do que justificada nesse seu novo impulso. A gestão dissimula a dominação e permite a intervenção do Estado em todos os domínios.

INDICAÇÕES BIBLIOGRÁFICAS

Duguit, L., *Traité de droit constitutionnel*, Boccard, 3ª ed., 1927; reed. CNRS, em 3 volumes.

Pisier-Kouchner, E., *Le service public dans la théorie de l'Etat de Léon Duguit*, LGDJ, 1972.

Hans Kelsen: o Direito, o Estado, a norma

Se a sociedade sugere que não se deve matar, a norma jurídica não *enuncia* a obrigação de não matar. Ela somente ordena ao juiz que inflija uma sanção ao assassino. A sanção não é distinta da obrigação; e o Direito tampouco é dissociado do Estado. O pensamento de Kelsen, muito racional, visa a construir a "teoria pura" do Direito, libertando-o definitivamente de toda ideologia.

O Direito é uma pirâmide de normas. "As normas jurídicas formam o objeto da ciência do Direito ou, o que dá no mesmo, o Direito é um sistema de normas." O Estado não criou o Direito. Não está submetido a ele. Ele é o Direito. Para fazer com que essa afirmação seja compreendida, o jurista austríaco compara o problema das relações do Estado com o Direito ao das relações entre Deus e o mundo, notando que "foi preciso muito esforço para convencer o homem de que Deus não é mais do que a personificação da natureza, concebida como um sistema de leis". O Direito é uma ordem que tem como função regulamentar o emprego da força nas relações entre os homens; o Estado também. Portanto, eles coincidem, já que "uma só e mesma comunidade social não pode ser constituída por duas ordens diferentes". A ordem estatal possui uma estrutura piramidal, pois "aparece como uma série de graus jurídicos, uma hierarquia cujos diferentes estágios são ligados entre si pelo princípio da delegação". Cada norma é obrigatória na medida em que é conforme a uma norma superior. Kelsen, assim, apresenta o Direito enquanto forma.

A teoria pura do Direito põe-se acima da ideologia, o que explica as numerosas oposições que encontrou. Um jurista democrata-cristão ou socialista fica indignado se alguém lhe sugere: "Hitler é o direito." Um advogado conservador considera inconcebível que a República dos Sovietes seja considerada como uma ordem jurídica. As oposições foram particularmente veementes na França, já que a ideologia francesa há muito confunde as opções políticas e as análises jurídicas. Cada um deseja ter a legalidade de seu lado, incapaz de se satisfazer com a legitimidade. A ciência jurídica, contudo, ironiza a "justiça" do Direito. A norma jurídica pode muito bem ser injusta ou ilegítima: esse é um problema do político, não do jurista. Esse último considera apenas a coerência da pirâmide normativa.

Um primeiro obstáculo não tarda a surgir: a pirâmide deve certamente ter um topo, a norma superior deve se ligar a uma norma suprema. Kelsen responde que se trata de uma norma hipotética ou "norma fundamental, hipótese necessária à ciência do Direito". Outra dificuldade: as normas estão contidas nos textos e esses textos têm de ser objeto de uma interpretação. O órgão de aplicação escolhe dar um sentido ao texto, entre outros sentidos possíveis. Os sentidos ligam-se necessariamente ao conteúdo: o que quebra a estrutura da ordem jurídica, separada da sociedade. Kelsen, ao separar o direito da ideologia, corre o forte risco de reduzi-lo a um formalismo abstrato.

INDICAÇÃO BIBLIOGRÁFICA

Kelsen, H., *Théorie pure du droit* (1934), Dalloz, 1962; *A democracia*, 1923; *Socialismo e Estado* (1923).

Pashukanis e Vichinski: a degenerescência da teoria marxista do direito

Pashukanis concorda com Kelsen quanto à especificidade da relação jurídica e à necessidade de levar em conta a forma jurídica enquanto tal. Ao contrário dos marxistas juristas, que completam a história das formas econômicas com algumas decorações jurídicas, e ao contrário dos juristas marxistas, que propõem uma história das instituições salpicada de luta de classes, Pashukanis busca uma teoria geral do direito. Seu acordo com Kelsen, contudo, para nisso, já que essa teoria geral irá se tornar materialista. Ela condena a teoria kelseniana por "voltar as costas *a priori* para as realidades efetivas, ou seja, para a vida social"; ela "cuida de normas sem se ocupar com a origem delas ... ou com suas relações com quaisquer interesses materiais".

O jurista soviético se esforça, portanto, para examinar o conteúdo material do direito através da história. Mas ele quer igualmente "dar uma explicação materialista da regulamentação jurídica como forma histórica determinada".

Aparece-lhe então que as categorias jurídicas não são simples generalizações teóricas destinadas a ordenar uma matéria social sem vida nem história. Ao contrário, são a expressão de formas sociais que organizam o comportamento de grupos sociais num contexto dado. O Direito não nasce do Estado; nasceu das relações sociais. O Estado lhe confere clareza e estabilidade, mas suas premissas se enraízam nas relações materiais, nas relações de produção.

Pashukanis, desse modo, relaciona o direito com a economia, a ordem jurídica com a organização das classes sociais. Pode assim extrair dessa relação a conclusão política esperada, ou seja, de que o desaparecimento dos antagonismos de classe permitirá que a extinção do Direito acompanhe a extinção do Estado.

Conclusão esperada, não por todos, não por muito tempo. O Estado stalinista não se extinguiu. A Constituição de 1936 diz que o Estado é "de todo o povo", ao mesmo tempo em que o reforça. Pashukanis foi eliminado em 1937. Vichinski tornou-se o teórico soviético do Direito. O direito positivo deixa de ser um mal necessário em processo de extinção, uma sobrevivência do direito burguês, mas torna-se um Direito de tipo novo. Vichinski justapõe as velhas banalidades ("um conjunto de costumes e de regras de vida em comum, confirmadas pela autoridade estatal") e o marxismo mais grosseiro ("um conjunto de regras de conduta que expressa a vontade da classe dominante"). Como coroamento do todo, temos a força: "Um e outro [são] garantidos pela força coercitiva do Estado." A coerção reconquista seus direitos; e a especificidade do Direito desaparece. Vichinski não se preocupa com ela. Preocupa-se, em troca, com a harmonização de suas teses com as de Stálin, segundo as quais a luta de classes desapareceu na União Soviética. Basta-lhe proclamar, nesse caso, que as leis soviéticas expressam a vontade do povo unânime, já que os eleitos para os sovietes o são por unanimidade, acrescentando que a vontade da classe operária "emerge da vontade do povo". O direito não é mais do que um instrumento acionado por uma vontade, a qual desliza progressivamente da classe para o Partido, do Partido para o Estado e do Estado para o Intérprete. O Gulag encontrou o seu Direito.

INDICAÇÕES BIBLIOGRÁFICAS

Pashukanis, E., *La théorie générale du droit et le marxisme*, EDI, 1970.

Stoyanovitch, K., *La philosophie du droit en URSS*, LGDJ, 1965.

Vincent, J.-M., *Fétichisme et société*, Anthropos, 1973.

As teorias do Estado-Cientista

Existem inúmeros "pensadores" do Estado-Cientista; mas, esquematicamente, é possível agrupá-las em dois tipos:

- por um lado, no coração da conivência entre Saber e Estado, os que – com talentos diversos – querem edificar a ciência do governo;
- por outro, colocando-se deliberadamente fora dessa racionalidade, os que querem elaborar a crítica do Estado-Cientista.

A análise sistêmica e, depois, as reflexões de Raymond Aron ilustrarão o primeiro tipo; as da Escola de Frankfurt, o segundo.

Deutsch e Easton: a pilotagem sistêmica

Como suprimir o que há de político na política? Reduzindo-a a uma técnica entre outras. Substituindo a política pelo político. Há o que faz parte do mecânico, do químico, do biológico, do cultural... Há também o que pertence ao político, já que os conjuntos sociais têm necessidade de ser governados. Daí a metáfora náutica de Karl Deutsch:

> Nossa palavra "governo" provém de uma raiz grega que se refere à arte de pilotar um navio. O mesmo conceito subjacente se reflete do duplo sentido da palavra inglesa *governor*, que significa ao mesmo tempo
>
> • uma pessoa encarregada do controle administrativo de uma unidade política
> • e um dispositivo mecânico que controla a marcha de uma máquina a vapor ou de um automóvel.
>
> Olhando as coisas mais de perto, constatamos que existe efetivamente uma certa similaridade subjacente entre o modo de "governar" um navio ... e a arte de governar as organizações humanas. Pilotar um navio significa guiar o seu comportamento futuro, a partir de informações que se referem, por um lado, à sua marcha no passado, e, por outro, à posição que ele ocupa no presente com relação a um certo número de elementos que lhe são externos, em particular rota, meta ou alvo (*The nerves of Government*, Nova York, 1963).

Elaborar a teoria do Estado-Cientista implica então, paradoxalmente, apagá-lo enquanto poder de Estado, tomá-lo como simples organismo de funcionamento, encarregado de "alocar autoritariamente valores" (Easton).

O sistema político deve ser considerado em seu ambiente. Disso resulta a célebre frase de Easton sobre a caixa negra. O sistema recebe, o sistema produz. Recebe *inputs* (insumos), que podem ser classificados em exigências ou apoios. Produz *outputs* (produtos), que podem ser classificados em decisões ou ações. Bem entendido, os *outputs* retroagem (*feedbacks*) sobre os *inputs*. Para que o sistema funcione bem, é preciso um bom piloto, que saiba receber as demandas, organizar os apoios, converter os insumos em produtos...

A análise sistêmica põe assim o acento nas capacidades de adaptação dos sistemas políticos. Por isso, foi acusada de ser conservadora; mas Deutsch e Easton puderam objetar, com pertinência, que um sistema que se perpetua não é nem conservador (ele integra as mudanças) nem revolucionário (em tal caso haveria substituição de um sistema por outro), mas antes de um progressismo calculado. Essa é a lei de evolução do Estado-Cientista: a gestão calculada dos homens. A política é reduzida a uma função. Encontra-se assim avalizada a ideia de que o caráter obrigatório dos comportamentos impostos aos cidadãos resulta de um cálculo efetuado por um organismo habilitado para essa tarefa. Uma regulamentação legítima e necessária substitui assim a noção de poder, extorquido ou consensual. A classe política é doravante "desideologizada" e despersonalizada; ou, pelo menos, esse é o destino de sua modernidade. Reduz-se à sua função, que é de simples gestão. Segundo os sistemistas, essas conclusões baseiam-se na simples constatação. Quer gostemos ou não, é assim que as coisas se passam no Estado-Cientista...

INDICAÇÕES BIBLIOGRÁFICAS

Birnbaum, P. e F. Chazel, *Sociologie politique* (textos), Colin, 1971, 2 vols., ed. abreviada, 1979, 1 vol., col. "U".

Deutsch, K., *The nerves of Government*, Nova York, The Free Press of Glencoe, 1963.

Easton, D., *Analyse du système politique* (1965), A. Colin, 1974; *Varieties of political theory*, Englewoods, Prentice-Hall, 1966.

Raymond Aron: a teoria da sociedade industrial

Raymond Aron não gosta das ideologias; e, se recusa a dureza do marxismo soviético, nem por isso se entrega à moleza do liberalismo. Preferindo a análise fria dos dados sociais, não deixa por isso de buscar influenciar os detentores do poder econômico, político, intelectual ou militar. Nesse sentido, ele pretende também se ater ao corte weberiano entre a pesquisa factual e os compromissos individuais, mas pode refletir o curso do Estado-Cientista ao se fazer seu teórico. É nessa perspectiva que ele encara a sociedade industrial do século XX, na tríplice linha de Tocqueville, Marx e Weber.

Inicialmente, Tocqueville: menos por uma preferência liberal do que por prazer sociológico, com essa excitação secreta da inteligência quando descobre o que não ama:

> • [Tocqueville constata]
> um movimento quase irresistível, como que desejado pela Providência, no sentido da democracia, cujo significado é o anulamento progressivo das diferenças de *status*, a tendência ao nivelamento das condições de vida ...
>
> • [Marx observa]
> no início do século XIX, o desenvolvimento acelerado das forças produtivas, mas [crê] que esse crescimento, no quadro do capitalismo [implica] necessariamente uma luta de classes de intensidade cada vez maior.
> (R. Aron, *La lutte des classes, nouvelles leçons sur la société industrielle.*)

A previsão de Tocqueville realizou-se formalmente (todos os países do mundo se dotaram de Constituições que afirmam a igualdade de direitos); mas, a seu modo, também o marxismo "teve êxito", já que se tornou a ideologia oficial de um dos maiores Estados atuais. Num sentido mais marxista do que liberal, muito marcado pelas análises de *O Capital*, Raymond Aron insiste no considerável desenvolvimento das forças produtivas na sociedade industrial contemporânea. As sociedades ocidentais e soviéticas aderem, em maior ou menor proporção, ao mesmo modelo de crescimento; e subordinam, cada uma a seu modo, as forças sociais aos imperativos econômicos. Tanto na União Soviética como nos Estados Unidos, a sociedade industrial impõe a mesma distribuição das profissões: diminuição considerável do número de agricultores, aumento do número de trabalhadores na indústria, proliferação dos empregados nos "serviços"... Sob esse aspecto, capitalismo e socialismo são apenas dois métodos diferentes para construir a mesma modernidade econômica.

Malgrado essa convergência, Aron sublinha igualmente as diferenças entre o Leste e o Ocidente. É aqui que ele se inspira em Weber e, em particular, na explicação tipológica. O sociólogo não poderia distinguir os regimes por suas ideologias oficiais, já que eles podem concordar no plano dos princípios (por exemplo, a afirmação da soberania do povo) ou não corresponder à realidade (a classe operária não dirige os Estados socialistas, os Estados Unidos não são governados pelo povo). Os partidos políticos constituem, em troca, um critério mais seguro. O autor de *Democracia e totalitarismo* assim opõe

• *os regimes de partido único*
voltados para o futuro, revolucionários e violentos, onde o Estado absorve a sociedade, o que é próprio do totalitarismo. A ideologia partidária não admite a existência de conflitos. O regime monopolista funciona pelo medo e pela fé.

• *aos regimes de partidos múltiplos*
preocupados em conservar, respeitosos da legalidade nos quais a sociedade continua a ser diferente do Estado, condição do pluralismo. A ideologia pluralista se funda na existência de conflitos. O regime pluralista funciona pelo pluralismo.

Qualquer que seja a preocupação de objetividade do sociólogo, é evidente que sua tipologia não incita a adotar o "totalitarismo". Aron aproxima-se aqui da tradição liberal e se revela como o último dos sociólogos clássicos e, ao mesmo tempo, como um dos primeiros sociólogos do Estado-Cientista.

INDICAÇÃO BIBLIOGRÁFICA

Aron, R., *Dix-huit leçons sur la société industrielle* (curso na Sorbonne, 1955-56), Gallimard, 1962; *La lutte des classes, nouvelles leçons sur la société industrielle*, Gallimard, 1964; *Démocratie et totalitarisme*, Gallimard, 1965; *Les étapes de la pensée sociologique*, Gallimard, 1967.

A "Escola" de Frankfurt: a contestação do Estado-Cientista

Desde os anos 1930, um certo número de filósofos alemães – que emigraram no momento da instauração do nazismo –, agrupados na chamada Escola de Frankfurt, amplamente inspirados no pensamento de Hegel e no marxismo, questionaram, com um vigor e uma profundidade jamais desmentidos e cujos efeitos se fazem sentir até hoje, a pretensão moderna de racionalizar a existência social no quadro do Estado e de suas instituições. Georg Lukács (1885-1971), em *História e consciência de classe* (1923) e Karl Korsch (1886-1961) já se haviam distanciado do uso dogmático que o leninismo fizera da racionalidade científica e da negatividade dialética; o segundo chegara mesmo à ruptura, em *Marxismo e filosofia* (1923).

A Escola de Frankfurt é mal designada. Com efeito, ela não forma um corpo doutrinário: a "teoria crítica" que ela desenvolve move-se em vários níveis, encontra expressões diversas conforme os autores; e – nisso fiel a Marx – recusa separar a investigação filosófica dos desafios políticos aos quais se aplica. Por isso, não somente chegou a conclusões não convergentes, mas também evoluiu em função das situações históricas.

Todavia, o que permite tratar em conjunto pensadores tão diferentes como Max Horkheimer (1895-1973), Herbert Marcuse (1898-1979), Theodor Adorno (1903-69) e Jurgen Habermas (1929-), para citar apenas os mais conhecidos, é a tríplice vontade

- de não separar a teoria da prática e da história e, por conseguinte, de tomar como tema essencial de reflexão o totalitarismo das sociedades atuais, sob qualquer forma que se exerça;
- de investigar constantemente as relações existentes entre o domínio cada vez maior da Razão (a dos filósofos, mas também a das ciências da natureza e das ciências sociais) sobre o pensamento, a ideologia e as técnicas governamentais, por um lado, e, por outro, as restrições cada vez maiores impostas hoje às liberdades individuais e coletivas e ao recuo sofrido pela esperança em uma emancipação geral da humanidade, esperança que alimentara o racionalismo clássico;
- de recusar firmemente as tentações sempre recorrentes do irracionalismo, mantendo a exigência de verdade como algo indissociável da exigência de liberdade e de reativar a negatividade dialética com o objetivo de emprestar novamente à Razão sua força libertadora.

Disso resulta que, para esses pensadores, o que até aqui foi chamado de Estado-Cientista e suas práticas constituem o objeto por excelência da crítica. É o que ocorre, por exemplo, com Herbert Marcuse em *O homem unidimensional* (1965) e de Jurgen Habermas em *A técnica e a ciência como ideologia* (1964). O primeiro constata que o ponto de vista definido por Max Weber – o de uma sociedade racional na qual os cientistas estudariam os meios, enquanto os políticos, em função de uma reflexão ética, definiriam os fins – tornou-se caduco (se é que algum dia teve fundamento). A Razão técnica que classifica, calcula e organiza – ainda que fosse aplicada apenas à matéria natural – implica inelutavelmente, com o processo de dominação da natureza, um processo de dominação dos homens por outros homens e uma alienação de uns e de outros. O próprio objeto da ciência, tal como definido por Descartes, estabelece uma concepção da existência social no seio da qual "misturam-se a hierarquia racional e a hierarquia social" (*O homem unidimensional*, p.189).

A partir disso, H. Marcuse – não mais recusando a dimensão utópica – imagina a possibilidade de um outro projeto científico, de um projeto que preservaria a busca da inteligibilidade, mas excluiria a perspectiva de dominação e de destruição. *Eros e civilização* (1955) desenvolveu temas análogos, a propósito, dessa feita, do sujeito cognoscente, que deixaria de se pensar como corpo hierarquizado, mas aceitaria viver e agir como corpo erotizado.

Jurgen Habermas, investigando a significação realista das perspectivas assim abertas (revolução cultural?, tecnologia doce?), observa que a emergência da racionalidade técnica deve ser compreendida *a partir* do enfraquecimento da Razão clássica. Essa organizava a dominação e se empenhava em definir fins legítimos. Seu "eclipse" – para retomarmos a expressão de Max Horkheimer – corresponde a um primado da ordem econômica que implica a intervenção autoritária do Estado e a utilização da ciência como força produtiva. A dominação política se reforça e substitui a pesquisa dos fins pela simples manipulação técnica e administrativa. As próprias democracias liberais se organizam segundo o modelo plebiscitário e os regimes ditos socialistas exercem uma unificação integral da vida social que abole toda diferença entre *público* e *privado*. A ideologia da técnica e da ciência, nos dois casos e com meios diferentes, elimina qualquer eventualidade crítica e recusa – em nome de uma dialética *fraca*: longo prazo/curto prazo – o poder emancipador contido no pensamento dialético.

Aderindo à contestação do Estado-Cientista já realizada, com perspectivas diferentes, pelo "clássico" Léo Strauss, por um lado, e pelo "marxista" Ernst Bloch, por outro, os pensadores da Escola de Frankfurt abrem caminho para um questionamento do Estado enquanto forma obrigatória do ser social e para uma crítica da Razão como totalização alienante.

INDICAÇÕES BIBLIOGRÁFICAS

Bloch, E., *Droit naturel et dignité humaine* (1961), Payot, 1978.

Habermas, J., *La technique et la science comme idéologie* (1964), Gallimard, 1973.

Horkheimer, M., *Théorie critique* (1930-1970), Gallimard, 1978 (cf., em particular, a apresentação desses textos por Luc Ferry e Alain Renaut).

Marcuse, H., *Eros et Civilisation* (1955), Minuit, 1963 [ed. brasileira: *Eros e civilização*, Zahar Editores, Rio de Janeiro, 8ª edição, 1981].

_____, *L'Homme Unidimensionnel* (1965), Minuit, 1968 [ed. brasileira: *Ideologia da sociedade industrial*, Zahar Editores, Rio de Janeiro, 5ª edição, 1979].

CAPÍTULO X

O Estado em questão

O Estado-Cientista, forma privilegiada da autoridade soberana dos países industrializados, organiza-se como estrutura total da sociedade. Pretende ser uma síntese entre os três níveis constitutivos das coletividades: o domínio privado, a atividade econômica e a ordem estatal. A dominação política penetra a realidade até constituí-la. Fortalecida por seu aparelho técnico-científico e industrial, ela impõe seu poder, fabricando o tempo e o espaço, construindo a terra e o céu.

O conceito de *sociedade industrial*, desenvolvido por Raymond Aron, dá conta dessa situação de modo imperfeito. Supõe uma causalidade em virtude da qual a infraestrutura tecnológica implicaria um fortalecimento inelutável do poder estatal, um fortalecimento que sofre inflexões em função do contexto ideológico-político (fortalece o Estado nos regimes socialistas; nos regimes capitalistas, a organização política e a filosofia pluralista contrabalançam esse fortalecimento). Mas o Estado-Cientista é virtualmente totalizante, pois é um "complexo militar-industrial" que engloba o político e o econômico num campo técnico autoritário. O Estado cobre toda a realidade.

As noções de *dominação* (referida ao atributo político) e de *exploração* (referida ao atributo econômico) têm uma importância primordial, mas não bastam para analisar a situação contemporânea. Novos conceitos são necessários; novos campos de estudo devem ser explorados (talvez os índios da Amazônia nos ensinem mais sobre o stalinismo do que os textos de Marx). As discussões sobre a natureza da União Soviética interessam ao historiador e ao economista, mas também à reflexão política. Com efeito, importa saber se se trata de um Estado operário degenerado, de um capitalismo de Estado, de uma restauração revisionista ou de um desvio economicista, a não ser que assimilemos tudo, considerando que a administração americana e a burocracia soviética exercem uma dominação e uma exploração da mesma natureza, cada uma utilizando práticas de poder que melhor se adaptam ao seu contexto.

Essas noções novas (Estado-Cientista, sociedade sem Estado) não são entidades concretas, mas características abstratas para construir juízos de inteligibilidade. Designam condutas de dominação e exploração, condutas governamentais que produzem efeitos sociais constatáveis, que penetram a totalidade da vida coletiva. As novas teorias que vão ser evocadas agora não se preocupam em saber que classe social ocupa as posições de autoridade, mas antes em elucidar o problema político da dominação, em compreender como o poder se impõe tão profundamente.

A questão do Estado pode ser posta em quatro pontos, ou seja, a partir de quatro debates. O primeiro refere-se ao *totalitarismo*, não mais como simples explicação do fascismo, mas como algo inerente ao Estado-Cientista. O segundo refere-se à *história* e ao lugar que lhe cabe na reflexão política. O terceiro se empenha em detectar o *poder* por toda parte. O último dirige-se para o *Estado* e investiga o enigma da obediência.

A QUESTÃO DO TOTALITARISMO

"Não terá chegado o momento de considerar o Estado totalitário como o fenômeno que domina o nosso século, como a novidade por excelência de nossa época, tal como – se coubesse uma comparação – foi o caso da Revolução Industrial em relação ao século passado?"[1] A pergunta sobre o totalitarismo começa com o nacional-socialismo e o stalinismo, mas não se limita ao problema da pertinência da aproximação entre essas duas ditaduras ou à explicação do sucesso das mesmas. Um dos primeiros teóricos do totalitarismo, Hans Kohn, sublinha:

> *As ditaduras totalitárias são fenômenos próprios do século XX, por causa de seu caráter "democrático":* são fenômenos de massa. Embora tenham começado por uma conquista do poder por parte de minorias ..., tiveram êxito porque deram forma aos sonhos nebulosos das massas nacionais e porque fizeram eco às suas aspirações confusas e pouco conscientes ... .
>
> Não se pode compreender as massas que seguiram homens como Stálin e Hitler recorrendo unicamente ao argumento do terror. Uma afinidade fundamental une o chefe a seu povo, bem mais do que o magnetismo pessoal do chefe ... . Hitler não conquistou as massas alemãs: ele as representou (*The Twentieth Century*, 1949, p.99-100).

[1] Marcel Gauchet, "L'expérience totalitaire et la pensée de la politique", in *Esprit*, julho-agosto de 1976, p.3.

Alexandre Zinoviev explicará, no mesmo sentido, que o stalinismo é um "autêntico poder do povo".

A questão que assim se coloca é saber se esse fenômeno radicalmente novo constitui um acidente, uma "exceção" desaparecida ou em desaparecimento, ou se existe virtualmente, aqui e agora.

O enfoque liberal: o totalitarismo como acidente superado (Sartori, Aron)

O pensamento liberal e erudito assume a noção de totalitarismo para condenar radicalmente o nazismo e o stalinismo; mas não consegue elaborar-lhe um conceito. A definição do termo se revela impossível, como o reconhece Spiro, a propósito dos seus traços principais, que ele enumera:

1. *O universalismo*
- O sistema totalitário quer refazer o gênero humano à sua imagem; há universalização do objetivo.
- Mas o crescimento tecnológico homogeneiza as sociedades modernas. Todas tendem para o universal.

2. *A participação forçada*
- Os eleitos das organizações públicas oficiais obtêm até 100% dos votos; ninguém escapa à aprovação política.
- O desenvolvimento das técnicas de comunicação e a diminuição da esfera privada arrastam todos os cidadãos para o jogo político.

3. *A supressão das organizações não oficiais*
- Os regimes totalitários não toleram nenhuma associação contrária à política oficial.
- Em caso de crise grave ou de guerra, os próprios Estados liberais proíbem a oposição.

4. *A violência militar ou paramilitar*
- Nenhum regime constitucional liberal conhece uma tal brutalidade interna, nem mesmo em tempo de crise, ou de guerra.
- Todos os regimes modernos utilizam procedimentos análogos contra o inimigo externo.

5. *A insegurança das regras*
- A norma é imprevisível, já que depende da vontade pessoal.
- A inflação normativa e a arbitrariedade administrativa afetam todas as sociedades modernas.

6. *A unicidade do objetivo*
- Um único objetivo: racismo ou advento do proletariado; uma única explicação da realidade; recusa total de qualquer explicação diferente.
- O pluralismo se opõe a esse aspecto do totalitarismo, mas as sociedades políticas modernas tendem a uniformizar os programas.

Os grandes tipos de explicação do totalitarismo não são mais suficientes:

1. *Controle da economia*
- O totalitarismo liga-se ao socialismo.
- Alguns regimes socializantes não são absolutamente totalitários (Suécia, alguns Estados africanos, trabalhismo etc.)

2. *Sociedade de massa*
- A era das massas implica a manipulação política totalitária.
- Os Estados Unidos, sociedade de massa, não são totalitários.

3. *Filosofia política*
- O totalitarismo seria a conclusão lógica da regra da maioria exacerbada até a vontade geral, da qual o marxismo seria o protótipo.
- O totalitarismo conhece uma grande diversidade ideológica; e não há por que exagerar a influência das doutrinas.

4. O *racismo*
- O ditador totalitário chega a impor a ideia da não importância das vidas humanas.
- Alguns países, como a França e muitos outros, conheceram o racismo, mas não o totalitarismo.

Em conclusão, Spiro admite que é preciso renunciar à noção de totalitarismo. Pode-se observar, de resto, que – para concluir de outro modo, ou seja, para refutar essas objeções – seria necessário estender o totalitarismo ao conjunto das sociedades modernas, pelo menos enquanto virtualidade.

Portanto, o totalitarismo permanece como uma exceção histórica. O Estado liberal terminou para sempre com o nazismo e saberá resolver o problema do stalinismo, acidente de um Estado não liberal em processo de possível liberalização. Os traços dessa dupla tese podem ser encontrados, de modo mais ou menos explícito, nos pensadores liberais atuais, como Sartori e Raymond Aron. O primeiro, ao contrário dos observadores críticos da "massificação democrática", anexa a democracia ao liberalismo. "A democracia não é somente um modo de governo: é uma forma de governo, um sistema político. Governar 'para' o povo é demofilia, não democracia"; essa "se funda no assentimento popular e na concorrência entre as elites arbitrada pelas massas".

R. Aron insiste igualmente na oposição democracia/totalitarismo e faz do regime dos partidos a principal variável de onde se deduzem os cinco traços do "fenômeno" totalitário:

- o regime confere a *um partido único* o monopólio da atividade política;
- o partido monopolista impõe *uma ideologia oficial*, verdade do Estado;
- o Estado se reserva o duplo *monopólio dos meios de força e de persuasão*;
- *as atividades econômicas* e profissionais estão submetidas ao Estado;
- tudo se torna atividade do Estado, submetido à ideologia, de onde resulta o *terror*.

A partir dessa definição, R. Aron considera que esses elementos foram reunidos no curso de certos períodos na história soviética, sem dizer que "todo regime de partido monopolista deve levar a essa forma extrema de terror". Disso ele deduz um prognóstico tendencialmente otimista. Se excluirmos um abalo no regime soviético, que "deu à União Soviética a grandeza, a potência, progressos econômicos de ano para ano", sua transformação progressiva parece plausível; os fenômenos extremos corresponderiam às fases iniciais da industrialização. "Lá e cá, a realidade triunfa sobre a ficção. Os construtores do futuro se resignarão a ser apenas o que são, gestores de uma sociedade hierárquica e administrativa, desejosos não mais apenas de alcançar o Ocidente, mas de imitá-lo?"

INDICAÇÕES BIBLIOGRÁFICAS

Aron, R., *Démocratie et totalitarisme*, Gallimard, 1965, col. "Idées".

Sartori, G., *Théorie de la démocratie*, A. Colin, 1973.

Spiro, H., "Totalitarianism", in *International Encyclopaedia of the Social Sciences*, 1968, vol.16.

Investigações críticas: o totalitarismo como virtualidade permanente (Reich, Arendt)

É preciso voltar à análise de Hannah Arendt, que supera o ponto de vista liberal ao pôr a nu a banalidade do mal totalitário que espreita o século XX.

Para além do paralelo entre nazismo e stalinismo (cf. *supra*, cap. VIII), Hannah Arendt mostra que o totalitarismo destrói a alternativa clássica da filosofia política "entre regime sem lei e regime submetido a leis, entre poder legítimo e poder arbitrário". O regime totalitário "jamais opera sem ter a lei como guia"; ou melhor, "ele pretende obedecer sem equívocos às leis da Natureza e da História, das quais todas as leis positivas sempre pretenderam emergir". Mas ele o faz desconfiando de todas as leis positivas, inclusive das suas próprias; "pretende fazer do próprio gênero humano a encarnação da lei". A *lei totalitária* não assegura mais nenhuma função de estabilização; não é mais do que lei de movimento. Lei da Natureza, para os nazistas, ou lei da História, para os bolcheviques, a lei mudou de sentido; não é mais o quadro instável onde veem se inscrever os movimentos humanos: é "a expressão do próprio movimento".

Quanto às condições de advento do totalitarismo, elas resultam da modernidade:

– Os movimentos nazistas e comunistas dos anos 1930 germinam na *massificação*, no "colapso do sistema de classes" e de suas barreiras protetoras, na sociedade atomizada.

– A propaganda totalitária labora nesse terreno preparado, elevando "*o cientificismo* ideológico e sua técnica profética a um grau desconhecido de eficiência no método e de absurdo no conteúdo". Socialismo e racismo são esvaziados de seu conteúdo utilitário e assumem a forma de uma "previsão infalível".

– O homem da era totalitária não é apenas o indivíduo isolado, átomo da massa, mas o homem desolado: "A dominação totalitária ... funda-se na *desolação*, na experiência de uma absoluta não participação no mundo ..., estreitamente ligada ao desenraizamento e à inutilidade que envolveram as massas modernas desde o começo da Revolução Industrial."

"O fascismo é um fenômeno internacional que atinge todos os organismos da sociedade humana em todas as nações do mundo." Wilhelm Reich estende ainda mais o campo totalitário. É preciso dizer que ele bateu o triste recorde de ser expulso, ao mesmo tempo, do Partido Comunista Alemão e da Associação Internacional de Psicanálise, em 1933, e, além disso, 20 anos mais tarde, de ver sua revista queimada e seus livros proibidos nos Estados Unidos. Condenações exemplares para um homem que queria reconciliar *marxismo e psicanálise*. Com tal objetivo, propôs superar o projeto freudiano e o economicismo marxista. Freud tem razão ao considerar que as neuroses são o produto da repressão imposta às pulsões sexuais, mas está errado quando defende a equação Repressão = Sublimação = Civilização, pois ela leva a justificar a repressão do desejo. Quanto aos marxistas, eles não compreendem "a complexidade das determinações que se aplicam à consciência humana". A família, autoritária e patriarcal, é o primeiro local de repressão, "uma fábrica de estruturas mentais conservadoras; é a correia de transmissão entre a estrutura econômica da sociedade burguesa e sua superestrutura ideológica". Esquematicamente:

Estrutura econômica		Família patriarcal		Ideologia
(relações de produção)	+	(proibição do Édipo)	=	repressiva
Marx		Freud		Reich

A repressão sexual é um fator permanente e cotidiano, portador do fascismo em diferentes sociedades.

A Escola de Frankfurt aprofundou a crítica filosófica do totalitarismo. Max Horkheimer, fundador da Escola em 1923, parte do ponto de vista racional – o totalitarismo corresponde a uma vitória dos mitos sobre a razão – para chegar a uma crítica da razão contemporânea: a própria razão torna-se totalitária, degenera em razão de Estado ou em razão científica. O totalitarismo aparece assim como uma recuperação da razão a serviço da dominação: "Abandonar a própria existência em favor do Estado, cujas leis garantem o seu legado, não é ir contra a conservação de si: o sacrifício torna-se racional."

Habermas denuncia o papel da ciência nessa deriva da razão: "São a ciência e a técnica que assumem hoje a função de emprestar à dominação o que a legitima." Na posteridade de uma esquerda hegeliana e de um marxismo crítico, a Escola de Frankfurt opta por *uma dialética negativa*. Segundo Marcuse, Hegel conservou-se prisioneiro de uma concepção da Razão e do progresso que "compreende tudo e, finalmente, absolve tudo porque toda coisa tem seu lugar e sua função no Todo e porque a totalidade está além do Bem e do Mal, da verdade e da falsidade". Em última instância essa concepção inclui "a escravidão, a Inquisição, o trabalho das crianças, os campos de concentração, as câmaras de gás e os preparativos nucleares. Esses termos talvez façam parte integrante da racionalidade que regeu a história da humanidade". Horkheimer nota então que a Razão renunciou à Razão, que ela "foi tão completamente expurgada de toda espécie de tendência ou de preferência específica que, no final das contas, renunciou à tarefa de julgar as ações e o modo de vida do homem".

O culto da ciência e da tecnologia inaugura a barbárie moderna. O positivismo encorajou a submissão do espírito ao que ele chama de realidade e que funda como ordem. O anônimo, o inautêntico, o uniforme se estendem e estendem a desumanização. "O progresso ameaça aniquilar o próprio fim para o qual, em princípio, ele tende: a ideia do homem" (Horkheimer). Theodor Adorno desmascara a potencialidade totalitária em todas as estruturas de poder, no seio de todas as hierarquias. E convida a exercer o "*pensamento negativo*"; a que se busque, em cada ideia e em cada coisa, sua negação; a que se adote um ponto de vista sistematicamente crítico; a que se retorne ao juízo filosófico, à condenação de princípio *do* e *dos poderes*, a uma distância permanente em face da ação (que sempre apresenta o risco de levar ao autoritarismo), a um radical-pessimismo.

INDICAÇÕES BIBLIOGRÁFICAS

Adorno, T.W., *Dialectique négative*, 1966, Payot, 1978; *Minima moralia: réflexions sur la vie mutilée*, 1974, Payot, 1980.

Habermas, J., *La technique et la science comme idéologie* (1968), Gallimard, 1973; *Le problème de la légitimité dans le capitalisme avancé* (1963), Payot 1975 [ed. brasileira: *O problema da legitimidade do capitalismo tardio*, Tempo Brasileiro, Rio de Janeiro].

Horkheimer, M., *Eclipse de la raison*, 1947, Payot, 1974 [ed. brasileira: *Eclipse da razão*, Labor, São Paulo, 1978]; *Les débuts de la philosophie bourgeoise de l'histoire*, 1930, Payot, 1978.

Jay, M., *L'imagination dialectique*, Payot, 1977.

Marcuse, H., *Raison et révolution* (1941), Ed. Minuit, 1969 [ed. brasileira: *Razão e revolução*, Paz e Terra, Rio de Janeiro, 2ª ed., 1976].

Vincent, J.-M., *La théorie critique de l'École de Frankfurt*, Galilée, 1976.

A QUESTÃO DA HISTÓRIA

Com a Escola de Frankfurt, a indagação sobre o totalitarismo - surgida do desenvolvimento das ciências sociais - retornou à filosofia. Os filósofos do após-guerra buscaram compreender a modernidade e os fundamentos da tirania. Sob esse aspecto, dois debates merecem ser recordados; ambos recolocam a questão do sentido da história: o debate entre Léo Strauss e Kojève sobre *a tirania*; e o debate entre Merleau-Ponty e Sartre sobre *a dialética*. Trata-se de questões teóricas cujas implicações políticas concretas devem ser evidenciadas. Paralelamente a esses confrontos, uma nova investigação científica ganhava corpo com *o estruturalismo*, que pareceu dissolver a história.

Sobre a tirania (Strauss-Kojève)

Léo Strauss voltou-se para os antigos, em especial para Xenofonte, a fim de analisar o regime tirânico. A leitura do diálogo de Xenofonte, no qual Hieronte, tirano de Siracusa, debate com Simônides, o poeta, indica que "a tirania é um perigo que aparece já nas ordens da vida política". Decerto, a tirania moderna possui suas especificidades, sobre as quais Strauss insiste. Ela dispõe da "tecnologia" e da "ideologia". Pressupõe a existência de uma certa ciência, enquanto a ciência antiga não tinha como objetivo a conquista da natureza e "não queria ser nem vulgarizada nem difundida". Apesar dessa sobredeterminação tecnoideológica, a tirania atual não é mais do que uma modalidade da antiga; por isso, Xenofonte continua a ser pertinente.

Ao contrário do que se supõe, o tirano é infeliz. Hieronte explica ao sábio que ele não conhece nem amores confiáveis nem amizades verdadeiras, mas sim o temor constante do complô e do assassinato, a solidão. Simônides lhe sugere que renuncie à tirania e se torne um rei benevolente para não mais ser infeliz. Hieronte objeta que uma tal mudança não abolirá os seus crimes, a recordação dos seus crimes: "A maior miséria da tirania é que não podemos mais nos desfazer dela." O Simônides de Xenofonte não responde nada. Trata-se, certamente, do pior dos regimes: "Seria melhor renunciar a qualquer tirania antes mesmo de se ter tentado instaurá-la."

Alexandre Kojève contesta essa concepção de Xenofonte-Strauss. O Simônides deles não passa de um poeta; ou, pior, de um intelectual, que fala sem meditar. O fato de que uma tirania não possa ser popular ou iluminada não quer dizer que se tenha de renunciar a ela, pois há casos em que a sobrevivência do Estado, a possibilidade do progresso exigem uma tirania. Kojève, hegeliano, evoca Napoleão, erigido por Hegel em modelo da modernidade, mas também Salazar e Stálin. A desgraça do tirano resulta de que, "cansado de ser temido, deseja ser amado" (Nero, em *Britanicus*). Mas, precisamente porque temido, ele não pode ser amado. Xenofonte, antes de Hegel, põe em evidência a dialética entre o Senhor e o Escravo. "O que faz a diferença entre o homem e os outros animais é o *desejo de honra*." Ora, "as homenagens ditadas pelo temor não são honras", mas "atos servis". O Senhor, empenhado "num combate de vida ou morte a fim de fazer com que seu adversário reconheça sua dignidade humana exclusiva", percebe que quem lhe cede grita por clemência e prefere a submissão à morte, não vale mais nada, é digno precisamente de viver como escravo. Hieronte e Simônides perdem o caminho. Em política, não se trata de amor nem de felicidade. É melhor "se ater à fórmula precisa de Hegel, que fala ... de *reconhecimento*". O desejo de ser reconhecido é "o móvel último de toda emulação entre os homens e, portanto, de toda sua luta política". Esse é o verdadeiro estatuto do desejo de honra em política: a vontade de fazer com que a própria autoridade seja reconhecida.

Se o tirano não é feliz, não é absolutamente por não ser amado, mas porque não foi reconhecido. Insatisfação à qual está condenado todo governante digno desse nome: o desejo de reconhecimento é ilimitado, a vontade de autoridade quer se aplicar a todos os homens; ele só ficaria satisfeito com o controle de "um Estado não apenas *universal*, mas também política e socialmente homogêneo". Inelutavelmente assassino, o político busca legitimamente ser confortado por um sábio, o qual deve lhe dar tal conforto com realismo.

Duas concepções se enfrentam nitidamente. Por um lado, o hegelianismo de Kojève, onde a luta pelo reconhecimento que se desenvolve através da História até sua solução final no Estado universal e homogêneo desculpa os tiranos, exige que em determinados momentos se cometam crimes e pede a compreensão do filósofo. Por outro lado, a moral de Strauss, a recusa de justificações da tirania, quer seja através das necessidades da História ou das explicações das ciências sociais, através do devir da Razão ou da prova dos fatos; ele coloca a necessidade de reencontrar uma *filosofia política*, que – como os antigos – saiba julgar os bons e os maus regimes.

INDICAÇÕES BIBLIOGRÁFICAS

Kojève, A., *Introduction à la lecture de Hegel*, Gallimard, 1948, reed. na col. "Tel", 1980.

Strauss, L., *Droit naturel et histoire*, conferências de 1949, Plon, 1954; *De la tyrannie*, Gallimard, 1954.

Comunismo e sentido da história (Sartre, Merleau-Ponty)

"Não é verdade que as boas intenções justifiquem tudo, nem que se tenha o direito de fazer o contrário do que se deseja". Em 1946, Maurice Merleau-Ponty era um desses intelectuais da revista *Les Temps Modernes* (Raymond Aron, Jean Paulhan, Jean-Paul Sartre) que entraram na política sem renunciar à exigência de verdade e de liberdade. A política separou os que deveria reunir: Aron, Malraux e Koestler foram afastados pela crítica aos Estados Unidos e pela oposição a De Gaulle; Camus, pelo anticolonialismo virulento... Mas o principal debate opôs Sartre a Merleau-Ponty; tratou-se de uma controvérsia entrecruzada sobre o comunismo e o sentido da história, na qual um defendia a União Soviética sem a ajuda do marxismo, enquanto o outro recusava-a sem se afastar da dialética histórica.

Albert Camus foi o protagonista do primeiro conflito. Recusou-se a tomar partido entre o capitalismo e o comunismo stalinista e transpôs para o domínio político o pessimismo de *O mito de Sísifo*. O homem revoltado perdeu-se nos Tempos Modernos:[2]

> • Nos tempos ingênuos onde os tiranos arrasavam as cidades para sua maior glória, onde o escravo amarrado ao carro do vencedor desfilava pelas cidades em festa, onde o inimigo era lançado às feras diante do povo reunido, a consciência podia ser clara e o julgamento claro.
> • Mas os campos de escravos instaurados sob a bandeira da liberdade, os massacres justificados em nome do amor ao homem ou o gesto da super-humanidade, em certo sentido, desamparam o julgamento. No momento em que o crime se paramenta com os despojos da inocência, numa inversão que é própria de nossa época, é a inocência que tem de apresentar suas justificações.

As conclusões estão à altura da proposição? Ainda que a constatação de Camus seja justa, ele não oferece nenhuma saída política. A não ser combater, em si, em torno de si, os excessos; escutar René Char: "A obsessão da colheita e a indiferença pela história são as duas extremidades de meu arco." Mas será Sartre a ser escutado.

Entre Sartre e Merleau-Ponty, o choque foi mais complexo, mais paradoxal. Sartre toma posição em favor do Partido Comunista Francês; mas o faz em nome dos princípios do existencialismo e sem recorrer ao marxismo teórico. Merleau-Ponty combate tanto o comunismo stalinista como o "*ultra-bolchevismo*" sartriano, mas em nome da dialética, do sentido da História.

Sartre:

Nação
PC = Classe Operária = Liberdade
Paz

[2] Um evidente jogo de palavras com o título de uma importante obra de Camus (*L'homme révolté*) e o título da revista dirigida por Sartre (*Les Temps Modernes*). (N.T.)

- "A partir de 1950, compreendeu-se que não se tratava de escolher o que se pode amar … . Era preciso colocar-se *do lado* dos que corriam o risco, daqueles cujo interesse levava a querer a paz; do lado, portanto, dos *soviéticos*."

O PC é "*a expressão necessária e exata da classe operária*". O partido é aquilo sem o que não há unidade da massa operária; ele é a mediação constitutiva da classe operária.

"Na França de hoje, a classe operária é a única classe que dispõe de uma doutrina; é a única cujo 'particularismo está em plena harmonia com os interesses da nação'."

O partido que a representa e a constitui deve ser monolítico, "o organismo da ligação deve ser ato puro; se ele implicar o menor germe de divisão, se conservar em si qualquer passividade, qualquer peso, interesses, opiniões divergentes, quem irá então unificar *o aparelho unificador*"?

Portanto, é preciso lutar "ao lado da classe operária e de seu partido, no campo da União Soviética".

Merleau-Ponty:

Comunismos (sartriano e stalinista) = Antidialéticos

- *Stálin* é o déspota sangrento de um novo imperialismo. Ele não encarna nem a liberdade nem a paz.

O comunismo stalinista explicita uma concepção não dialética da história. A eficácia torna-se o único critério. "*O sentido virá mais tarde, sabe Deus como*… No momento, trata-se apenas de 'colocar os fundamentos' através de meios" sem relação com nenhum fim. "Uma vez construído o aparelho de produção …, veremos o humanismo e a dialética brotar e florescer, enquanto o Estado murchará. Isso seria muito bom se, para criar o aparelho de produção, a sociedade cívica não instaurasse um aparelho de coerção e não organizasse privilégios, que tornam-se pouco a pouco a verdadeira figura de sua história."

O bolchevismo sartriano justifica "a ação comunista recusando qualquer produtividade à história, fazendo dela … o resultado imediato de nossas vontades"; um *comunismo ultravoluntarista*, sem relação com o marxismo. Esse comunismo "não se justifica mais pela filosofia da história e pela dialética, mas por sua negação", pela criação pura. Torna-se um empreendimento indeterminado.

Subtraído a qualquer prova, a qualquer controle, a qualquer sentido, "ação sem critérios", o comunismo não pode obter mais do que "uma *presença ausente*".

INDICAÇÕES BIBLIOGRÁFICAS

Camus, A., *L'homme revolté*, Gallimard, 1951; *Actuelles*, 3 vols.

Merleau-Ponty, M., *Les aventures de la dialectique*, Gallimard, 1955. (Para posição contrária, cf. Simone de Beauvoir, "Merleau-Ponty et le Pseudo-Sartrisme", *Les Temps Modernes*, julho de 1955.)

Sartre, J.-P., *Les communistes et la paix*, artigos publicados em *Les Temps Modernes* (1952-54), agora em *Situations*, VI, Gallimard, 1964.

O estruturalismo e a dissolução da história

O peso da historicidade contestada por Léo Strauss, o sentido revolucionário da história quebrado pela lógica do Estado socialista, a essa crítica filosófica e a essa deriva prática é preciso acrescentar uma contestação epistemológica da história. As ciências sociais, com o estruturalismo, assumem uma orientação nova, que parece pronunciar a dissolução da História.

O estudo do estruturalismo exigiria confrontar os trabalhos do linguista Roman Jakobson, do biólogo François Jacob, dos filósofos Louis Althusser e Michel Foucault, do psicanalista Jacques Lacan e do etnólogo Claude Lévi-Strauss. Contentar-nos-emos aqui em evocar as objeções que Lévi-Strauss levanta contra o historicismo.

Lévi-Strauss recorda a existência de *povos ditos "primitivos"*, a cujo pensamento repugna a história, ou, pelo menos, nossa concepção da história: factual, cumulativa, progressista, lugar por excelência da legitimação. Esses povos pensam antes, através do mito, que conta *histórias* "atemporais". Portanto, esse pensamento será qualificado como primitivo, enquanto tais povos serão ditos "sem história", ao mesmo tempo produto e sinal de sua fraqueza, de sua incapacidade para acolher os progressos tecnológicos. A pesquisa etnológica desmente essas conclusões. Esse pensamento não é tanto primitivo (não civilizado), quanto *selvagem* (não domesticado). Ele não ignora a história: "A equívoca distinção entre 'povos sem história' e os demais poderia ser vantajosamente substituída por uma distinção entre

- sociedades 'frias',

que buscam, graças às instituições que constroem para si, anular de modo quase automático o efeito que os fatores históricos poderiam ter sobre seu equilíbrio e sua continuidade;

- *e* sociedades 'quentes',

que interiorizariam resolutamente o devir histórico para fazer dele o motor de seu desenvolvimento."

O reconhecimento da historicidade, portanto, liga-se a uma escolha operada pela sociedade, a uma ideologia e a disposições institucionais precisas. "A sucessão no tempo" encontra-se assim privilegiada em relação ao "espalhamento no espaço"; "a dimensão temporal desfruta um prestígio especial, como se a *diacronia* fundasse um tipo de inteligibilidade não apenas superior ao fornecido pela *sincronia*, mas sobretudo de natureza mais especificamente humana ... . Imagina-se que, graças à dimensão temporal, a história nos restitua, não estados separados, mas sim a passagem de um estado para outro sob uma forma contínua".

Criticando a concepção sartriana, Lévi-Strauss denuncia as pretensões da história total e revela sua preferência pelas histórias parciais. "Na medida em que a história aspira à significação, ela se condena a escolher regiões, épocas, grupos de homens e de indivíduos nesses grupos, e a fazer com que se destaquem, como figuras descontínuas, contra um contínuo capaz precisamente de servir como pano de fundo." Por trás da História, o que Lévi-Strauss pretende desqualificar é a filosofia da história. Ele substitui a oposição historicidade/permanência pela oposição diacronia/sincronia. A história não é mais o ponto de chegada da inteligibilidade, mas seu ponto de partida. O projeto sartriano de "deduzir" a historicidade, de "compreendê-la" para dela fazer um instrumento da liberdade, é assim desmantelado.

As sociedades de história lenta, nas quais *as estruturas* (os elementos intemporais) dominam, são ricas de ensinamentos políticos:

> Talvez elas não sejam melhores do que a nossa: embora estejamos inclinados a crer nisso, não dispomos de nenhum método para prová-lo. Todavia, conhecendo-as melhor, ganhamos um meio de nos distanciar da nossa, não absolutamente porque essa seja completamente ou apenas má, mas porque é a única da qual nos devemos libertar. Desse modo, seremos capazes de, sem nada reter de nenhuma sociedade ..., utilizá-las todas para extrair os princípios da vida social que poderemos aplicar à reforma de nossos próprios costumes.

INDICAÇÃO BIBLIOGRÁFICA

Lévi-Strauss, C., *Tristes tropiques*, Plon, 1955; *Anthropologie structurele*, Plon, 1958 [ed. brasileira: *Antropologia estrutural*, Tempo Brasileiro, Rio de Janeiro, 1967]; *La pensée sauvage*, Plon, 1962 [ed. brasileira: *O pensamento selvagem*, Cia. Editora Nacional, São Paulo, 1969].

A história indeterminada

As novas correntes científicas e políticas, portanto, buscam menos eliminar a história do que lhe restituir sua diversidade e indeterminação. O problema da *revolução* é então colocado de um ponto de vista diferente. A tentativa de uma apreensão pós-marxista da revolução anima assim os trabalhos de Cornélius Castoriadis. Eles partem de uma refutação do materialismo histórico para chegar a uma nova concepção da relação entre tempo e sociedade.

"A história é essencialmente *poiésis*", contingente, autocriação dos homens. É preciso *livrar-se do marxismo como filosofia da história*, como saber do devir e de sua necessidade. Uma libertação necessária, pois esse marxismo revelou-se inteiramente inexato, perigoso e inútil:

- *Inexato*: a causalidade do econômico (explicação pela infraestrutura), o princípio da tomada de consciência como acesso à verdade e da classe social como encarnação de um momento do progresso jamais chegaram a explicar uma sequência histórica precisa. Só contribuem para explicá-la na condição de serem transgredidos.
- *Inútil*: "Se, para ter uma teoria da história, for preciso excluir da História quase tudo, salvo o que se passou durante séculos numa pequena faixa de terra que cerca o Atlântico Norte, o preço a pagar é verdadeiramente muito alto; é melhor olhar para a história e recusar a teoria. Mas não estamos reduzidos a esse dilema. Não temos necessidade, enquanto revolucionários, de reduzir a história anterior da humanidade a esquemas simples. Temos necessidade, em primeiro lugar, de compreender e interpretar nossa sociedade. E isso só pode ser feito se a relativizarmos, mostrando que nenhuma das formas da alienação social presente é fatal para a humanidade, já que sempre existiram."
- *Perigoso*: essas prescrições metodológicas levam a justificar e mesmo sacralizar o presente em relação a um passado arbitrariamente reconstruído e a um futuro radioso assegurado. O totalitarismo soviético não passa da aplicação da ideia de que há uma teoria verdadeira da História: "Se existe uma racionalidade em operação nas coisas, é claro que a direção do desenvolvi-

mento deve ser confiada aos especialistas dessa teoria, aos teóricos dessa racionalidade … . O poder [deles] deve ser absoluto; qualquer democracia não passa de uma concessão à falibilidade humana dos dirigentes ou um procedimento pedagógico cujas doses corretas podem ser administradas somente por esses dirigentes."

O fracasso do sistema marxista, contudo, não implica o fracasso do projeto revolucionário, contanto que se admita "a ideia central da revolução": a de que a humanidade tem diante de si *um verdadeiro futuro*; e que esse futuro não deve apenas ser pensado, mas também feito. Para tanto, convém reabilitar a história-contingência, a política-vontade, a revolução-autonomia. Nossa sociedade *imobilizou a temporalidade*: o tempo é negado, já que é percebido como identitário; o hoje é continuação do ontem, do já feito. Com esse tipo de apoio, com tais categorias sendo utilizadas para compreender a história (as de causalidade, finalidade, sucessão lógica), a sociedade se pensa na sucessão e chega a negar-se enquanto autocriação. Ela não confessa que se criou; não se reconhece como instituinte.

Contudo, toda sociedade é ao mesmo tempo instituinte e instituída. Castoriadis convoca a uma compreensão do que ele chama de *social-histórico*: "Por um lado, estruturas dadas, instituições e obras …; e, por outro, o que estrutura, institui, materializa. Compreensão que passa pela do *indivíduo social*, encontro entre dois mundos, o mundo privado e o mundo comum; entre duas histórias, a história da psique, imaginação radical do inconsciente, e a da ação da sociedade sobre essa psique. Somente então os homens poderão autoinstituir abertamente sua sociedade."

INDICAÇÃO BIBLIOGRÁFICA

Castoriadis, C., *L'institution imaginaire de la société*, Le Seuil, 1975 [ed. brasileira: *A instituição imaginária da sociedade*, Paz e Terra, Rio de Janeiro, 1982].

A QUESTÃO DO PODER

A história não dita mais a solução; o Estado socialista não se extingue; o Estado liberal se totalitariza... A política não pode ser pensada nessas perspectivas habituais. Depois desses desmentidos, que interesse há em buscar o bom governo, o Estado legítimo ou tipo de Estado que se extinga? Qual é o bom Estado? A questão não é mais essa. Por que o poder? Já é tempo de levantar essa indagação.

O poder – e não somente o Estado, já que a questão do poder parece mais pertinente, mais ampla, mais profunda; já que essa simples mudança de termo desloca o ponto de vista. *O que faz com que as pessoas obedeçam?* Como explicar que certos homens se instituam como dominantes e decidam por todos, fabricando os meios de perenizar sua dominação e de aplicar suas decisões? O que faz com que eles obtenham a obediência de uma comunidade por vezes muito ampla, onde as relações empíricas entre dominantes. e dominados parecem por vezes tão tênues? E o que faz com que, por vezes, alguns já não obedeçam mais?

Colocar essas questões, procurar por toda parte o poder e seus pontos de apoio: é nisso que se empenha uma problemática nova na pesquisa social, particularmente na França. Nos anos 1950-60, a filosofia política girou em torno da questão do comunismo; nos anos 1960-70, as ciências humanas se renovaram com o estruturalismo; os anos 1970-80 põem o poder em questão. Problemática do pós-marxismo, no qual o fracasso soviético é levado em conta: o fracasso, ou seja, não apenas o Gulag, mas também o fato de que a Revolução Russa teve êxito tão somente nos casos em que, com outros meios, de resto mais discretos, o próprio capitalismo também teve êxito: desenvolvimento industrial e científico, potência militar.

Fracasso, amargura, dúvidas... Emerge a recusa, recusa radical, que afasta teorias e práticas, socialistas e liberais, assim como seus avatares do Terceiro Mundo. Em nome das liberdades, todo poder é posto em questão, através do estudo das rebeliões que suscita (Marcuse), das sutilezas onipresentes de seu exercício (Foucault), de suas "maquinações" do desejo (Deleuze-Guattari), do desafio niilista a lhe opor (Lyotard, Baudrillard).

Rebeliões (Freud-Marcuse)

Contestações inesperadas surgiram à luz do dia: rebeliões contra os poderes, que Herbert Marcuse empenhou-se em teorizar. Movimentos novos entram em choque com a ordem social, sem se inscreverem na perspectiva da luta contra o poder central. Essas sublevações não foram previstas pela ciência política, que não as compreende de modo algum; não foram controladas pelas instituições políticas (incluídos os partidos), das quais elas se desviam; não podem ser explicadas pelas categorias clássicas do marxismo. Jovens americanos recusam fazer a guerra e preferem a prisão ou o exílio; jovens alemães se insurgem em Berlim, em abril de 1968, contra o magnata da imprensa sensacionalista; jovens franceses desencadeiam uma revolta generalizada em maio de 1968; os tchecos inventam a primavera na política para libertar o socialismo do stalinismo; e, nos anos 1970, multiplicam-se no Leste as dissidências de intelectuais que preferem correr o risco de ir para um hospital psiquiátrico e pensar como bem entendem a ingressar nas academias pensando o que lhes ordenam pensar.

Para esboçar a teoria dessa espontaneidade, Marcuse - após Reich - supera Marx com Freud. A referência a Freud parte das teses de *O mal-estar na civilização*; mas, para compreendê-las, é preciso especificar em que a teoria freudiana destrói a concepção que o homem construiu de si mesmo desde a época clássica.

Freud destrói a visão tradicional do Eu. Reduzida à sua expressão mais simples, ela se resumiria na seguinte equação:

Essência do homem = Personalidade = Consciência = Ego [*Moi*] = Eu [*Je*] = Vontade livre

Freud demonstra que o Ego não é essa bela unidade, constituída por uma reflexão sobre si; que não é uma consciência clara, um *ego* cada vez mais *eu*, uma vontade cada vez mais livre. A consciência, na verdade, não é mais do que um elemento da individualidade; o Ego não é mais do que um *lugar de fronteira*, dependente de duas forças igualmente poderosas:

- O *inconsciente,* ou o *Id*, conjunto de pulsões onde as experiências determinantes e reprimidas se inscrevem como traços mnésicos permanentes. O inconsciente funciona segundo uma lógica própria, sem relação com os encadeamentos racionais, ignorando as regras da sucessão temporal. Lapsos, sonhos, atos irrefletidos, as diversas manifestações de incoerência ou de "loucuras" tornam-se assim objeto de um conhecimento específico. O moralismo da pessoa, privada ou pública, recebe um golpe fatal. Tanto mais que a segunda força da qual o Ego resulta não é esse ideal idílico, mas sim

- *O Superego*, produto da estrutura familiar, interiorização das proibições pela criança. O homem não se contenta em reprimir as pulsões. Cada um aprende a instalar para si um pequeno tribunal pessoal, através da identificação com os pais. Esse tribunal, o Superego, exerce uma constante vigilância, fabrica modelos, favorece a aceitação das coerções e desenvolve a culpabilidade.

Os homens (e as mulheres) são sacudidos entre as pulsões do *Id* e os ideais do *Superego.* As coisas se complicam ainda mais por causa do caráter contraditório das *pulsões.* A constituinte dinâmica fundamental é *a libido*, pulsão profunda que anima cada um desde a infância, pulsão sexual que emana do corpo inteiro. Mas, às pulsões sexuais de *Eros,* opõem-se as pulsões do Ego, o *Tanatos*, que visam a poupar a energia desencadeada da sexualidade. Reencontra-se essa contradição no plano coletivo, na civilização. A civilização opõe o *princípio de realidade ao princípio de prazer;* o princípio de realidade é a exigência de adaptação que se impõe ao Ego consciente, tornando-o tributário do mundo exterior e, ao mesmo tempo, frágil, angustiado. Disso resulta o sofrimento do homem na civilização:

> É ... o princípio de prazer que determina a vida, que governa desde a origem as operações do aparelho psíquico. Nenhuma dúvida pode subsistir quanto à sua utilidade.
>
> Mas, apesar disso, o universo inteiro ... busca contestar o seu programa .... Seríamos tentados a dizer que não fez parte do plano da "criação" que o homem fosse feliz.

A civilização impõe ao homem que renuncie a seus desejos, que os reprima. "O homem torna-se neurótico porque não pode suportar o grau de renúncia exigido pela sociedade em nome de seu ideal cultural. A civilização do progresso, da dominação da natureza, da felicidade e da razão é assim um 'deplorável fracasso', inclusive em seus sucessos. Pois cada conquista da racionalidade encontra seu duplo no aparecimento de um sofrimento mais pesado."

Marcuse acredita que, na civilização contemporânea, a repressão da libido é acrescida pela competição e pelo imperativo do rendimento. As classes produtoras são atingidas por uma mais-repressão; são cada vez mais integradas ao sistema, tanto ideológica como materialmente. Assim, o proletariado industrial, cuja alienação torna-se cada vez mais difusa e acompanhada por fenômenos compensatórios, perde sua força revolucionária.

A revolta, então, virá das *margens,* das camadas sociais rejeitadas e, por isso, capazes de negação e de oposição radical. Marginalizadas por seu estatuto, excluídas das compensações do rendimento, tais camadas recusam o jogo da sociedade industrial e conservam a dinâmica do princípio do prazer. Somente elas podem lutar por uma revolução fundamental, que acabe com a exploração e promova uma erotização geral da existência

INDICAÇÕES BIBLIOGRÁFICAS

Freud, S., *Totem et tabou* (1912), Payot, 1947 [ed. brasileira: *Totem e tabu,* Delta, Rio de Janeiro, 1955]; *Malaise dans la civilisation* (1929), PUF, 1971 [ed. brasileira: *Mal-estar na civilização,* Imago, Rio de Janeiro, 1973].

Marcuse, H., *L'homme unidimensionnel* (1964), Ed. de Minuit, 1968 [ed. brasileira: *Ideologia da sociedade industrial,* Zahar Editores, Rio de Janeiro, 8ª ed., 1981].

O poder como estratégia (Foucault)

Ao contrário de Marcuse, Michel Foucault não se identifica com um movimento político preciso. Seus trabalhos, contudo, contribuem para a contestação da ordem política tradicional por meio da redefinição do poder que eles propõem. Deixando de ser um atributo, o poder é compreendido como um exercício. Uma tal concepção parte de um novo enfoque sobre a cumplicidade entre saber e poder, para levar a uma visão que privilegia as resistências em face *da* Revolução.

O poder é um exercício; o saber, seu regulamento. Os primeiros trabalhos de Foucault se situam no quadro da epistemologia (a ciência das ciências). Ele procede a uma crítica da ciência, da filosofia da ciência, das categorias implícitas ou explícitas) que são subjacentes às ciências, à constituição dos saberes. Foucault desmonta assim o mito do progresso e seus corolários, as noções de filiação, de continuidade, de sucessão, de influência, de maturação, na medida em que o estudo da formação das disciplinas científicas revela que elas, ao contrário, avançam através de diferenças de nível, descontinuidades e rupturas. O *deus ex machina* da dialética se encontra desqualificado, ao mesmo tempo que seu par, a *consciência-sujeito*:

> Fazer da análise histórica o discurso do contínuo e fazer da consciência humana o sujeito de todo devir e de toda prática são as duas faces de um mesmo sistema de pensamento. O tempo, em tal sistema, é concebido em termos de totalização e as revoluções que nele ocorrem nunca passam de tomadas de consciência.

Compreende-se que, aqui, Foucault refere-se a Marx, Nietzsche e Freud, ou seja, aos três pensadores que operaram os principais descentramentos em relação ao papel fundador do sujeito a partir do qual se pensava o mundo. Marx opõe a tal sujeito a categoria do modo de produção; Nietzsche, a investigação genealógica; Freud, o inconsciente: em todos os três casos, o sujeito deixa de ser central.

Uma nova apreensão do poder, então, toma forma. O poder é uma estratégia; o poder está em toda parte.

O poder é uma estratégia. As concepções tradicionais resolvem o problema simplificando-o excessivamente. O formalismo jurídico põe como postulado que não há poder duradouro que não seja legítimo. Ele remete à Lei e à autoridade que a edita. Então, tem-se apenas de discorrer sobre as condições formais da legitimidade e, no máximo, de glosar sobre a norma. A sociologia durkheimiana assume uma perspectiva mais ampla, mas – ao considerar que o fato social é coercitivo por natureza – reduz os poderes a pontos de aplicação da dimensão repressiva inerente à sociedade. Quanto à sociologia marxista, em lugar de buscar a Lei, ela busca a classe social que a manipula, o que, no caso, dá no mesmo. Nos três casos – do formalismo jurídico, da sociologia durkheimiana e da sociologia marxista –, deixa-se de lado o essencial; esquece-se que o exercício do poder é, em cada oportunidade, algo singular, em seus mecanismos, objetivos e efeitos.

A ideia de um poder maciço global, do qual tudo parte ou ao qual tudo retorna, não se sustenta. Portanto, é impossível elaborar uma física geral "do" Poder uniforme e que domina a sociedade. Em vez de indagar sobre "o" Poder, deve-se pesquisar as *práticas disciplinares*, constituídas desde a época clássica, com seus campos de operação, seus poderes próprios e em função de saberes dotados de regras específicas. Esses *saberes* e essas *instituições* instalaram-se com o objetivo de obter o *adestramento dos corpos e das palavras*, de atingir o enquadramento da existência. Portanto, é preciso conceber uma microfísica do poder:

e "essa microfísica supõe que o poder que se exerce

<table>
<tr><td>não seja concebido como uma propriedade,</td><td>mas como uma estratégia</td></tr>
<tr><td>que seus efeitos de dominação não sejam atribuídos a uma 'apropriação',</td><td>mas a disposições, manobras, táticas, técnicas, funcionamentos.</td></tr>
<tr><td></td><td>Esse poder se exerce ...,</td></tr>
<tr><td>em vez de ser algo que se possui; não é 'privilégio' adquirido ou conservado da classe dominante ...,</td><td>... mas o efeito de conjunto de suas disposições estratégicas ... .</td></tr>
<tr><td>Ele não se aplica pura e simplesmente como uma obrigação ou uma proibição, aos que 'não o possuem';</td><td>ele os envolve, passa por e através deles, apoia-se neles ... .</td></tr>
<tr><td></td><td>Essas relações deitam profundas raízes na espessura da sociedade;</td></tr>
<tr><td>... não se localizam nas relações do Estado com os cidadãos ou na fronteira dos corpos"</td><td>(in La Volonté de savoir).</td></tr>
</table>

Todo poder se define como *uma tecnologia política dos corpos:*

As relações de poder operam sobre [o corpo] uma apropriação imediata; investem-no, marcam-no, adestram-no, indicam-lhe trabalhos, obrigam-no a cerimônias, exigem-lhe sinais ... . O corpo só se torna força útil quando é, ao mesmo tempo, corpo produtivo e corpo subjugado.

E Michel Foucault explora os procedimentos ideais e técnicos de controle do corpo, de controle do doente, do louco, do delinquente. Assim, os saberes correspondem a essa estratégia em que o poder consiste e devem ser relacionados a ela. Por exemplo, "em vez de tratar a história do direito penal e a história das ciências humanas como duas séries separadas ..., [deve-se] investigar se não há uma matriz comum": a reorganização do poder de punir (nascimento da prisão, controle da delinquência por uma administração das penas como procedimento de prevenção, dissuasão, punição, reabilitação, reinserção). Foucault penetra em domínios comumente negligenciados pela ciência política para neles descobrir as técnicas de amestramento. Ele analisa a disciplina, essa "anatomia política do detalhe", esse ensinamento da docilidade através de um sistema de micropenalidades que controla "o tempo (atrasos, ausências, interrupção do trabalho), a atividade (desatenção, negligência, falta de zelo), a maneira de ser (falta de polidez, desobediência), os discursos (tagarelice, insolência), o corpo (atitudes incorretas, gestos impróprios), a sexualidade (imodéstia, indecência)". Vigilância e penalidade têm como finalidade impor moral e materialmente o poder da Norma. O urbanismo, a psiquiatria, a criminologia, a sexologia, a sociologia: todos esses saberes servem, ao mesmo tempo, como legitimação e como modos de emprego dos poderes.

O poder está em toda parte. A soberania do Estado, o quadro jurídico-repressivo ou a dominação de uma minoria não são os dados iniciais, mas as "formas terminais".

> O poder é onipresente, "não porque teria o privilégio de agrupar tudo sob sua invencível unidade, em qualquer ponto, ou melhor, em toda relação de um ponto com outro. O poder está em toda parte: não é que ele englobe tudo, é que ele vem de toda parte. E o 'poder' – no que tem de permanente, de repetitivo, de inerte, de autorreprodutor – não é mais do que o efeito de conjunto que se desenha a partir de todas essas mobilidades, o encadeamento que se apoia em cada uma delas e que, em ação de retorno, busca torná-las fixas .... [O poder] é o nome que se dá a uma situação estratégica complexa numa dada sociedade".

O *panoptismo* é a técnica moderna de dominação. Foucault evoca o panóptico de Jeremias Bentham, essa prisão-modelo onde uma torre central é sempre vista pelo detido espionado, o qual sempre ignora se está sendo olhado: "No anel periférico, a pessoa é totalmente vista sem jamais ver; na torre central, sempre se vê sem jamais se ser visto." O esquema geral da norma se impõe assim nos múltiplos campos da sociedade: campo militar, casa de correção, centro de reeducação ou de prevenção, caserna, prisão, escola, hospital, fábrica...

INDICAÇÃO BIBLIOGRÁFICA

Foucault, M., *Naissance de la clinique: une archéologie du regard médical,* PUF, 1963; *Les mots et les choses,* Gallimard, 1966; *Histoire de la folie à l'âge classique,* Plon. 1961; *Surveiller et punir,* Gallimard, 1975 [ed. brasileira: *Vigiar e punir*, Vozes, Petrópolis. 1979]; *La volonté de savoir, histoire de la sexualité,* t. I, Gallimard, 1976 [ed. brasileira: *História da Sexualidade, I: A Vontade de Saber,* Graal, Rio de Janeiro, 2ª ed., 1979].

As megamáquinas do poder

Foucault vê no poder, antes de mais nada, um adestramento do corpo. Gilles Deleuze e Félix Guattari tomam também o corpo como ponto de partida, como dado fundamental, como lugar pleno onde se exercem esses "fluxos maquinais" que são chamados de desejo:

"Há máquinas em toda parte, e não de modo inteiramente metafórico: máquinas de máquinas (com seus acoplamentos, suas conexões). Uma máquina-órgão ramifica se a partir de uma máquina-fonte: uma emite um fluxo que a outra corta. O seio é uma máquina que produz leite; e a boca, uma máquina acoplada naquela outra."

É perigoso resumir uma obra tão densa como *O Anti-Édipo,* na qual se elaboram conceitos novos; vamos tentar defini-los:

> *Desejo:* "O desejo é esse conjunto de sínteses passivas que maquinam os objetos parciais, os fluxos e os corpos, e que funcionam como unidades de produção. O real decorre dele, é o resultado das sínteses passivas do desejo .... Ao desejo não falta nada, a ele não falta seu objeto. É antes o sujeito que falta ao desejo; ou ao desejo que falta um sujeito fixo: só há sujeito fixo pela repressão (*Anti-Oedipe*, I, p.34)
>
> *Fluxo:* "Isto funciona em toda parte, às vezes sem parar, às vezes descontínuo. Isto respira, isto esquenta, isto come. Isto caga, isto fode. Que erro ter dito o isto! Em toda parte são máquinas, de maneira alguma metaforicamente; máquinas de máquinas, com seus acoplamentos, suas conexões. Uma máquina-órgão é ligada em uma máquina-fonte: uma emite um fluxo que a outra corta" (id., p.7).
>
> *Máquina desejante:* "As máquinas desejantes são máquinas binárias, com regra binária ou regime associativo; sempre uma máquina acoplada com uma outra. A síntese produtiva, a produção de produção, tem uma forma conectiva: 'e', 'e de-

> pois'... É que sempre há uma máquina produtora de um fluxo, e uma outra, que lhe é ligada, operando um corte, uma extração de fluxo (o seio, a boca)" (ibid., p.11). *Corpo pleno sem órgãos:* "As máquinas desejantes fazem-nos um organismo: mas, dentro dessa produção, na sua própria produção, o corpo sofre por estar organizado assim, por não ter outra organização .... O corpo pleno sem órgãos é o improdutivo, o estéril, o ingendrado, o incomensurável" (id., p.14).
>
> *Codificação* (= inscrição): "A sociedade não é primeiramente um meio de troca onde o essencial seria circular ou fazer circular, mas um *socius* de inscrição onde o essencial é marcar e ser marcado" (id., p.166).
>
> *Megamáquina social:* "A máquina social ... tem como peças os homens, mesmo se os consideramos com suas máquinas, e os integramos e interiorizamos em um modelo institucional em todos os níveis da ação, da transmissão e da motricidade. Assim, ela forma uma memória sem a qual não haveria sinergia do homem e de suas máquinas (técnicas). Estas não contêm, com efeito, as condições de reprodução de seu processo; remetem a máquinas sociais que as condicionam e as organizam, mas também limitam ou inibem o seu desenvolvimento" (id., p.165),

Esses termos permitem recompor a história universal, indicar os momentos importantes da produção social (da produção da sociedade por ela mesma). Todavia, não há nenhum determinismo nessa sucessão: a referência constante a Marx admite a importância do econômico, mas entende como tal mais do que apenas a produção de bens e recusa qualquer causalidade direta ou dialética: o econômico age como uma maquinação de fluxos e organiza o desejo. Assim, esboçam-se três épocas principais:

Corpo pleno	a Terra	o Déspota	o Capital
Acoplamento desejo/corpo pleno	megamáquina territorial	megamáquina do Estado	axiomática capitalista
Ação das megamáquinas sociais	codificação dos fluxos (marcar os territórios)	supercodificação dos fluxos (apropriar a mais-valia)	decodificação dos fluxos (desterritorializar)
Ilustração	Demarcação do território Marcação dos corpos	O imposto não para de alimentar o aparelho do Estado	A burguesia decodificante tira da máquina um fluxo indiviso de rendas convertíveis em bens, no qual se fundem os salários e os lucros
Códigos	inscrições, filiações e alianças	sistema hierárquico de castas, superpondo-se às antigas estruturas	a família: pequena colônia que fixa os fluxos decodificados
Evolução/ limite	*conjurar a troca* "que fluxos de troca e de produção não venham quebrar os códigos"	*salvar o Estado* "é sob os golpes da propriedade privada e da produção mercantil que o Estado conhece sua extinção"	*evitar a esquizofrenia* "o esquizofrênico se mantém no limite do capitalismo: é sua tendência desenvolvida ..., seu anjo exterminador"

Quanto às consequências da investigação deleuziana, elas não poderiam se inscrever num programa político. A despeito da axiomatização capitalista, conserva-se o desejo, não como carência (espera do paraíso), mas como energia. A oposição é:

entre a classe	e os sem-classe
entre os servos da máquina	e os que a destroem ou destroem suas engrenagens
entre o regime da máquina social	e o regime da máquina desejante.

INDICAÇÕES BIBLIOGRÁFICAS

Deleuze G. e Félix Guattari, *L'Anti-Oedipe, capitalisme et schizophrénie*, Ed. de Minuit, 1972 [ed. brasileira: *O Anti-Édipo*, Imago, Rio de Janeiro, 1979]

Deleuze G. e Claire Parret, *Dialogues*, Flammarion, 1977.

Niilismos

A energia do desejo é drenada para uma determinada configuração de relações sociais e não para uma outra em função dos arranjos maquinais de uma dada sociedade. Jean-François Lyotard, tal como Deleuze e Guattari, é um adepto da política "esquizo-analítica"; mas, à diferença deles, recusa qualquer pretensão teórica, para pregar apenas a *deriva libidinal.*

A dualidade entre máquinas desejantes e megamáquinas sociais, sugerida em *O Anti-Édipo*, tem o erro de se inscrever ainda no esquema marxista, no qual a existência social é considerada como fonte de alienação. Portanto, ela mantém – ainda que no niilismo – um pensamento político crítico. Lyotard considera necessário renunciar a qualquer ambição dessa natureza e abandonar o terrorismo da atitude crítica,

> profundamente racional, profundamente adequada ao sistema, profundamente reformista: a crítica se mantém na esfera do criticado, pertence-lhe, supera apenas um termo de posição, não a posição dos termos. E é profundamente hierárquica: de onde o crítico extrai sua força sobre o criticado? Ele sabe mais? É o professor, o educador? Portanto, é a universalidade, a unidade, o Estado, a Cidade inclinando-se sobre a infância, a natureza, a singularidade, o aleijado para elevá-los até ele?

Em última instância, apesar das intenções contrárias, chega-se à "conservação intacta da relação autoritária".

O que dizer? O que fazer? Derivar para fora da crítica, assim como *deriva o desejo que pouco a pouco destrói a ordem atual*:

> Para milhões de jovens ..., o desejo não mais se inscreve no desenvolvimento capitalista ...; eles não se veem mais e não mais se comportam como força de trabalho a ser valorizada em função da troca, ou seja, do consumo ...; têm repugnância pelo que o kapital continua a chamar de trabalho, de vida moderna, de consumo, por todos os valores de nação, família, Estado, propriedade, profissão, educação, valores que percebem como paródias do único valor, o valor de troca.
>
> O que a nova geração realiza é o ceticismo do Kapital, seu niilismo: não há coisas, pessoas, fronteiras ..., saberes, crenças; não há razões para viver/morrer. Mas esse niilismo é, ao mesmo tempo, a mais forte afirmação: contém a libertação potencial das pulsões em face da lei do valor.

As pulsões contra o valor, a libido contra o dinheiro, a fruição contra a necessidade – Freud diria: o prazer contra a civilização –; mas não nos enganemos: não se trata, para Lyotard, de impor um princípio contra outro, a ordem afetiva contra a ordem racional, mas a desordem libidinal, a deriva do desejo, a absoluta liberdade de fruição, sem o menor referente central, sem excluir o amor pelo próprio capital. Com que direito condenar o amor pelo dinheiro ou o fascínio pela mercadoria? "A partir de que vocês criticariam o fetichismo, quando vocês sabem que não se pode criticar a homossexualidade e o masoquismo sem se tornar um crápula vulgar no plano moral?" Pelo fato de que o capital "dá lugar ao poder e à dominação, à exploração e mesmo ao extermínio"? Isso é certo; mas são as coisas ainda mais obscuras, porque os proletários explorados fruem com sua exploração:

> Vejam os proletários ingleses, o que o capital – ou seja, o *trabalho deles* – fez de seus corpos. Mas vocês irão me dizer: bem, é isso ou morrer... Será que vocês acreditam que essa é uma alternativa, isso ou morrer? E que se alguém faz isso, ou seja, torna-se escravo de sua máquina, máquina de máquina, *fodedor fodido* por ela, durante oito horas por dia, doze horas há um século, é por ser forçado, obrigado, por que se apega à vida? A morte não é uma alternativa a isso: é uma parte disso, atesta que há gozo nisso. Os desempregados ingleses não se tornaram operários para sobreviver: eles... *gozaram* com o esgotamento histérico, masoquista, sei lá o quê, de *permanecer* nas minas, nas fundições, nas fábricas,

no inferno, gozaram em e com a louca destruição imposta a seus corpos orgânicos, gozaram com a decomposição de suas identidades pessoais.

Mas, apesar disso, eles também se revoltaram: "Um tal gozo, digo, o dos proletários, não é de modo algum excludente das mais duras e mais intensas revoltas. *O gozo é insuportável.*" Portanto, não resta mais do que a apatia teórica e a exaltação do gozo, ainda que, algumas vezes, seja ele que nos assassina. Lyotard leva ao ultraniilismo.

É possível ir mais longe na recusa? Baudrillard acredita que sim, criticando Foucault, Deleuze, Lyotard e Cia. de ainda participarem da lógica produtivista, do imperativo da produção. O libidinal substitui a economia política; um modelo de socialização mais fluido, através do psíquico e do sexual, sucede o modelo de socialização violento e arcaico através do trabalho; mas, "de um discurso a outro ..., corre do mesmo ultimato de produção no sentido literal da palavra". Ninguém chega até o fim da crítica das ortodoxias marxista e freudiana: reconhecer que o poder é um engodo, que só existe na medida em que se modifica, que só se efetiva num ciclo reversível de seduções, de desafios e de astúcias. A produção acabou, a revolução é ilusória e a única coisa que está em jogo é a morte.

O fim da produção: esse esquema dominante da era industrial está superado. *O Capital* transcendeu a produção:

> Seu poder lhe vem justamente de seu desenvolvimento simultâneo em todos os níveis ..., de não se ter jamais confundido a fundo com a produção, como o fez Marx e todos os revolucionários posteriores, que foram os únicos a crer e continuar crendo na produção, que com ela misturaram suas fantasias e suas mais loucas esperanças.
>
> O capital, quanto a ele, contenta-se em ampliar sua *lei* com um só movimento, ocupando inexoravelmente todo o espaço da vida, sem se preocupar com prioridades. E, se ele colocou as pessoas no trabalho, também as colocou na cultura, nas necessidades, na informação e na comunicação, colocou-as no direito, na liberdade, na sexualidade, colocou-as no instinto de conservação e no instinto de morte: adestrou-as por toda parte, ao mesmo tempo, segundo mitos adversos e indiferentes. É essa sua única lei: a indiferença.

O *trabalho* não se explica pela produção; ele não é mais uma força, porém uma atribuição, um lugar doado:

> O trabalho, também sob a forma de lazer, invade toda a vida como repressão fundamental, como controle, como ocupação permanente em tempos e lugares

regulamentados, de acordo com um código onipresente. É preciso fixar as pessoas por toda parte, na escola, na fábrica, na praia ou diante da TV, ou na reciclagem .... Mas esse trabalho não é mais produtivo no sentido originário: não é mais do que o espelho da sociedade, seu princípio fantástico de realidade.

Portanto, é impossível calcular o valor das mercadorias ou "o justo preço" do trabalho. O *salário* não é mais "equivalente ou proporcional ao que quer que seja; é um sacramento, tal como o batismo ..., que faz de você um verdadeiro cidadão da sociedade política do Capital". A *moeda*, "primeira mercadoria, assume o estatuto de signo e afasta-se do valor de uso .... Afasta-se até mesmo do valor de troca. Liberada do próprio mercado, torna-se simulacro autônomo, esvaziada de qualquer mensagem ou significação de troca, convertida ela mesma em mensagem e trocando-se por si mesma".

O *poder e a morte*: o poder é o dom, o dom unilateral, o dom de tudo, até mesmo da vida:

> O segredo do poder do capital é, antes de mais nada, o de se pôr na situação de ser a própria instância que *doa*: doa trabalho, bem-estar, segurança, cidadania; e, em segundo lugar, o de implantar instituições, mediações sociais tais que ninguém possa ter jamais a oportunidade de perceber o desafio representado por um tal dom.

O trabalho é uma morte lenta, oposta à morte violenta. É uma morte adiada: portanto, uma vida dada pelo capital. Ou, então, essa morte lenta é uma tentativa desesperada para devolver o dom, para desafiar o poder do capital. Morte lenta, adiada, ineficaz. "A única réplica eficaz ao poder consiste em devolver-lhe o que ele dá; e isso só é possível simbolicamente por meio da morte." A morte

> é a única arma absoluta, e sua simples ameaça coletiva pode fazer com que o poder entre em colapso. Diante dessa única "chantagem" simbólica (barricadas de 1968, prisão de reféns), o poder se desune: já que ele vive de minha morte lenta, eu lhe oponho minha morte violenta. E é porque vivemos da morte lenta que sonhamos com a morte violenta. Esse simples sonho é insuportável para o poder.

Ao poder que dá tudo, podemos contrapor apenas a desobediência, as resistências, o desejo ou a deriva libidinal de que todos fazemos parte; ao poder que dá tudo, pode-se opor apenas a morte.

INDICAÇÕES BIBLIOGRÁFICAS

Baudrillard, J., *L'échange symbolique et la mort*, Gallimard, 1976.
Lyotard, J.-F., *Économie libidinale*, Minuit, 1974.

A questão do Estado

A questão do poder foi dissolvida na indicação das redes que inervam o tecido social (Foucault); o exercício do poder foi considerado como um dado geral da existência; a única resposta possível, em face dessa inelutabilidade, torna-se então a ontologia niilista dos desejantes (Deleuze), libidinais (Lyotard), mortíferos (Baudrillard). Para tentar escapar dessas sombrias soluções – ou, mais modestamente, para retomar a questão inicial da obediência –, será que não se deve evitar a diluição do político no poder e colocar a questão do Estado? As interrogações contemporâneas reencontram então intuições mais antigas e buscam inspiração até mesmo nos "primitivos". Clastres e Lefort releem La Boétie; Legendre decifra o direito canônico; Marcel Gauchet vincula o político ao religioso; Claude Lefort "reinventa" a democracia.

Por que a obediência? (La Boétie)

Por que eles obedecem? Por que nós obedecemos? Por que vocês obedecem? Étienne de La Boétie coloca a questão em 1548, em seu *Discurso sobre a servidão voluntária*:

> Como é possível que tantos homens, tantas cidades, tantas nações suportem algumas vezes um único Tirano, que apenas tem o poder que eles lhe atribuem, que não tem possibilidade de causar-lhes dano, ao qual (se quisessem) poderiam resistir, do qual não poderiam sofrer nenhum mal, se não preferissem tudo sofrer dele em vez de contradizê-lo? Coisa verdadeiramente surpreendente (e, contudo, tão comum, que antes temos de lamentá-la do que nos espantar com ela)! Ver milhões e milhões de homens miseravelmente subjugados e submetidos, de cabeça baixa, a um jugo deplorável; e não porque sejam obrigados a isso graças a uma força irresistível, mas porque são fascinados e, por assim dizer, enfeitiçados pelo único nome de um, que não deveriam temer, já que é *único*, nem adorar, já que é – diante deles todos – desumano e cruel.

Temos aqui a questão mais subversiva de todas, comenta Pierre Clastres: espantar-se com a servidão voluntária é supor que a liberdade é possível. É também instituir um corte radical entre sociedades de liberdade e sociedades de servidão: "Não há deslizamento progressivo da liberdade para a servidão, mas o brutal desencontro que faz com que o antes da liberdade entre em colapso na posterior servidão." La Boétie afasta as diferentes explicações naturais. A covardia dos súditos? Ela não explicaria o *desejo* de servidão. Ademais, os mesmos homens que se abaixam diante do tirano mostram o maior heroísmo na guerra: impossível chamá-los de covardes. A vontade de ter? A renúncia à liberdade para possuir em tranquilidade seria concebível, mas não é esse o caso: "Pessoas pobres e miseráveis, povos insensatos, nações teimosas em seu mal e cegas em seu bem: vocês deixam que lhes tomem – diante de seus próprios olhos – o mais belo e o mais claro de suas rendas; deixam que pilhem os seus campos, que devastem suas casas e lhes despojem dos velhos móveis de seus ancestrais! Vocês vivem de tal modo que nada mais lhes pertence". La Boétie exclui a explicação econômica. E então?

Então, Lefort explica o *vocês* de La Boétie: "Esse 'vocês' se dirige ao povo, a cada homem .... Mas seria um engano crer que ele aponta para a comunidade do povo ou para os indivíduos percebidos como exemplares de uma mesma natureza humana: ele designa um *entre-vocês*, o plural que se desfaz na produção do Um, a renúncia recíproca de onde surge o Outro." *Contra Um*, esse era o título original do *Discurso da servidão voluntária*, porque esse é o erro: o Um, a articulação de cada um com cada um numa totalidade para dar um conteúdo à vida comum, a necessidade de uma identidade, encontrada no outro: "A fonte da dominação liga-se ao desejo, existente em cada um – qualquer que seja a escala da hierarquia que ocupa –, de se identificar com o tirano ao se fazer senhor de um outro."

O Um-Nós, portanto, faz o tirano. A servidão voluntária repousa numa dupla cadeia de identificação: a primeira, pela qual a comunidade se reconhece no Um e aceita assim o comando dele; a segunda, que multiplica o comando e através da qual se constituem grupos que exercem o poder para ele e em seu nome. Assim, "a tirania atravessa a sociedade de lado a lado".

La Boétie-Clastres-Lefort colocam assim o problema da dominação política a partir da soberania estatal, tipo de dominação dos mais poderosos, mas – insistem eles – não necessário. A organização política não implica obrigatoriamente a cisão entre dominantes e dominados. Os homens poderiam recuperar sua liberdade:

> Disponham-se ... a não mais servir e vocês serão livres. Não quero que vocês o combatam, nem que o derrubem, mas somente que não o sustentem; e verão que, tal como um grande colosso do qual se retira a base, ele tombará por seu próprio peso e se quebrará.

Para melhor elucidar o mistério da submissão, Pierre Clastres não se contenta em reler La Boétie. Também se esforça no sentido de renovar a antropologia política e de extrair algum ensinamento do estudo das sociedades primitivas, as quais apresentam, em alguns casos, um modelo único de *sociedade sem Estado*. A óptica contemporânea, produtivista e evolucionista, deduz desse fato que se trata de sociedades incompletas e, portanto, implicitamente inviáveis. Todavia, a observação das mesmas revela uma tecnologia adaptada aos seus problemas:

> Para o homem das sociedades primitivas, a atividade de produção é exatamente mensurada, delimitada pelas necessidades a satisfazer, entendendo-se que se trata essencialmente de necessidades energéticas: a produção se baseia na reconstituição do estoque de energia dispendida .... É a vida enquanto natureza que ... funda e determina a quantidade de tempo de trabalho consagrada a reproduzi-la.

Disso resulta uma sociedade livre, na qual os homens são senhores de sua atividade; igualitária, na qual a economia não se constitui em domínio autônomo; ociosa, na qual o homem só trabalha algumas horas, apenas para viver e não para fazer com que os que não trabalham vivam. No caso contrário, aparece o Estado:

> Quando a produção não é mais primitiva, isso significa que ela se tornou uma sociedade dividida em dominantes e dominados, em senhores e súditos; significa que ela deixou de exorcizar o que está destinado a matá-la: o poder e o respeito pelo poder.

A *revolução estatal* revela-se então o corte decisivo, a grande divisão entre selvagens e civilizados, "o incancelável corte para além do qual tudo mudou, já que o tempo se transformou em história". Muito mais importante do que a revolução neolítica, que trouxe a domesticação dos animais, a agricultura, a tecelagem, a cerâmica, a sedentarização... mas não necessariamente o Estado. Também aqui a determinação da superestrutura pela infraestrutura, cara aos marxistas, não funciona; há sociedades de nômades com Estado e sociedades de agricultores sem Estado. A verdadeira linha de divisão

> é a revolução política; é o surgimento misterioso, irreversível, mortal para as sociedades primitivas, daquilo que conhecemos sob o nome de Estado .... Uma única reviravolta estrutural, abissal, pode transformar – destruindo-a enquanto tal – a sociedade primitiva: a reviravolta que faz surgir do seu seio, ou de fora, aquilo cuja ausência é precisamente o que define essa sociedade, a autoridade da hierarquia, a relação de poder, a sujeição dos homens, o Estado.

Mas, então, de onde provém o poder político, *de onde provém o Estado*? Antes de mais nada, é preciso saber que seu não aparecimento é possível; e, por exemplo, que os chefes primitivos não detinham um poder de tipo estatal. "O espaço da chefia não é o lugar de um poder; e a figura, muito mal designada, do chefe não prefigura em nada a de um futuro déspota." O chefe das sociedades ameríndias não possui nenhuma autoridade, no sentido contemporâneo da expressão; ele não faz a lei. Ele é investido, ao contrário, de deveres e servidões: tem de assegurar relações pacíficas no seio do grupo, ser generoso com seus bens, expressar o *consensus omnium* na linguagem conveniente; é uma espécie de prisioneiro da coletividade. O chefe é venerado em sua impotência; "sua opulência é o sonho diurno do grupo".

Todavia, ocorre que o poder da chefia aumenta; que os chefes tentam se tornar reis, com sucesso em alguns casos. Mas, paralelamente a essa emergência do poder político,

> um estranho fenômeno ..., desde o início das últimas décadas do século XV, agitava as tribos tupi-guaranis: as pregações inflamadas de certos homens que, de grupo em grupo, convocavam os índios a abandonar tudo e a se lançar em busca da Terra sem Mal, do paraíso terrestre.

Esse movimento expressava a insistente ideia segundo a qual "o lugar de nascimento do Mal, da fonte da infelicidade, era o Um". Ele convidava a "abolir a infelicidade através da recusa radical do Um como essência universal do Estado". A oposição radical entre dois tipos de sociedade, com ou sem Estado, corresponderia assim a uma *oposição metafísica decisiva*, conforme o fato de que o Um figura o bem ou o mal:

> O pensamento dos profetas selvagens e o dos gregos antigos pensam a mesma coisa, o Um; mas o índio guarani diz que o Um é o mal, enquanto Heráclito diz que é o bem.

Em que condições o Um é pensado como Bem? Essa se torna, então, a questão crucial da antropologia política para compreender seriamente o fato do Estado.

INDICAÇÕES BIBLIOGRÁFICAS

Clastres, P., *La société contre l'Etat,* Minuit, 1975.

De La Boétie, É., *Discours de la servitude volontaire* (1548), Payot, prefácio de Pierre Clastres, posfácio de Pierre Clastres e Claude Lefort, 1976 [ed. brasileira: *Discurso da servidão voluntária*, Brasiliense, São Paulo, 1982].

As armadilhas da teologia (Legendre)

Os homens aceitam obedecer: ou melhor, escolhem obedecer, identificando-se todos com Um. É assim que nasce o Estado, que esse se pereniza. Mas como se mantém essa dominação estatal? Pierre Legendre tenta responder a partir de uma análise do direito canônico; o poder pontifício forneceria, de certo modo, a chave para o Estado moderno.

Desde a Idade Média até nossos dias, *a ação da teologia* garante a dominação da instituição estatal centralizadora. Ontem religiosa, hoje secular e radicalmente laica, é sempre a teologia que está em operação: "A Igreja e sua lei canônica presentearam-nos com um Ocidente antes do capitalismo"; elas ensinaram ao Estado como utilizar o desejo sexual, como lhe impor a ordem de uma censura, mas também como oferecê-lo como objeto de amor. "A composição moderna do Poder sob as figuras da teocracia pontifícia" é instaurada a partir do século XII, com a fundação do discurso canônico. O direito canônico organiza "uma simbólica … onde transparece o objeto erótico e que realiza imaginariamente o desejo, segundo uma combinação muito complexa, característica da cultural ocidental". O pontífice, único e soberano, ocupa nessa simbólica um lugar central.

Ele é o Ausente:

> Mostra-se no lugar de um outro; é autenticamente apresentado para representar o Ausente … . Recebeu o encargo inumano de comandar de cima a baixo.
>
> Conserva chaves místicas. Sua sentença … declara a Lei e mantém a sacrossanta Igreja.

Ele é Roma:

> Uma transferência do Império teve lugar e o soberano pontífice aparece na cadeia dos signos como um duplo do imperador romano, a ponto de receber as mesmas fórmulas simétricas.

Ele é o pai castrado:

> A doutrina do pontífice inclui uma remissão ao estatuto geral do clero .... O que suja as mãos do padre é definido em três temas: a mulher, o sangue, o dinheiro .... A obrigação sacerdotal de castidade retira o clérigo do universo laico, marcado pelo tema da mulher e da punição. Desse modo, o soberano pontífice enquanto representa a onipotência e a privação sexual – resolve uma antinomia: é o pai, mas castrado .... Ele inscreve o objeto sexual sob a ameaça; depois, o desejo é realizado imaginariamente pela castração fictícia infligida ao pai.

Ele é o intérprete:

> É o portador do direito canônico: "Se ele é senhor, é para transmiti-lo ...; é o porta-voz da instituição". Constitui-se assim uma experiência arquetípica, significativamente difundida e, depois, modernizada na Europa; as grandes burocracias nacionalistas do Ocidente conquistaram igualmente as massas através dessa ficção da monarquia de um chefe sacrossanto, ditando sob sua lógica os estereótipos de uma crença. Sem esse título de autoridade, rigorosamente controlado segundo os procedimentos estabelecidos pela chefia religiosa, os Estados não teriam nascido.

E cabe ao jurista comentar a Lei, escamotear o desejo, glosar esse objeto de amor, recitar a palavra magisterial. "A censura se tornará efetiva, apta a manipular todos os súditos até levá-los a amar a Lei como autêntico objeto do desejo."

O dispositivo surgido há oito séculos continua a funcionar, segundo as mesmas regras, com as mesmas consequências. Somente as peças mudaram: o Estado substituiu o pontífice; o pai de família, o confessor; a Lei econômica do rendimento, a Lei divina; as ciências humanas, as ciências morais; o nacionalismo, a religião; o Estado centralista, o monoteísmo; a Lei, a palavra do pontífice. Trata-se sempre de inocular "amor à subordinação no coração do povo, por meio do amor à Lei". A *administração* está no centro dessa organização tirânica, "lugar de angústia que deve fixar o ciúme e gratificar com alguma coisa". Ela é Mãe nutriz, generosa e perseguidora, como antes a Mãe Igreja: "Sua primeira função é produzir lugares, fazer entrar, proteger, por meio da submissão." E aos tiranizados cabe exigir "sempre mais justiça por meio do bom Estado".

INDICAÇÃO BIBLIOGRÁFICA

Legendre, P., *L'amour du censeur*, Le Seuil, 1974; *Jouir du pouvoir: traité de la bureaucratie patriote*, Minuit, 1976.

A dívida em face do divino (Gauchet)

As sociedades primitivas indicam que o Estado não é necessário; o direito canônico revela os sustentáculos de sua dominação; e esses ensinamentos aparentemente díspares talvez tenham algo em comum. Marcel Gauchet, decerto, está mais próximo de Clastres do que de Legendre, mas isso se dá por causa de sua insistência na relação entre *religião* e *política*. Ele mostra como a religião tornou possível o Estado, antes de investigar os meios de se libertar do totalitarismo.

Depois de muitos outros, Gauchet retoma a busca da origem, a procura do fundamento da sociedade. Para isso, propõe uma nova leitura da religião primitiva. A constância do fenômeno religioso, com efeito, parece enigmática. Por quê?

> A forma mais elementar e, ao mesmo tempo, a razão mais geral da crença religiosa não é mais do que "*a dívida do sentido*: o que, durante milênios, os homens reconheceram que deviam aos deuses ... ."
>
> Compreender por que os homens se pretenderam universalmente *devedores*, por que as sociedades pensaram tão obstinadamente que suas razões dependiam de algo que não era eles, é compreender por que existiu um Estado possível num dado momento do devir humano-social.

Ao contrário do postulado positivista ou marxista, a religião não é uma instituição (consequência da fraqueza dos meios de produção); ela não era uma necessidade. É preciso pensar o fato religioso como *instituído*, como uma decisão da sociedade. E perguntar por que os primitivos pensaram desse modo e quais foram os efeitos desse pensamento. Por que eles decidiram pôr os eventos, como resultados dos ancestrais ou dos deuses, negar a evidência sensível, dividir a realidade em dois domínios hierarquizados (o das potências invisíveis e misteriosas, o da atividade sensível, inteiramente sob a dependência do primeiro)? "É o caçador que atira a flecha, mas são os espíritos que ele soube apaziguar que o fazem atingir o animal." Por que esta vontade afirmada e sistemática de despossessão? Por um *parti pris* que preenche uma função política:

> A religião não é apenas um modo mistificado de explicar o universo e o encadeamento dos fenômenos ... . Através da religião, instala-se uma linha de divisão entre os homens e as modalidades de sua organização em sociedade. *As razões que presidem à organização da sociedade têm sua raiz fora da sociedade.* E isso com o objetivo de impedir que algum homem possa falar em nome da legitimidade última da coisa coletiva a partir do local onde se situa o fundamento: ou seja, de impedir que se exerça o poder. A exterioridade simbólica do fundamento social contra a separação efetiva da autoridade política: é essa a filosofia da religião primitiva.

A religião serve assim para conjurar o risco de uma separação no interior da sociedade entre dominantes e dominados. A existência de potências exteriores à organização social implica o reconhecimento de uma desapropriação irremediável e definitiva. O desejo de poder, assim, é aniquilado:

> O poder existe; não é para os homens; é preciso deixar de ser homem a fim de passar para o lado do poder, por exemplo, morrendo. Não há separação política possível dentro da sociedade; sendo assim, não há homem que possa se tornar o outro do restante dos homens.

Tudo se deve ao invisível.

Essa despossessão que invocava o Estado era, ao mesmo tempo, grávida do Estado; já era a estrutura da separação instalada. A exterioridade do fundamento da sociedade não foi criada pelo Estado, mas o precedeu, o preparou. De instrumento de igualdade, o corte entre os vivos e as potências fundadoras e legisladoras que regulam sua existência torna-se o suporte de sua sujeição: Assim:

- "a religião foi historicamente a condição da possibilidade do Estado";
- "o fundamento do Estado é o mesmo da religião".

> Estamos em sociedade porque devemos a outro que não a nós a existência da sociedade, e a existência dessa sociedade tal como ela é. Essa é a raiz do estranho mal que leva inevitavelmente as sociedades a se dissociarem do que acreditam ser sua própria causa e a garantia de sua ordem legítima.

Prosseguindo sua lógica, o Estado se realiza liquidando a religião, pois ele se impõe como sendo o único recurso da sociedade. "Onde estava Deus, deve aparecer o Estado." Conhecer isso, pensá-lo, é começar a decifrar o enigma do social, a compreender o que faz com que existam senhores; conquistar a verdade do poder permite que se lhe impeça o exercício.

INDICAÇÃO BIBLIOGRÁFICA

Gauchet, M., "La dette du sens et les racines de l'Etat, politique de la religion primitive", in *Libre*, Payot, 1977/2.

Servidão e liberdade (Lefort)

A atenção às relações entre sociedade e Estado permite uma apreensão nova do *totalitarismo como oposto à democracia*. Esse é o sentido dos trabalhos de Claude Lefort, da reinvenção subversiva do combate democrático na qual esses trabalhos se empenham.

O fato totalitário define-se pela *consubstancialidade entre o Estado e a sociedade civil*. M. Gauchet sublinha que o totalitarismo é "o filho natural do Estado moderno", já que desenvolve sua lógica a seu ponto extremo; "ele nasce no momento em que a cisão da sociedade consigo mesma revela-se pela primeira vez na história humana em estado puro, sem a justificação de uma alteridade divina". O Estado moderno dispensa Deus, estabelece "uma sociedade una, agrupada por trás de seus governantes, que exclui todo conflito de interesses, em conjunção íntima com seu saber sobre si mesma". Trata-se, em última instância, tão somente do prolongamento de uma opção muito antiga da espécie humana, da recusa de reconhecer o dado irredutível da cisão entre os homens, da vontade inacessível de fazer com que a sociedade exista como Una. C. Lefort desmonta os mecanismos através dos quais o Estado soviético exacerba essa lógica da unificação:

A ideologia da pretensa ditadura do proletariado

> empenha-se em tornar evidente a presença do Estado em toda a extensão do espaço social, ou seja, em veicular através de uma série de representantes o princípio do poder que informa a diversidade das atividades e as contém no modelo de uma fidelidade comum.

O Partido é

> o órgão por excelência do totalitarismo. [Nele] se encarna, em todo lugar, o princípio do poder; propaga a norma geral que fornece a garantia de um tipo de reflexão da sociedade sobre si mesma e, simultaneamente, da polarização no sentido de um objetivo, livrando-a da surda ameaça da inércia do instituído, tornando sensível sua identidade sob o imperativo do ativismo.

A Egocracia se organiza,

> o poder se destaca dos locais da socialização efetiva, tal como ela se dá aqui e ali, em relação com uma prática determinada, e se concentra cada vez mais nos Órgãos, nos aparelhos desses Órgãos, até refluir para uma fonte única: o Egocrata.

O Egocrata não é um déspota comum, não é

> um senhor que governa só, acima das leis, mas alguém que concentra em sua pessoa a potência social e aparece (e aparece a si mesmo) como se nada existisse fora de si, como se tivesse absorvido a substância da sociedade, como se – *Ego* absoluto – pudesse se dilatar indefinidamente sem encontrar resistência das coisas (*Un homme en trop*).

Stálin, o maior revolucionário, mas também o maior soldado, biólogo, poeta etc. A unidade da sociedade é restaurada, a totalidade do poder e do saber se encarna em um Só, o fantasma da sociedade Una realiza-se no Um que concentra a potência, a vontade e o saber.

Ao contrário, a *democracia reinventada* corresponderia à vontade de unificar a sociedade sem abolir suas divisões, à determinação de um espaço político no qual a divisão une. Lefort se apoia nas experiências contemporâneas de luta pela democracia e pela reconquista das liberdades, nos combates contra o Gulag narrados por Soljenitsin, nas resistências dos dissidentes, nas revoltas húngara, tcheca, polonesa, nas múltiplas combinações da criação de conselhos (sovietes), da reivindicação de direitos e liberdades, da luta pelo estabelecimento das garantias fundamentais da lei. Um movimento é revolucionário não por seus objetivos, mas por suas formas de luta; "a ação de massa, a ruptura com a legalidade estabelecida, a instauração de uma nova legalidade associada a procedimentos de decisão e controle coletivos". O que caracteriza a democracia? O fato de que

> o poder é nela estabelecido de tal modo que não pode ser apropriado por aquele ou por aqueles que o exercem, que ele não pertence a ninguém .... A sociedade como tal aparece numa indeterminação última, ao mesmo tempo relacionada a si mesma, circunscrita numa identidade nacional, porém não mais orgânica e sim foco de geração de relações múltiplas, cuja finalidade não existe.

O Poder, o Saber e a Lei são dissociados enquanto espaços autônomos que se entrecruzam mas se contestam. O social torna-se uma instituição em ato; a atração pelo Um recua diante do desejo de liberdade.

INDICAÇÃO BIBLIOGRÁFICA

Lefort, C., *Eléments d'une critique de la bureaucratie*, Genebra, Droz, 1971; *Un homme en trop. Réflexions sur "L'Archipel du Goulag"*, Le Seuil, 1975; *L'invention démocratique: les limites de la domination totalitaire*, Fayard, 1981 [ed. brasileira: *A invenção democrática*, Brasiliense, São Paulo, 1983].

Índice analítico e onomástico

Este índice não é exaustivo, mas contém as referências essenciais aos autores, doutrinas e ideias políticas apresentados ao longo do livro. As referências mais significativas e desenvolvidas aparecem em números *grifados.* O leitor não deve se surpreender com a ausência dos termos "Estado", "liberdade", "Legitimidade": essas noções estão presentes ao longo de toda a obra.